陈祖武 著

感恩师友录

商务印书馆
The Commercial Press

图书在版编目(CIP)数据

感恩师友录 / 陈祖武著. — 北京：商务印书馆，2022
ISBN 978-7-100-20777-5

Ⅰ.①感… Ⅱ.①陈… Ⅲ.①陈祖武－访问记 Ⅳ.①K825.81-53

中国版本图书馆CIP数据核字（2022）第031691号

权利保留，侵权必究。

感恩师友录

陈祖武 著

商 务 印 书 馆 出 版
（北京王府井大街36号 邮政编码100710）
商 务 印 书 馆 发 行
北京兰星球彩色印刷有限公司印刷
ISBN 978-7-100-20777-5

2022年5月第1版　　开本 680×960 1/16
2022年5月第1次印刷　印张 31 3/4 插页 16
定价：160.00元

作者简介

　　陈祖武，1943年10月生于贵州省贵阳市。1965年7月，毕业于贵州大学历史系。1981年7月，毕业于中国社会科学院研究生院历史系。历任中国社会科学院历史研究所研究实习员、助理研究员、副研究员、研究员。2006年，当选中国社会科学院首届学部委员。1998年至2008年，任历史研究所所长。2009年，被国务院聘为中央文史馆馆员，至今一直在馆员岗位履职。主要学术著作有《中国学案史》《清初学术思辨录》《乾嘉学术编年》《乾嘉学派研究》《清代学术源流》《清代学者象传校补》《清史稿儒林传校读记》等。特别是《中国学案史》一书，为我国第一部学案史，开辟了中国学术史研究的新领域。兼任全国古籍规划小组成员，主要古籍整理成果有《榕村语录》《杨园先生全集》《清儒学案》《榕村全书》等。

1996年12月，陪同香港友人朱鸿林教授拜望先师杨向奎先生

2000年1月，陪同时任中国社会科学院副院长江蓝生教授恭祝先师杨向奎先生九十寿辰

1990年秋，四位老师与众多弟子合影，前排就坐四老，自右至左为金景芳先生、胡厚宣先生、杨向奎先生、蔡尚思先生

约2005年秋，香山饭店国家图书奖评审会，前排就座者为任继愈先生，其后站立诸先生，自右至左依次为林文照、徐苹芳、袁行霈及作者

约 2006 年夏，全国古籍整理出版规划领导小组香山饭店工作会议，自右至左，前排诸先生为林甘泉、袁世硕、任继愈、徐苹芳、袁行霈，二排余荫鳌、楼宇烈、杨牧之、黄松，三排吴尚之、陈祖武、林文照、安平秋

约 2007 年夏，全国古籍整理出版规划领导小组香山饭店工作会议，林甘泉（左）、余荫鳌（右）二位先生与作者合影

2004年10月，王锺翰先生与作者合影

2013年8月，在中央民族大学参加王锺翰先生百年诞辰纪念会

2014年6月29日,作者出席《柴德赓点校新五代史》新书发布暨《柴德赓全集》编辑启动仪式。右为时任商务印书馆总经理于殿利

《柴德赓点校新五代史》新书发布暨《柴德赓全集》编辑启动仪式上,作者与时任商务印书馆副总编辑陈小文交谈

1992年12月，初次旅台，在高雄中山大学访学，与鲍国顺教授及听课同学合影

2010年12月，参观贵州西江苗寨

2016年8月,重返母校贵阳第一中学

2016年8月,重返母校贵州大学

2021年10月,作者参加贵州大学"敦煌文书、徽州文书整理与研究百年经验总结暨'清水江文书与乡土中国社会'学术研讨会"

贵州大学为作者毕生藏书所建书屋,名曰"感恩书屋"

自　序

　　读书求学一生，甘苦其间，怡然忻然，不觉已届七十有七。唯数十载伏案，忽视休息和锻炼，积劳成疾，悔之已晚。今年四月初，旧日罹患之脊髓型颈椎病突然加重，旋承北京医院安排知名专家施行手术，转危为安。然出院数月，康复维艰，病痛接踵，以致不能读书，几同废物。即此一数百字的短文，亦苦苦构思半月余而难成句读。辗转病榻，往事萦回，一桩桩、一件件，依稀重现，宛若就在昨日。其中最为感念而不能忘怀者，则是从小学、中学到大学，直至而今，七十余年间，前辈师长的教诲培养深恩、四方友人同道的鼓励鞭策，以及同窗诸多学友的帮助、支持和爱护。铭记终身，难报万一。

　　承林存阳、朱曦林二位贤弟洞悉心曲，慨允拜托，受累将最近数十年间师长之赐教及本人所撰相关序跋、琐记和友人访谈实录等文字，费心搜求，辑录成帙。谨题以《感恩师友录》，奉正出版界友人，敬祈安排出版，以存此当代浩瀚学海之一粟。

　　借此机缘，谨向数十年来不断慷慨馈遗精神食粮，助我读书求学的京中及各地诸家出版社、报刊杂志社和图书馆，以及海内外众多师友，敬致深切谢忱和由衷的感激。

陈祖武　谨识
二〇二〇年八月十七日于病中

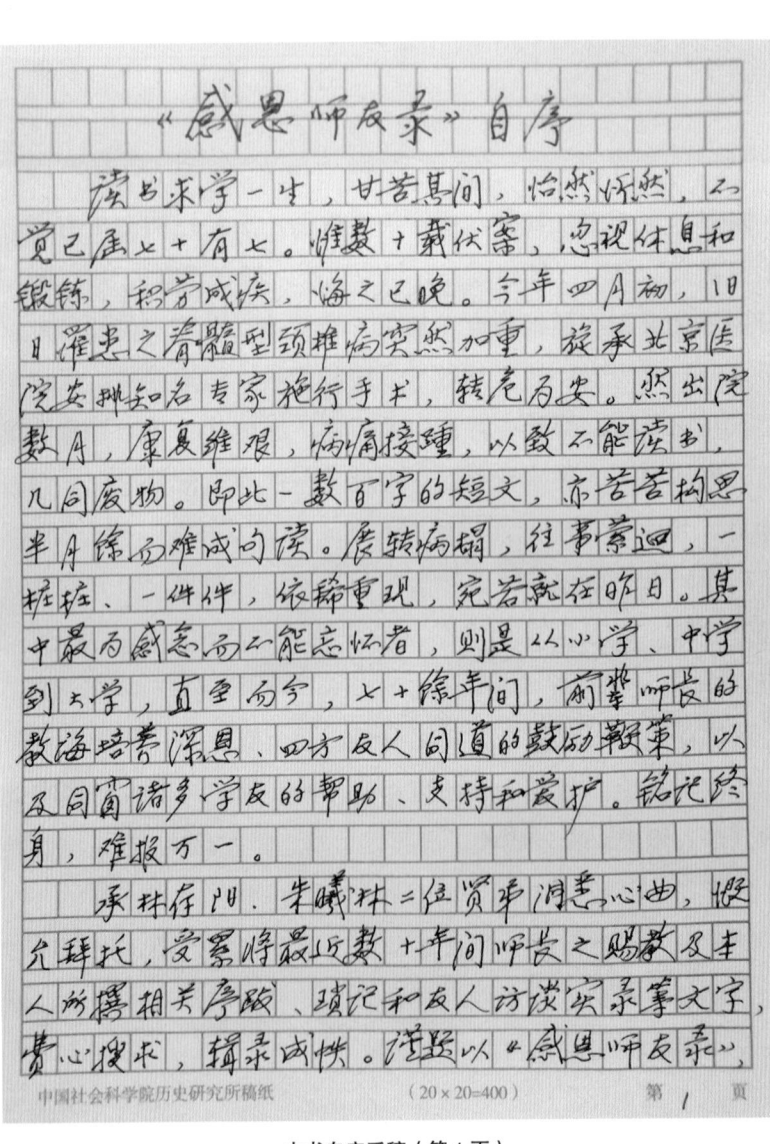

本书自序手稿（第1页）

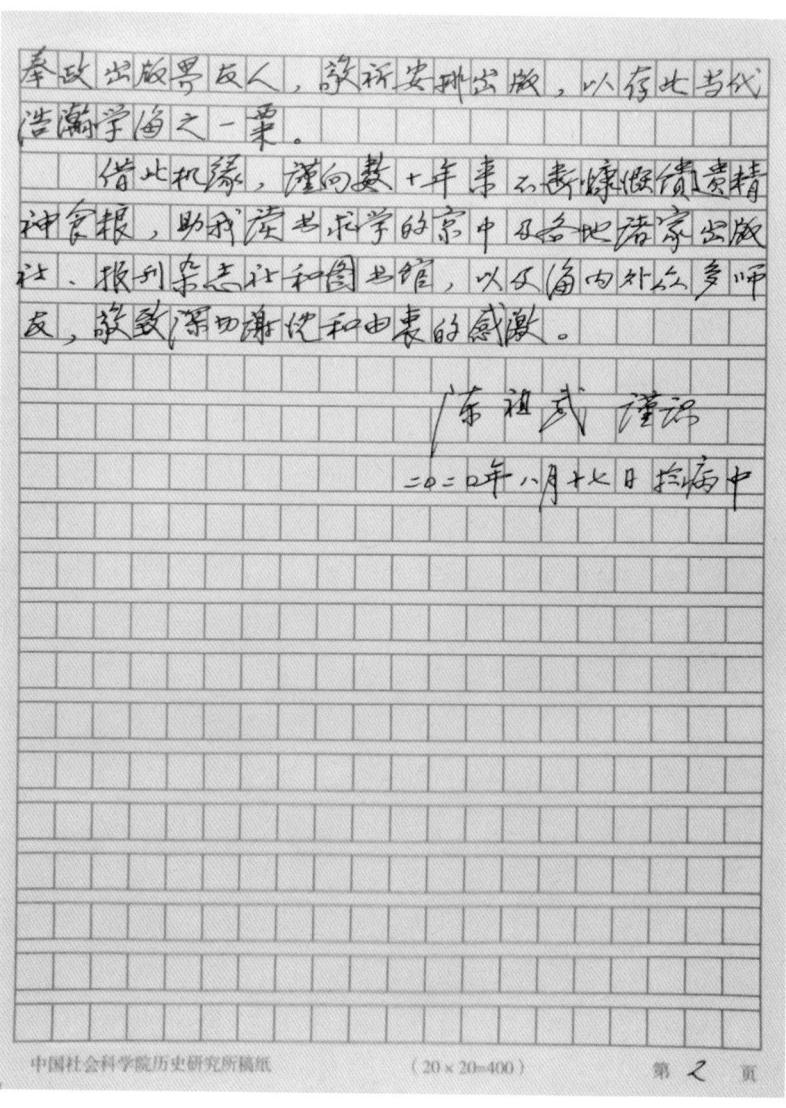

本书自序手稿（第2页）

目　录

一　前辈师长教诲深恩

在"纪念郑天挺先生诞辰120周年暨第五届明清史国际学术讨论会"
　　开幕式上的致辞　3

抓纲治学　胜利前进（郑天挺）　5

呈郑老天挺先生函（五通）　7

缅怀郑老　学海求真
　　——记郑天挺教授对我的一次教诲　22

关于新中国历史学60年的几点思考
　　——纪念郑天挺先生诞辰110周年　27

《求真务实五十载》序　35

《古史文存》前言　36

"学人丹青"展览前言　38

关于纪念顾先生的一点感想　39

杨向奎先生致函（两通）　41

《清初学术思辨录》序言（杨向奎）　46

记拱辰先师的一桩未竟遗愿　49

《杨向奎集》编者的话　51

任继愈先生赐示并题签　53

永远的楷模

　　——在《任继愈文集》出版座谈会上的发言　60

程毅中先生赐示并题签　62

祁龙威先生赐示并赠书　64

《容肇祖全集》书后　67

《清代学术史讲义》书后　70

《史籍举要（修订本）》书后　72

一个极其宝贵的遗产

　　——在《柴德赓点校新五代史》新书发布暨《柴德赓全集》

　　启动仪式上的发言　74

《清史稿儒林传校读记》举要

　　——在柴德赓诞辰110周年学术研讨会暨《柴德赓全集》

　　学术委员会会议的书面发言　78

共同建设中华民族的新文化　84

楷模：永远的甘泉同志　95

二　友人同道鼓励鞭策

商务印书馆和学者交朋友

　　——庆贺商务印书馆成立120周年　101

亦师亦友　学海同舟

　　——庆贺中华书局成立90周年　103

《中国传统学术与社会丛书》书后　105

《清代理学史》书后　110

《清代学者象传校补》举要
　　——庆贺吴怀祺教授 80 华诞　113

顾炎武时代之问的历史启示
　　——庆贺冯天瑜教授 80 华诞　125

从《日知录》到《日知录集释》（代前言）　131

《困学纪闻》与《深宁学案》（代前言）　143

《伟哉中华》序　148

《明清史研究丛书》序　151

《清代经学图鉴》序　153

《新编清人年谱稿三种》序　155

《叶德辉集》序　162

《顾炎武研究文献集成》总序　164

以文化人　移风易俗
　　——恭祝《三礼学通史》出版　166

《帝国之雩——18 世纪中国的干旱与祈雨》序　169

《韩非子的政治思想》审查报告　170

《姚江书院派研究》序　171

《清代石门吴文照家藏尺牍》序　173

《张履祥与清初学术》序　175

关于中华优秀传统文化精神标识的若干思考　177

在"一代儒宗——钱大昕纪念展暨《钱大昕年谱长编》发布会"
　　上的书面发言　191

旅台琐记　195

三　与同窗诸友一道成长

《李塨年谱》点校说明　203

《颜元年谱》点校说明　209

《榕村语录　榕村续语录》点校说明　217

《杨园先生全集》点校说明　232

《清初学术思辨录》前言　236

《中国学案史》初版前言　239

《清儒学术拾零》初版前言　241

《清儒学术拾零》初版后记　248

《清儒学案》点校说明　249

《顾炎武评传》前言　264

《衰世风雷——龚自珍与魏源》自序　266

《乾嘉学术编年》编纂缘起　267

《乾嘉学派研究》前言　269

《清初名儒年谱》前言　272

《乾嘉名儒年谱》前言　276

《晚清名儒年谱》前言　278

《三礼馆：清代学术与政治互动的链环》序　280

《中国学案史》(修订本)前言　293

《清初遗民社会》序　295

《国家图书馆藏钞稿本乾嘉名人别集丛刊》序　300

《皖派学术与传承》序　302

《清代学术源流》前言　318

《榕村全书》整理说明　324

《清儒学术拾零》再版前言　328

《清儒学术拾零》再版后记　333

《乾嘉四大幕府研究》序　334

《清代学者象传校补》缘起　336

《〈清儒学案〉曹氏书札整理》序　339

《〈清朝续文献通考·经籍考〉研究》序　341

《清代学林举隅》序　343

《清代陆王心学发展史》序　345

《清史稿儒林传校读记》前言　348

《纂修〈清儒学案〉往来书札辑考》序　351

四　诸位友人采访实录

我的清代学术史研究

　　——访陈祖武研究员（邹兆辰）　355

为人为学　浑然一体

　　——陈祖武先生访谈录（林存阳　杨艳秋）　374

孜孜笃实　精进不已

　　——陈祖武先生的治学进路与成就管窥（林存阳　杨艳秋）　390

尊重历史　实事求是

　　——陈祖武研究员访谈录（刘晓满）　421

在传承中寻求创新

　　——陈祖武先生谈《中国学案史》（李立民）　444

我在中央文史馆履职的第一个十年（庄建）　468

我与顾炎武研究的学术因缘
　　——访清代学术史研究学者陈祖武研究员（钟永新）　477
经世致用　以文化人（赵凡）　483

附　录

中央文史研究馆馆员传略·陈祖武　489
中国社会科学院学部委员学术自传·陈祖武　491
我的清代学术史研究　493

一 前辈师长教诲深恩

在"纪念郑天挺先生诞辰 120 周年暨第五届明清史国际学术讨论会"开幕式上的致辞

感谢历史学院各位朋友的抬爱,让我来天津参加纪念郑老 120 周年冥诞,缅怀老人家毕生对中国历史学,尤其是对明清史学科的开拓、建设和发展,做出的巨大历史性贡献,而且还给了我发言的宝贵机会。

今天,我向各位就只讲一句话,两个字,就是"感恩"。感谢郑老对我的培养、教育的深恩!说到这里,朋友们或许会问我:你既没有在南开念过书,又不是郑老的入室弟子,何从谈老先生对你的培养、教育?在此,请允许我回忆一段 42 年前的往事。

1977 年 8 月,郑老在《光明日报》上发表过一篇文章,就是建议十年浩劫刚刚过去,"四人帮"为祸还没有清除,呼吁要恢复发展我们的教育事业,尤其是历史科学的教育和研究,呼吁恢复研究生招生制度。正是这篇文章,我拜读之后,也不知天高地厚,就给郑老写了封信,谈了我"文革"期间在昆明的处境,谈了我的愿望。我没想到,老人家很快就给我回信。而且,就安排我到北京来学习的事,曾经两次给我亲笔写信,最后还专门发了电报,电报很简单,就是"欢迎报考南开大学"。正是因为有这么一段经历,所以我能说郑老对我的培养、教育。

由于这几十年来,南北转徙,不断搬家,所以郑老当年给我的那两封亲笔信,可能搬家时夹在书里,暂时找不到了。不知当年郑老留没留下底稿?克晟先生有可能的话,可以查一查。那封电报稿,或许在电报局还能查到。现在我满屋都是书,遍地都是,只有等以后把书捐给国家,年轻同志去整理的时候,或许会把郑老的两封亲笔信找出来。这里,我要感谢克晟先生和傅先生,感谢你们把我当年给郑老的五封信都妥善地保留下来，而且还让孙卫国教授复印后寄给我。

所以，这一段历史，对我个人来讲，是永远不会忘记的，终身受益。而且可以说，对我们当代的学术史，或许也是可以写一笔的。

至于以后郑老在东村42号给我的教育，郑老在北京海军大院招待所对我的教诲，那已经体现在我这40多年学史、治史、用史的实践当中，也体现到今天我们历史研究所"求真务实"这四个字的治所方针上。

因为时间关系，我就说这么多，谢谢大家！

抓纲治学　胜利前进

郑天挺

党的第十一次全国代表大会胜利闭幕了，全国上下，举国欢腾。华主席的政治报告是一篇贯穿着毛泽东思想的纲领性文献，表达了亿万人民的共同心愿，我坚决拥护。华主席指出："在当前和今后一个时期内，揭批'四人帮'的斗争，仍然是两个阶级、两条道路斗争的中心。抓住这个斗争，就是抓住了纲。"我坚决响应华主席的号召，一定把揭批"四人帮"的伟大斗争进行到底，批倒批臭他们那个"古为帮用"的影射史学。在史学领域，我们只有抓住这个纲，才能大力开展以马列主义、毛泽东思想为指导的创造性的学术研究，掀起社会主义文化建设高潮。

毛主席历来非常重视研究历史，非常重视总结历史上阶级斗争的经验。早在30多年前，就号召全党注意研究历史。毛主席在谈到研究近代史时曾指出："应聚集人材，分工合作地去做，克服无组织的状态。应先作经济史、政治史、军事史、文化史几个部门的分析的研究，然后才有可能作综合的研究。"这个指示对研究古代史同样适用。在毛泽东思想光辉照耀下，解放28年来，广大工农兵和革命史学工作者，取得了许多可喜的成绩。为我们今后夺取更大成绩奠定了较好的基础。

我是从事古代史教学和研究的，这里我想稍微谈一下研究古代史中的清史问题。在古代史研究中，清史应当是一个重点。清代前期是我国长达两千多年的封建社会的结束期，后期又是近代史重要阶段，其中有许多重要的历史问题和历史理论问题有待深入研究和解决。除此之外，清代是我国统一的多民族国家进一步发展和巩固的重要时期,这一点尤其需要我们投入较多的力量来研究。毛主席曾指出:"各个少数民族对中国的历史都作过贡献。"我们知道,少数民族大多分布在祖国的边疆地区,他们对开发和保卫祖国的神圣领土都做出了巨大的贡献。例如满族、蒙古族、维吾尔族、藏族、壮族等族人民同汉族人民一起,对开发和保卫我国东北、北部、西北和西南地区立下了不可磨灭的功绩。为了加强这方面的研究,我建议各地区分工合作,有计划有步骤地将有关边疆的史地著作整理出版,从而尽速地搞出我们的研究成果。

今天,我们应当乘十一大的东风,在以华主席为首的党中央抓纲治国的战略决策鼓舞下,彻底批判"四人帮",并肃清其流毒和影响,把被"四人帮"耽误的时间夺回来,争取一年初见成效,三年大见成效,努力完成十一大提出的战斗任务,为把我国建设成一个伟大的社会主义强国而奋斗。

原载《光明日报》1977 年 8 月 28 日第 1 版

呈郑老天挺先生函（五通）

一

郑教授：

  读了您在《光明日报》八月二十八日所发表的《抓纲治学　胜利前进》一文，尤其是文中关于清史研究的精辟论述，教益很深，甚受鼓舞。

  我是贵州大学历史系一九六五年毕业生，是年九月统一分配到云南省昆明市粮食学校任教。由于林彪、"四人帮"为祸，该校于一九六九年停办。嗣后，即奉调昆明市粮食局凉亭转运站作保管员至今。其间，曾借调昆明市委统战部、市财办及市粮食局工作数年，现仍在局运动办公室借调。十二年来，我从事过教学，在党政机关协助过工作，也当过工人，在三大革命第一线接受过工人阶级的再教育。尤其是经过"文化大革命"和粉碎"四人帮"斗争的锻炼，使我的世界观改造有了长足的进步。但是，总感物未尽其用，学未尽其功，每每因不能将所学知识贡献于国家而引以为愧。故而，曾几度向有关部门呈递报告，终因"四害"横行，未得如愿。

  而今，奸妖既除，域中豁朗，有英明领袖华主席领导，是甩开膀子为国家、为民族作贡献的时候了！我虽自愧不学，蹉跎岁月，三十四个春秋逝去，于国于民无所作为，但是这些年来，始终对专业知识时时留意学习、提高，于清史的学习更其注意。因而，学习了先生的教诲，宛若暖流灌注全身，感奋异常。联系到邓副主席最近对高教工作的重要指示，以及《红旗》杂志第八期《一定要把教育搞上去》一文中所提及的"办好研究生班"一事，学生亟欲知道先生是否拟在南开举办清史研究班。倘先生已有部署，我则不揣冒昧，毛遂自荐，恳请予我一个报考机会。自信凭党和人民所赋予的德才，以及康健的体魄、旺盛的精力，当能在先生悉心哺育之下，为祖国历史科学和历史教学的大上，做些有益的事情。

我十分乐于接受国家和先生在政治、业务诸方面的全面考核。

恭请

教安

学生 陈祖武 顿首

一九七七年九月六日

昆明市粮食局革命委员会

郑教授：

读了您在《光明日报》八月二十八日所发表的《抓纲治学，胜利前进》一文，尤其是文中关于清史研究的精辟论述，教益很深，甚受鼓舞。

我是贵州大学历史系一九六五年毕业生，是年九月统一分配到云南省昆明市粮食学校任教。由于林彪、"四人帮"为祸，该校于一九六九年停办。嗣后，即奉调昆明市粮食局凉亭转运站作保管员至今。其间，曾借调昆明市委统战部、市财办及市粮食局工作数年，现仍在局运动办公室借调。十二年来，我从事过教学，在党政机关协助过工作，也劳动过，在三大革命第一线接受过工人阶级的再教育。尤其是经过文化大革命和粉碎"四人帮"斗争的锻炼，使我的世界观改造有了长足的进步。但是，感物未尽其用，学未尽其功，为国不能将所学知识贡献于国家而引以为愧。粉碎"四人帮"

昆明市粮食局革命委员会

向有关部门呈递报告，终因四害横行，未能如愿。

而今，邪妖既除，域中豁朗，有英明领袖华主席领导，是甩开膀子为国家、为民族作贡献的时候了。我虽自愧不学，蹉跎岁月，三十四个春秋逝去，于国于民无所作为。但是这些年来，始终对专业知识时时留意学习、提高，于清史的学习更其注意。因而，学习了先生的教诲，宛若暖流灌注全身，感奋异常。联系到邓付主席最近对高教工作的重要指示以及《红旗》杂志第八期"一定要把教育搞上去"一文中所提及的"招好研究生班"一事，学生极欲知道先生是否拟在南开举办清史研究班。倘先生已有部署，我则不揣冒昧，毛遂自荐，恳请予我一个报考机会。自信凭党和人民所赋予的德才以及康健的体魄、旺盛的精力，当能在先生悉心哺育之下，为祖国历史科学和历史教学的事业，做些有益的事情。

呈郑老天挺先生函 一（第2页）

昆明市粮食局革命委员会

我极乐于接受国家和先生在政治、业务诸方面的全面考核。

  敬请

教安。

　　　　　　　　　学生 陈祖武 顿首

　　　　　　　　　　七七年四月六日

二

郑教授：

　　学生十六日由外地出差返昆，敬悉教授电示，旋即往昆明市五华区招生办公室联系，败兴而归。思之良久，愧无以对，赧颜至极。恳请教授容学生将详情作一概略禀报。

　　上月下旬，学生不揣冒昧再次上书教授之后，正期待示复之时，恰逢云南省历史研究所侯方岳所长将学生召至其舍，鼓励学生报考社会科学院及中国人民大学清代历史研究生，并言及指导教师杨向奎、尚钺二教授均系其故友，可作推荐。长辈的抚爱，感情炙人，在侯所长督促之下，学生便不待教授指示，轻率地办理了报考手续，于三月九日将登记表报送区招生办公室。尔后，即出差外地。十六日返昆得见电示，惶恐已极。尚未及归家，学生便匆至区招办，无奈登记表已于十四日寄京，木已成舟，悔之晚矣！一时的犹豫，坐失教授所予之良机，抑或将成终身之憾事。

　　此次严重过失，纯属学生咎由自取。以学生贫乏的智力，欲挽回恶果现已是无他良策可以想得。惟有恳乞教授在予以重责之同时，示学生于歧途。依学生窃想，倘能于初试中考出应有水平，可否即请教授召学生至南开复试。如若初试尚且不能通过，则学生亦无颜再瞻教授。

　　翘首以待示复。

　　谨颂

教安

　　　　　　　　　　　　　　　　学生　陈祖武　上
　　　　　　　　　　　　　　　　一九七八年三月十八日

昆明市粮食局革命委员会

郑教授：

　　学生十六日由外地出差返昆，敬悉教授电示，旋即信昆明市五华区招生办公室联系，败兴而归，思之良久，愧无以对，报颜至极。恳请教授容学生将详情作一概略禀报。

　　上月间，学生不揣冒昧再次上书教授之后，正期待示复之时，恰逢云南省历史研究所侯方岳所长将学生召至其舍，鼓励学生报考社会科学院及中国人民大学清代历史研究生。戴逸及指导教师杨向奎、尚钺教授均系其故友，可作推荐。长辈的抚爱感情袭人，在侯所长督促之下，学生便不待教授指示，轻率地办理了报考手续，于3月2日将登记表报送区招生办公室。午后，即出差外地。十六日返昆得兄电示，惶恐已极，尚来及为学生便办至区招办，无奈登记表已于十四日寄京，木已成舟，悔之晚矣，一时的轻率，坐失教授所

呈郑老天挺先生函 二（第1页）

昆明市粮食局革命委员会

失之良机，柳成特成终身憾事。

此次严重过失，纯属学生咎由自取。以学生贫乏的智力，欲挽回恶果现已无他良策可以想得。胜有恳乞教授在予以重责之同时，示学生于迷途。依学生管思，倘能于初试中学生尚有水平，可否即请教授召学生至南开复试。如若初试都且不能通过，则学生亦无颜再睹教授。

翘首以待示复。

谨颂

教安

学生 陈祖武 上
一九七八年三月十八日

呈郑老天挺先生函 二（第2页）

三

郑老：

　　学生回昆后，原应及时呈书作禀的，无奈旅途艰辛，抵家后便一病卧榻多日。喜近日来稍见好转，对您老的深切敬仰，驱使学生抱病搅扰。

　　此次在津，蒙您老不弃，准予拜见，并于百忙之中以学生谆谆教诲，使学生茅塞顿开，感激之情，溢于言表。而您老在短暂的接见之中昭示的虚怀若谷的坦荡胸怀，以及献身历史科学的烈烈壮心，更令学生肃然起敬，而终身引为楷模。倘不因虑及您老年事很高，深恐影响您老的休息，学生当不致匆匆告辞的。您老的启迪，使学生更确立了刻苦于祖国清代历史研究的不移矢志。日后，学生当遵循您老所示之方向，奋发勠力，以期对国家对人民有所作为。

　　在此，除对您老的接见和教诲谨致由衷谢忱之外，乞恕学生再次将奢望率直陈述。倘若许可，学生亟欲获准您老俯纳，参加贵校清史研究生的学习。这一梦寐以求的愿望，学生亦已于日前书面向社会科学院历史所表达。

　　克［诚］（晟）[①] 老师处亦专此致敬，并乞日后多多赐教。

　　谨颂

大安

　　　　　　　　　　　　　　　　　　　　学生　陈祖武　上
　　　　　　　　　　　　　　　　　　　　一九七八年七月廿六日

[①] 郑克晟，郑天挺先生哲嗣、南开大学历史系教授。

云南民族学院

郑老：

　　学生回昆后，原应及时呈书作禀的，无奈旅途艰辛，抵家后便一病卧榻多日。喜近日来身见好转，对您老的深切教诲，忽使学生抱病搁执。

　　此次在津，荣您老在百忙准予拜见，复于百忙之中以学生谆谆教诲，使学生茅塞顿开，感激之情，溢于言表。而您老在短暂的接见之中所晓示的处世若谷的虚怀胸怀，以及献身于史科学的毅然壮心，更令学生无此起敬引为楷模。倘不因虑及您老年事颇高，深恐影响您老的休息，学生是不致如此告辞的。您老的启迪使学生头脑之中刻着于祖国情义文史的资料之形尤老。日后，学生当遵循您老所示之方向，合成努力，以期对国家业此有所作为。

　　在此，谨对您老的接见和教诲详谢

云南民族学院

由衷谢忱之外，尤恳学生再以晤奋笔亲聆教诲。倘若许可，学生亟欲获作您得力的参加贵校清史研究生的学习，进一步窃以私的愿望。学生已于日前书面向社会科学院发文作表达。

光诚老师处亦走此致敬，并乞昨多赐教。

谨颂

大安

　　　　　　　学生 陈挺均 上

　　　　　　　一九八□年□月廿六日

呈郑老天挺先生函 三（第2页）

四

郑老：

　　敬悉惠示之后，学生本应及时作禀的，但考虑到须将录取与否的确切情况向您老汇报，故而迁延了时日，恳乞鉴宥。

　　日前，学生接获录取通知，学习地点一如您老所示。学生当铭记您老教诲，奋发勤力，以期学有成效，为国家为人民做些有益的事情。

　　学生拟于十月一、二日离昆，途中于贵阳稍事逗留，可望于六、七日来津拜望您老。

　　克［诚］（晟）老师均此问候。

　　谨颂

大安

　　　　　　　　　　　　　　　　　　　　学生　陈祖武　上
　　　　　　　　　　　　　　　　　　　　一九七八年九月十六日

云南民族学院

郑老：

敬悉惠示之后，学生本应及时作禀的，但考虑到须将录取与否的确切情况以向您老汇报，故而迟延了时日，恳乞鉴宥。

目前，学生接获录取通知，学习地点一如您老所示。学生当铭记您老教诲，奋发努力，以期学有成效，为国家为人民做些有益的事情。

学生拟于十月一二日离昆，途中于贵阳稍事逗留，可望于六七日来津拜望您老。

尤诚老师均此问候。

谨颂

大安

　　　　　　　　　　学生 陈祖武 上

　　　　　　　　　　一九七八年九月十六日

呈郑老天挺先生函 四

五

郑老：

　　学生因故在筑迁延，故而未能如前所禀来津拜望，恳乞鉴宥。

　　社会科学院研究生院学前活动已于九日正式开始，十一日举行开学典礼，十五日后可望开课。清史专业有学员三人，除学生外，尚有北京大学一九六二、六六两届毕业生各一人。与学生同一宿舍的为明史专业的两人，一人为北大商鸿逵先生之子[①]，另一人为杭州大学历史系一已故副教授[②]之婿[③]，相处甚为融洽。

　　学生一定发奋攻读，决不辜负您老的关怀、教诲。日后有暇，再来拜见您老。

　　谨颂

大安

学生　陈祖武　敬上
一九七八年十月九日

[①] 商传（1945—2017），1981年毕业于中国社会科学院研究生院，中国社会科学院历史研究所研究员，曾任社会史研究室主任、明史学会会长。

[②] 张崟（1907—1965），字慕骞，曾任教于杭州大学。

[③] 任道斌，1981年毕业于中国社会科学院研究生院，中国美术学院教授。

云南民族学院

郑老：

　　学生因故在筑迁延，故而未能如前所禀束津拜望，恳乞鉴宥。

　　社会科学院研究生院学前活动已于九日正式开始，十一日举行开学典礼，十五日后可望开课。清史专业有学员三人，除学生外，尚有北京大学一九六三、六六两届毕业生各一人。与学生同一宿舍的为明史专业的两人，一人为北大商鸿逵先生之子，另一人为杭州大学历史系一已故付教授之婿。相处甚为融洽。

　　学生一定发奋攻读，决不辜负您老的关怀、教诲。日后有暇，再来拜见您老。

　　谨颂

大安

　　　　　　　　学生 陈祖武 敬上
　　　　　　　　一九七八年十月八日

缅怀郑老　学海求真
——记郑天挺教授对我的一次教诲

郑天挺教授离开我们已经两周年了。先生的音容笑貌，萦回耳际，历历在目。案前，是郑老生前送给我的著述和他那一封封激励我求学上进的书札。面对着老先生的遗物，不禁潸然泪下。在此，谨将郑老于1980年9月11日晚，对我的一次教诲记录稿，稍作整理，提供给史学界的师长和同志们。

当时，郑老正在北京出席第五届全国人民代表大会第三次全体会议。会议在当天虽已闭幕，但因次日尚要参加全国史学会理事会，故而先生未曾离京。我那个时候，还在中国社会科学院研究生院做研究生。当晚8时，我进入郑老下榻的海军招待所133号房间。郑老首先对我来看望他表示感谢，随后，便兴致勃勃地听取了我关于毕业论文选题和准备情况的汇报。在汇报过程中和汇报结束后，郑老谈了如下的话：

这次在天津的明清史国际学术讨论会上，也谈到了顾炎武的评价问题。有同志认为，清初三大思想家，对后世影响最大的是黄宗羲。也有同志不同意这样的估计，认为是顾炎武。这是这次讨论会所争鸣的一个问题，其他还有很多问题，大家都各抒己见，讨论得很热烈。总的说来，天津讨论会开得不错，给人很深的印象之一就是展开了争鸣。历史科学本身是在争鸣中产生，更是在争鸣中发展的。当前，史学界争鸣的气氛逐渐浓起来了，但是还很不够，还需要大家共同努力。你们年轻人，要学会争鸣，要善于争鸣，在学术争鸣中去培养自己的才干。不过，你应当记住，我这里所说的争鸣，是在马克思列宁主义、毛泽东思想指导之下开展的科学争鸣。离开了正确思想的指导，那样的争鸣，是不会有益处的。我们要搞好争鸣，就要加强理论学习，踏踏实实地、完整系统地学习马列主义经典作家的著述。马克思列宁主义、毛泽东思想是完整的科学体系，我们也要用科学的态度去对待它。现在，有一种忽视理论学习的倾向，这不好，应当引起注意。

你对顾炎武的研究，可以把学风问题作为一个重点。他为学以"经世致用"的思想，我看是很有价值的，顾炎武影响后世最深远的，也就在于这个地方。王夫之、黄宗羲的为学，也都有这样的特点，这是应当把握住的。搞思想史，杨向奎先生是专家，杨先生学识渊博，你要好好跟随他学习。

清代270余年间，有许多问题还需要做进一步的深入研究。首先，清代的民族关系问题，这就是清史研究中的一个重要课题。清代的统治者，尤其是清初的康、雍、乾三朝，是如何处理民族问题的？有什么得失？哪些可以借鉴？这些问题你想过吗？这全是要认真花功夫解决的问题。当然，你的文章很可能不会涉及这些问题，但是，至少要涉及民族意识的评价问题。清初三大师，都有一个民族意识问题。怎样评价他们的民族意识？这个问题，我们还是要坚持马克思主义的实事求是的态度，不能脱离清初的具体历史条件，也就是说，要实事求是地去分析当时的社会矛盾。在清军入关以前，国内的阶级矛盾是主要矛盾，而入关以后，民族矛盾曾一度急剧上升为主要矛盾。这是客观的历史事实，不应当否认。大体说来，在清军入关以后的10年间，即1644年到1653年，民族矛盾是主要矛盾。但是，它并没有直线上升，而是随着时间的推移逐渐趋于和缓。入关后的11至15年间，即1654年到1658年，主要矛盾逐渐向阶级矛盾转化。15至20年间，即1659年到1663年，随着清政权的逐渐巩固，阶级矛盾遂取代民族矛盾而成为主要矛盾。基于这样的估计，对清初思想家的民族意识、反清思想，我们一方面既要看到它的历史和阶级的局限性，同时，另一方面对它的历史进步作用也不可忽视。那种对民族意识、反清思想一概否定的态度，我是不大赞成的。但是，把民族意识评价得过高，褒扬过了头，也就违背历史真实了。我们同样不能赞成。过去的不少研究者，太强调顾亭林的民族意识，说了好些过头话。你的文章在这方面要注意，要把分寸掌握好。

就拿康熙初年的莱州诗狱来说吧，顾亭林被牵涉进去，还坐了牢。试问，既然有人说他不承认清王朝的统治权，那么，他为什么要到山东去投案？他到济南投案，不会没有呈文。呈文用什么年号？能用干支纪年吗？我看不大可能。不论呈文怎么写，只要用了清朝的年号，那就叫作奉正朔，也就是说不是否认现政权了。再说，他穿什么服装去呢？能穿明代文人的服装吗？看来是不可能的，那岂不是自己去献脑袋吗？我说的虽然只是一些小问题，但是可以由小及大，不应当忽视。把这些小问题解决了，对于我们解决大的、中心的问题，是必要的，是有好处的。

历史研究就是这样，要善于紧紧抓住中心问题，去解决那些与之有关的细小问题。这就叫作广泛联系。我们从事历史研究，应当详细地占有材料，广泛地进行联系，多想一些问题，多提出一些问题。广泛联系，这不仅是一个史学方法论问题，而且也是一个是否坚持实事求是的治史态度的问题。马克思主义的历史学是科学，既然是科学，就应当忠于事实，忠于真理，这就是毛主席说的实事求是。我们在具体的研究工作中，要做到字字有根据，句句有来历。对那些一时无法考订清楚的问题，可以存疑，但是要提出问题来。提出问题，这是解决问题必不可少的一步。

其次，对一些有重要影响的历史人物，要进行深入研究。譬如对雍正帝的评价，前人有偏见，我们要把它驳正过来。清世宗是清代前期政治舞台上一个承先启后的重要人物，也是中国古代一个有作为的封建帝王，要深入研究他。对乾隆帝的研究也要深入。过去，我们对清初的研究比较多一些，可是对中叶以后的历史，研究就很不够，越往后越薄弱。嘉庆、道光两朝，更是薄弱环节，有待加强。

你问吴三桂有没有研究价值，我看，吴三桂这个人本身，在历史上是没有价值的。由于他既叛明降清，后来又反清作乱，可以说是劣迹昭著。

所以，明末人、清人都没有对他进行过深入研究。但是，清初许多重大历史事件，同他都有关联，因此，把他罪恶的一生做一番整理，还是可以的，是应当做的工作。你在整理中，可以读明清两朝的《实录》、朝鲜的《李朝实录》。另外，还可以读《皇明从信录》《山中闻见录》等书。日本人写过一本书，叫《华夷变态》，这本书当中，记载有吴三桂起兵时的情况，可以读一读。吴三桂乱起之初，他的军事实力相当强，短短几个月，便由云南打到湖南，不得了得很。但是，到了湖南，他畏缩不前了，再也不敢北进。单就用兵上说，这就是军事上最大的失策。如果他北进中原，那么，清王朝的统治能否保持得住，会是大有疑问的。当时，形势对清廷很不利。北方有蒙古贵族的叛乱，南方有三藩之乱，腹背受敌，危险已极。可是，吴三桂军事上的无能，却不能把取得的胜利巩固下来。过去，有人说吴三桂骁勇善战，很会打仗，其实，他在军事上是并不高明的。

与吴三桂同时的洪承畴，这个人你倒是可以搞一搞。此外，多尔衮也要深入研究，他在清初举足轻重，不可忽视。

对任何一个历史人物的评价，我们都要坚持实事求是的态度，不应该随心所欲地苛求前人，或者是抬高古人。该肯定的就肯定，该否定的就否定。能肯定多少，就肯定多少。前些年，"四人帮"为祸，搞历史唯心主义，好的，无一不好；坏的，则一塌糊涂。史学界被弄得乌烟瘴气。这个教训，我们一定要深刻记取。

编纂《清史》，这是我国史学工作者，尤其是清史工作者的重大责任，也是我多年的愿望。要完成这项工作，需要各方面的同志通力合作。我目前身体还不错，估计还能和同志们一道工作几年。在我的有生之年，能够和大家一起把《清史》编写出来，我也就安心了。

郑老几乎不间断地谈完上述话，时针已经指到9时整。虽然他神采奕奕，毫无倦意，但是毕竟年事已高，额上不觉泛起点点汗珠。为不致让先生过于劳累，我便起身告辞。郑老亲自送我到大楼门口。临别，先生握着我的手嘱咐道:"你们年轻人,任重道远。我希望你在清史这块园地上,辛勤耕耘,奋斗不息。"

几年来,我遵循郑老的教诲,试图沿着他所开启的为学路径走下去。但是,玩愒时日,学无所成,有愧于先生的期望。好在承清史学界诸师长不弃,使我得以参加《清代通史》及《清代人物传》的撰写。能为完成郑老的未竟之志而贡献绵薄之力,这大概就是我所能用以告慰先生于九泉之下的唯一的汇报。

原载《郑天挺学记》,生活·读书·新知三联书店 1991 年 4 月版

关于新中国历史学60年的几点思考
——纪念郑天挺先生诞辰110周年

今年,欣逢中华人民共和国成立60周年,政通人和,普天同庆。在中国的传统纪年中,60年是一个甲子,吉祥如意,最可纪念。而新中国的60年,更以其空前巨大的历史进步,在中华文明的五千年历史中书写下壮丽篇章,尤其值得我们去纪念、去总结。

一、中国历史学60年的发展道路

新中国成立60年来的中国历史学,大致经历了三个发展阶段。第一个阶段是从1949年新中国成立到1966年"文化大革命"开始前的17年,第二个阶段是从1966年到1976年的"文革"10年,第三个阶段是1978年改革开放以来的31年。在第二、三两个阶段间,有一个两年的过渡时期,就这两年间拨乱反正的主要内容而言,我们也可以把它归入第三个阶段。第一个阶段的基本特征,是以马克思主义为指导,对旧史学进行革命性的改造,确立了马克思主义唯物史观对中国历史学的指导地位,初步建立起新中国历史学的学科体系。第二个阶段,由于反科学的"影射史学"的倒行逆施,历史唯心主义泛滥成灾,广大史学工作者的尊严和创造性劳动遭到了践踏和摧残,中国历史学走了很大的弯路。第三个阶段,在经历拨乱反正之后,中国历史学重新确立了马克思主义唯物史观的指导地位,广大史学工作者解放思想、实事求是,用艰苦的创造性劳动,迎来了中国历史学的春天。尤其是2004年以来,马克思主义理论研究与建设工程在全国范围的实施,为包括历史学在内的我国哲学社会科学事业的进一步繁荣和发展，提供了坚强有力的保证。这是中国历史学经历"文革"10年的破坏之后，从复苏走向繁荣和发展的重要阶段，也是中国历史学为新中国的下一个60年大发展、大繁荣积聚力量的重要阶段。

新中国历史学的60年，在前进的道路上，虽然存在过这样那样的失误，特别是经历"文革"10年的挫折，留下了许许多多沉痛的教训，但是就其总体而言，成就卓著，业绩辉煌，是以往任何一个历史时代所无法比拟的。这60年的主要成绩，我们可以大致整理归纳为如下几个方面。

第一，坚定不移地以马克思主义和中国特色社会主义理论体系为指导，确保中国历史学始终沿着正确的、科学的、健康的发展道路前进。在建立中国历史学新的学科体系的艰苦历程中，郭沫若、范文澜、吕振羽、翦伯赞、侯外庐、尹达、刘大年、白寿彝等老一辈马克思主义历史学家，紧紧团结顾颉刚、陈垣、陈寅恪、徐中舒、唐长孺、郑天挺、荣孟源、罗尔纲、吴于廑等众多学贯中西、造诣精湛的史学大师，建树了卓越的历史功勋。在他们的培养教育之下，自觉地学习和运用马克思主义唯物史观于教学和研究实践，努力投身马克思主义中国化伟大历史进程的史学工作者，一代接一代地成长起来，成为我国历史学界的中坚力量。一大批学业专精、富有时代责任感的中青年史学工作者，在历史学科的各个领域崭露头角，精进不已，成长为前途无可限量的学术带头人。

第二，以中国经济社会的变迁为研究中心，系统地梳理数千年中国社会经济形态的演进过程，深入探讨中国历史发展的独特道路。广大史学工作者从历史与现实相结合的角度，立足国情，放眼世界，用自己的创造性劳动，论证了没有中国共产党就没有新中国，只有社会主义才能救中国，只有社会主义才能发展中国，建设中国特色社会主义是历史的必由之路。

第三，弘扬中华文化，整理文化典籍。60年来，《史记》《汉书》《后汉书》《三国志》《资治通鉴》等一批又一批的历代史籍和文化典籍得到了系统完整的整理。随着经济建设的发展和改革开放的深入，一大批埋藏地底、尘封暗室和流失海外的历史文献陆续问世，得到精心整理。广大史学工作者将传世文献与出土文献的整理和研究相结合，实事求是，开拓创新，以史为镜，资政育人，形成了为实现新时期中华文化大发展、大繁荣而奋斗的共同认识。

第四，解放思想、实事求是的思想路线日益深入人心，学术研究的思想束缚和人为桎梏已经打破。改革开放的伟大决策，不断推动中外学术文化交流走向深入。广大史学工作者将中国历史学的优良传统与当代人类文明的先进成果相结合，努力开拓新兴学科，实现史学方法的更新和研究手段的现代化。既维护社会主义的核心价值体系，又尊重差异，包容多样，百花齐放，百家争鸣，一个和谐民主的良好学术环境已经形成。

第五，学风建设问题日益引起广大史学工作者的高度关注，理论联系实际、实事求是优良学风的继承和发扬，成为共同的时代呼声。急功近利、短视浮躁、剽窃抄袭等不良学风和不端行为，犹如过街老鼠，理所当然地受到广大史学工作者的唾弃和谴责。秉持强烈的社会责任意识，严谨笃实、开拓创新、一丝不苟的优良学风，正在成为广大史学工作者的执着追求。

二、对历史学学科属性的认识

如同哲学社会科学中的诸多学科一样，历史学既有与其他学科相同的科学属性和学术规律，同时又因其自身的学术个性而具有独特的学科属性和特殊的学术规律。从一定意义上说，新中国历史学的60年，正是我们史学工作者对历史学学科属性认识不断深化，尊重和遵循历史学学术规律的自觉性不断提高的过程。在这个问题上，30年前，已故著名史学家郑天挺先生对我的一次教诲，令我铭刻在心，终身不忘。

那是20世纪80年代初北京的一个冬日，当时郑老正在出席第五届全国人民代表大会第三次全体会议，下榻于复兴门外海军大院。这天晚八时，我应约前往海军大院拜谒。此后的一个小时中，老人家不顾83岁高龄，详细询问了我在历史研究所的学习和工作情况，并就我日后的研究方向做了如下几个方面的教诲。

第一，关于历史学的学科属性。郑老说，历史学是一门很务实的学问，讲究字字有根据，句句有来历，千万不可脱离实际，空发议论。因此，要刻苦读书，不断积累知识，充分占有史料，努力学会正确驾驭史料。

第二，关于治史方法论。郑老说，历史现象错综复杂，千姿百态，一定要充分认识这种复杂性，切忌把历史问题简单化。观察历史问题，一定要从实际出发，实事求是。要努力学习辩证法，学会广泛联系。研究历史现象，既要看到它的正面，也要看到它的反面，还要看到东南西北、四面八方。

第三，关于历史人物评价。不要苛求古人，要学会设身处地，把研究对象放到他所生活的具体历史环境中去，具体问题具体分析。郑老说，当前，一些同志有兴趣作翻案文章，固然对历史现象、历史人物都有一个不断认识的问题，但是一些基本的大是大非是不能含糊的。譬如说吴三桂的评价问题，民族气节这样的大是大非不能不讲，这是个铁案，不能翻。又如顾炎武，他是著名的明遗民，郑老说，康熙七年的莱州诗狱，顾炎武由北京南下济南投案，所呈诉状用什么纪年？是用崇祯，还是康熙，还是不加年号的干支？临别，老人家特地叮嘱，这个问题我也没有找到答案，你可以注意找一找。

郑老30年前的教诲，既讲了历史观，也讲了方法论，还讲了具体的历史个案，之后的30年间，始终是我学史、读史、治史的指南。唯深感愧疚者，则是老人家就顾炎武生平叮嘱我寻找答案的问题，直到郑老去世10余年之后，方才有了结果。据山东《颜氏家藏尺牍》一书载，康熙七年，顾炎武南下济南投案，曾有手札一通致颜修来，该札之后，附有顾炎武手书诉状一纸，所用纪年正是"康熙"。这就是说，身为明遗民的顾炎武，在被迫同清地方当局发生往还的时候，并没有用明朝的崇祯纪年，也没有用不加年号的干支，而是用了当时的年号康熙。我想郑老当年抑或已经估计到这样的历史可能性，只是苦于无法觅得证据，所以才把问题交给我。老人家的用意，正是为了让我在治史实践中，学会不要苛求古人。

《礼记》的《学记》篇中，有一句很有名的话，叫作"学然后知不足"。我们中国是历史悠久的文明古国，以礼仪之邦而著称于世，文献山积，汗牛充栋，为中华民族，也为全人类留下了宝贵的精神财富。认真总结和整理这些宝贵财富，使之发扬光大，造福于今日及尔后社会的发展，是我们史学工作者的历史责任。我们既然选择治史为毕生的事业，一生有读不尽的书，学不尽的知识，做不尽的学问，就应当永远以孜孜求学的学子心志，刻苦读书，精进不已。这是我们的天职，也是人生最大的乐趣。

三、时代责任与史家修养

60年前，中华人民共和国的诞生，向全世界庄严宣告，中国人民从此站起来了，中华民族任人宰割的时代已经一去不复返了。近30年间，中国共产党改革开放的伟大决策，使我们的祖国发生了翻天覆地的历史巨变，一个和平发展的泱泱大国，正高举建设中国特色社会主义的伟大旗帜，信心百倍，迈向未来。在建设中国特色社会主义的康庄大道上，构建社会主义和谐社会，实现中华民族的伟大复兴，这是全体中国人民的共同意愿，也是历史赋予当代中国史学工作者的神圣使命。为了同心同德、聚精会神地承担起这样一个光荣的时代责任,我谨提出如下几点建议,与史学界的同志们共勉。

首先,是一个学习问题。我们生活在一个伟大的历史时代,这是一个需要伟大理论的时代,也是一个产生伟大理论的时代。新中国稳步前进的60年,尤其是近30年的巨大历史进步,雄辩地证明,马克思主义不是教条而是真理,在马克思主义中国化的伟大历程中所形成的中国特色社会主义理论体系,一脉相承,体系完整,是指引中国人民从胜利走向胜利的强大思想武器。因此,我们在这里所讨论的学习,首先就是学习马克思主义经典作家的基本著述,学习马克思主义的基本原理,尤其是学习中国特色社会主义理论体系。我们应当在史学工作者队伍中大兴学习之风,倡导认真读书,刻苦钻研,使之蔚成风气,影响全社会。我们要通过这样的学习,统一意志,形成共识,从而焕发出理论创新的强大力量。这是当前必须进一步切实解决的根本问题,只有抓住根本,才能纲举目张。

其次,是一个实践问题。正确的理论来源于实践,实践是检验真理的唯一标准。因此,我们史学工作者必须发扬理论联系实际、实事求是的优良学风,深入生活,深入实际,深入广大人民群众中去,选取关乎社会发展的重大课题去展开研究。我们要在建设中国特色社会主义的伟大实践中,调查国情,了解国情,研究国情,一切从实际出发,听取群众的意见,反映群众的呼声,当好人民群众利益的代言人。与此同时,我们还要善于学会总结人民群众的实践经验,使之升华为理性认识,从理论与实践的结合上,回答广大人民群众提出的关系全局的重大问题。我们的理论是否正确,是否彻底,最终是要由人民群众的具体实践来检验的。

再次,是一个立场问题。今天的世界,同20世纪相比,已经发生了很大的变化。随着经济全球化的深入,世界日益趋向一体,而政治多极化趋势的形成和发展,又赋予这种一体以不同于霸权时代的深刻内容和鲜明特征。在当今的世界，认识和解决不同国家、不同地区，甚至是某一个局部的问题，往往都不能同这样一个时代特征割裂开来。因此，我们既要立足国情现实，又要具有世界眼光，善于学会在更广阔的时空中去认识和解决历史学发展中的问题，勇于在国际学术舞台上展示中国史学工作者的聪明才智，掌握学科前沿问题的发言权和主导权。当前，我们对这个问题重要性的认识，应当说还是很不够的，这方面的人才也不是太多而是太少。这样一种局面，理所当然要下大力气，制定切实规划，认真扭转过来。

复次，是一个胸襟问题。今天，我们的社会已经进入信息时代，各种现象错综复杂，千姿百态，用瞬息万变来形容，或许也不过分。我们史学工作者受到客观条件和自身能力的限制，对形形色色社会现象的认识，往往跟不上认识对象的千变万化。不仅如此，而且就是对同样一个人、一个现象、一件事情，由于我们的立足点不一样，观察角度不一样，具体所处的时间空间不一样，每每会形成不同的认识，甚至得出截然相反的结论。因此，我们要有开阔的胸襟，善于学会尊重不同意见，听取不同声音，摆事实，讲道理，多协商，多沟通。只要工作做细了、做好了，共识还是可以达成的。即使有些分歧一时难以弥和，搁置争议，求同存异，也不失为一个解决问题的办法。这大概就是我们的古代先哲讲的"和而不同"，"一致百虑，殊途同归"。

最后，是一个境界问题。我们中国是一个发展中国家，虽然经过新中国60年的建设，尤其是近30年改革开放的发展，我们的综合国力已经得到了较大的提高，人民的生活水平已经有了较大的改善，但是我们的人均国民生产总值还很低，同发达国家相比，还存在很大的差距。要缩短这样一个差距，需要中华民族为之付出几十年甚至是上百年，一代接一代的艰苦奋斗，不懈努力。这是一个必须清醒正视的客观现实。因此，我们千万不要满足于所谓世界第三大经济体的恭维，盲目乐观，忘乎所以。还是以脚踏实地，韬光养晦，认真做好自己的事情为宜。中国人民反对霸权主义，永远不称霸，这绝不是一时的权宜之计，而是社会主义的国家性质所决定的长远发展方针。孔子讲过一句很有道理的话，叫作"人无远虑，必有近忧"。我们的史学工作者无论办什么事情，讲什么道理，都必须从实际出发，从国家的大局出发，从世界的严峻局势出发，居安思危，忧患在胸。

"先天下之忧而忧，后天下之乐而乐"，这是中国古代哲人追求的修身境界。在建立新中国的伟大历史进程中，中国共产党人将这样的追求升华为"全心全意为人民服务"的高尚情操。新中国成立60年来，本着"为人民服务"的宗旨，为了中国历史学的发展，我国一代接一代的史学工作者，刻苦治学，甘贫甘淡，做出了不可磨灭的贡献。在新的历史时期，随着中国特色社会主义事业的胜利推进，随着我国哲学社会科学的进一步繁荣发展，我们必将为国家和人民做出更多更大的贡献。

原载《纪念郑天挺先生诞辰一百一十周年中国古代社会高层论坛文集》，中华书局2011年8月版

《求真务实五十载》序

今年，欣逢中华人民共和国成立55周年，中国社会科学院历史研究所亦迎来了建所50周年的喜庆日子。50年来，一代接一代的史学工作者，在历史研究所艰苦奋斗，求真务实，为新中国历史学的繁荣和发展，甘于寂寞，鞠躬尽瘁。有幸成为这个大家庭的一员，我们为之欣然，为之怡然。

由于不可抗拒的自然法则，当初创建历史研究所的众多学术大师，都已经永远离我们而去，20世纪60年代中以前来所的大批专家，亦大都退出了研究工作第一线。今天，主持本所各个学科工作的多位专家，在未来的几年内，也将陆续把接力棒传递给逐渐成长起来的学术带头人。当此新老交替的关键时刻，回顾既往，瞻望前程，认真总结50年的艰苦奋斗历程，对于推动历史研究所的建设，完成党和人民交给我们的进一步繁荣和发展哲学社会科学工作的神圣使命，无疑具有重要的意义。为此，我们将几代学者的有关回忆文字，稍事别择，辑录成编，既用以缅怀大师业绩，昭示本所坚持马克思主义历史观的正确方向，亦寄寓全所同仁实事求是的执着追求。

50年来，历史研究所每前进一步，皆得到全国史学界同仁的大力支持、爱护和帮助。历史研究所既属于我们，也属于全国史学界。借此机会，谨向史学界的各位专家、学者致以崇高的敬意和诚挚的感谢。日后，我们将一如既往，紧紧团结和依靠全国史学界，加强合作，促进交流，为进一步繁荣和发展我国的历史学乃至整个哲学社会科学而共同奋斗。

原载《求真务实五十载——历史研究所同仁述往（1954—2004）》
中国社会科学出版社2004年10月版

《古史文存》前言

10余年前，本所曾经约请同仁各选论文三篇，汇编成册，以留一学术档案。唯篇幅甚大，囿于当时的条件而未能出版。今年，正值建所50周年，我们缩小选文规模，再度约请同仁编选了此一论文集。一则用以祝贺所庆，再则亦可据以略窥几代学人实事求是的学术追求。

本论文集的作者，皆系本所研究员、副研究员。在职及离退休的同仁，由作者自行选文一篇，已经过世的师长，则烦有关专家代劳，亦人自一篇，共得文180篇。唯依然受诸方面条件的限制，除少数师长外，论文篇幅皆在1万言以内。因此，若干篇幅稍大的优秀论文皆未得入选，实不能尽称同仁的代表作。此外，个别研究人员因这样那样的缘故，未能如期选送论文，出版在即，只好割爱。

入集论文，上起先秦，下迄明清，大致以断代为类，凡作四卷，依次为先秦卷、秦汉魏晋南北朝卷、隋唐宋辽金元卷、明清卷。部分通贯论题，难以朝代断限者，则冠以综合之名，统置卷首。

历史研究是艰苦的创造性劳动，讲究字字有根据，句句有来历。学科的自身特点，规定了历史研究必须从史料出发，依靠坚实的学术积累，脚踏实地，务实求真，来不得半点的虚假和浮夸。历史研究又是建设有中国特色社会主义伟大事业的一个组成部分，学术的使命、社会的责任，要求史学工作者立足当代，服务人民，坚持用马克思主义的立场、观点和方法来指导我们的学术实践。我们的研究成果，必须尊重历史，实事求是。

历史研究所的50年，是一个艰苦奋斗的历史过程。50年来，一代又一代的史学工作者，为了国家和人民的学术事业，在这里辛勤工作，默默奉献。日后，我们将一如既往，用我们的创造性劳动成果，为马克思主义中国化的理论创新，为我国哲学社会科学的进一步发展和繁荣，为实现中华民族全面建设小康社会的伟大事业，学习、学习、再学习，奉献、奉献、再奉献。

陈祖武　谨识
2004 年 8 月 8 日

原载《古史文存》，社会科学文献出版社 2004 年 11 月版

"学人丹青"展览前言

  书法是中华民族的一门古老艺术，世代相传，历久弥新。其间既寄寓自强不息、坚韧不拔的执着追求，又蕴含深邃含蓄、韵味无穷的审美情趣，成为传承中华文明的一个重要载体。古往今来，学人而兼擅书法，浑然天成，大家辈出，洵称中华民族独具之优良传统。中国社会科学院历史研究所几代学人，将为人为学合为一体，在潜心问学的同时，亦以书法而陶冶情操，相辅相成，共臻佳境。欣逢"学人丹青"展览在郭老纪念馆隆重开幕，谨遴选同仁书法金石作品，敬请大雅郢政。

陈祖武　谨识
乙酉仲春敬题

关于纪念顾先生的一点感想

各位领导、各位专家：

很抱歉，因为山东省出版局要我去参加一个座谈会，下午还要发言，所以不能当面向各位请教，只好拜托荣军同志受累，替我向各位领导和专家表示歉意。

从求学师承的辈分上来讲，顾颉刚①先生是太老师。由于这一层关系，杨向奎先生生前多次向我回忆早年跟随顾先生读书的生活。据杨先生讲，先生早年的一些文章，尤其是《禹贡》半月刊上的文章，大都是顾先生命题作文，师生一道写，最后由杨先生署名。因此，杨先生也曾经像顾先生一样，命题让我作文。从 70 年代末到 80 年代初，这样的情况先后有三次。头两次的题目我稍知一二，所以勉强交了差。而第三次，杨先生以《三皇五帝》为题，要我为《中国大百科全书》写辞条。因为我的上古史知识太差，对顾先生的学说更是远在门外，结果当然只有失败，把文章作得一塌糊涂。杨先生虽然生气，但先生待我太宽厚，从此就不再提这件事。

事情已经过去 20 年了，我至今铭记不忘，时时引以自责。20 年间，虽然不断鞭策自己，认真学习顾先生的论著，把上古史这门课切实补好，但终因为学不勤，事与愿违。不过借此机会，我要向刘起釪先生、王煦华先生和顾潮先生表示深切的敬意，是他们几位给了我无私的

---

① 顾颉刚，中国社会科学院历史研究所研究员。早年任教于厦门大学、中山大学、燕京大学、北京大学、云南大学、兰州大学等校，中华人民共和国成立后，任中国科学院历史研究所研究员，曾兼任中国民间文艺研究会副主席、民主促进会中央委员等职。古史辨学派创始人，现代历史地理学和民俗学的开拓者、奠基人。杨向奎先生受业师。

指导和帮助。我从刘先生那里，得到了《尚书学史》《古史续辨》两部大著，王先生不仅给了我他编选的顾先生论著，而且还提供给我十分宝贵的顾先生晚年工作计划影印件。而顾潮先生的每一部大著，我都很幸运地成为拜读者。同时在这里，我还要感谢台北"中研院"史语所王汎森教授和山东大学王学典教授，我从两位教授和前述三位先生大著中所得到的教益，足以终身受用。

顾颉刚先生是学贯古今的大师，先生勤奋为学，终身以之，给中华民族乃至全人类的文明留下了十分丰富的遗产。1993年，在纪念顾先生诞辰100周年的学术讨论会上，我们的老院长胡绳先生高度评价顾先生的学术贡献，他指出："他的一生工作对于我们来说是一笔丰富的遗产，马克思主义者应该也必须很好的继承这笔遗产。不重视继承顾颉刚先生以及其他类似的遗产的人，就不是真正的马克思主义者。"10年来，中国历史学的实践已经证明，而且往后的发展还将继续证明，这是一个十分正确的意见。

占用了大家的宝贵时间，谢谢！

原载《纪念顾颉刚先生诞辰110周年论文集》，
中华书局2004年10月版

杨向奎先生致函[①]（两通）

一

祖武同志：

　　昨冒怀辛先生来云，方以智稿中材料为你所选，应将其所得分100元给你。我说你的人口多负担重，这样好。

　　又新学案一事亦托其转送，想均收到。

　　我近来远出，昨始回来，稿酬已分付。你家口多负担重，今后如有一时周转不便，请相告，不必客气。

　　敬礼

杨向奎

86.7.10

[①] 杨向奎，中国社会科学院历史研究所研究员。曾任中国社会科学院历史研究所秦汉史研究室、清史研究室主任，中国人民政治协商会议第五、第六届全国委员会委员，国务院学位委员会历史学科评议组成员。本人受业师。

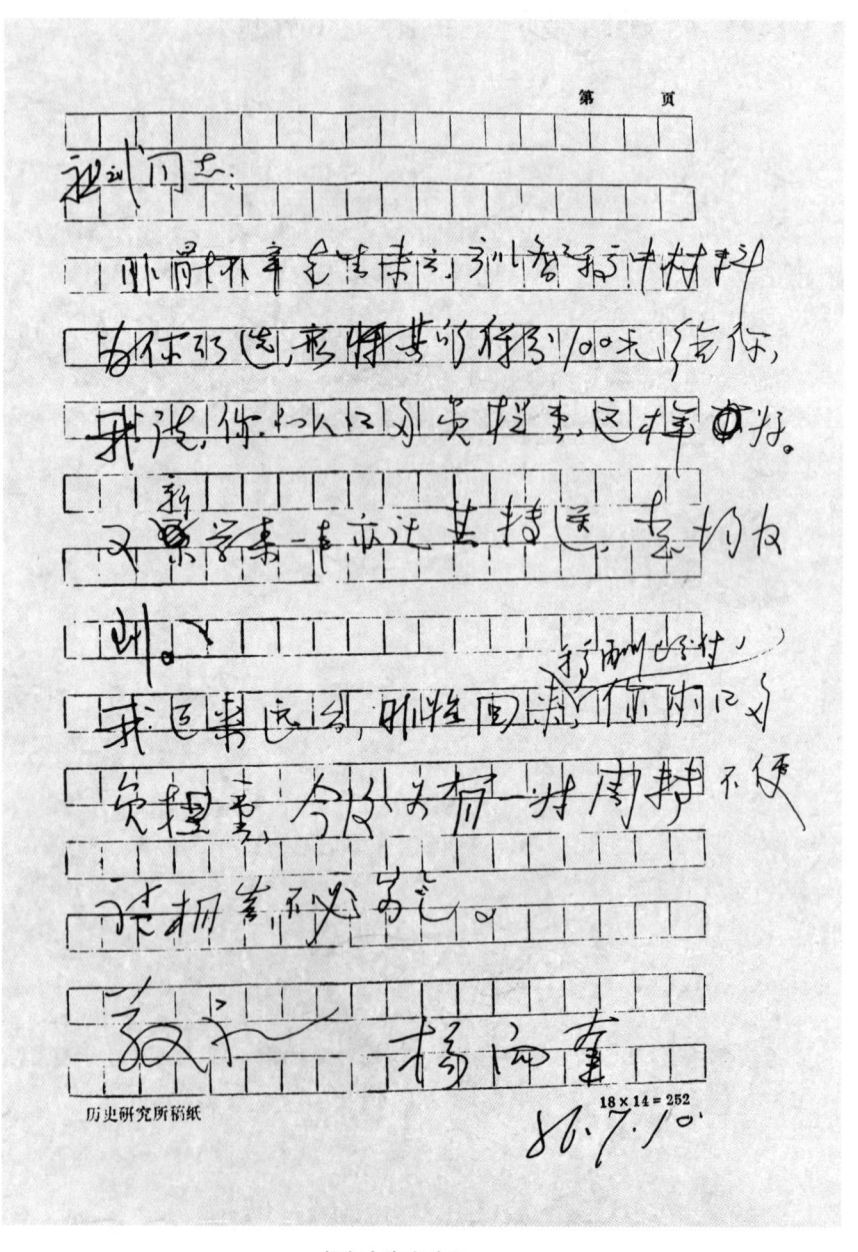

杨向奎先生致函 一

二

祖武同志：

　　接到来信，知道你还未收到我回来后给你的信，及冒怀辛先生转给你的 100 元稿费。都在清史室内保留（林永匡先生？），请有暇去取。

　　前几个月龄修同志曾有信给我，说有人在我处挑拨是非云云，我因为并无此事，不必辨白。一次我去所内，曾拟找龄修同志谈一谈家常，他说有事，也就放下。平常清史室无人到我家来，吴宏元、付崇兰是常客，吴是工作，付是便中来访，他们从来不谈清史室内事，因为我并不爱听。其他同志，一年或二年来一次都在春节。只是贺年，不作他语。

　　没有人利用我作什么营私的勾当，因为我无可利用，无权无势。又不善交游，只是伏案读书，一老书生而已。

　　我知道你是善意，我也只是说明我从来不牵连到意气之争中事。文人意气，我年青时也是如此，到老年自然消失。

　　盼你以私人友谊劝何龄修先生去掉离开意图。我知道他的困难，比如住房问题，定职称问题。都非我力所能及者。与何几十年友谊，我祝愿他一切顺利。

　　敬礼

向奎
86.7.12

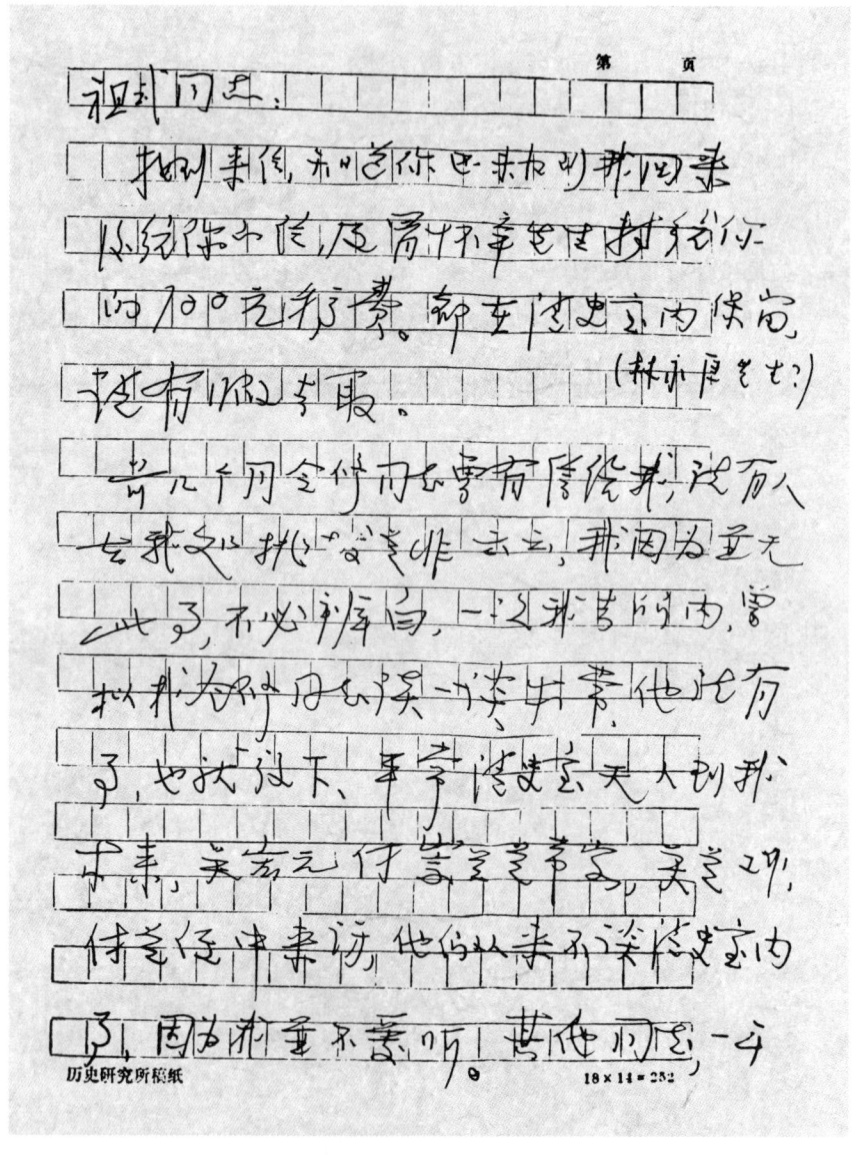

杨向奎先生致函 二（第1页）

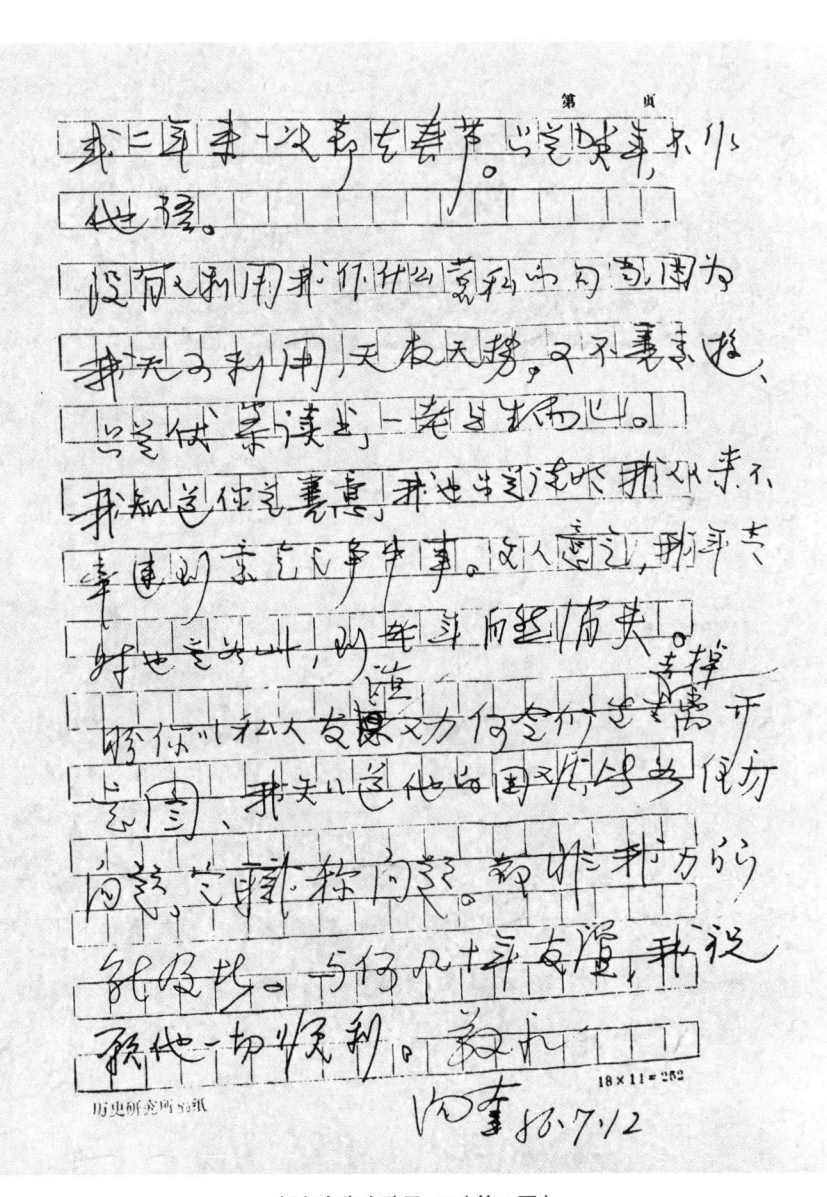

杨向奎先生致函 二（第2页）

《清初学术思辨录》序言

杨向奎

清初学术思想是对中国传统学术思想的反思及总结,在学术史上,这是一个光辉的时代,梁任公曾经把它比作西洋史上的"文艺复兴"。但我们一直到近百年前,并没有出现一个科学复兴时代,我们始终在传统的经史上旋转,而没有走出这宏大的包围圈。也就是说,我们的学术思想仍然停留在中古时代。我们发现并提倡人文主义最早,在两千年前,我们的哲人们就不听命于"神",而自己掌握自己的命运。在这方面,老庄学派是走在前面的。老子是楚国的"史老",来源于申,本来是沟通天人的媒介,但他们最先反对天神(上帝),而认为是"道"(自然)产生了宇宙万物,而不是神。他们充分认识了自然,也掌握了自然规律。我们可以说,这是哲学史上的伟大的革命运动,他们的思想不是消极的,而是积极的,将永放光芒。儒墨并兴,由自然返回人间,儒家发挥了人文主义而提倡"仁",墨家更深入了解自然而有《墨经》。

儒、墨、道三家,决定了中国两千年来的学术发展和哲学水平。两汉经学,是儒家与经学结合之自然结果。原始经学,《易》《诗》《书》《礼》本来不与儒家相关,但自孔子而后,据为己有,以儒家思想注经,遂使古代经典儒家化。西汉后,儒家成为学术思想界正统,于是经学成为我国人民的教科书,其影响之大,真正是"莫与伦比"。墨家科学表现在《墨经》中,我们以为,墨家之自然科学成就,在当时的世界上是首屈一指的,可以与它稍后的希腊科学比肩而传世。但秦以后,墨学不传,儒家一统,谈伦理而不谈科学,遂使《墨经》沉沦,而墨家"天下无人，墨子之言也犹在"的预言，徒成豪言壮语！

但儒家并没有停留在经学上，宋明理学发展了儒家哲学，尤其是程颢一派发挥了"仁"的思想，遂使儒家思想在哲学史上处于领先的地位。哲学主要是"本体论"，它追究本体即宇宙的根源，探讨它的性质，然后作"美德之形容"。科学讲宇宙，哲学谈本体。对万物说，宇宙是本体；对人类说，天地社会是本体。天地与社会结合起来，即中国传统的"天人"之学。理学家讲究天人之际，而程明道出色当行。宇宙之大德曰"生"，在自然科学领域，主要也是探讨宇宙之"生"的起源、原理及其结构。哲学是科学的先导，也为科学做总结。没有"生"就没有宇宙，更没有人类、万物。而具有人类的宇宙，就现在所知，只有地球。地球具有生生的条件，这条件是和谐的、善良的，也可以说是美的，我们的哲学家就称之曰"仁"。仁是造化之源，而草木枝干为造化之流。生之性又谓之息，息即信息或消息。生有信息，川流不已而天地成化，也就是宇宙万物形成而活跃起来。因之我们的宇宙是一个活泼的宇宙，是充满生机的宇宙，理学家形容它"万紫千红总是春"。这充满生意的宇宙，宋代理学大师程明道对它做了充分的发挥。清初思想界对宋明理学做了种种反思，但没有及大程之谈"仁"。至戴东原时，乃对于"生"的哲学做了适当的发挥。

戴东原说："果实之白全其生之性谓之息。"我们可以解"白"为素，"素"即素质或原素。果素具有生之性谓之息，息即信息，息即能量。有了信息、能量而宇宙万物成，宇宙万物成是谓"成化"。成化是化育万物，化育万物而哲学家为之作"美德之形容"，谓之曰"仁"。生生为仁，是程明道的主题思想，而戴东原继之有所发挥。天以生为道，而生生之谓"易"，无"易"无法谈"生"，于是东原谈一阴一阳而天地生生不已之道。阴阳的理论，在我国哲学史上凑附着许多模糊概念。其实，原义等于科学家之所谓正、负，我们说正电子、负电子，也就是阴电子、阳电子。任何事物都有正负，亦都有阴阳，否则不生不长而乾坤息矣，"乾坤息则无以见易"！这在科学上是常识，在哲学上也应当是简洁明了的概念。

天地之大德曰"生"，没有"生"则没有一切，没有时间，没有空间，也没有生命。而没有时间的空间是黑洞，是"乾坤息矣"！以此，天地而不生生是天地之不仁、不诚。哲学不能与科学背道而驰，我们的"仁"的哲学，和任何一位物理大师所理解的宇宙，都若合符节。因而可以说，我们的哲学思想并没有被科学抛在后面，但我们的科学却被我们的哲学抛在后面。于是而有"五四运动"之提倡民主与科学。

戴东原不仅发挥了我国的传统哲学，而且也发挥了清初顾炎武、阎若璩所创立的朴学，有了朴学，才有所谓乾嘉学派。乾嘉学派以皖及扬州为大宗，皖即江永、戴震及程瑶田，而扬即王念孙、王引之及阮元。戴震出于江永而传于二王，于是戴震为皖、扬两系不祧祖矣。

陈祖武同志能思善学，此《清初学术思辨录》大作，结合清初社会实际而谈学术思想，这是最正确的方法之一。我们不能脱离实际社会而谈社会思潮，"皮之不存，毛将焉附"！先秦诸子、两汉经学、魏晋玄学、宋明理学，都与当时之社会相关。继梁任公、钱宾四诸先生之后，祖武此书，将脱颖而出矣。

1990 年春节于北京

原载《清初学术思辨录》，中国社会科学出版社 1992 年 6 月版

记拱辰先师的一桩未竟遗愿

恭逢拱辰先师百年冥诞，遵《清史论丛》主编李世愉先生嘱，谨奉上纪念文字一则，敬申缅怀悒忱。

20世纪30年代末，徐菊人先生主编之《清儒学案》问世，总结一代儒学，篇幅达208卷之巨。40年代初，钱宾四先生以徐先生书"庞杂无类"，未尽信史，遂竭一人之力，锐意重修。稿成，竟罹不虞之灾，付诸东流，仅留下《清儒学案序目》一篇。70年代末，拱辰先师承宾四先生未竟之志，发愿结撰《清儒学案新编》。自1985年2月该书第一卷出版，迄于1994年3月全书八卷出齐，时间过去整整10年。1992年10月，该书完整出版在即，先师特地写下《清儒学案新编跋》一篇，文末记云："以后如有可能，我将补上本书有关的学术年表及校勘索引等项。"自1982年10月先师撰《清儒学案新编缘起》，迄于《清儒学案新编跋》脱稿，历时亦恰恰10年。常言道十年磨一剑，信然。

先师发愿结撰《清儒学案新编》，已入古稀，全书出齐，则年届耄耋。面对案头八册巨著，先师虽有补撰年表、索引之想，但年事已高，精力不济，故迄于逝世，终未能如愿。

先师晚年，曾经不止一次对祖武谈过，由于《清儒学案新编》在文字校勘上功夫下得不够，以致错误太多，所以想同出版社商量，看看能不能专出一册勘误。后来不知是什么原因，这一交涉久久没有一个结果。记得出版社主事先生曾来过一次长途电话，随后就再无下文。设身处地地想，或许应是出版社方面经济压力太大的缘故。

祖武忝为拱辰先师入室弟子，于《清儒学案新编》的结撰，未能始终其事。早期，仅为该书第一卷做过一些资料选辑和文字抄写工作。首卷出版之后，即因《清代全史》《清代人物传稿》等集体工作的需要，而把相关工作统统交给先师已故助手吴宏元先生。仅凭吴先生一己之力，当然不堪如此重负。因此，《清儒学案新编》文字错讹过多局面的酿成，祖武难辞其咎。愧对先师在天之灵，有负20余年教养深恩，简直无地自容。

先师辞世10年，经济、社会发展，国家政通人和，已远胜10年前气象。随着国家对古籍整理和研究事业支持力度的加大，先师遗愿已经有了实现的可能。齐鲁书社作为我国一家高素质的专业古籍出版社，如有计划将先师遗著整理再版，祖武不才，尚可驱使，理当为之竭尽绵薄。

原载《清史论丛》2010年号，中国国际广播出版社2009年12月版

《杨向奎集》编者的话

杨向奎先生，字拱宸，河北丰润人。生于1910年1月10日，2000年7月23日在北京病逝，享年90岁。先生1935年毕业于北京大学历史系，后相继执教于甘肃学院、西北大学、东北大学、山东大学，作育人才，桃李满园。1956年调中国科学院历史研究第一所任研究员，迄于逝世，皆在中国社会科学院历史所从事史学研究。

先生一生广泛涉足于经学、史学、哲学和理论物理学，博赡通贯，著述宏富。早在1943年，先生即已发表专著《西汉经学与政治》。60年代初，《中国古代社会与古代思想研究》（上下册）问世，先生遂据以跻身史坛大家之列。改革开放以后，先生年届耄耋，精进不已，又结撰专著多种，计有《清儒学案新编》《大一统与儒家思想》《宗周社会与礼乐文明》《墨经数理研究》《自然哲学与道德哲学》《哲学与科学》以及主持编纂《中国屯垦史》等。博通经史，兼擅文理，在20世纪的中国学术界，并不多见。

先生勤奋为学，终身以之，一生为文数以百篇计。自20世纪80年代初起，先生曾数度应出版社之请，选文结集出版。先后问世者，计有《中国古代史论》《绎史斋学术文集》《繙经室学术文集》《杨向奎学术文选》《杨向奎学述》等。最近，根据中国社会科学院科研局和历史研究所的安排，我们从先生的诸多学术论文中，选出25篇，凡分社会与理论、思想与学术、科学与哲学等3个部分，借以一觇先生为学之大要。篇末则附以李尚英学兄所辑《杨向奎先生年表》《杨向奎先生主要论著目录》以及《杨向奎先生传略》。囿于学力，所选未必允当，谨请各位专家和读者指教。不肖弟子陈祖武偕学生袁立泽、林存阳、杨艳秋谨识。时当2005年乙酉仲秋日。

陈祖武
2005年9月

原载《杨向奎集》，中国社会科学出版社2006年8月版

任继愈[①]先生赐示并题签

一

陈祖武同志：

今送上《文学典》《医药卫生典》各一册，作为样书。还有一包资料供参考。

请您最近抽时间浏览一下，有了一个初步印象，我们再找一个共同合适的时间，议一议，设计一个《哲学典》的框架。框架搭起来，就可以开始操作。这项工程太大，如果设计不合理，中途（反）[返]工就困难了。

我希望您来参加这项工作，不光是帮助我，也是为后人提供一部可以信赖【的】工具书，这个《哲学典》拟分三个《分典》，我想约请您担任一个《分典》的主编，把这项工作抓起来。

您平时不是每天上班吧？祝好。

任继愈
2000.3.14

最近打算约几位同志共同议一议，他们是：
钟肇鹏，社科院道教室。
李申，宗教所儒教室。

[①] 任继愈，中央文史研究馆馆员，曾任中国科学院世界宗教研究所所长、国家图书馆馆长、国务院古籍整理出版规划小组顾问。

王德有，中国大百科副总编。

焦树安，国家图书馆参考研究部主任，刚退休，北大哲学系毕业。

阎韬，南京大学哲学系教授（刚退休），原任《南京大学学报》主编。

周强，北大中文系教授。

现在专攻哲学的，如哲学系的教师，对古代文献不大熟悉，有的古汉语训练差，所以暂时没找他们。

焦树安同志全部时间帮助我筹画大典工作。

北京图书馆
THE NATIONAL LIBRARY OF CHINA

Address: 39 Bai shi Qiao Road, Beijing, China Telephone: 8315061 Telex: 222211 NLC CN

陈祖武同志：

　　今送上《文字典》、《医药卫生典》各一册，作为样书，还有一包资料供参改。

　　请您抽近抽时间浏览一下，有了初步印象，我们再找一个共同合适的时间，谈一谈，设计一个《哲学典》的框架。框架搭起来，就可以开始操作。这项工程太大，如果设计不合理，中途返工就困难了。

　　我希望您来参加这项工作，不光是帮助我也是为后人提供一部可以信赖之参考。这个《哲学典》拟三个《分典》，我想约请您担任一个《分典》的主编，把这项工作抓起来。

　　您平时不是每天上班吧？

好，
祝

任继愈
2000.3.14.

任继愈先生赐示 —（第1页）

56 感恩师友录

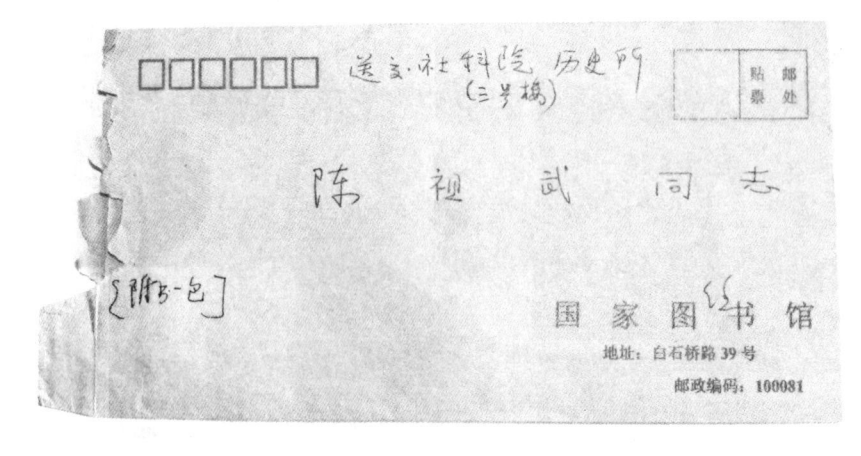

任继愈先生赐示 一（第 2 页及信封）

二

祖武同志：

　　书名，如横排时①，可以剪开用，不知何时出版？

　　祝

好

任继愈

2004.6.5

"学"字，王羲之曾用过，不是简体字。

---

① 按：此指《乾嘉学术编年》题签。

58 感恩师友录

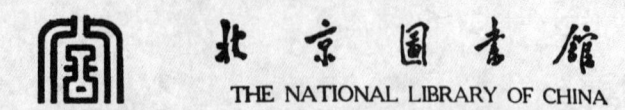

桃武同志：

世存二楼㭴时，可以
剪开用。不知何时出
版？
 　　　　顺
好。
　　　　　　　任继愈
　　　　　　　2004.6.5.

"学字、主义"之旁用 ∴、不是官话。

任继愈先生赐示 二

任继愈先生赐示并题签 59

乾嘉学术编年

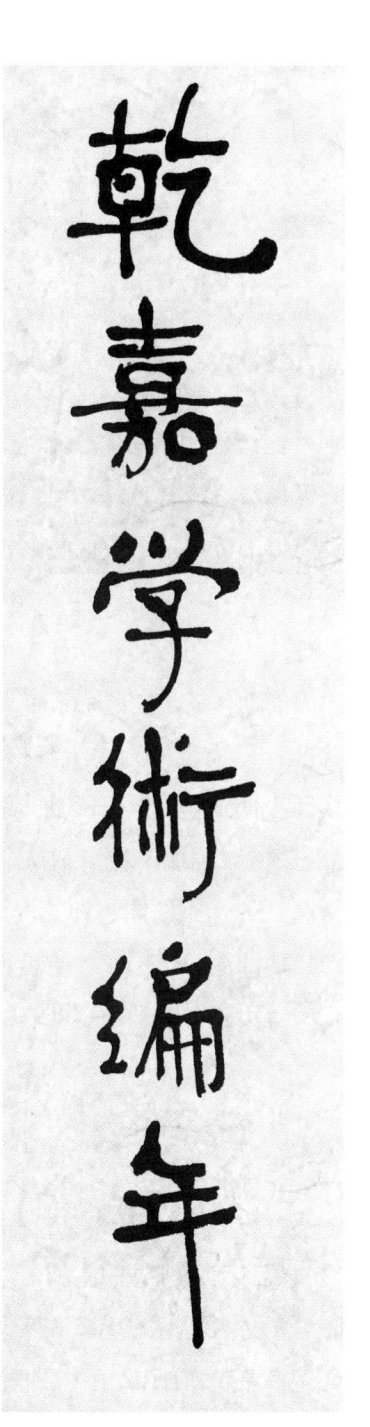

任继愈题签

任继愈先生题签

永远的楷模
——在《任继愈文集》出版座谈会上的发言

在今天的中国学术界，一位老前辈在走了数年以后，大家还如此思念他、纪念他，没有第二个人。我想在中国 21 世纪初的学术界能够让学人无尽思念的就是任先生。任先生留给我们的，不仅是他的宏富著述，更重要的、更值得我们薪火相传的是他崇高的人格和不朽的精神。

我讲一个事情，任先生如何教会我要尊老敬贤，我从任先生身上看到，任先生是怎么样关心爱护培养后学的。我举几个例子：任先生晚年，当时有两位先生在我们研究所工作，一位是张政烺先生，一位是杨向奎先生。任先生每一次给我打电话，首先要问这两位先生的健康情况，实际上任先生就是告诉我，你必须要敬重这两位老前辈，要把他们照顾好。对老人如此，对年轻人也是如此的爱护。我以前没有讲过，任先生最关心的金正耀同志的情况，在家里还经常谈起李申同志的情况，待他像自己的孩子一样。关于正耀同志的工作安排，任先生两次给我打电话，希望历史所能把正耀同志留下来，后来因为专业不对口而没有留下来。

任先生爱护入室弟子，但对我的爱护也不亚于他的入室弟子。方才张岂之先生的建议我完全赞成，《任继愈文集》应该增加一个书信集。任先生给我写的第一封信就是动员我参加《中华大典》的编辑，任先生让我做《儒学编》分卷的主编，还介绍了他们的情况。我感谢任先生的器重，我就接受这个任务。但是对不起老人家，2003 年我因病在北京医院住院，不仅血压高，而且还戴上糖尿病的帽子。没有办法了，我只有跟任先生如实报告，任先生理解我的身体情况，就同意我退出《中华大典》的工作，我安排了几个年轻同志来参加，后来在李申同志的领导下把这个工作做完。虽然我没有参加，把任先生给我安排的工作做好，但是任先生始终培养我。在一次全国图书评奖会上，那时候我50岁刚过，没有在大会上发言的资格，当时应该是任先生发言。会上，有专家对程千帆先生主编的《中华大典·隋唐文学卷》提出异议，有异议就要想办法解决处理。本来应该是任先生讲，但任先生要培养年轻人，就让我来讲，把我们小组的建议向各位评委汇报，后来讲了以后，终于得到了谅解。

《中华大典·隋唐文学卷》评上了奖，这是《中华大典》获得的唯一一个国家图书奖。这个项目拖了这么多年，是任先生去世之前最挂念的问题，没有完成。在《中华大典》重新启动的时候，任先生点名让我在京西宾馆发言，其实也是培养我。后来《中华大典》后期的工作遇到一些障碍，《政治卷》没有人做了。任先生又让人民出版社到我家动员我来做这个事情，我身体不好，我推荐了其他人做。后来这个稿子我写了很长的审读意见，我希望《中华大典·政治卷》按照任先生生前的愿望，把它做成精品，来一个善始善终。虽然我没有把任先生安排的工作做好，但是任先生始终不记在心里，相反不断地鼓励、爱护。任先生多次打电话，问我需要什么药，推荐医生给我看。

我讲这些亲身经历的事，是说任先生给我们留下崇高的人格和不朽的精神。今天我这个发言要是有个题目的话，就叫作"永远的楷模"。

原载《科学与无神论》2015年第4期

程毅中先生赐示并题签[1]

祖武先生赐鉴：

　　遵嘱试写书签两条，拙劣不堪，如不适用，弃之可也，或缓日重写两条呈上。[2] 因视力衰退，大字较小字略可藏拙。乞不吝赐教。

　　此请

暑安

程毅中　拜上

（二〇一八年）六月二十八日

---

[1] 程毅中，中央文史研究馆馆员、中华书局编审，曾任中华书局副总编辑、国务院古籍整理出版规划小组成员。

[2] 按：此指书"清史稿儒林传校读记"题签。

祖武先生赐鉴：

这幅试写书签两条，拙劣不堪。如不适用，弃之可也。或缓日重写两条呈上。因视力衰退，大字较小字略可藏拙。乞不吝赐教，此请

暑安

程毅中拜上
七月二十八日

清史稿儒林传校读记

程毅中先生赐示并题签

祁龙威先生赐示并赠书[1]

祖武先生大雅著席：

顷约熊月之（将负责撰写《清史·西学志》）、周积明（负责撰写《清史·思想文化志》）等专家于三月十五日至十七日会于扬州，商量三志协调事宜。拟请文旌惠临指教，以慰饥渴。如蒙许可，当报清史典志组，请郭成康同志联系往返事宜。不胜企盼，恕其冒渎。

　　顺颂
春禧

弟　祁龙威敬上

二〇〇五，二，廿八

---

[1] 祁龙威，扬州大学社会发展学院教授。

扬州大学社会发展学院

祖武先生大雅青席：

顷约熊月之（将负责撰写《清史·西学志》）同积明（负责撰写《清史·思想文化志》）等专家于三月十五日至十七日会于扬州，商量三志协调事宜。拟请 文旌惠临 指教，以慰饥渴。如蒙 许可，当报清史典志组，请郭成康同志联系往返事宜。不胜企盼，恕其冒渎。

顺颂

春禧

弟 祁龙威敬上

二〇〇五，二，廿八。

地址：扬州市四望亭路180号 扬州大学瘦西湖校区   电话：(0514)7975505

祁龙威先生赐示

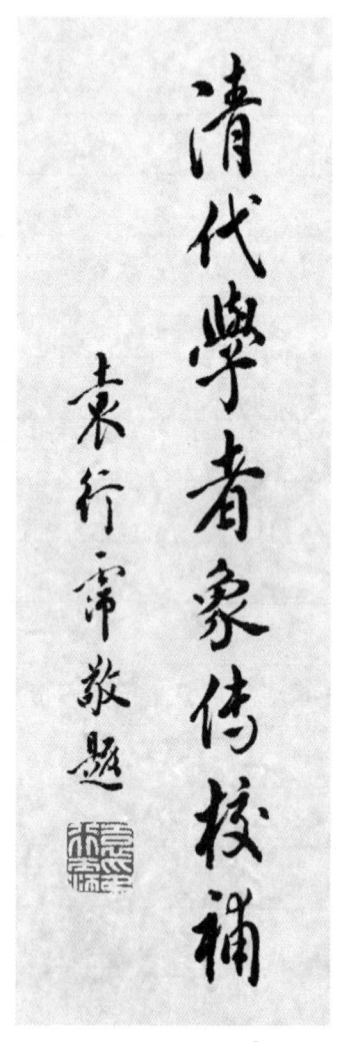

袁行霈先生题签[①]

---

① 袁行霈,中央文史研究馆馆长,北京大学中文系教授、国务院古籍整理出版规划小组副组长。

《容肇祖全集》书后

欣悉《容肇祖全集》编纂葳事，行将送请齐鲁书社出版，闻讯雀跃，欢忭无似。遵学长张荣芳教授之嘱，谨赘数语，忝附骥尾，既致诚挚祝贺和深切敬意，亦借以一申数十年景仰先生学行之悃忱。

容先生原名念祖，后改肇祖，广东东莞人，生于1897年12月1日，1994年元月23日在北京病逝，享年九十有八。先生年少在乡随舅邓尔雅先生问学，由小学入手而究心文史，学养有素，根底坚实。稍长，负笈京城，就读北京大学哲学系。1926年毕业，南下厦门，旋返广州，历任厦门大学、中山大学、岭南大学之国文、哲学、历史诸系讲师、副教授，主编《民俗周刊》。1934年，承陈垣先生相邀，北上京城，执教辅仁大学国文、历史、哲学三系，兼任北京大学哲学系讲师。抗日战争爆发，先生随母校南迁长沙，辗转至昆明，任教于西南联大文学院。1940年秋，取道越南赴香港治病。战火阻隔，难回滇中，先生再至中山大学任历史系教授。抗战胜利，1946年10月，先生重返北京大学哲学系担任教授。新中国成立，因工作需要，先生于1953年调北京市文教委员会，1956年再调中国科学院哲学研究所担任研究员，迄于逝世。

容肇祖先生乃20世纪吾国学坛之巨擘，人格高尚，学术湛深，望重四海学林。先生之学，博赡通贯，一生广泛涉足于文学、史学、哲学、民俗、文献等众多领域，著述宏富，贡献卓越，早在20世纪30年代初，即已脱颖而出，先后有专著《迷信与传说》《中国目录学大纲》《中国文学史大纲》《李卓吾评传》《魏晋的自然主义》《韩非子考证》等问世。其后，先生之主要关注，渐集中于中国古代思想的论究。1935

年，开始结撰《明代思想史》，发愿以之为起点，矢志以往，日积月累，最终完成《中国思想史》的编纂。先生之究心明代思想，既以黄宗羲所著《明儒学案》为重要参考，却又不为黄氏书所拘囿，而是主张超越黄氏《学案》，通过梳理文献，显现一代思想之真相。先生于此有云："我们认识时代，不能靠二百数十年以前人的论述，以为观察更前人思想的标准。因此，我想要认识黄氏《学案》编述的好处，以及摆脱黄氏《学案》的束缚，想尽得黄氏所根据诸书读之。"先生所倡导的方法是："日夕细读各家著作，细大不遗，一家既毕，再看他家。其值得注意的述之，不值得注意的放之过去。做成客观的叙述，使前人的思想，明白的显现在我们意识之前。"（《明代思想史》卷首《自序》）先生正是秉持这样的宗旨，由爬梳明代学术文献入手，原原本本，有据有依，历时五年，于1940年8月，完成了具有奠基意义的不朽之作《明代思想史》。

完成《明代思想史》之后，先生一如既往，精心搜讨，发潜阐幽，致力于中国古代思想，尤其是明清思想文献的梳理。虽然由于客观环境的制约，先生最终未能实现结撰《中国思想史》的宏愿，然而创辟榛莽，一步一个脚印，在在可见学术巨匠留下的开拓足迹。迄于逝世的数十年间，先生所撰写的一篇篇专题论文，诸如《方以智和他的思想》《潘平格的思想》《焦竑及其思想》《吕留良及其思想》《何心隐及其思想》《吴廷翰的哲学思想概述》，等等，无一不是寒暑孤灯，朝夕辛勤，精心爬梳文献而得。故而这些论文皆能发前人之所未发，开启先路，允称不朽。1986年7月，先生从中遴选20篇，题为《容肇祖集》，送请齐鲁书社刊行。在该书卷首《前言》中，先生将自己一生的学术追求归纳为12个字，即"拾寒琼于芳草，著潜德之幽光"。如此笃实而崇高的旨趣，字字千钧，掷地有声，为20世纪的吾国学术，树立了一座不朽的丰碑。

《容肇祖全集》的编纂出版，荟萃先生一生之辛勤，既是对先生最好的纪念，可以告慰先生于九泉，也为中华民族保存了一份珍贵的学术文化遗产。继承和发扬容肇祖先生的学术精神和事业，实现中华民族的伟大复兴，乃今日吾侪学人的历史责任，谨书此以求教四方先进。

陈祖武　谨识

2012 年 12 月 24 日

原题《拾寒琼于芳草　著潜德之幽光 ——〈容肇祖全集〉序》，载《容肇祖全集》，齐鲁书社 2013 年 12 月版

《清代学术史讲义》书后

20世纪40年代中，八年抗战胜利，柴青峰先生德赓教授[①]重返辅仁大学执教，在史学系讲授隋唐史、清代学术史。年前，欣悉先生当年授课之《清代学术史讲义》，承李瑚先生记录珍藏，行将刊布。新年伊始，有劳商务印书馆责任编辑丁波同志费心，将《清代学术史讲义》清样寄至寒舍，连日恭读，受教良深。遵青峰先生亲属嘱，谨以受教一得奉附先生大著后，敬抒数十年私淑景仰之惘忱。

青峰先生之《清代学术史讲义》，上起明清易代，下迄乾嘉两朝，凡作八章。开宗明义，先生即向诸生绍介董理清代学术史的几部基本著述。第一部是民国初清史馆所修《清史稿·艺文志》，第二部是晚清张之洞著《书目答问》，第三部是嘉庆间江藩著《汉学师承记》，第四部是道光间唐鉴著《国朝学案小识》，第五部是民国中徐世昌主编之《清儒学案》。以上五部为一类，皆属以我国传统史籍编纂法结撰之著述。先生所列之第二类，则是依西人章节体新法编纂之著述，即梁启超、钱穆二位先生之同名史籍《中国近三百年学术史》。

《清代学术史讲义》第一至第三章，皆讨论清初学术。第一章以"清代学术发达之原因"为题，从晚明学风转变、西学输入、政治变迁及理学营垒程朱陆王势力之消长等四个方面入手，准确地揭示了宋明理学向清初学术转变之历史大势。第二、三两章，则分别题以"遗民中的学人领袖"和"初期汉学家"，深入剖析黄宗羲、顾炎武、王夫之和阎若璩、毛奇龄、胡渭、顾祖禹、黄仪诸家学行，据以一觇顺治、康熙

[①] 柴德赓，北京师范大学历史系教授，曾任北京师范大学、江苏师范学院历史系主任。

两朝学术演进之轨迹。第四至第六章，则以吴、皖、扬州三派经学家各自为类，一一探讨不同地域之学术在乾嘉间之分野。论究所及，凡涉惠周惕、惠士奇、惠栋祖孙并惠门诸弟子，江永及戴震、金榜、程瑶田诸皖学后劲，以及汪中、焦循、阮元并宝应、仪征刘氏诸儒。第七、八两章专论乾嘉史学，一为浙东史家全祖望、章学诚，一为江南赵翼、王鸣盛、钱大昕三大史家。

柴先生《清代学术史讲义》八章，虽篇幅不大，然布局有法，提纲挈领，入清以后180余年间之学术大要，已然清晰呈现，可据可依。年轻学人凭此坚实基础，据以深入开拓，精进不已，自可创辟新境，愈阐愈密。同20世纪二三十年代问世的两部《中国近三百年学术史》相比，青峰先生之所著，既有如梁、钱二位先生论著一般的学术源流梳理，更有对援庵老先生学术和精神之发扬光大。全书不唯以学术史事爬梳之精确见功力，而且尤以史家及史部文献之湛深论究显睿识，讲史德，重操守，讲史源，重文献，讲史法，重实证，循循善诱，门径朗然。在清代学术史研究的奠基阶段，接武梁、钱二家所著，允称后出转精，鼎足而立。

陈祖武　谨识
2012年春节于京东潘家园

原载《清代学术史讲义》，商务印书馆2013年6月版

《史籍举要（修订本）》书后

柴青峰先生遗著《史籍举要》，自20世纪80年代初整理问世，30余年过去，迭经再版，泽被四方，培育了一代又一代的文史学人。为发扬先生之精湛学术与不朽精神，商务印书馆同苏州大学合作，将该书纳入《柴德赓先生全集》，于近期修订蒇事。承主事诸位盛谊，日前，颁下该书修订本清样至寒舍，连日诵读，受教至深。遵嘱，谨陈感言一则奉附骥尾，敬请方家大雅指教。

拜读《史籍举要（修订本）》清样，重聆青峰先生教言，温故知新，倍感亲切。再读许大龄先生于卷首所撰序文，当年之燕园拜谒历历在目，和煦春风又起，不禁为之潸然。黄永年先生《读柴德赓先生〈史籍举要〉》大文之全文登录，既可见黄先生于青峰先生之衷心仰止，亦展示了老一辈学术大家的深厚学养和博大襟怀。一书一文，若双璧辉映，相得益彰。尤为感佩且引为楷模者，则是邱敏先生于青峰先生师恩之终身铭记和报答。30余年前，邱先生与胡天法、许春在二位先生一道，在繁忙教学之余，牺牲自我，无私奉献，精心整理青峰先生之授课讲稿，克成《史籍举要》大著。30余年后，邱先生不顾年高，再将旧日劳作逐字逐句精心校订，且以"黄按"方式，将黄永年先生生前真知灼见逐一恭录于相关页下校记之中。师门旧著，历久弥新，允称功德无量。

《史籍举要》经过此番之修订，既完整地保留了青峰先生原著无可企及的厚重学术分量，又因增添若干弥足珍贵的研究资料，不唯使旧日整理本更加完善，而且亦成就了当代学术史上的一段佳话。从柴青峰先生，经许大龄、黄永年二位先生，到邱敏先生，我们不唯可以通过《史籍举要》的编纂、整理和校订，深切地感受到诸位先生的专精学术，而且亦可学习到老一辈学人对国家、民族学术文化事业的高度责任意识和一丝不苟、精益求精的敬业精神。继承和发扬这样一份可贵的精神遗产，正是今日我们学人义不容辞的神圣使命。

一书在手，获益无穷。欣逢《史籍举要（修订本）》问世在即，谨书此以志祝贺。

陈祖武　谨识
2014 年 11 月 16 日

原载《史籍举要（修订本）》，商务印书馆 2015 年 10 月版

一个极其宝贵的遗产
——在《柴德赓点校新五代史》新书发布暨《柴德赓全集》启动仪式上的发言

我就简单讲几句,我要感谢商务的于总①、陈总②,还有丁波③同志,感谢你们送了我这么好的书,让我来聆听诸位专家的教诲。这个书我提前两天收到了,这两天我都在拜读,大家都知道我是迂夫子,知识面很窄,只读清代两百多年的书,《五代史》虽然我读了,新旧《五代史》我都读过,但是我没有发言权。这一次我拿到柴先生的这个书以后,我是把这个大作和中华书局的《五代史》摆在一起来对读的。读了以后,我就有这么一个深刻的感想。柴先生这个书啊,作为柴先生个人来讲,这是我们今天对他辛勤劳作的纪念。对我们整个中国学术界来讲,这是柴先生留给中国史学界、文学界以及整个学术界的一个极其宝贵的遗产。我想我们要提到这个高度来认识这个书的价值。为什么这么说?虽然我没有读完,只读了前面的三卷和最后的一卷。我再三感到,就柴先生个人来讲,他的深厚的学术素养,可以从中看得出来。不仅是学术上的,我们可以在文献当中找到依据。柴先生留给我们最可贵的,可以传之万代的,是他的精神和方法。我们可以从这个书看到老一辈的史学家如何读历史文献、如何校勘历史文献,严谨、精勤、一丝不苟,用这八个字。今天我们有些人急功近利,给整个社会、整个学术界带来的风气太坏。现在我们最缺的就是严谨、精勤、一丝不苟的精神。我谢谢商务

---

① 于殿利,时为商务印书馆总经理。
② 陈小文,时为商务印书馆副总编辑。
③ 丁波,时为商务印书馆文津公司总编辑。

印书馆一早就派一个青年去接我，在路上我就跟他讲，这个社会最缺的就是责任意识。像刘先生[①]、邦衡先生[②]，还有智超[③]、林东[④]各位兄长，还有曹先生[⑤]，我们过去读书、做学问，是把它当作事业，不是把它作为谋生手段。可能（由于）今天的差别，年轻的同志，我们要替他们考虑，他们迫于生计，他们为了谋生来做这个事。如果古籍整理工作，把它作为谋生手段来做，绝对做不好的！要作为一个事业来做。柴先生就是作为事业来做。

借这个机会，我向各位汇报这两天读到的柴先生深厚功力的几个体现。尚君同志[⑥]你是专家，你看我读书的心得合不合适。不合适请你提醒我。我认为，在我读的前三卷，有两个地方，柴先生作的校勘，我们在今天中华点校本里看不到。所以刚才邦衡先生很怀疑，说中华拿了柴先生的手稿，结果他们没用，这是个疑案。我是学历史的，我相信总有水落石出之日。即使50年出不了，100年也会弄清楚。这个可以不管它。我讲柴先生有几处的校勘很见功力的。尚君同志，我讲第一条（《柴德赓点校新五代史》，第50页），朱温有门客谢瞳，《旧五代史》用的是目字旁的瞳，柴先生校的是："贵池本作曈。"日字旁的曈，柴先生从这两个字之差，又把《旧五代史》家人传里的谢曈找出来，说曈字子明，以文义核之，贵池本是对的。《旧五代史》与柴先生平常使用的本子（即石印殿本）是错误的。柴先生没有讲，但是我们看一看《说文解字》，曈字是说太阳初出的面貌，和子明的字就吻合了。所以这是柴先生的功力体现。其他人校不出来。我们上海华东师大的那些专家也没有校出来。这就是柴先生的过人之处。第二个例子（《柴德赓点校新五

[①] 刘家和，北京师范大学大学历史学院教授。
[②] 柴邦衡，原吉林工业大学教授。
[③] 陈智超，中国社会科学院历史研究所研究员。
[④] 瞿林东，北京师范大学历史学院教授。
[⑤] 曹永年，内蒙古师范大学历史学院教授。
[⑥] 陈尚君，复旦大学中文系教授。

代史》,第66页),在昭宗天祐元年闰四月甲辰,柴先生根据《五代史纂误补》,认为四月无甲辰。柴先生为什么这么说,正像智超兄说的,柴先生是沿着陈垣老的路子走的,陈垣老编的那个工具书《二十史朔闰表》中可以查到,闰四月才有甲辰,所以要补个闰字。中华那个本子也没有。

尚君同志,还有个例子(《柴德赓点校新五代史》,第64页),就是"约出天子以为解甲",意思是约出天子,仗就不打了。《新五代史》点校本(中华书局本)在"解"字断句,但还剩一个"甲"字,读不通了。但是后面校勘记说"甲"字下加一个"子"字。柴先生就比较严谨了,他说其他本都没有"子"字,所以存疑,以后作为参考。可以看出,老一辈很严谨。

我举这三个例子啊,尚君同志你看,若不对,你批评我。另外,我(以前)没有见过念东同志,我读这个书的时候,很佩服念东同志,他做得很认真。邦衡先生跟我讲,念东同志不是学历史的,是学工科出身的,能做到这个程度啊,我真佩服。我拜托念东同志啊,因为希望在他身上了,邦衡先生年事也高了。(柴邦衡插话:我补充一下,家父一直为我们兄弟没有学历史感到遗憾,后来一封家信说:今后就看小东的了。)刚才我还跟念东同志讲,你走的路很正,怎么走?一步一步往前走。我希望把柴先生的日记、札记、书信整理好,不要有任何疏失。这个书我刚才讲,功德无量,在哪里呢?现在我们知道,我们国家有两个部门在做二十四史的点校本整理工作,一个是国家出面的中华书局,尚君同志在这里,他的感受应该更深,有了柴先生的这个书,你的成果应该可以超过他们(华东师大的前辈)。还有许嘉璐同志带了一些人,组成中华文化促进会,他们也做这个事。我看了那个本子,尚君同志不知你看了没有,他们那个《三国志》做得很好。这个书他们若是看见,恐怕也是如获至宝。学术是天下之公器。

我也要向邦衡和念东同志表个态,如果你们在整理柴先生的文稿当中，有需要我效力的地方，我一定效劳。我说得不对的地方，请大家批评。

原载《青峰学志——柴德赓先生110周年诞辰纪念文集》，
商务印书馆2019年8月版

《清史稿儒林传校读记》举要
——在柴德赓诞辰 110 周年学术研讨会暨《柴德赓全集》学术委员会会议的书面发言

柴青峰先生早年讲授《清史稿》，于该书有一经典之基本评价，多历年所，允称不刊。先生认为，《清史稿》是学清史的人的基本参考书，所据的史料是极丰富的，但缺点很多。诸如复辟思想浓厚、不奉民国正朔、夸美清朝统治、重复舛漏、差谬时见，等等，简直不胜枚举。因此，先生据以得出结论："以其内容论，志、表尚属有用，本纪简略，列传最下。"青峰先生何以要用"最下"二字来批评《清史稿》的列传一类？除历史观及治史态度之外，先生一语破的，乃在于《清史稿》之列传部分"是转手多次以后的资料"。遵青峰先生之教，读《清史稿·儒林传》数十年，近期幸成校读札记一帙。欣逢先生 110 周年冥诞，谨奉上札记大要，以申景仰悃忱。

一、校读前言

《清史稿·儒林传》凡四卷，卷一至卷三，大致以学术宗尚区分类聚，略依年辈先后为序，著录一代儒林中人近三百家生平学行。卷一专记理学诸儒，二、三两卷分记经学、小学、史学及诸子学中人。所录各家，人自为传，或独领一篇，或诸家共席，首尾一贯，自成体系。凭以知人论世，可得一代学术演进大要。卷四则沿《明史》旧规，专记入清以后，历世衍圣公之承袭，唯无以附丽，乃置诸《儒林传》末。由于《清史稿·儒林传》前三卷所具学术价值，因之自 1928 年刊行以来，一直以治清代学术史之基本史籍，而为学人所重视。

然而清史馆开，正值民国肇建，军阀纷争，社会动荡，并非史家潜心修史之时。故而蹒跚十四载所成之《清史稿》，错讹甚夥，争议不绝。诚如20世纪中，点校《清史稿》诸位专家所言："《清史稿》成于众手，编写时很少照应，完稿以后，又未经复核改定，匆忙刊行，校对也很不认真。因此体例不一，繁简失当，往往发生年月、事实、人名、地名的差误，遗漏颠倒，以及文理不通的现象。此外，还有史事论断的错误。"同《清史稿》全书相比，《儒林传》本来基础很好，既有《清国史》旧文可据，又有晚清国史馆耆硕缪荃孙先生提供之初稿，理当脱颖而出，独步全书。缪先生过世，在其后的八九年间，如果后继者能够勤于比勘，精心校核，则不难订讹正误，去非存是，编就上乘信史。恰恰相反，由于史馆管理无章，统稿乏人，加之后期急于成书，斧钺随意，以致酿成《儒林传》的过多失误。

《清史稿》成书之后，迄今曾经有过两次较大规模的集中整理。第一次是新中国成立初期，自50年代末起，国家集合四方专家，对《二十四史》及《清史稿》的系统点校。第二次则是七八十年代，中国台湾地区众多清史专家合作完成的《清史稿校注》。《清史稿》的两次整理，于《儒林传》用力重点各异。前者系具有开拓意义的创举，做了可贵的传文分段，并施加新式标点。后者乃采"以稿校稿，以卷校卷"原则，利用存档史稿及相关资料，进行全面校勘，出有校记476条。之后，以传主著述、碑传、年谱及《实录》《会典》《起居注》等官私史籍为据，从历史学与文献学相结合的角度，逐传精心校读，遂成前辈师长交给后起学人的为学功课。

1978年10月，笔者有幸负笈京城，考入中国社会科学院历史研究所，追随先师杨向奎先生问清儒学术。从此，恭置《清史稿·儒林传》于案头，作为入门史籍而随时检读。光阴荏苒，转瞬40年过去，当初所购《史稿》，而今装帧已多破损，然从中所获教益，则受用终身。犹记拜读之初，每有疑问，往往录之专用卡片，置诸纸质硬盒。久而久之，苦于卡片盒无处放置，便径记于各传天头、地脚，乃至字里行间。岁月流逝，字迹漫漶，早年之所记竟有难以辨识者。因之晚近以来，遂生将历年所记整理成帙之想。2016年4月，《清代学者象传校补》竣稿，未作停歇，旋即开始《清史稿儒林传校读记》之整理。历时两年，粗见眉目，所成校记居然已逾千条。抚卷冥思，百感交集。

清代乾嘉史家钱竹汀先生有云："史非一家之书，实千载之书，祛其疑乃能坚其信，指其瑕疵以见其美。拾遗规过，匪为龁龁前人，实以开导后学。"恪守"实事求是，护惜古人"宗旨，先生究心历代史籍，撰成不朽名著《廿二史考异》。笔者之从事《清史稿·儒林传》校读，实乃遵循竹汀先生教诲，沿着前辈史家之艰苦跋涉而学步向前。古往今来，关于中华学术之世代传承，前哲屡有教言："先创者难为功，绍述之易为力。"《清史稿儒林传校读记》之幸成完帙，皆仰赖200余年来，先辈史家一代接一代的辛勤耕耘。其间，既有嘉庆中叶以降，清代国史馆《儒林传》之创编及迄于清亡的数度重修，亦有民国初年，《清史稿儒林传》之据以成书，还有20世纪中，前辈史家的两次系统整理，以及晚近数十年，众多专家的勠力精进。饮水思源，不忘根本，唯有无尽的缅怀和感恩。只是学殖寡浅，识见孤陋，桑榆景迫，病痛缠身，凡所校读，多有错讹，敬祈方家大雅不吝赐教。

二、校读凡例

（一）本书秉持乾嘉史家钱竹汀先生倡导之"实事求是，护惜古人"宗旨，以中华书局1977年12月版《清史稿》点校本为依据，对该书《儒林传》著录之近300家传记进行整理。逐家校读，订讹正误，以期得一可据可依之读本。

（二）订正范围，拟包括人名、地名、时间、史事、职官、制度、著述及学术主张等。

（三）凡有订正，一般不改动原文，概见之于各传篇末之校记。唯避讳改字一类，则径予改回，并酌出校读。

（四）诸家传记，原文过录，依通行规范，施加新式标点。原点校本偶见之疏忽，则随文酌改，并出校记说明。

（五）中华书局1993年6月影印之复旦大学图书馆所藏嘉业堂抄本《清国史》乃本书梳理《清史稿·儒林传》史源之主要依据。该部《清国史》之《儒林传》，凡存三稿，一为吴格教授所称之《儒林前传》八卷本；二为作上下区分之七十三卷本；三为不分卷之《儒林传后编》。

（六）逐传附录中华书局1987年11月版《清史列传》之相关传记。一则可存《清史稿·儒林传》之史源，见清史馆当年删削《清国史》旧文之痕迹。再则凭以补《清史稿·儒林传》各传所记传主籍贯，不录行省名之缺失。三则意欲竭尽绵薄，为已故王锺翰先生早年之辛勤劳作，做些许文字句读的校对工作。既以报先生的知遇之恩，亦以备他日先生后学修订《清史列传》点校本之参考。

（七）《清史稿·儒林传四》，专记一代衍圣公承袭，不涉二百数十年间学术递嬗，故校读从略。

三、校读举例五题

一、黄宗羲是否著有《明史案》

《清史稿》之《黄宗羲传》，源自《清国史》宗羲本传，合全祖望《梨洲先生神道碑文》而成。关于宗羲一生著述，其子百家撰《梨洲府君行略》有云："《明儒学案》六十二卷，此有明一代学术所关也。《明文案》二百一十七卷，《明文海》四百八十二卷，此有明一代之文章也。"其中并无《明史案》一书。数十年之后，全祖望补撰宗羲《神道碑文》，擅改百家旧文，臆增《明史案》，遂成"辑《明史案》

二百四十四卷"之说，而《明文案》之卷数则悄然抹去。嘉庆中叶以后，江藩、徐鼒纳全说入所著《汉学师承记》《小腆纪传》，《文案》不存，俨若定论。《清国史》及《清史稿》沿讹袭误，更以《明史案》取代《明文案》，乃成谬种流传。

二、《顾栋高传》编次释误

《清史稿》之《顾栋高传》，源出《清国史》，一载《儒林前传》卷8，一载《儒林传》下卷卷7。所见二稿，文字大体相同，唯记传主著述，前稿以《大儒粹语》为先，后稿则先记《春秋大事表》。据考，《大儒粹语》28卷，并非顾栋高著，乃出江苏吴江顾栋南手。乾隆间修《四库全书》，馆臣所撰《总目》，误将作者名之"南"字写作"高"，遂以讹传讹。《清史稿》不察，竟据《总目》语而论栋高为学，失之毫厘，谬以千里。且栋高及附见之陈祖范、吴鼎、梁锡玙，皆为乾隆十四至十六年间，经学特科所拔擢，四人同以经学名，并非理学中人。《清史稿》不尊重传主为学实际，仅据误植栋高名下的《大儒粹语》而移花接木，强四家入理学诸儒之列，紊乱编次，不伦不类。

三、《丁晏传》误读文献致张冠李戴

《丁晏传》有云："晏以顾炎武云，梅赜《伪古文》雅密，非赜所能为。考之《家语后序》及《释文》《正义》，而断为王肃伪作。"粗读一过，似无不妥。殊不知校以传主原文，则实系混阎若璩与顾炎武为一人，大谬不然。据晏撰《尚书余论·自叙》称："乡先生阎潜丘征君著《尚书古文疏证》，抑黜《伪书》，灼然如晦之见明。……顾征君每云，梅赜作《伪古文》雅密，非梅氏所能为也。愚考之《家语后序》及《释文》《正义》诸书，而断其为王肃伪作。"文中之"顾征君"，本与顾炎武毫不相干。"征君"乃专指《叙》首阎若璩，而"顾"字不可作姓氏读，系句首发语词，当训作"惟"，亦可训作"但"。

四、"有清讲学之风倡自顾亭林"不能成立

《清史稿》之《黄式三传》,并所附传主子以周、从子以恭二传,皆源出《清国史》,载《儒林传》下卷卷40。《黄以周传》有云:"有清讲学之风,倡自顾亭林。"此语不见《清国史》,乃《清史稿》撰文者之一家言,出之无本,似是而非。据考,顾炎武一生,于晚明讲学之风最是痛恨,始终以"能文不为文人,能讲不为讲师"自誓,至年70辞世,从未登坛讲学。《清史稿》当年若将"讲"字改作"经",抑或能得要领。

五、《孙诒让传》擅改传主原文最不可取

孙诒让乃晚清大儒,朴学殿军,望重学林。所著《周礼正义》《墨子间诂》诸书,学养精湛,冠绝一代,章太炎先生因之赞为"三百年绝等双"。《清史稿》之《孙诒让传》,有引述传主关于《周礼正义》的大段文字,语出该书卷首《自叙》。文中,谈及与贾公彦旧疏的比较,传主用的是"略为详矣"四字,《史稿》则擅改作"实乃淹贯"。文末,诒让谦称:"或以不佞此书为之拥篲先导,则私心所企望而且莫遇之者与。"《史稿》复改为:"无论新旧学均可折中于是书。"传主原文,足见诒让为人为学之谦逊自律、严谨笃实。而《史稿》之所改,不尊重传主著述,已乖违中华数千年良史笔法,与孙诒让之为人为学,相去实在太远。

原载《青峰学志——柴德赓先生110周年诞辰纪念文集》,
商务印书馆2019年8月版

共同建设中华民族的新文化[①]

中华民族是一个多元的民族复合体，中华文化也具有多元的复合文化形态。古往今来，构成中华民族的各个民族成员，共同创造了灿烂的中华文化，从而赋予我们的文化以博大精深的内涵和经久不衰的生命力。毋庸置疑，业已揭开序幕的21世纪，中华各民族也将用自己的创造性劳动，去建设更加绚丽辉煌的新文化。知识界是民族的精英，在中华民族新文化的建设中，我们将一如既往，贡献自己的智慧和力量。以下，拟就近10年海峡两岸乾嘉学派研究与乾嘉学术文献整理的情况做一简要回顾，旨在说明加强两岸学术界的交流，是建设中华民族新文化不可或缺的重要环节。

一

有清一代学术，乾隆、嘉庆两朝，迄于道光初叶的近百年间，是一个辉煌的时期。其间杰出的学者最多，学术成就最大，传世的学术文献亦最为丰富。在学术史上，前辈诸大师的实践一再告诉我们，学术文献乃治学术史之依据，唯有把学术文献的整理和研究工作做好，学术史的研究方才能够奠定可靠的基础。

将乾嘉时期的重要学术文献精心校勘，施以新式标点，嘉惠学林，功在千秋。在这方面，最近一二十年间，学术界的各方面专家已经做

[①] 本文为庆贺王锺翰教授90华诞之作，原题《共同建设中华民族的新文化——海峡两岸乾嘉学派研究之回顾》。王锺翰，中央民族大学终身教授，兼任中国社会科学院民族研究所研究员、中国民族史学会顾问、北京市史学会顾问等。

了大量贡献。譬如自20世纪80年代以后，相继问世的《潜研堂文集》《方苞集》《章学诚遗书》《抱经堂文集》《戴震全集》《校礼堂文集》《钱大昕全集》《全祖望集汇校集注》《仪礼正义》《礼记集解》《礼记训纂》《尚书今古文注疏》，等等，无一不提供了可贵的研究资料，从而推动了相关研究的前进。

循此以往，辨章学术，考镜源流，与乾嘉学术文献的整理和研究相关的目录学著述，亦接踵而出。在这方面，林庆彰教授主编的《乾嘉经学论著目录》《日本研究经学论著目录》，王绍曾教授主编的《清史稿艺文志拾遗》，李灵年、杨忠二位教授主编的《清人别集总目》，柯愈春先生著《清人诗文集总目提要》，等等，皆为学术界做了功德无量的事情。

二

辑录乾嘉时期著名学者集外题跋、序记、书札等佚文，区分类聚，整理刊布，是一桩既见功力，又有神学术研究的事情。晚清以降，诸多文献学家后先而起，辑录顾广圻、黄丕烈二先生群书题跋，已开风气之先路。20世纪50年代初，陈垣先生据尹炎武先生所获钱大昕集外家书15函，逐函加以精审考订，更为一时儒林推尊，赞为"励耘书屋外无二手"①。尔后，虽间有学者承先辈遗风，辛勤爬梳，唯因兹事难度甚大，成功非易，久而久之遂成绝响。90年代中，陈文和教授主持整理编订《钱大昕全集》，专意搜求潜研堂集外散佚诗文，纂为《潜研堂文集补编》一部，辑得诗文凡80首。古朴之风再现，不啻凤鸣朝阳。

2001年春，承陈鸿森教授不弃，远颁大著《钱大昕潜研堂遗文辑存》。拜读之后，祖武方知早在20世纪80年代中，鸿森教授已然致力

---

① 刘乃和、周少川：《陈垣年谱配图长编》"1952年5月24日"条，辽海出版社2000年版，第612页。

钱竹汀先生集外佚文之访求，且于 1990 年 5 月 18 日辑录成编。陈先生于此记云：

> 余不自揆，向尝纂《竹汀学记》一编，稿草粗就，自惭所见未深，卒未敢写定。而披览所及，见有竹汀遗文，辄手录之，积久渐富。诸文虽非尽精诣之所在，然可援据以资考证者不少。昔钱庆曾于《竹汀年谱》每年条下，注记其文撰年之可考者，中有集外遗文若干题。惜年湮世远，旧籍日稀，当日检索易易者，今率多难以踪迹。因念异时有搜讨竹汀佚文者，其难或将远过今日。养疴长日，爰就向所录存者略加排比，移写成篇。然载籍极博，眼目难周，其搜采未备者，甚望世之博雅君子补其阙焉。一九九〇年五月十八日。①

《钱大昕潜研堂遗文辑存》凡 3 卷，所辑竹汀先生集外佚文计 156 篇。卷上为序跋、题记，65 篇；卷中为《长兴县志》辨证，32 篇；卷下为书札、传志，59 篇。其用力之勤，四海无匹。

1999 年 3 月，陈鸿森教授之力作喜获发表，正值陈文和教授主编之《钱大昕全集》刊行。鸿森教授取二书比对，欣然补撰后记云：

> 此文付印校稿时，杨晋龙君见告，渠新购得江苏古籍出版社所印《嘉定钱大昕全集》，册十有主编陈文和氏所辑《潜研堂文集补编》，与余所辑互有同异。……今得陈君《补编》，同此用心，不啻空谷跫音。览者合二文而观之，庶乎竹汀遗文稍得其全云。②

---

① 陈鸿森：《钱大昕潜研堂遗文辑存》卷首《自序》，载林庆彰主编：《经学研究论丛》第 6 辑，台北学生书局 1999 年版，第 189 页。
② 陈鸿森：《钱大昕潜研堂遗文辑存》卷末《后记》，载林庆彰主编：《经学研究论丛》第 6 辑，台北学生书局 1999 年版，第 266 页。

尤为令人敬重者，陈鸿森教授近一二十年间，不唯勤于辑录钱竹汀先生集外佚文，而且其朝夕精力，几乎皆奉献于乾嘉学术文献的整理与研究。据鸿森教授所馈近年大著知，经陈先生精心辑录成编者，尚有《潜研堂遗诗拾补》《简庄遗文辑存》《陈鱣简庄遗文续辑》《段玉裁经韵楼遗文辑存》《王鸣盛西庄遗文辑存》和《阮元揅经室遗文辑存》等六种。其中，除《潜研堂遗诗拾补》《简庄遗文辑存》《王鸣盛西庄遗文辑存》三种业已刊行，他种力作皆以稿本在同好间流传。

1999 年 8 月 23 日，《王鸣盛西庄遗文辑存》著就，陈鸿森教授于卷首撰《自序》一篇。文中，陈先生述辑录西庄先生集外佚文缘起有云：

> 《西庄始存稿》刻于乾隆三十年，凡诗十四卷，文十六卷。顾传本绝少，郑振铎氏，当代藏书名家，犹悬金以待，其罕遇可知。余求之十数年，未得一见。去年十一月，林庆彰教授始为余影印一帙，良友之赐，奚啻百朋。其书目录后自识云"自服阕后所作，别为《晚拙稿》"，然其稿迄未付梓。阮元《揅经室二集》卷七有《王西庄先生集序》，称"西庄先生编定诗文全集四十卷，既成，属元为之序"云云，今亦不见刻本。五世孙元增搜其遗佚，为《耕养斋遗文》，仅得六篇（原注：此书余未之见，今据杨向奎氏《清儒学案新编》册八王树民氏撰《西庄学案》，第 100 页）。钱竹汀撰西庄墓志，称其文"纡徐醇厚，用欧、曾之法，阐许、郑之学，一时推为巨手"。乃身后遗稿蔑尔无闻，后之人亦无为之收拾者，一代硕学，文字零落如此，可胜浩叹。①

陈鸿森教授抄存乾嘉著名学者集外佚文，所辑诸种已刊及未刊稿本，皆系多年潜心爬梳文献之所得。读者不唯可据以感受鸿森教授严谨

---

① 陈鸿森：《王鸣盛西庄遗文辑存》卷首《自序》，《大陆杂志》第 100 卷第 1 期，2000 年 1 月。

笃实之为学风尚，而且陈先生精研乾嘉学术文献之深厚功力，亦不啻为治乾嘉学术者树立了一个楷模。业已刊行之钱竹汀、王西庄、陈简庄诸家若此，未刊行多种亦然。其中，尚未刊布之《阮元揅经室遗文辑存》3卷，钞存芸台先生集外佚文多达133篇。其业绩不唯可与《钱大昕潜研堂遗文辑存》并肩比美，而且所费劳作之艰辛，成果学术价值之厚重，丝毫不让当年《揅经室集》之结撰。关于这一点，《阮元揅经室遗文辑存》卷首之《自序》，或可窥知一二。鸿森教授于此有云：

> 阮氏所撰文集，每数年辄结集付刊。凡《揅经室》一集14卷、二集8卷、三集5卷、四集13卷（其中诗11卷）；另续集12卷（含诗7卷）、再续集6卷（含诗2卷）。顾其遗文、序跋未入集者尚多，余披览群籍，时或遇之。史谓芸台"身历乾嘉文物鼎盛之时，主持风会数十年，海内学者奉为山斗焉"。所撰诸家序文甚夥，多随本书以行。余于此尤有深嗜焉。盖阮氏淹贯群籍，复长于考证，故其序跋，或博涉多通，或穷源竟委，精鉴卓识，最可玩绎。其与诸家信函，则多关艺文故实，足资考证者不少。①

1993年5月，中华书局整理刊行阮元《揅经室集》，不知是何缘故，未将再续集诗文录入。他日若能再版，补其所阙，辅以陈鸿森教授撰《阮元揅经室遗文辑存》，则珠联璧合，尽善尽美矣。

三

年谱为编年体史籍之别支，乃知人论世的重要文献。在现存的800余种清人年谱中，乾嘉时期学者的年谱，约占四分之一。② 董理乾嘉时

---

① 陈鸿森：《阮元揅经室遗文辑存》（未刊稿）卷首《自序》。
② 来新夏：《近三百年人物年谱知见录》卷首《清人年谱的初步研究》，上海人民出版社1983年版，第1—11页。

期学者的年谱，于研究乾嘉学派与乾嘉学术，同样具有不可忽视的意义。近一二十年间，于此用力最勤，业绩最富者，亦当推陈鸿森教授。

陈鸿森教授之董理乾嘉学者年谱，所用力主要在于两个方面：一是对现存年谱的订补；二是编纂、重纂名家年谱。前者之代表作为《段玉裁年谱订补》，后者之代表作为《钱大昕年谱别记》《清儒陈鱣年谱》。由于乾嘉学派乾嘉学术之全局在胸，因而陈教授的年谱结撰，尤着意于学风递嬗、学术变迁，从而昭示年谱知人论世之学术价值。以下，谨自鸿森先生所订补、重纂之三家年谱中各举一例，试做管窥蠡测。

陈鱣为乾嘉间名儒，博学好古，精于校勘辑佚，尤以表彰郑玄学说，筚路蓝缕，功不可没。鸿森教授撰《清儒陈鱣年谱》，于此殚思竭虑，可谓三致意焉。

辑《孝经》郑玄注，是陈简庄先生表彰郑玄学说的一次成功实践。继卢见曾辑刊《郑司农集》之后，实为承先启后的创辟之举。治乾嘉学术，乃至有清一代学术，皆是不可忽略之节目。《清儒陈鱣年谱》"乾隆四十七年，30岁"条，于此记云：

> 冬……辑《孝经郑注》成。十二月一日，自为之叙，略云："郑康成注《孝经》，见于范书本传，《郑志》目录无之，《中经簿》但称'郑氏解'，而不书其名，或曰是其孙小同所作。……自玄宗取诸说以为己注，而后之学郑氏者日少。五季之衰，中原久佚。宋雍熙初，日本僧奝然以是书来献，议藏秘府，寻复失传。近吾友鲍君以文属汪君翼沧从估舶至彼国购访其书，亦不可得矣。幸陆氏《释文》尚存其略，群籍中间有引之，因仿王伯厚《郑氏周易》例，集成一编，庶以存一家之学"云。

为表彰陈简庄先生的首倡之功，鸿森教授于上述引文后，详加按语，以伸后海先河之义。陈教授写道：

按：清代辑佚之学最盛，其辑《孝经郑注》者，除先生此书外，另有王谟、臧庸、洪颐煊、袁钧、严可均、孔广林、黄奭、孙季咸、潘仕、曾元弼、王仁俊等诸家辑本。皮锡瑞《孝经郑注疏序》云："自明皇注出，郑注遂散佚不完。近儒臧拜经、陈仲鱼始裒辑之，严铁桥四录堂本最为完善。"实则先生是书辑成时，臧庸年方十六，而诸家辑本皆刊于嘉庆以后，故辑《孝经郑注》实以先生书为嚆矢。特其时日本冈田挺之辑本及《群书治要》尚未传入中国，故其书不能如严君所辑之富备耳。若先河后海之义，则不可诬也。①

辑郑玄《六艺论》，纂《郑康成年纪》，皆为陈简庄先生之创举。鸿森教授于陈氏年谱中，各有如实记录，且详加按语以明首创之功。于陈仲鱼辑《六艺论》，鸿森教授考证云：

按：郑玄《六艺论》，王谟、臧庸、洪颐煊、袁钧、严可均、孔广林、马国翰、黄奭诸家亦各有辑本。臧本虽托云其高祖臧琳辑、臧庸补，然其书嘉庆六年冬始付刻，固远在先生书出之后矣。袁氏辑本其《序》虽以先生所辑未能尽善，"一书两引者未能归一，又多拦入引书者语，总论与六经之论往往杂出，失于比次，盖创始者难为功也"。袁本即据先生书重为校定，后出转精，理固宜然也。②

于陈仲鱼纂《郑康成纪年》，鸿森教授则更有大段考证文字：

按：此书或称"郑君年谱"。清代之纂郑玄年谱者，别有王鸣盛（见

---

① 陈鸿森：《清儒陈鳣年谱》"乾隆四十七年，30岁"条，台北《"中央研究院"历史语言研究所集刊》第六十二本第二分。
② 陈鸿森：《清儒陈鳣年谱》"乾隆四十九年，32岁"条，台北《"中央研究院"历史语言研究所集刊》第六十二本第二分。

《蛾术编》卷五十八)、孙星衍(《高密遗书》本)、沈可培(《昭代丛书》本)、丁晏(《颐志斋丛书》本)、郑珍(见《郑学录》卷二)诸家。另洪颐煊有《郑玄别传注》、胡培翚撰《郑君传考证》、胡元仪有《郑君事绩考》。而先生此编导其先路者。钱大昕《序》云:"经术莫盛于汉,北海郑君,兼通六艺,集诸家之大成,删裁繁芜,刊改漏失,俾百世穷经之士有所折中,厥功伟矣。而后人未有谱其年者,庸非缺事乎。海宁陈君仲鱼始据本传,参以群书,排次事实,系以年月,粲然有条,咸可征信,洵有功于先哲者矣。"(《潜研堂文集》卷二十六《郑康成年谱序》)袁钧纂《郑氏遗书》,即取先生是编以附诸后(羊复礼《筒庄文钞跋》谓此书已佚亡,误);阮元亦采先生所考者,以补孙谱刊行之。盖其创始之功终不可没也。①

钱大昕为乾嘉间学术大家,博赡通贯,举世无双,尤以精研史学而共推一代大师。乾隆末、嘉庆初,竹汀先生以古稀之年而为毕秋帆审订《续资治通鉴》。此举既系钱先生晚年之一重要学术活动,亦因兹事牵涉一时学术公案,故而纂辑竹汀先生年谱,于此尤当着意。

关于审订《续资治通鉴》事,竹汀先生曾孙庆曾续编《竹汀居士年谱》,系于"嘉庆二年,70岁"条。据云:

> 是年,为两湖制军毕公沅校刊《续资治通鉴》。自温公编辑《通鉴》后,宋元两朝,虽有薛氏、王氏之续,而记载疏漏,月日颠倒,又略于辽金之事。近世徐氏重修,虽优于两家,所引书籍,犹病漏略。自四库馆开,海内进献之书,与天府储藏奇秘图籍,《永乐大典》所载事涉宋元者,前人都未寓目,毕公悉钞得之,以为此书参考之助。先经邵学士晋涵、严侍读长明、孙观察星衍、洪编修亮吉及族祖十兰先生佐毕公分纂成书。阅数年,

---

① 陈鸿森:《清儒陈鳣年谱》"乾隆五十年,33岁"条,台北《"中央研究院"历史语言研究所集刊》第六十二本第二分。

又属公覆勘，增补考异。未蒇事而毕公卒，以其本归公子。[1]

竹汀先生为毕秋帆审订《续资治通鉴》，事情脉络并不复杂。然而身为重要当事人的章学诚，既于最初代沅致书钱大昕，嘱为审订，称"邵与桐校订颇勤"[2]；邵晋涵去世，章氏撰《邵与桐别传》，又指毕书初刻非晋涵校，"乃宾客初订之本"[3]。枝节横生，真相紊乱，遂演为一学术公案。陈鸿森教授撰《钱大昕年谱别记》，别具只眼，于此做了精心考证。

于该谱"乾隆五十六年，67岁"条，鸿森教授记云：

是年，毕秋帆《宋元编年》二百卷纂成初稿，章实斋代笔与先生书，讨论书名及商榷义例，并录全书副本属为审订。（原注：《章氏遗书》卷九《为毕制军与钱辛楣宫詹论续鉴书》）

之后，陈先生加有两条按语。其一云：

森按：《宋元编年》即《续资治通鉴》原名。章氏致先生书，力主标名《宋元事鉴》。今题《续通鉴》者，盖先生不以章氏之标新立异为然，仍定今名，以继涑水之书。

其二云：

又按：章氏此信不记撰年，胡适之先生《章实斋年谱》系于五十七年壬子，并无明据。余考此信既言全书"计字二百三十五万五千有奇，为书

---

[1] 钱庆曾：《竹汀居士年谱续编》"嘉庆二年，70岁"条。
[2] 章学诚：《章氏遗书》卷九《为毕制军与钱辛楣宫詹论续鉴书》，文物出版社，1985年。
[3] 章学诚：《章氏遗书》卷十八《邵与桐别传》，文物出版社，1985年。

凡二百卷"、"邵与桐校订颇勤"。是全书大体已经写定。又言"大约明岁秋冬拟授刻矣",今据《瞿木夫自订年谱》乾隆六十年条,载先生为毕氏阅定考正,即于吴门开雕(原注:详本文明年条下),则章氏此书宜系于本年,庶几近之。①

正是以《瞿木夫自订年谱》为确证,于是陈鸿森教授记钱大昕乾隆六十年,68岁学行云:"是年,为毕秋帆校订《续资治通鉴》,即于吴门开雕。"②随后,鸿森教授又于该谱"嘉庆六年,74岁"条,全文引竹汀先生致冯鹭庭书,记录钱大昕婉言谢绝为刻竣之《续资治通鉴》撰序事。陈先生指出:"余意此殆先生借词耳。先生似不以其书为尽善,先前因毕氏之托属为审定,故勉应之耳。秋帆既卒,先生即将此稿还诸其家,而未刻之百七十卷,则不复为之校订矣。"③至此,有关钱大昕校订《续资治通鉴》事,得陈鸿森教授梳理,遂告始末朗然。

段玉裁亦为乾嘉大儒,尤以注《说文解字》而推巨擘。段先生晚年,学随世变,乾嘉学派与乾嘉学术业已进入总结阶段。汉宋会通之风初起,虽其势尚微,然唱先声者亦有懋堂先生。讨论乾嘉学派与乾嘉学术,此实一甚可注意之现象。陈鸿森教授卓然睿识,在所撰《段玉裁年谱订补》中,于此特为强调。该谱"嘉庆十九年,80岁"条,鸿森教授自陈寿祺《左海文集》卷4辑出谱主书札一通,予以全文征引:

恭甫大兄先生执事:伏惟侍奉万安,兴居多吉。今岁三奉手书,见赐《五经异义疏证》《尚书》《仪礼》诸经说,一一盥手维诵,既博且精,无语不确。如执事者,弟当铸金事之。以近日言学者,浅尝剿说,骋骛猎名而已,不求自得于中也。善乎执事之言曰:"文藻日兴而经术日浅,才华益茂

---

① 陈鸿森:《钱大昕年谱别记》"乾隆五十九年,67岁"条。
② 陈鸿森:《钱大昕年谱别记》"乾隆六十年,68岁"条。
③ 陈鸿森:《钱大昕年谱别记》"嘉庆六年,74岁"条。

而气节益衰，固倡率者稀，亦由所处日蹙，无以安其身，此人心世道之忧也。"愚谓今日大病，在弃洛、闽、关中之学不讲，谓之庸腐。而立身苟简，气节败，政事芜，天下皆君子，而无真君子，未必非表率之过也。故专言汉学，不治宋学，乃真人心世道之忧，而况所谓汉学者，如同画饼乎？贵乡如雷翠庭先生，今尚有嗣音否？万舍人乞为致候。江子兰札云，邵武有高澍然亦良，执事主讲，宜与诸生讲求正学气节，以培真才，以翼气运。大著尚当细读，以求请益。弟今年八秩，终日饱食而已，记一忘十，甚可笑也，安足以当执事之推许。玉裁再拜。

鸿森教授于引述此札后，以一语揭出其间所透露之重要学术消息云："据此书，略可见段氏晚年之思想及其对当时学风之批评。乃近世论乾嘉学术者，颇多忽之不视，今亟宜表出之。"[①]

在最近10余年海峡两岸的学术交流中，乾隆学派研究是一个吸引甚多学者参加的领域。其间既有文学，也有史学，还有哲学、语言、宗教等众多学科的学者。两岸同仁相互切磋，互为补充，在共同推进学术研究深化的同时，也大大增进了彼此的了解和友谊，为建设中华民族的新文化做了许多有益的事情。我想这方面的成功经验值得认真总结，加以发扬，行之久远。唯有如此，我们才能无愧先人，造福子孙。

原载《清史论集——庆贺王锺翰教授九十华诞》，
紫禁城出版社 2003 年 8 月版

[①] 陈鸿森：《段玉裁年谱订补》"嘉庆十九年，80 岁"条。

楷模：永远的甘泉同志[①]

林甘泉同志离开我们已经好几个月了，然而他那略带泉州乡音的普通话，仿佛不时还在耳际响起；总是泛着微笑的长者面庞，依然还是那么慈祥。甘泉同志没有走，他分明还活在我们的心中。

1978年10月，我有幸负笈京城，考入中国社会科学院历史研究所，追随先师杨向奎先生问清儒学术。当时，虽然未能拜到甘泉同志门下，但是杨向老给我讲授马克思主义经典著作和唯物史观，每每叮嘱，要好好向甘泉同志学习。从此，"甘泉同志"便以榜样而铭记于心，只是苦于没有当面请教的机会。20世纪90年代初，所党委交给我一项研究任务，对80年代的"文化热"进行梳理。于是停下手头的功课，集中读了若干有代表性的文章，形成了大致的模糊思路，拟成一份研究提纲。提纲上交以后，一次返所日，甘泉同志与卢钟锋和李新达二位同志一道，约见我商讨研究计划。这是入所10余年第一次接触甘泉同志并聆听他的教诲。我清楚地记得，当时甘泉同志除讲了一些鼓励的话之外，中心思想就是要加强马克思主义经典著作的学习，尤其是要进一步认真学好毛泽东同志的《新民主主义论》《中国革命和中国共产党》等著作，从中国历史和现实相结合的角度，深入思考中国历史和中国文化的发展道路。甘泉同志的结论是，我们不能割断历史，要认真总结、正确对待历史文化遗产。复古没有出路，全盘西化，让人家牵着鼻子走，

[①] 林甘泉，中国社会科学院学部委员、中国社会科学院历史研究所研究员。曾任中国社会科学院历史研究所所长、党委书记，国务院学位委员会历史学科评议组成员，国家社会科学规划历史组成员，国务院古籍整理出版规划小组成员，中国史学会副会长，中国秦汉史研究会会长、顾问。

那更是一条死胡同。

20世纪90年代中叶以后,我被吸收到国家古籍规划小组参加工作会议。当时国家经济状况远不如现在好,与会人员往往是两人共用一间宾馆客房。一次在香山饭店开会,我恰好与甘泉同志共住一室。两天的朝夕相处,甘泉同志给我讲了历史所建所以来艰苦奋斗的历史,讲了必须坚持党的领导和马克思主义指导地位的道理,讲了从郭老到侯外老一代接一代的优良学风,还特别回顾了80年代末历史所从未遇到过的困难局面。那时,甘泉同志已经从领导岗位卸任,然而突发事件的骤然冲击,致使历史所领导班子处于半瘫痪状态。院党组负责同志几次找甘泉同志商量,希望他能再度出山,收拾困难局面。为了党和人民的事业,甘泉同志将个人得失置诸脑后,毅然重新挑起治所重担,直到完成新班子的平稳组建。

2004年,按照党中央的部署,由中宣部牵头,举全党全国之力,组织实施马克思主义理论研究与建设工程。由于甘泉同志年事已高,院党组把我安排到其中的《史学概论》课题组工作,成为首席专家四人小组的一员。工程实施之初,因为对一些重大史学理论问题存在不同认识,中宣部加强了课题组的建设工作,包括甘泉同志在内的几位老专家,一度充实进课题组。我记得当时反复讨论的一个重大问题,就是如何对待马克思主义的社会经济形态学说。甘泉同志在会上的发言和会下对我的教诲,集中到一点,就是必须旗帜鲜明地坚持马克思主义的社会经济形态学说,以之为指南,来认识和研究中国古代社会。

关于如何运用马克思主义的社会经济形态理论来探讨中国古代社会,甘泉同志首先正本清源,指出:"有些人为了贬低中国古代社会经济形态讨论的理论意义,说五种生产方式的演进并非马克思和恩格斯的观点,乃是斯大林制造的理论模式。这种说法不但有悖于马克思主义学说史的实际,也是对中国学者的不尊重。"他说:"只要是对马克思和恩格斯的原著多少有所了解的人,都知道马克思和恩格斯始终强调,同生产力的发展相适应的一定历史阶段的生产关系的总和，构成社会的经济结构，物质生活的生产方式制约着整个社会生活、政治生活和精神生活的过程。也正是他们明确指出原始公社、古代社会、封建社会和资产阶级社会，是人类历史上社会经济形态演进的几个时代。"甘泉同志认为，在马克思主义理论指导下，并不要求史学家对中国封建社会经济形态的特点作公式化或没有个性的理解。他的主张是："社会经济形态所要研究的生产力和生产关系，经济基础和上层建筑，阶级等级的划分及其相互关系，都是历史发展的客观存在，是探讨文明时代社会特征无法绕开的深层次的问题。对于一个史学工作者来说，是否研究这些问题有他个人的自由。但如果把在马克思主义理论指导下，关于社会经济形态的探讨，贬低为非学术性的'伪问题'，认为只有具体问题的实证研究才是真学问；或者认为社会经济形态理论已经过时，只有撷取海外一些非马克思主义学者的理论模式和历史观念来诠释中国历史，才能使中国史学在理论上走出困境。这种认识和主张，显然是多数史学工作者无法接受的。"

最近10余年间，每年至少都会有一次机会见到甘泉同志，那就是参加国家社科基金项目的评审会。会议期间，作为历史学科组的召集人之一，甘泉同志总会把我叫到房间，一道分析当年中国古代史学科的项目申报情况，再三叮嘱要高度负责，出以公心，要尊重来自全国各地、各个兄弟单位的专家，多商量，多沟通，齐心协力，评出方向，评出精品，评出人才。评审结束，甘泉同志和已故的李文海同志以身作则，总是最后离会，直到审查完最后一个立项项目。

甘泉同志在新中国成立前就参加革命，是一位德高望重的老党员、老前辈、老领导。他数十年如一日，严于律己，宽以待人，从不因个人利益而向组织伸手。晚年多病，每次到医院，往返数十公里，从不向研究所要车，悄然而来，悄然而去。"甘泉同志"这四个字，是榜样，是楷模，是共产党人平凡而崇高的精神。这是一种什么样的精神？就是对党的事业的无限忠诚，对马克思主义的坚定信仰，对人民的赤子之心。一言以蔽之，就是为人民服务的永恒宗旨。

原载《中国史研究动态》2018 年第 3 期

二 友人同道鼓励鞭策

商务印书馆和学者交朋友

——庆贺商务印书馆成立120周年

严隽琪同志曾给商务印书馆的朋友提出一个任务,要好好总结120年的经验,把商务印书馆的精神准确提炼出来。前些年我曾经花半年时间认真拜读了张人凤先生编的《张元济年谱长编》(上下册),深得教益。我认为商务印书馆的成功就在于它的领导人具有广阔的胸襟和博大的胸怀,他们能和学术界的朋友们广泛交流。从张菊老到今天主持工作的于殿利同志,我们可以看到商务印书馆120年来和学术界交朋友,把中国学术界一流专家尽可能吸收到自己的作者队伍当中来,这样一个优秀传统值得我们好好总结。我认为这或许可以列入商务精神的范围里。

我一辈子都在读书,不惭愧地说,我是商务印书馆出版书籍的忠实读者,从少年一直到现在读《四部丛刊》,读"百衲本二十四史",读"万有文库",再到读各种工具书。我的《辞源》已经读坏了,几乎每天我都要翻《辞源》。这一辈子读书,和商务印书馆结下不解之缘。随着年龄的增长,我逐渐成为商务印书馆的朋友,到晚年又很荣幸地成为商务印书馆的作者,走过了一条从读者到朋友,再到作者的道路。我十分感谢商务印书馆今年为我出版了一本书——《清代学者象传校补》,这部书花了我将近7年的时间,一笔一笔地把它写出来。我这一辈子从未参加过国家社科基金的申报,从来不向国家伸手要一分钱。很感谢商务印书馆替我向国家申请社科基金,并且通过专家评审被纳入国家的文库。所以我很感谢商务印书馆。

我还有一个心愿:除了完成《清代学者象传校补》,还要将这辈子读《清史稿·儒林传》的心得整理出来,假如这本书能做得好,我还是愿意交给商务印书馆出版。

原载《中国社会科学报》2017 年 9 月 26 日第 5 版

亦师亦友　学海同舟
—— 庆贺中华书局成立 90 周年

大凡同新中国一道成长起来的学人，尤其是以文史研究和教学为业的学人，或为读者，或为作者，或二者兼而有之，与中华书局总会有这样那样的关系。数十年来，中华书局以其高品位的学术读物而滋养一代又一代的学人，而遍布四方的众多学人，后先而起，严谨精勤，亦以其湛深的学术论著推动中华书局前进。亦师亦友，学海同舟，洵为学林佳话。

祖武其生也晚，虽自幼喜好文史，然玩愒时日，愧无所成。直至 1978 年，以 35 岁之龄而负笈京城，师从杨向奎先生问清儒学术，始克以治史为毕生功课。20 余年来，祖武之为学，抱持以勤补拙之想，无间寒暑，皆在研习学术文献之中。大概是为学旨趣的相近，居然同中华书局的文史专家有幸往还，从早年的书局读者，渐将读者与作者而兼于一身。此 20 余年间，倘若说祖武之为学或有些微长进，则实与中华书局诸位师友的指导和帮助分不开。

20 世纪 50 年代末，吴晗先生主编的《中国历史小丛书》，在中华书局出版。以文史专家而结撰通俗读物，深入浅出，循循善诱，成为继承优秀文化遗产、传播文史知识、提高国民素质的杰作。80 年代初，为了弘扬已故吴晗先生的精神，中华书局以专题为类，对《中国历史小丛书》酌加订补。承当时任职综合编辑室的老一辈专家胡宜柔先生错爱，祖武应约为《中国古代思想家》中的顾炎武重写小传。胡先生以其精湛的文史素养和对晚辈学人的厚爱，从小传的立意，谋篇布局，到文字润饰，一一皆予悉心指教。饮水思源，恩不可忘。

古籍整理关系中华文明建设和中华民族发展的根本大计，功在千秋，不可忽视。祖武深知此项工作的重大意义，因而自80年代中以来，相继为中华书局完成了《颜元年谱》《李塨年谱》《榕村语录》和《张杨园全集》的整理、点校工作。颜、李二家年谱，责任编辑皆为胡宜柔先生。《榕村语录》的责任编辑，则是原哲学编辑室主任梁运华先生。运华先生60年代初毕业于北京大学中文系古典文献专业，为人诚笃，为学严谨。祖武拜读过梁先生与原副总编陈金生先生合作点校之《宋元学案》，于二位先生之兢兢业业，至为敬重。《榕村语录》得运华先生把关，自然就可免去诸多疏失。俟该书整理蒇事，祖武欣然得悉，梁运华先生乃同乡学长。运华兄籍属贵州兴义，祖武祖籍湖南茶陵，客籍贵州，乃为贵阳人。山乡匹夫，共学京华，以古籍整理而喜获定交，或值得一记。

《张杨园全集》系明末清初大儒张履祥著述汇编。80年代初，祖武应历史编辑室之约而整理点校此书。1987年交稿，因故延宕有年，近日终得清样校读，实是喜出望外。该书责任编辑系凌金兰先生，凌先生亦由北京大学中文系古典文献专业毕业，虽少祖武数岁，但则是为学畏友，所予教益甚多。他日《张杨园全集》问世，凌金兰先生之辛劳尽在其中矣。

20世纪的最后一二十年间，《理学丛书》是中华书局的一个重大选题。业已出版的诸种理学典籍，对于推动海内外的相关研究，产生了十分重要的影响。90年代中，承梁运华先生不弃，拟委托祖武将列入选题计划的《王文成公全书》点校整理。运华先生退休，时过境迁，此议遂告搁置。主事诸位高贤何时得暇再议，祖武又依然幸蒙忝任整理，当以晚年之全部精力投入其中，或可以之作为献给中华书局百年庆典之绵薄礼物。

原载《我与中华书局——中华书局成立九十周年纪念文集》，中华书局2002年5月版

《中国传统学术与社会丛书》书后

最近二十多年来，伴随我国人文社会科学的日趋繁荣，学术史研究一如众多相邻学科，愈益引起学者关注，喜呈方兴未艾之势。其间，不惟若干有分量的断代专题论著陆续问世，而且贯通数千年的成卷帙作品，亦纷纷酝酿。行将刊布的《中国传统学术与社会丛书》，便是这样一套通古为史的崭新力作。这套丛书的作者，都是近二十年间崛起的优秀中青年学者，学风严谨，成就斐然，业已成为各自学科的学术中坚。他们充分发挥一己之学术专长，彼此交融，相得益彰，形成强劲的群体优势，从而赋予丛书以厚重的学术分量。丛书上起先秦，下迄明清，从学术史与社会史相结合的角度，对中国古代学术与社会的相互关系及其演进历程，进行了系统的成功梳理。深信丛书的出版，对于学术史与社会史研究的深化，当会产生积极的推动作用。

结撰《中国传统学术与社会丛书》的各位教授，以他们的学术实践表明，从学术史与社会史相结合的角度，把中国古代学术与古代社会发展的独特路径揭示出来，恐怕是一个有意义的努力方向。

研究学术史而与社会史相结合，这是治中国学术史的前辈诸大师为我们树立的一个好传统。钱宾四先生是中国学术史学科的杰出奠基人之一，在这个问题上，钱先生为我们做出了卓越的示范。在他的《中国近三百年学术史》提出和讨论的诸多问题中，"乾嘉经学所由一趋于训诂考索"，是一个十分重要的问题。

关于这个问题，钱先生之所论，在如下几个方面，尤称创获。

第一，清代学术与宋明学术是一个后先相承的整体。循此以进，宾四先生将论学的重点摆在揭示学术发展的内在逻辑上，先生说："治近代学术者当何自始？曰必始于宋。何以当始于宋？曰近世揭橥汉学之名，以与宋学敌，不知宋学，则无以平汉宋之是非。且言汉学渊源者，必溯诸晚明诸遗老。然其时如夏峰、梨洲、二曲、船山、桴亭、亭林、蒿庵、习斋，一世魁儒耆硕，靡不寝馈于宋学。继此而降，如恕谷、望溪、穆堂、谢山，乃至慎修诸人，皆于宋学有甚深契诣。而于时已及乾隆，汉学之名始稍稍起。而汉学诸家之高下浅深，亦往往视其所得于宋学之高下浅深以为判。道咸以下，则汉宋兼采之说渐盛，抑且多尊宋贬汉，对乾嘉为平反者。故不识宋学，即无以识近代也。"[1]钱先生之所论，高屋建瓴，准确地揭示了从宋学到清学间必然的内在联系，说明了论究学术史，必须实事求是地梳理学术源流的道理。

第二，清代的考证学，渊源乃在明中叶以降诸儒。在讨论清代考证学渊源时，钱宾四先生不赞成简单地用王朝更迭来断限。一方面，钱先生既肯定清初诸儒若顾亭林、阎百诗等对乾嘉学术的深刻影响。另一方面，宾四先生又否定了以顾亭林为汉学开山的主张。他说："亭林论学本悬二的，一曰明道，一曰救世。其为《日知录》，又分三部，曰经术、治道、博闻。后儒乃打归一路，专守其经学即理学之议，以经术为明道，余力所汇，则及博闻。至于研治道，讲救世，则时异世易，继响无人，而终于消沉焉。若论亭林本意，则显然以讲治道救世为主。故后之学亭林者，忘其行己之教，而师其博文之训，已为得半而失半。又于其所以为博文者，弃其研治道、论救世，而专趋于讲经术、务博闻，则半之中又失其半焉。且所失者胥其所重，所取胥其所轻。取舍之间，亦有运会，非尽人力。而近人率推亭林为汉学开山，其语要非亭林所乐闻也。"

惟其如此，所以钱宾四先生认为："清儒言考证推本顾、阎者，乃以本朝自为限断，亦不谓其事由两人特造，更无来历也。"至于这个

---

[1] 钱穆：《中国近三百年学术史》上册，商务印书馆，1997年，第1页。

"来历",钱先生则以《四库总目》和乾嘉通儒焦循之所论为据,直溯明中叶以降诸儒杨慎、焦竑、陈第、方以智等。他说:"清廷馆阁词臣序清儒考证之学,亦谓沿明中叶杨慎诸人而来,不自谓由清世开辟也。"又说:"理堂在野,亲值汉学极盛,推溯来历,亦谓起明季,与四库馆臣之言相应。"钱先生的结论是:"此自清儒正论,谓考证由顾、阎开山,其说起晚近,按实固无据也。"①

第三,把握学术消息,不可脱离社会历史实际和环境变迁。钱宾四先生就此指出:"自乾嘉上溯康雍,以及明末诸遗老。自诸遗老上溯东林,以及于阳明。更自阳明上溯朱陆,以及北宋之诸儒。求其学术之迁变,而考合之于世事,则承先启后,如绳秩然,自有条贯。"②将学术变迁与社会历史的演进作为一个整体来进行考察,从而发现其间秩然有序的条贯,或者说规律,这便是钱宾四先生所揭示的一个基本为学方法论。

就乾嘉考据学的形成而言,在《中国近三百年学术史》中,钱宾四先生从学术史与社会史相结合的角度,具体做了三个方面的剖析。

首先,是对经学考古之风与八股时文关系的论究。在这个问题上,钱先生以宋学中人姚鼐、李兆洛之所论为据,指出:"是皆以清代汉学为激起于八股也。"继之又引王昶为惠栋所撰墓志铭而阐发云:"此亦以乾嘉经学发轫,针对当时之时文应举言也。"最后则据江藩《汉学师承记》所述而得出结论:"谓乾嘉经学考古之风为有激于举业,固清儒之公言矣。"③

其次,是对理学不振缘由的探讨。在《中国近三百年学术史》中,钱宾四先生辟出专章,通过李绂学术的论究,以觇一时理学盛衰之根

---

① 钱穆:《中国近三百年学术史》上册,第四章《顾亭林》,商务印书馆,1997年,第136页。
② 钱穆:《中国近三百年学术史》上册,引论,商务印书馆,1997年,第20页。
③ 钱穆:《中国近三百年学术史》上册,第四章《顾亭林》,商务印书馆,1997年,第155—156页。

源。对于李绂学术之历史地位,钱先生评价甚高,认为:"以有清一代陆王学者第一重镇推之,当无愧矣。"在回顾李绂一生浮沉宦海,几度濒于不测的遭遇之后,钱先生指出:"穆堂之在圣朝,得保首领已万幸,尚何高言践履功业!谢山深悲之,曰:'公平生以行道济时为急,用世之心最殷,故三黜而其志未尝少衰,浩然之气亦未尝少减。然而霜雪侵寻,日以剥落,菁华亦渐耗。'又曰:'公有万夫之禀,及中年百炼,芒彩愈出。岂知血肉之躯,终非金石,竟以是蕉萃殆尽。'嗟乎!是可谓深识穆堂之志气遭遇者矣。(原注:汤潜庵、全谢山遭遇皆至酷。)如是而言义理、经济,几何其不折入于训诂考据之业者!"① 正是以李穆堂学行的梳理为典型事例,钱宾四先生遂得出一明确之认识,"清学自义理折入于考据",实为历史之必然。

再次,是论证清廷的政治高压对学术发展的严重桎梏。《中国近三百年学术史》之首章,钱宾四先生即提出"学术流变,与时消息"的主张。对于明清更迭之后,清廷政治高压予学术的恶劣影响,钱先生尤为关注。

由嘉道而反观前此近二百年之清代前期历史,钱宾四先生将学术史与社会史相结合,遂得出"乾嘉经学之所由一趋于训诂考索"的答案。钱先生说:"清儒自有明遗老外,即少谈政治。何者?朝廷以雷霆万钧之力,严压横摧于上,出口差分寸,即得奇祸。习于积威,遂莫敢谈。不徒莫之谈,盖亦莫之思。精神意气,一注于古经籍。本非得已,而习焉忘之,即亦不悟其所以然。此乾嘉经学之所由一趋于训诂考索也。"②

先师杨向奎拱辰先生,早年问学于钱宾四先生,毕生致力于中国古代社会与古代思想研究,享九十高年而将宾四先生之学术发扬光大。20

---

① 钱穆:《中国近三百年学术史》上册,第七章《李穆堂》,商务印书馆,1997年,第312—314页。
② 钱穆:《中国近三百年学术史》下册,第十一章《龚定庵》,商务印书馆,1997年,第591—592页。

世纪90年代初，拱辰先生撰文论清代初叶学术有云："结合清初社会实际而谈学术思想，这是最正确的方法之一。我们不能脱离实际社会而谈社会思潮，'皮之不存，毛将焉附'！先秦诸子、两汉经学、魏晋玄学、宋明理学，都与当时之社会相关。"[①] 2000年7月23日，先师走完一生之奋斗历程。辞世前未久，拱辰师向学兄李尚英教授回顾数十年之为学追求，再度指出："我自走上学术研究之路，就把重点放在了中国古代思想史和经学上。但我深知，要研究好古代思想史和经学，就必须重视中国古代社会历史的研究。因为有哪样的社会经济，就会有哪样的思想意识，而古代思想和经学，正是古代社会上层建筑的一个重要组成部分，与古代社会的经济基础相适应。所以，我的研究就是从中国古代社会历史开始的。"[②]。

本钱、杨二位大师之教，谨以上述一孔之见奉政于《中国传统学术与社会丛书》的诸位著者和编辑，并请读者诸高贤赐教。

原载《书品》2002年第4期

[①] 《清初学术思辨录序》。
[②] 杨向奎述，李尚英整理：《杨向奎学述》，浙江人民出版社，2000年，第73页。

《清代理学史》书后

大约在四五年前，承龚书铎先生[1]盛谊，安排祖武前往北京师范大学请益，得悉龚先生拟率诸位高足结撰《清代理学史》。不意数年过去，书铎先生大稿工竣，祖武竟幸成第一批读者。近日几度聆听龚先生教言，据告书稿已经专家评审通过，将获资助出版，且嘱祖武撰文以记读后印象。祖武不学，于理学知之太少，对龚先生大著之精要，尤无力妄评。好在早年读书，于钱宾四先生之《清儒学案序目》曾经手自抄录。数年前，应《北京师范大学学报》蒋重跃教授之约，又将有关读书札记整理成文，题以《钱宾四先生与〈清儒学案〉》发表。谨删削旧文奉政，既以敬申祝贺之悃忱，亦试与龚先生并诸位高贤做同调之鸣。

钱宾四先生早年论清儒学术，以《中国近三百年学术史》《清儒学案》为姊妹篇。前者付印行世，迭经再版而衣被学人，后者则因稿沉长江，起之无术而引为憾恨。所幸20世纪40年代初，钱先生曾以《清儒学案序目》为题，将后书之大要刊诸《四川省立图书馆图书集刊》。原稿虽失，精义尚存，实是不幸中之万幸。

依钱先生之所见，观察清代学术，尤其是一代理学，有两个特点最宜注意。第一，"理学本包孕经学为再生"，清代并非"理学之衰世"。[2]第二，清代理学"无主峰可指"，"难寻其脉络筋节"。[3]本此而著《清儒学案》，宾四先生以四阶段述一代理学演进。第一阶段为晚明诸遗

---

[1] 龚书铎，北京师范大学历史学院教授。曾任国务院学位委员会历史学科评议组召集人、中国史学会副会长、北京历史学会会长。

[2] 钱穆：《清儒学案序目》卷首《序》，《钱宾四先生全集》第22册，台湾联经出版事业股份有限公司，1998年，第589—590页。

[3] 钱穆：《清儒学案序目》之《例言》第二、三条，《钱宾四先生全集》第22册，第595—596页。

老,第二阶段为顺康雍三朝,第三阶段为乾嘉时期,第四阶段为道咸同光四朝。

清代理学演进之四阶段,钱先生最看重者为第一阶段。明清更迭,社会动荡,学术亦随世运而变迁。钱先生认为,这是一个承先启后的时代,明清之际诸大儒,在其间做出了不可磨灭的贡献,不啻数百年理学所结出之硕果。因此,钱先生得出结论:"不治晚明诸遗老之书,将无以知宋明理学之归趋。观水而未观其澜,终无以尽水势之变也。"①

较之晚明诸遗老时代略后,则是入清以后之理学诸儒。钱先生认为,顺治、康熙、雍正三朝,是一个理学为清廷所用,以为压制社会利器之时代。因此,理学中人,无论在朝在野,皆不可与上一阶段相比。乾嘉时代,经学考据之风甚盛,俨然一时学术主流。面对理学之落入低谷,钱先生挥去表象,直指本质,视乾嘉诸儒之沉浸经籍与明清之际诸大儒之回应时势为异曲同工,指出:"故以乾嘉上拟晚明诸遗老,则明遗之所得在时势之激荡,乾嘉之所得在经籍之沉浸。斯二者皆足以上补宋明之未逮,弥缝其缺失而增益其光耀者也。"②

晚清七十年,理学一度俨若复兴,然而倏尔之间已成历史之陈迹。依钱先生之所见,道光、咸丰、同治、光绪四朝之理学,不唯不能与晚明诸遗老相比,而且较之乾嘉亦逊色,充其量不过可以同顺康雍三朝并列。他说:"此际也,建州治权已腐败不可收拾,而西力东渐,海氛日恶。学者怵于内忧外患,经籍考据不足安定其心神,而经世致用之志复切,乃相率竞及于理学家言,几几乎若将为有清一代理学之复兴。而考其所得,则较之明遗与乾嘉皆见逊色。"③

中国古代学术,尤其是宋明以来之理学,何以会在迈入近代社会门

---

① 钱穆:《清儒学案序目》卷首《序》,《钱宾四先生全集》第22册,台湾联经出版事业股份有限公司,1998年,第590页。
② 钱穆:《清儒学案序目》卷首《序》,《钱宾四先生全集》第22册,台湾联经出版事业股份有限公司,1998年,第591页。
③ 钱穆:《清儒学案序目》卷首《序》,《钱宾四先生全集》第22册,台湾联经出版事业股份有限公司,1998年,第591—592页。

槛的时候形成这样一种局面？钱先生认为，问题之症结乃在不能因应世变，转而益进。相反，路愈走愈窄，直至无以应变迎新而为历史淘汰。钱先生对此尖锐地指出：

> 抑学术之事，每转而益进，途穷而必变。……至于理学，自有考亭、阳明，义蕴之阐发，亦几乎登峰造极无余地矣。又得晚明诸遗老之尽其变，乾嘉诸儒之纠其失，此亦途穷之候也。而西学东渐，其力之深广博大，较之晚汉以来之佛学，何啻千百过之！然则继今而变者，势当一切包孕，尽罗众有，始可以益进而再得其新生。明遗之所以胜乾嘉，正为晚明诸遗老能推衍宋明而尽其变。乾嘉则意在蔑弃宋明而反之古，故乾嘉之所得，转不过为宋明拾遗补阙。至于道咸以下，乃方拘拘焉又欲蔑弃乾嘉以复宋明，更将蔑弃阳明以复考亭。所弃愈多，斯所复愈狭，是岂足以应变而迎新哉！①

宾四先生之所论，睿识卓然，洵称不刊。

钱宾四先生著《中国近三百年学术史》《清儒学案》，倡导清代理学研究，开辟路径，奠定根基，历史贡献最称不朽。龚书铎先生承前哲未竟之志，率诸位俊彦精心结撰《清代理学史》，继往开来，令人敬佩。高岗唱新声，层峦起共鸣，新时期的学术史研究，必将创造进一步的繁荣和辉煌。

陈祖武　谨识
2006 年 7 月 16 日

原载《清代理学史》书末，广东教育出版社 2007 年 1 月版

---

① 钱穆：《清儒学案序目》卷首《序》，《钱宾四先生全集》第 22 册，台湾联经出版事业股份有限公司，1998 年，第 592—593 页。

《清代学者象传校补》举要

——庆贺吴怀祺教授[①]80华诞

《清代学者象传校补》六易寒暑,蒇事在即。谨掇举大要,恭请方家大雅赐教。

一、校补缘起

叶衍兰先生与叶恭绰先生祖孙二位合著之《清代学者象传》(以下简称《象传》),凡作二集。第一集为叶衍兰先生著,上起清初顾炎武、黄宗羲,下迄道咸间姚燮、魏源,共著录清代前期学者169人。所著录学者,大抵人自画像一帧,各撰小传一篇,像传辉映,相得益彰。衍兰先生乃晚清文献学家,诗书画俱工,《象传》之画像、传文及书写,皆出先生一人之手,历时30余年而成。大家手笔,弥足珍贵,一时学林共推"三绝"。唯先生生前未及刊行,清亡,民国十七年(1928),始由其孙恭绰先生在上海交商务印书馆影印出版。第二集为叶恭绰先生著,上起清初钱谦益、孙奇逢,下迄清末民初江标、李希圣,共著录有清一代,尤其是第一集所缺之晚清同、光、宣三朝学者200人。除去与第一集重出之侯方域外,实为199人。经顾廷龙先生编辑安排,于1953年,在安定珂罗版社影印出版。唯国家多故,世变日亟,虽经恭绰先生20年之苦心搜辑,而是时所影印问世者,仅为江西画师杨鹏秋摹绘之各家画像。至于200家之传文,则尽付阙如。

[①] 吴怀祺,北京师范大学历史学院教授。

20世纪20年代中，清史馆所修《清史稿》争议正炽，董理一代学术史风气方兴。《象传》第一集的问世，顺乎潮流，引领风气，颇为四方瞩目。一时学坛及社会名流，若康有为、王秉恩、樊增祥、沈尹默、冒广生、蔡元培、于右任、罗振玉、谭延闿等，皆有序跋或题签。二十余年之后，《象传》第二集出。时当中华人民共和国成立伊始，百废待举，困难重重，虽由叶先生自费仅印200部，但亦得郭沫若、陈叔通二位先生题签。据知，叶先生曾以此集一部送毛泽东主席，毛泽东主席有答书致谢，且索观第一集。恭绰先生原拟续事纂辑，将第二集所缺各家传文补齐，然而迄于1968年8月病逝，此愿终未得一践。

1986年1月，顾廷龙先生将《象传》之一、二集合为一编，亲笔题写《清代学者象传合集》书名，敦请潘景郑先生撰序，交由上海古籍出版社出版。顾廷龙、潘景郑二位先生此举，一则是对两位叶先生卓著业绩的纪念和表彰，再则亦把传承文明，完成前辈文献大家未竟事业的任务，交给了后起学人。祖武早先读《象传合集》，既于两位叶先生之筚路蓝缕而深致景仰，亦以《象传》之未成完帙而惋惜。此后20年间，将《象传》续成完书之想，每每萦回脑际。2008年秋，在中国社会科学院历史研究所卸去兼任行政职务，得以专意读书问学。恰逢商务印书馆丁波博士来询《象传》整理事宜，于是多年夙愿得此机缘遂告付诸实践。天乎？人乎？实乃时代使然也。

五历寒暑，朝夕以之，至2014年秋，《象传校补》粗见眉目。由于祖武生性迂腐，保守落伍，既不识互联网，亦不知如何使用电脑，经与丁波博士商议，拟即以专用稿纸影印手稿出版。此议既定，承历史研究所所长卜宪群研究员俯允，是冬，专用竖格稿纸送至案头，书稿誊正旋即开始。

近六七年间，《象传校补》工作之得以顺利进行，始终要感激四方友人的指教、帮助和支持。扬州大学已故前辈祁龙威教授，虽素未谋面，然先生生前不唯多次来信来电赐教，而且转赠当地学者之最新论著。南京师范大学江庆柏教授，以往亦无一面之缘，竟枉驾寒舍，颁赐大著《清代人物生卒年表》《清代进士题名录》。中国友谊出版社王逸明先生，则馈赠稀见抄本影印件，使难觅依据的《孔广林》一传得以动笔。安徽大学诸伟奇教授、彭君华教授，四川大学舒大刚教授，福建师范大学林金水教授，福建省文史馆卢美松、魏定榔二位先生，贵州省文史馆顾久、靖晓莉二位馆长，皆不时颁来各地古籍整理之新成果。历史研究所诸位友人，若袁立泽、林存阳、杨艳秋、李立民、梁仁志等，或购置图书，或搜寻资料，助我最多，亦受累最多。尤为感念不忘者，是台湾友人"中央研究院"历史语言研究所陈鸿森教授、中国文哲研究所林庆彰教授，二位先生专攻清代经学，多次颁赐研究论著，受教至深，终身得益。

《清代学者象传校补》六易春秋，蒇事在即，承中央文史研究馆馆长袁行霈先生厚谊，挥翰题签，鼓励鞭策。20世纪50年代初，中央文史研究馆肇建，首任副馆长、代理馆长叶恭绰先生之未竟遗著，60余年之后，承现任袁行霈馆长题签，由忝侧馆员之列的后学续成完书，薪火相传，后先一脉，或可目为今日文化建设之佳话一则。

二、校补凡例

（一）本书题为《清代学者象传校补》，顾名思义，乃系就叶衍兰先生与叶恭绰先生祖孙二位合著之《清代学者象传》一、二集，进行校点、补缺。

（二）本书之所谓校，系指依照古籍整理之通行规范，对《象传》第一集之各家小传，以繁体字重行誊写，施加新式标点，并做必要校勘。"补"之云者，则是对《象传》第二集所缺之199家小传，遵循第一集体例，悉数补齐，以使原书克成完帙。

（三）《象传》第一集所撰各家小传，篇幅长短不一，长者近千言，短者不过三五百字。此番补写各传，统以千字为限，间有参差，上下亦不出一二百言。

（四）《象传》第一集各传文字，为晚清习见之史传文。此番补写各传，亦使用浅近之语体文，以求行文风格大体相接。唯事类续貂，自惭形秽，是否得体，惴惴不安。

（五）《象传》第一集各家小传，引据史料例不注出处，然事信言文，可据可依。此次补写各传，恪遵前例，严格缀裁史籍，贯串成文，以保持全书体例之画一。

（六）《象传校补》之幸能蒇事，仰赖前辈学者数百年之积累。有清一代之官私史籍、碑志传状、年谱日记、学案，等等，皆为《象传校补》之依据，教益至深，感恩不尽。恭置案头，朝夕受教之晚近学者大著，则主要有钱仲联先生《广清碑传集》、卞孝萱先生《民国人物碑传集》、张舜徽先生《清人文集别录》、袁行云先生《清人诗集叙录》，等等。《象传校补》工竣，饮水思源，谨向前哲时贤之辛勤劳作致以深切谢忱。

（七）清代学术宏深，以总结整理我国数千年学术为特质，二百数十年间，才人辈出，著述如林。祖武不学，虽以读清代学术文献为毕身功课，然未明要领者尚多，所知不过其间之一二而已。因之此次《象传》之校补，错误遗漏当所在多有。敬请方家大雅多赐教言，俾便他日幸能再版，一一遵教订正。

三、第一集校勘举例

《冒襄传》

传凡二稿，第一稿云：

冒襄，字辟疆，号巢民，又号朴巢，江南如皋人。副宪起宗子，为"四公子"之一。中明崇祯壬午副榜。年仅十有三,用台州府推官,不就。家有水绘园,四方名士毕集,风流文采,照映一时。尝辑同人投赠诗文,为《同人集》十二卷。年六十有三卒,私谥潜孝。先生所著有《水绘园诗文集》。

第二稿云:

冒襄,字辟疆,号巢民,又号朴巢,江南如皋人。父副宪公名起宗。先生生而颖异,举崇祯十五年副贡生。年才十二〔一〕,即与云间董太傅、陈征君相唱和。又与张公亮、陈则梁等四五人,刑牲称盟,序于旧都。时尚未弱冠〔二〕,姿仪天出,神清彻肤,见者目为"东海秀影"。应试来金陵,寓秦淮水阁,与方密之、陈定生、侯朝宗称"四公子",琴歌酒宴,觞咏流连。秦淮故佳丽地,凡女子见之,有不乐为贵人妇,愿为夫子妾者。先生顾高自标置,每遇狭邪掷心卖眼,皆土苴视之。有董姬小宛者,容貌艳绝,针神曲圣,食谱茶经,莫不精晓。先生一见悦之,姬喜甚,欲委身焉。时副宪公官衡永兵备使,先生前往省视。会献贼突破襄、樊,特调公监左镇军。先生痛父身陷兵火,上书万言于政府言路,历陈公刚介不阿,逢怒同乡同年状,倾动朝堂。其后公复得调,不赴,请告旋里。先生归吴门,于月夜泛舟,游至桐桥,邂逅遇姬,惊喜欲狂。遂与之渡浒墅,游惠山,历毗陵、阳羡、澄江,抵北固,登金、焦。姬著西洋布退红轻衫,观竞渡于江上最胜处,千万人争步拥之,谓江妃携偶,踏波而上征也。先生旋赴白门秋试,姬买舟直抵秦淮。先生试毕,诸名贵置酒,宴先生与姬于河亭,演《燕子笺》。女郎满座,皆激扬叹羡,以姬得所归,为之喜极泪下。榜发,先生复中副车,而副宪公请假适归,姬父又积逋数千金,索者甚众,悉欲于姬身取偿,事久不集。虞山宗伯亲为规画,以手书并盈尺之券,送姬至如皋。闻者称快,而并颂宗伯之高谊也。

甲申变起,先生举家避难渡江,遁浙之盐官。国朝定鼎,始还故里。姬以劳瘁卒,先生痛之,为撰《影梅庵忆语》。先生诗文、书画俱工,性豪迈，喜宾客。尝辟台州府推官，不就[三]。家有水绘园，四方名士毕集，风流文采，映照一时。尝集同人投赠诗文，为《同人集》十二卷。康熙三十二年卒，年六十有三[四]，私谥潜孝。先生著有《水绘园诗文集》若干卷。

校记：

[一] 据冒广生辑《冒巢民先生年谱》，谱主以诗见赏于董其昌、陈继儒，事在天启四年，先生时年十四。

[二] 据冒广生辑《冒巢民先生年谱》，谱主与张公亮、陈则梁等五人盟，事在崇祯九年，时已二十有六岁。

[三] 据冒广生辑《冒巢民先生年谱》，谱主崇祯十五年中式乡试副榜，时已三十有二岁。明年始有授台州司李不就事。非如第一稿所云："年仅十有三，用台州府推官，不就。"

[四] 据冒广生辑《冒巢民先生年谱》，谱主生于明万历三十九年三月，卒于清康熙三十二年十二月，享年八十有三。叶先生疑为吴荣光《历代名人年谱》所误，吴氏记冒襄生年为明崇祯三年。

《吴历传》

吴历，字渔山，江南常熟人。诸生。居近言子墨井，因号墨井道人。以画名重海内，世称"三王吴恽"。尤善山水，宗法大痴，心思独运，丘壑灵奇而气韵沉郁，魄力雄杰。又深得王奉常之传，故能俯视诸家，独树一帜。所画《天池石壁》，曾邀仁庙睿赏。麓台论画，尝左石谷而右渔山，然非确论也。工诗，善鼓琴，书法坡翁，神韵极肖。初与石谷为画友，相得甚深，后假去石谷所摸大痴《陡壑密林图》，日久不还，因之隙末。康熙五十四年，年八十四，强健如壮时。张汉瞻先生为作传，后浮海不知所终。或云卒年八十有六[一]。著有《墨井诗草》若干卷。

校记：

〔一〕据《重修常昭合志》之《吴历传》，先生卒于康熙五十七年，年八十有六。《清史稿》之先生本传，则记卒年为康熙五十七年，年八十七。据陈垣先生著《吴渔山先生年谱》，谱主生于明崇祯五年，卒于清康熙五十七年，享年八十有七。言之最确，足以信据。又据是谱，《传》称谱主"邀仁庙睿赏"，假石谷画，"日久不还，因之隙末"及"浮海不知所终"云云，皆不确，实系张冠李戴，以讹传讹。谨将援庵先生相关之考证文字，恭录如后。

据谱末《补白》记：

程祖庆云，先生常熟文学生，以画名重海内。所画《天池石壁》，曾蒙睿赏云云。按：先生布衣，非文学生。天池石壁为吴山十六景之一，石壁上镌赵宦光书"华山鸟道"四大字。山半有池，横亘数十丈，景奇胜。乾隆二十二年，南巡至其地，有《题吴历天池石壁图》诗，云："我登鸟道华山巅，一泓天池乃俯视。设从山下望石壁，虚无应在云端拟。乃知居高见自广，游于物内迷美恶。渔山写照即境披，评图莫若评其理。"见《乾隆御制诗二集》卷六十九。所谓"睿赏"，当即指此。《清代学者象传》于"睿赏"上加"仁庙"二字，似误。

据"康熙五十三年甲午、八十三岁条"记：

冬，石谷跋先生《仿黄鹤山樵立轴》云："此渔山得意笔也。深入黄鹤山樵之室，兼追巨然遗法，要非浅近所能想见一一，佩服佩服。甲午冬日，识于来青阁，耕烟散人王翚。"见《吴越所见录》六。此跋可破张庚"石谷晚年与先生绝交"之说。翁同龢《题石谷留耕图用渔山韵》有云："意在欧罗西海边，渔山踪迹等重烟。题诗岂解留耕趣，荒却桃溪数亩田。"注："渔山晚奉景教，浪游不归，其志与先生殊途。其借画事乃后人傅会耳。"按：翁同龢不信借画说，而犹信浪游不归说，则此谱之作不容缓也。

据"康熙二十年辛酉、五十岁"条记：

随柏应理司铎往大西,至澳不果行。

《画跋》云:"墨井道人年垂五十,学道三巴,眠食第二层楼上,观海潮度日,已五阅月于兹矣。"

据"康熙二十一年壬戌、五十一岁"条记:

在澳入耶稣会。

据"康熙二十二年癸亥、五十二岁"条记:

《耶稣会士档》始载先生名。先生洗名西满沙勿略,入会后又取西姓雅古纳。

据"康熙二十八年己巳、五十八岁"条记:

在江宁。

据是谱其后二十余年所记,先生在上海、嘉定、苏州、虞山间往返,服务嘉定教区最久。

据"康熙五十四年乙未、八十四岁"条记:

张云章《墨井道人传》作于本年。后之为先生传记者,概以此为蓝本,故每不知先生卒年。张子曰:"余与道人无一日之旧,而交石谷甚欢。然道人之高致,非独余高之,即石谷子亦高之也。"

据"康熙五十七年戊戌、八十七岁"条记:

圣玛弟亚瞻礼日,先生卒。见墓碑。是为阳历二月廿四日,即本年正月廿五日,计后卒于石谷者百一日。葬上海南门外,由同会修士孟由义立碑。碑存今圣墓堂,题曰:"天学修士渔山吴公之墓。"

四、第二集补传举例

《赵执信传》

赵执信,字伸符,一字淡修,号秋谷,晚号饴山,亦号无想道人、抱膝居士、知如老人,山东益都人。先生少工吟咏,颖悟绝伦,有"圣童"

之目。康熙十七年，以第二名举乡试。翌年，成进士，年方十八，才名大振。旋入翰林院为庶吉士。散馆，授编修。是时方征鸿博之士，绩学雄文，麇集辇下。先生少年科第，睥睨其间，纵横挥洒，倾倒座人。老宿若朱彝尊、陈维崧、毛奇龄诸先生，尤所引重，订忘年交。二十三年，典山西乡试，得人称盛。二十五年，迁右春坊右赞善，充《明史》纂修官，预修《会典》。先生好纵酒，喜谐谑，士以诗文贽者，合则投分订交，不合则略视数行，挥手谢去。以致不知者谓狂，知者则赞为旷世逸才。先生俯视侪辈，不轻许可，才益高，望益著，忌者亦益多，乃至竟有衔恨而落井下石者。二十八年，国子生洪昇新撰《长生殿传奇》成，送稿请质。先生雅好元曲，喜见佳构，同调共鸣，于是邀聚朝中友好，宴饮观剧。时值皇后卒，大丧未除，依清廷定规，京朝官百日内不得作乐。先生此举授忌者以柄，遂为给事中黄仪劾奏削籍，时年未及三十。一时文苑有诗云："秋谷才华迥绝俦，少年科第尽风流。可怜一曲《长生殿》，断送功名到白头。"

先生既罢官归，益放情于诗酒。所居因园，依山构亭榭，怡情养志，不复为仕进计。独笃于气谊，济人缓急。莱阳同年友张重启削职归，为有司所窘，避迹依先生。先生馆之数年，经纪其丧，妥为善后。常熟诸生仲是保，走二千里追随，先生留馆十九年。及卒，亲笔论定诗文，择地安葬。先生工书法，真、草、八分，世所珍赏。性好游，尝远逾岭表，再涉嵩少，五过吴阊、维扬、金陵。所至以文会友，流连酬接，乞诗文、法书者踵至。徜徉林壑逾五十载，登山临水，兴会所触，直抒胸臆，每寄于诗。先生之诗自写性真，力去浮靡，得法于虞山冯班，称私淑弟子。时王士禛以显宦主盟诗坛，鸿生俊才多出门下。先生娶士禛甥女，初两家犹相重，后论诗不合，日渐疏远。先生终掉臂其间，自树一帜，著《声调谱》《谈龙录》而唱为别调。乾隆九年卒，享年八十有三。所著有《因园集》《饴山文集》《谈龙录》《声调谱》《礼俗权衡》，凡五种三十九卷，合称《饴山堂全集》。乾隆中修《四库全书》，著录先生所撰《因园集》《声调谱》《谈龙录》三书。于王士禛、赵执信二位先生之论诗公案有云："王以神韵缥缈为宗，赵以思路劖刻为主。王之规模阔于赵，而流弊伤于肤廓；赵之才力锐于王，而末派病于纤小。使两家互救其短，乃可以各见所长，正不必论甘而忌辛，好丹而非素也。"

《孔广林传》

孔广林，原名广枋，后更广林，字丛伯，号幼髯，晚号赘翁，山东曲阜人。先生乃孔子七十代孙。父继汾，以乾隆十二年举人官户部主事。先生自幼随父官京师，后奉母返里，读经史及诗古文，学为举子业。乾隆二十九年，补博士弟子员，时年十九。明年，补廪膳生员。迭经乡试不中，进取功名之心渐衰。三十四年，究心《三礼》，搜汉义，兼学篆，撰《说文形篇》，集石鼓文。翌年，乡试复荐而不售，乃应宗子命，署太常寺博士。三十六年春，高宗南巡，先生随宗子恭迎，旋充复圣位捧帛官。秋，乡试再黜，仕进之念已灰。从此尽弃帖括，专意《礼》学。三十九年，其父为先生捐资得贡生，然先生进取意绝，不为所动，依然致力搜求郑玄经学遗著。迄于四十二年，所辑郑玄《六艺论》《易注》《书注》《毛诗谱》《三礼目录》《郑志》诸书粗成，凡十八种，七十二卷。

乾隆四十九年，家难起。七月，因安葬祖母事忤宗子意，先生父遭劾奏。奉旨自议罚银，交豫工充用。后自认罚银五万。十一月，横祸再至，怨家挟嫌诬控，指先生父所撰《孔氏家仪》语涉悖逆。五十年三月，奉旨交刑部严讯。后以"撰述沽名"，交部议发伊犁。改请交银万五千代赎，得旨报可。八月，为筹措罚银，先生父南下江浙，乞援诸亲友。五十一年八月，病卒杭州。三弟广森为豫工解银，南北奔波，是年十一月，亦殉其父于九泉。老父及爱弟含恨而殁，先生痛叹："我生一日，即抱憾一日也！"

嘉庆元年春，先生挈眷南游杭州。时曾侄孙婿阮元督学在浙，常于公余过访。先生亦得与一方饱学之士，如丁杰、陈鳣、臧庸诸贤论学谈艺，往复辨证郑玄经说，颇闻所未闻。二年五月，返乡。先生念在杭得见诸君子所辑汉义，自愧不能竟胜，表彰郑学之志搁置，转而游心词曲，排解烦闷。五年，撰《女专诸杂剧》成。七年，《斗鸡忏传奇》九易其稿，录成清本。八年，将先前所成之杂剧传奇、散套小令共录一集，凡八卷，题曰《游戏翰墨集》。十一年秋，始自叙年谱。明年，自号赘翁，撰《赘翁说》书之座右。先生最爱《元人百种曲》，而惜其择焉不精，十四年，择其尤者四十种，录存箧中。十五年，貤封奉直大夫。十七年，通录历年词曲诸作，汇为《游戏翰墨》二十卷。重录经学旧稿，题曰《幼髯孔氏说经五稿》。十八年，重行审校所辑郑玄经说，录成《通德遗书所见录》清本七十二卷。十九年四月二十三日卒，年六十有九。所著除前述诸书外，尚有《延恩集》《幼髯韵语录存》《温经楼年谱》等。

《丁以此传》

丁以此，字竹筠，山东日照人。丁氏为一方望族，书香传世。先生幼遭乱离，贫而好学。年十八，往谒同邑先辈许瀚。瀚博通经史，尤精金石文字，以治朴学而闻名遐迩。先生朝夕追随，得悉朴学门径。尝以诸生再赴乡试，不得中式，乃弃去举业，专意古学，潜心于文字音韵。有清一代之古音学，昆山顾炎武著《音学五书》而导夫先路。及乾隆间，江永、戴震、钱大昕、孔广森、段玉裁、王念孙诸家继起，遂由经学之附庸而蔚为大国。诸家之离析古韵，皆自《诗经》始。间三为韵发于顾炎武，连章为韵、句中为韵则出自钱大昕，及孔广森为《诗声类》，乃得通例十、别例十三、杂例四，其法大具。王念孙最享高寿，集诸家大成，分古音为二十一部，洵称后来居上。先生出诸家后，以为孔氏《声类》韵例不完，乃潜心其间，又分单句、连句、间句、连章、隔章、变韵六例，都为七十三例，历时十数年，结撰《毛诗正韵》四卷、《韵例》一卷。书成，以知音者少，故存之笥中。先生仲子惟汾，友余杭章炳麟、仪征刘师培、蕲春黄侃，三人皆悉于音韵之理。唯汾请先生以所著质炳麟，炳麟亟宣扬之。

师培、侃亦各为之序赞。

先生一生虽专攻朴学，然未尝忘经世。既究心声音文字，亦博识史籍并百家杂说，且及论兵之议。同治十年前后游济南，遇朝鲜士人谒孔林者，询知彼国乱局，因悟日本之野心，亦潜为吾国忧矣。光绪初，清廷选派学生赴英法习海军术，先生欲以惟汾往而不得。三十年以后，各省书院奉诏改学堂，济南既立高等学堂，遂命惟汾学焉。其后，惟汾奔走国事，至触当国者怒，累濒于危，先生益勉之。清亡，先生目睹军阀割据，国无宁日，忧国之思既深，居常宛抑。晚年，以既成《毛诗正韵》，复欲推其法以治古韵语，唯年事已高，未克如愿。疾革，谓惟汾曰："不徒《三百篇》字字皆韵，即古谚谣亦若是。'恤恤乎，湫乎，漻乎。深思而浅谋，迩身而远志，家臣而君图，有人矣哉。'恤恤迩韵，湫漻韵，三乎字与家图韵，身臣人韵，浅远韵，三而字与思谋志有矣哉韵。类此者本欲自订成书，今已矣。汝可语季刚，季刚能集以成书，当于古韵发明不少。"季刚者，黄侃字也。

民国十年四月，先生病逝，年七十有六。所著有《毛诗正韵》《诗草》等。先生故世十年之后，章炳麟太炎先生闻先生临终语，以先生能于二十六言之古谣谚中，觅得入韵者二十四，深表叹服。恨不能起先生于九原，一以类似之心得相质。

原载《史学思想研究与中国史学的风格：吴怀祺教授八十华诞贺寿文集》，福建人民出版社 2017 年 12 月版

顾炎武时代之问的历史启示
——庆贺冯天瑜教授[①]80华诞

17世纪中叶的明清更迭,是中国古代社会所经历的又一个大动荡时代。晚明的经济崩溃、政治黑暗、社会失序,导致明王朝为农民大起义埋葬;旋即清军入主中原,军事、政治、经济、文化高压的一度肆虐,以及西方宗教神学和天文历法传入的冲击,诸多历史因素的交会,酿成中华文化传承断裂的深刻危机。杰出的思想家顾炎武生当其间,"感四国之多虞,耻经生之寡术",秉持"拯斯人于涂炭,为万世开太平"的强烈社会责任意识,发出"亡国与亡天下奚辨"的时代之问,大声疾呼"天下兴亡,匹夫有责",既为清初社会的由乱而治发培元固本之先声,也为迄于今日的中华学人留下了久远而深刻的历史启示。

一、"天下"是一个历史范畴

在中华文明五千多年的历史发展进程中,"天下"这一词语由先秦一直沿用到今天。作为一个历史范畴,它既具有后先相承的一贯性,又根据不同历史时期的具体环境,显示出不尽一致的人文内涵。

先秦时期,"天下"一词以地域概念而出现在历史舞台,它每每与"国家"并称。这就是孟子所说的:"人有恒言,皆曰天下国家。天下之本在国,国之本在家,家之本在身。"[②]从这一段话可见,在孟子生活的

[①] 冯天瑜,武汉大学历史学院教授,曾任教育部社会科学委员会委员,中国实学研究会副会长,湖北省及武汉市地方志副总纂。

[②] (汉)赵岐注,(宋)孙奭疏:《孟子注疏》,上海古籍出版社,1990年,第128页。

战国时代,"天下国家"是一种社会的流行话语。至于其具体所指,自东汉经师赵岐为《孟子》一书作注以来,早已形成历代学者的共识,那就是:"天下谓天子之所主,国谓诸侯之国,家谓卿大夫之家。"[①]这就是说,所谓天下,讲的乃是周天子之治下。秦始皇统一六国以后,由汉唐一直到明清的两千多年间,所谓天子已经不复存在,而"天下"之所指,也就不再是周天子之治下,而成为封建帝王专制的一家一姓的"家天下"。"朕即国家"的专制帝王话语,充分反映在此一漫长的历史时期,"天下"与"国家"趋于合一的历史实际。

回顾从先秦到明清中华文明的发展历程,我们会看到一个不可忽视的文化现象。那就是"天下"这样一个行之久远的词语,从它以地域概念登上历史舞台的先秦时期开始,就已经蕴含了丰富的人文内涵。同样是先前说到的《孟子》一书,其中还记录有孟子对齐宣王讲过的一句话,叫作"乐以天下,忧以天下"[②]。这句话的意思是说,执政当国者应当与民众同忧乐。显然,此处的"天下"一语,就已经不是单纯的地域概念,它还包含着关怀民生疾苦的人文意识和社会责任。换句话说,这里的"天下"一语,其后实际上省略了"民众"或者"民生"二字。尔后,伴随历史的演进,这样的人文关怀和社会责任意识不断充实、深化,到魏晋隋唐间,便成了"以天下为己任"的精神追求而载入官修史书之中。北宋中叶,范仲淹发展了"天下"一语的社会责任意识,在《岳阳楼记》一文中,更写下了"先天下之忧而忧,后天下之乐而乐"的千古名言。

二、"亡国与亡天下奚辨"的时代之问

"保国""保四海""保天下",这是我国先秦哲人所往复讨论的古

---

① (汉)赵岐注,(宋)孙奭疏:《孟子注疏》,上海古籍出版社,1990年,第128页。
② (汉)赵岐注,(宋)孙奭疏:《孟子注疏》,上海古籍出版社,1990年,第34页。

老命题。秦汉以降，历代学者和思想家继承先人的思想遗产，返本开新，精进不已。南宋初，朱熹著《四书章句集注》，继汉唐诸儒之后，取得了集大成式的创获。明清之际，顾炎武崛起，面对中华文化遭遇的传承断裂危机，他冲破"家天下"的固有格局，立足维护数千年礼乐文明的优良传统，发出了"亡国与亡天下奚辨"的时代之问。

在所著《日知录》卷13"正始"条中，顾炎武写道："有亡国，有亡天下。亡国与亡天下奚辨？易姓改号，谓之亡国。仁义充塞，而至于率兽食人，人将相食，谓之亡天下。"[1] 顾炎武讲的这段话，开宗明义，揭出他所讨论的问题不仅是古老的"保国"和"保天下"，而且是现实的"亡国"和"亡天下"。那么究竟应当怎么去把握"亡国"和"亡天下"的不同含义呢？对于"亡国"，顾炎武的回答是："易姓改号，谓之亡国。"[2] 这样的答案明白晓畅，只要稍有朝代更迭常识都知道是怎么一回事情。而何谓"亡天下"？顾炎武的回答，形式上几乎是在转述《孟子·滕文公下》的话语，实则立足新的时代环境，从文化传承的宽阔视野，赋予儒家经典以崭新的历史意蕴。孟子当年，在回答他人"好辨"的质疑时有云："杨、墨之道不息，孔子之道不著，是邪说诬民，充塞仁义也。仁义充塞，则率兽食人，人将相食。"[3] 同孟子当年的这一回答相比，在顾炎武的笔下，我们可以看到两个显著的不同之处。孟子指斥杨朱、墨翟"邪说诬民"一类的话语，已经被略去。此其一。其二，孟子当年虽然道出了对"杨、墨之道不息，孔子之道不著"的深深忧虑，但是并没有对这样一种历史现象做出明确的定义。顾炎武的超迈前贤之处则在于，他从明清之际的历史实际出发，不仅以"仁义"二字来赅括数千年的中华礼乐文明，而且破天荒地指出："仁义充塞，而至于率兽食人，人将相食，谓之亡天下。"[4]

---

[1] （清）顾炎武著，陈垣校注：《日知录校注》（中），安徽大学出版社，2007年，第722页。
[2] （清）顾炎武著，陈垣校注：《日知录校注》（中），安徽大学出版社，2007年，第722页。
[3] （汉）赵岐注，（宋）孙奭疏：《孟子注疏》，上海古籍出版社，1990年，第119页。
[4] （清）顾炎武著，陈垣校注：《日知录校注》（中），安徽大学出版社，2007年，第722页。

正是由上述讨论合乎逻辑的发展，顾炎武得出他的时代之问的结论：“是故知保天下，然后知保其国。保国者，其君其臣，肉食者谋之。保天下者，匹夫之贱与有责焉耳矣。”① 这就是说，同维护一家一姓的封建帝王专制政权相比，"保天下"关乎一个国家、一个民族的精神和思想，是文化根脉之所在，因此，它是根本的、深层次的、头等重要的问题。也唯其如此，维护一家一姓的封建帝王专制政权，说到底无非是当权的帝王和大臣们的事情。而维护一个国家、一个民族的悠久历史文明和优良文化传统，则是全体民众责无旁贷的共同责任。

三、可贵的历史启示

顾炎武"亡国与亡天下奚辨"的时代之问，以文化传承的宽阔历史视野，弘扬中华数千年学人"以天下为己任"的优良传统，使"天下"一语的人文内涵在明清之际实现划时代的升华，最终形成"保天下者，匹夫之贱与有责焉"的时代最强音。在清初社会由乱而治的历史进程中，顾炎武的卓然睿识和震聋发聩的呐喊，不胫而走，浸润朝野，与一时众多有识之士的努力不谋而合，共同促成清廷文化政策的逐步调整，成功地完成了社会凝聚力的抉择。

顾炎武及其同时代众多思想家的努力告诉我们，任何一个社会要寻求自身的发展，都必须具有凝聚全体社会成员的力量。不同的历史时期，不同的国家和民族，这一力量的选择会因时因地而各异。然而树立共同的社会理想，明确应当遵循的公共道德规范，则是一个具有共性的基本方面。具体就清朝初叶而言，无论是世祖也好，还是圣祖也好，最初都选择了尊崇孔子的方式，谋求以孔子为代表的儒家思想去统一社会的认识，确立维系封建统治的基本准则。尔后，随着封建统治者儒学素

---

① （清）顾炎武著，陈垣校注：《日知录校注》（中），安徽大学出版社，2007年，第723页。

养的提高,清廷选择了将尊孔具体化而趋向朱子学独尊的历史道路。确认朱熹学说为官方意识形态,使清初统治者为一代封建王朝找到了维系人心的有效工具。当然也应该看到,由于历史和认识的局限,清廷抹杀了理学的哲学思辨,把经朱熹阐发的博大思想仅仅视为约束人们言行的封建道德教条。正是这种文化上的短视,导致清初统治者否定了王阳明思想中的理性思维光辉。其恶劣后果,经雍正、乾隆两朝的封建文化专制引向极端,终于铸成思想界万马齐喑的历史悲剧。其间的历史教训,又是值得我们去认真记取的。

晚清七十年,西方殖民主义列强的侵略,使中华民族饱受欺凌和屈辱。为了救亡图存,从龚自珍、魏源到康有为、梁启超,一代又一代的学者和思想家接过顾炎武留下的思想遗产,使之同时代的使命相结合,将顾炎武"保天下者,匹夫之贱与有责焉"的呐喊提炼为八个字的历史箴言,就叫作"天下兴亡,匹夫有责"。这八个字的历史箴言,既准确地把握住顾炎武思想的文化精髓,又从历史和现实的结合上,昭示了中华文化维护国家、民族根本利益,讲责任、重担当,以天下为己任的基本品格。从此,"天下兴亡,匹夫有责"的价值追求便融入中华民族的爱国主义传统,成为中华优秀传统文化的一个精神标识。

1931年9月18日,日本军国主义在东北制造"九一八事变",强占我东三省。翌年1月28日,日本侵略军又进攻上海闸北,挑起淞沪战火。面对侵略战火,国土沦丧,章太炎不顾年高,以炽热的爱国热忱愤然北上,取道青岛、济南、天津,直抵北平,一路唤起民众,抗敌御侮。所到之处,太炎先生秉持"天下兴亡,匹夫有责"的强烈社会责任意识,倡导读史,表彰顾炎武"博学于文,行己有耻"的为人为学之道。他号召广大青年:"应当明了是什么时代的人,现在的中国是处在什么时期,自己对国家应负有什么责任。"[①] 南归之后,太炎先生移居

---

① 章太炎:《论今日切要之学》,载上海人民出版社编,章念驰编订:《章太炎全集·演讲集》,上海人民出版社,2015年,第420页。

苏州，抱病向民众宣讲中国历史、中国学术和中国文化，勉励青年学子以一方先贤范仲淹、顾炎武为楷模，沐浴膏泽，振奋民志。他指出："不读史书，则无从爱其国家。"特别强调："昔人读史，注意一代之兴亡。今日情势有异，目光亦须变换，当注意全国之兴亡，此读史之要义也。"①

从顾炎武"亡国与亡天下奚辨"的时代之问，到章太炎以"注意全国之兴亡"为"读史之要义"，时间虽然已经相去二百多年，但是其间却有一任何力量所无法割断的根脉。这条无形的根脉就是对中华文化的关怀、珍爱和维护，是传承中华优秀传统文化的可贵历史自觉。因此，我们完全有理由这么说，明清之际的杰出思想家顾炎武，不仅是中华优秀传统文化的传承者、捍卫者，而且还是晚近中华学人文化自觉的卓越先驱，是一位值得永远纪念的开风气者。

原载《贵州文史丛刊》2020年第2期

---

① 章太炎：《历史之重要》，载上海人民出版社编，章念驰编订：《章太炎全集·演讲集》，上海人民出版社，2015年，第490页。

从《日知录》到《日知录集释》（代前言）

《日知录》是清初著名学者和思想家顾炎武的代表作品，也是17世纪中叶我国知识界一部足以反映时代风貌的学术巨著。这部书不仅在当时激起强烈共鸣，而且影响所及绵亘有清一代。乾嘉间朴学发皇，治《日知录》几成专学。道光初，黄汝成集诸家研究之大成，纂为《日知录集释》，为《日知录》研究做了一个承上启下的总结。从《日知录》到《日知录集释》，不啻百余年间学术演进的一个缩影，留下了甚多值得深入探讨的课题。

一、为学与为人相统一的一生

《日知录》的著者顾炎武，原名绛，字忠清。明亡，改名炎武，字宁人，号亭林，江苏昆山人。生于明万历四十一年（1613），卒于清康熙二十一年（1682），享年70岁。炎武一生将为学与为人合为一体，操志高洁，学博识精，成为开启一代学术先路的杰出大师。

顾氏为江东望族，炎武高曾祖辈世为明廷仕宦，至其父辈，家道中落。时值明末，朱氏王朝经济崩溃，政治腐朽，犹如痈疽积年，只待溃烂。社会的危机，家境的窘迫，逐渐孕发炎武为学以救世的思想。自明崇祯十二年（1639）起，炎武"感四国之多虞，耻经生之寡术"[1]，本"士当求实学"[2]的家训，断然挣脱科举制度的束缚，倾全力于《天下郡

---

[1] （清）顾炎武：《亭林文集》卷六《天下郡国利病书序》。
[2] （清）顾炎武：《亭林馀集》不分卷《三朝纪事阙文序》。

国利病书》和《肇域志》的纂辑。从此，专意搜集有关农田、水利、矿产、交通及地理沿革诸方面的材料，试图据以探寻国贫民弱的根源所在，揭开了一生为学的新篇章。

崇祯十七年（1644）四月，明亡消息传到江南。五月，南明弘光政权在南京建立，炎武获授兵部司务之职。为应弘光政权征召，炎武撰成著名的"乙酉四论"，即《军制论》《形势论》《田功论》《钱法论》。从划江立国的实际出发，针对农田、钱法、军制诸方面的积弊，炎武提出了若干解救危难的应急措施。顺治二年（1645）五月，炎武取道镇江，前往南京赴任。未及到职，弘光政权已告覆灭。目睹清军的野蛮屠戮，炎武在苏州从军抗清。兵败，昆山、常熟相继失守，炎武嗣母绝食身亡，二弟死于非命，生母虽幸免一死，但已成终生残疾。

山河破碎，家难频仍。顾炎武寄心事于笔端，写下了许多饱含爱国激情的诗篇。他以衔木填海的精卫自况，发出了"我愿平东海，身沉心不改"[①] 的呐喊。此后五年间，炎武蓄发明志，一直潜踪息影，辗转于太湖沿岸，与各地抗清志士秘密往来。后为豪绅叶方恒加害，于顺治七年（1650）被迫剃发。十二年（1655），再落叶氏圈套，以勾结海上抗清武装的罪名而入狱。出狱后，炎武决意远离故土，到久已眷念的中原大地去。

顺治十四年（1657）秋，炎武将家产尽行变卖，只身北去，时年45岁。北游之初，炎武频繁往来于山东、河北，一度南还江浙。顺治十八年（1661），郑成功率部退往台湾，僻处西南一隅的南明永历政权灭亡。眼看复明大势已去，炎武断然拔足西走，决心"笃志经史"[②]，把自己的后半生贡献给著述事业。

自康熙元年（1662）起，顾炎武把游踪扩至河南、山西、陕西。这

---

① （清）顾炎武：《亭林诗集》卷一《精卫》。
② （清）顾炎武：《亭林文集》卷四《与人书二十五》。

以后，炎武除陆续撰写大量的诗文杂著外，全部精力几乎都用于《日知录》的写作。康熙二年（1663），庄廷鑨私撰《明史》案发，炎武挚友潘柽章、吴炎蒙难。噩耗传来，炎武万分悲痛，于山西汾州旅邸遥为祭奠，以歌当哭，高唱："一代文章亡左马，千秋仁义在吴潘。"① 同时，还以《书吴潘二子事》为题，撰文详记二友死难始末，以表彰二人节操。炎武因憎恶明末的讲学风气，终身不登讲坛，不纳弟子。但为表示对潘柽章的纪念，破例将柽章弟耒收为弟子。

康熙五年（1666），山东莱州"逆诗案"发。七年（1668）二月，炎武因之在济南入狱。后幸有在翰林院供职的外甥徐元文斡旋，又得友人李因笃等竭力营救，始于同年十月取保出狱。莱州诗狱了结后，炎武一如既往，以友人所赠二马二骡装驮书卷，攀山越岭，不辞辛劳，为著述事业而进行大量的、艰苦细致的实地考察。

晚年的顾炎武，行万里路，读万卷书，以其深湛的学术造诣而名著朝野。然而不与清廷合作的志愿，则坚如磐石，朝廷显宦几度礼聘，皆为炎武断然拒绝。康熙十年（1671），翰林院掌院学士熊赐履邀炎武预修《明史》，炎武正言相告："果有此举，不为介推之逃，则为屈原之死。"② 十七年（1678），清廷诏举博学鸿儒，内外大吏皆欲以炎武列名荐牍。炎武郑重声明："人人可出，而炎武必不可出。"宣告："七十老翁何所求？正欠一死！若必相逼，则以身殉之矣。"③ 为表示决心，炎武选定陕西华阴为终身客居地，从此不再进入北京。

康熙二十年（1681）八月，顾炎武旅居山西曲沃，不幸染疾。翌年正月初八日，溘然长逝。

顾炎武一生，"身涉万里，名满天下"④，以"行奇学博，负海内重

---

① （清）顾炎武：《亭林诗集》卷四《汾州祭吴炎潘柽章二节士》。
② （清）顾炎武：《蒋山佣残稿》卷二《记与孝感熊先生语》。
③ （清）顾炎武：《亭林文集》卷三《与叶讱庵书》。
④ （清）归庄：《归庄集》卷五《与顾宁人书》。

望"①。他广泛涉足于经学、史学、方志、舆地、音韵文字、金石考古以及诗文等学,在众多学术领域,皆有卓越建树。炎武著述繁富,"卷帙之积,几于等身"②。今可考见者,尚近50种之多。《日知录》32卷,为其代表著述,一生为学所得,大都荟萃其中,实为开一代学术风气之力作。《音学五书》38卷,为炎武的另一部代表作品。清代260余年间,音韵文字学之能勃然兴起,由经学的附庸而蔚为大国,炎武建有不可磨灭的开创之功。《天下郡国利病书》和《肇域志》,虽为炎武早年所辑,且仅系长编,尚须过细整理,然而对考论中国古代史,尤其是有明一代的经济史、社会史,以及方志、舆地诸学,皆极具价值。其他诗文杂著,诸如《顾亭林诗文集》《明季实录》《历代帝王宅京记》《营平二州史事》《金石文字记》《左传杜解补正》,以及《菰中随笔》等,探讨学术,知人论世,在在皆可采择。

二、《日知录》纂修考

顾炎武何时开始结撰《日知录》?这是一个迄今尚无定论的问题。康熙九年(1670),当该书以初成八卷在江苏淮安付刻时,炎武曾在卷首写有如下识语:"愚自少读书,有所得辄记之,其有不合,时复改定。或古人先我而有者,则遂削之。积三十余年,乃成一编。"③由康熙九年上溯30余年,约当明崇祯十二年(1639)。早先谈《日知录》,我曾据此将其始撰时间大致定在明末。1998年初,河北人民出版社约撰《旷世大儒:顾炎武》,经与几位年轻学友切磋,认为仅据这篇题记来判定《日知录》的始撰时间,恐怕尚缺乏足够说服力。理由如下:

首先,这里有一个认识问题需要解决,即能否把顾炎武早年读书

---

① (清)钮琇:《觚賸》卷六《蒋山佣》。
② (清)王弘撰:《山志》卷三《顾亭林》。
③ (清)顾炎武:《日知录》卷首《题记》。

做札记，同结撰《日知录》看成一回事情。我们认为，应当把二者区别开来。的确，从少年时代开始，顾炎武就接受了读书要做札记的良好教育，用炎武的话来讲，就叫作"钞书"。炎武晚年写过一篇《钞书自序》，文中说："先祖曰：'著书不如钞书。凡今人之学，必不及古人也，今人所见之书之博，必不及古人也。小子勉之，惟读书而已。'"至于何时开始做读书札记，这篇《钞书自序》也有回顾："自少为帖括之学者二十年，已而学为诗古文，以其间纂记故事。年至四十，斐然欲有所作。又十余年，读书日以益多，而后悔其向者立言之非也。"① 可见，炎武虽自幼闻"钞书"庭训，而付诸实践去"纂记故事"，已经20余岁，直至40岁才开始著书，50余岁以后，又因先前著述的不成熟而懊悔。炎武20余岁当明崇祯中，而40岁则已入清，为顺治九年（1652），50余岁就是康熙初叶了。

其次，顾炎武自崇祯十二年开始纂辑的书并非《日知录》，而是《天下郡国利病书》和《肇域志》。据炎武晚年所撰《天下郡国利病书序》称："崇祯己卯，秋闱被摈，退而读书。感四国之多虞，耻经生之寡术，于是历览二十一史以及天下郡县志书、一代名公文集及章奏文册之类，有得即录，共成四十余帙。一为舆地之记，一为利病之书。"② 崇祯己卯即十二年，炎武时年27岁。关于这方面的情况，《肇域志序》也说得很清楚："此书自崇祯己卯起，先取《一统志》，后取各省府州县志，后取二十一史参互书之。"③ 可见，顾炎武《钞书自序》中所说的"纂记故事"，即指崇祯十二年，27岁起所辑《天下郡国利病书》和《肇域志》。

再次，《天下郡国利病书》《肇域志》卷帙浩繁，顾炎武在完成这两部书稿之前，不可能再分心去结撰《日知录》。据考，《天下郡国利病书》初稿完成，当在顺治九年。是时，由于豪绅煎迫，家难打击，炎

---

① （清）顾炎武：《亭林文集》卷二《钞书自序》。
② （清）顾炎武：《亭林文集》卷六《天下郡国利病书序》。
③ （清）顾炎武：《亭林文集》卷六《肇域志序》。

武已萌弃家北游之想。为此，江南友人杨彝、万寿祺等，于是年初联名写了一篇《为顾宁人征天下书籍启》①。文中明言，《天下郡国利病书》已"手录数十帙"，之后，炎武将"游览天下山川风土，以质诸当世之大人先生"②。至于《肇域志》的脱稿，则在此后10年，即康熙元年（1662）。是年十月，炎武撰《书杨彝万寿祺等为顾宁人征天下书籍启后》有云："右十年前友人所赠。自此绝江逾淮，……往来曲折二三万里，所览书又得万余卷，爰成《肇域记》。"③

最后，炎武本人及友朋谈及《日知录》，皆在康熙初年以后。今本《日知录》卷首所载炎武各条文字，如《初刻日知录自序》《与人书十》《与人书二十五》《与潘次耕书》《与杨雪臣书》《与友人论门人书》等，众所周知，恕不引述。此外可以为证者，至少尚有如下五例：第一为康熙九年山东德州程先贞撰《赠顾征君亭林序》，第二为康熙十一年炎武《与李良年书》，第三为康熙十二年炎武《又答李武曾书》，第四为康熙十二年炎武《又与颜修来书》，第五为康熙十五年炎武《与黄太冲书》。文繁，宥我不录。

根据以上所考，足见把《日知录》的始撰时间定在明崇祯十二年似欠妥当。我们以为，宜以顾炎武逝世前夕，康熙二十年（1681）《与人书》为据。炎武在此信中说："某自五十以后，笃志经史，其于音学深有所得。今为《五书》以续《三百篇》以来久绝之传，而别著《日知录》，上篇经术，中篇治道，下篇博闻，共三十余卷。有王者起，将以见诸行事，以跻斯世于治古之隆，而未敢为今人道也。"④据此，《日知录》的始撰时间，假如定在康熙元年，即炎武50岁以后，或许会更合理一些。

---

① 苏州大学周可真教授著《顾炎武年谱》（苏州大学出版社1998年版）考之甚详，请参阅。

② （清）沈岱瞻：《同志赠言》之《为顾宁人征天下书籍启》。

③ （清）顾炎武：《亭林佚文辑补》不分卷《书杨彝万寿祺等为顾宁人征天下书籍启后》。

④ （清）顾炎武：《亭林文集》卷四《与人书二十五》。

在《日知录》的结撰过程中,初刻八卷本的问世,是一个重要环节。以往,由于这个本子流传未广,不易得读,所以有的研究者遂误认为已经亡佚。20世纪80年代,上海古籍出版社将这个本子影印,附录于《日知录集释》出版,这样不仅澄清了误会,而且大大方便了研究者。

《日知录》的初刻时间,可以大致确定为康熙九年八月。根据主要是两条,第一条为顾炎武康熙十五年所撰《初刻日知录自序》。序中说:"炎武所著《日知录》,因友人多欲钞写,患不能给,遂于上章阉茂之岁刻此八卷。"①上章阉茂为干支纪年之庚戌,即康熙九年。第二条为前述程先贞撰《赠顾征君亭林序》,该序所署年月即为康熙九年八月。有关《日知录》初刻时间的资料,亦见于《蒋山佣残稿》。其中,炎武的《与友人书》说:"《日知录》初本乃辛亥年刻。"②辛亥年为康熙十年。顾炎武谈《日知录》初刻,为什么在时间上会出现庚戌、辛亥二说?我们以为,是否可以做这样的理解,即八卷本《日知录》系康熙九年始刻,而至康熙十年完成。

初刻八卷本问世之后,《日知录》的结撰不间寒暑,精益求精,耗尽了顾炎武毕生的心力。对于其间的甘苦,炎武曾经说:"尝谓今人纂辑之书,正如今人之铸钱。古人采铜于山,今人则买旧钱,名之曰废铜,以充铸而已。所铸之钱既已粗恶,而又将古人传世之宝舂剉碎散,不存于后,岂不两失之乎?承问《日知录》又成几卷,盖期之以废铜。而某自别来一载,早夜诵读,反复寻究,仅得十余条,然庶几采山之铜也。"③顾炎武将《日知录》的结撰喻为采铜于山,可见其劳作的艰辛和学风的严谨。

晚年的顾炎武,恪遵"良工不示人以璞"的古训,精心雕琢《日知录》。在致弟子潘耒的信中,炎武说:"著述之家,最不利乎以未定

---

① (清)顾炎武:《亭林文集》卷二《初刻日知录自序》。
② (清)顾炎武:《蒋山佣残稿》卷一《与友人书》。
③ (清)顾炎武:《亭林文集》卷四《与人书十》。

之书传之于人。昔伊川先生不出《易传》，谓是身后之书。……今世之人速于成书，躁于求名，斯道也将亡矣。前介眉札来索此（引者按：指《音学五书》），原一亦索此书，并欲钞《日知录》。我报以《诗》《易》二书今夏可印，其全书再待一年，《日知录》再待十年。如不及年，则以临终绝笔为定。"① 顾炎武没有违背自己的诺言，迄于康熙二十一年正月逝世，他始终未曾把已经完成的三十余卷《日知录》再度付刻。直到十三年之后，遗稿始由潘耒删削整理，在福建建阳刻印。

三、《日知录集释》的纂辑

清代道光间问世的《日知录集释》，是研究清初学者顾炎武所著《日知录》的一部集大成的著作。然而关于该书的纂辑故实，却少见系统深入的梳理。

《日知录》以其朴实无华的务实为学，宣告了晚明空疏学风的终结，开启了一代健实的新学风。因此，该书问世之后，在学术界迅速激起反响，一时南北学者，竞相作同调之鸣。但是自康熙中叶以后，随着清廷统治的趋于稳定，尤其是雍正、乾隆两朝文字狱的冤滥酷烈，顾炎武在《日知录》中所寄寓的学以经世思想，横遭阉割。为之后学术界所继承的，只是其朴实的考经证史方法而已。于是琐细的考证补苴，日渐成为《日知录》研究中的主流。此风自阎若璩开其端，中经李光地等朝中显贵张大其势而深入庙堂，到乾隆、嘉庆两朝达于极盛。百余年间，注者蜂起，至九十余家之多。其中，既有经学大家如惠栋、江永、顾栋高、戴震、庄存与，也有史学大家如全祖望、钱大昕、王鸣盛、赵翼、邵晋涵，还有一时文坛盟主方苞、姚鼐等。风起云涌，久传不衰，俨若专门学问。

嘉庆、道光之际，清王朝越过其鼎盛时期而步入衰世。绵延于川、

---

① （清）顾炎武：《亭林文集》卷四《与潘次耕书》。

楚、陕边区的白莲教大起义,直逼宫禁的北方天理教起义,西方殖民者以武力为后盾的肮脏鸦片贸易,凡此种种,内外交困,有力地摇撼着清王朝的统治大厦。中国历史上的又一个大动荡时期已经来临。当此多事之秋,知识界反应最称敏感。面对深刻的社会危机,乾嘉以来风靡朝野的考据学,伴随其所附着的社会亦盛极而衰。以庄存与、刘逢禄为代表的常州今文经学派,阐发《春秋》公羊学大义,倡变法以图强。道光五年(1825),著名思想家魏源沿波而起,辑《清经世文编》成。以之为标志,顾炎武、黄宗羲、王夫之、颜元等清初学术大师学以经世的传统,又为时代召唤到历史舞台。总结百余年来《日知录》的研究成果,恢复其淹没已久的经世思想,已成一个时代的课题。而完成这一历史任务的人,既非一时朝廷显贵,亦非学术界名流,却是名不见经传的年轻学人黄汝成。

黄汝成,字庸玉,号潜夫,江苏嘉定(今属上海)人。生于嘉庆四年(1799),卒于道光十七年(1837)。汝成生在考据大师钱大昕故里,其嗣父钟即为大昕弟子,生父鋐亦以善诗文而名著一方。汝成少承家学,又兄事大昕再传弟子毛岳生,颇得乡里前辈为学端绪。自十三四岁起,即已"熟习文史"①,20岁以后,成为县学廪膳生。后因久困场屋,不得入仕,遂致力经史,博及天文历法、田赋河漕、职官选举、盐务钱法等。汝成所最为服膺者,则是顾炎武的《日知录》。正如他在写给当时江南著名学者李兆洛的信中所述:"自少至今,尤好顾氏《日知录》一书。"②

《日知录》之所以令黄汝成倾倒,并不在于文辞的博辩,考据的精详。在汝成看来,乃是因为"其书于经术文史、渊忽治微,以及兵刑、赋税、田亩、职官、选举、钱币、盐铁、权量、河渠、漕运,与他事物

---

① (清)毛岳生:《休复居文集》卷五《黄潜夫墓志铭》。
② (清)黄汝成:《袖海楼文录》卷三《答李先生申耆书》。

繁赜者，皆具体要"①，是一部"资治之书"②。因此，在毛岳生的辅导之下，汝成持之以恒，长期致力于《日知录》的董理。他以阎若璩、沈彤、杨宁、钱大昕四家校本为主要依据，博采诸家疏解，对康熙三十四年（1695）潘耒刻本逐卷校释，终成《日知录集释》32卷，于道光十四年（1834）五月刊行。书成之后，汝成又觅得《日知录》原写本，经与潘刻本详加比勘，辨其异同，正其疑似，共得700余条，成《日知录刊误》2卷，于道光十五年（1835）二月刊行。之后，汝成再得嘉兴陆筠精校本，取与先前所纂《集释》校订，成《日知录续刊误》二卷，于道光十六年（1836）九月刊行。

黄汝成家素富厚，不唯刻书费用概由己出，而且还捐资选授安徽泗州训导。但因其生母、嗣父相继去世，故而居丧在家，未能赴任。汝成秉性旷达，乐于周济友朋困乏，深得远近学者敬重。无奈身体过于肥胖，长期为哮喘所苦，后竟因之而遽然去世，卒年仅得39岁。黄汝成正当有为之年而被病魔夺去生命，使他的众多生前友好至为悲恸，毛岳生、李兆洛、蒋彤、葛其仁等，纷纷撰文吊唁。其生父哀汝成赍志而殁，遂委托毛岳生主持，对其遗文杂著加以搜集整理，题名《袖海楼杂著》，于道光十八年（1838）九月结集刊行。其中包括《袖海楼文录》6卷，《古今岁实考校补》1卷，《古今朔实考校补》1卷，《日知录刊误合刻》4卷。汝成生前，在完成《日知录集释》并《刊误》之后，原拟续纂《春秋外传正义》，终因猝然病殁而成未竟之业，仅于《文录》中留下数篇札记而已。

黄汝成辑《日知录集释》，以及相继完成的《日知录刊误》《续刊误》，荟萃前人的研究所得，既阐发了原书精义，校订了著者疏失，也纠正了潘刻本的若干舛错。同时，还一扫乾嘉考据学家的偏颇，重申了炎武经世致用的撰述宗旨，从而为《日知录》研究提供了一个较为完善

---

① （清）黄汝成：《袖海楼文录》卷三《答李先生申耆书》。
② （清）黄汝成：《袖海楼文录》卷二《日知录集释序》。

的本子。对汝成的艰苦劳作,理当充分肯定,值得纪念。然而到清末,非难声起,竟指《日知录集释》为李兆洛纂辑,诬汝成窃李书为己有。事实果真如此否? 不然。只要我们稍事搜寻,比勘史料,即可验证其间的真相。

首先,在李兆洛的现存遗著中,寻找不出任何足以说明他纂辑《日知录集释》的证据。固然,李兆洛一生正是以表彰先贤遗集,致力纂辑而著称。因此,凡由兆洛纂辑,或经他表彰刊行的前哲著述,诸如《皇朝文典》《骈体文钞》及《邹道乡集》《瞿忠宣集》《绎志》《易论》,等等,皆撰有序跋、题记一类文字。然而,唯独就不见表彰《日知录》的记载。尤其不应忽视者,在一部26卷的《养一斋文集》及《续编》中,竟然没有一篇专门探讨顾炎武学行及《日知录》的文字。仅在《文集》卷4《顾君(广圻)墓志铭》中,偶一提及"亭林先生罗列改书之弊"寥寥数字而已。这样一种情况,恐怕同《日知录集释》纂辑者的地位是不相称的。此外,兆洛高第弟子薛子衡所撰《养一李先生行状》,文中所罗列李氏纂辑书目,也无《日知录集释》。相反,李兆洛谈及《日知录集释》,则准确无误地称其纂辑者为黄汝成。他说:"潜夫……所著书,惟成《日知录集释》三十二卷,《刊误》二卷,《袖海楼文稿》若干首。"①

其次,在李、黄二人的友朋中,凡谈及《日知录集释》,皆众口一词,肯定其纂辑者为黄汝成。毛岳生是李、黄知交,岳生所撰《黄潜夫墓志铭》有云:"潜夫著书,成者《日知录集释》《刊误》《古今岁朔实考校补》《文录》,凡四十四卷。未成者,《春秋外传正义》若干卷。"②宋景昌为李兆洛高足,汝成遗稿《古今岁朔实考校补》即经景昌校订刊行。宋氏《岁朔实考校补跋》同样说:"潜夫笃志好古,博学明识如此。始潜夫既成《日知录集释》与此书,复欲撰《春秋外传正义》,未卒业

---

① (清)李兆洛:《养一斋续集》卷五《黄潜夫家传》。
② (清)毛岳生:《休复居文集》卷五《黄潜夫墓志铭》。

遂殁。"① 兆洛之另一高足蒋彤，为《袖海楼文集》撰序，亦说得十分清楚："宝山毛先生数数为予言黄君潜夫之为人。……追后，得观其所著顾氏《日知录集释》，叹其志古人之学而能先其大者。继得其《日知录刊误》及《续刊误》，尤服其大而能精，非徒闳博炫富而漫无黑白者。"②

再次，作为《日知录集释》的纂辑者，黄汝成于《袖海楼文录》中，不仅再三重申对该书的纂辑地位，而且多载与友朋讨论《日知录》及顾炎武学行的文字，诸如《与吴淳伯书》《答李先生申耆书》《与毛生翁书》等。正是在与李兆洛的书札往复中，保存了兆洛对《日知录集释》的倾心推许："评骘考核，删削繁颣，使此书得成巨观，有益世道人心，真学者之幸也。"③ 黄汝成学风笃实，凡四方友朋在《集释》成书过程中所给予的帮助，诸如亲朋故旧的提供庋藏资料，李兆洛、吴育、毛岳生对书稿的审订，毛岳生对《刊误》《续刊误》的校核，同邑友好王浩自始至终的"勤佐探索"④，等等，感铭不忘，屡见表彰。所有这些记载，确然有本，可信可据，显然非剽窃作伪者之所能为。

综上所考，足见《日知录集释》的纂辑者本来就是黄汝成，并不是李兆洛。李兆洛于《集释》，确有"校雠之劳"⑤，而无纂辑之功，这才是历史的真相。

近者，欣悉栾保群、吕宗力二位学弟早年之《日知录集释》点校稿，经精心审订，历有年所，行将由上海古籍出版社出版。谨删削旧文以附骥尾，既志祝贺，亦敬请诸位先进赐教。

原载《日知录集释》（全校本），上海古籍出版社 2006 年 12 月版

---

① （清）宋景昌：《岁朔实考校补跋》，载（清）黄汝成：《袖海楼杂著》附录。
② （清）蒋彤：《丹稜文钞》卷二《袖海楼文集序》。
③ （清）黄汝成：《袖海楼文录》卷三《答李先生申耆书》。
④ （清）黄汝成：《袖海楼文录》卷二《日知录刊误序》。
⑤ （清）蒋彤：《丹稜文钞》卷三《养一子述》。

《困学纪闻》与《深宁学案》（代前言）

王应麟，字伯厚，号深宁，学者尊为厚斋先生，庆元府鄞县（今浙江宁波鄞州区）人。生于宋宁宗嘉定十六年（1223），卒于元成宗元贞二年（1296年），享年七十有四。厚斋先生为宋末元初大儒，以淳佑元年（1241年）进士，历仕南宋理宗、度宗、恭宗三朝，官至礼部尚书兼给事中。后见朝局败坏，颓势难回，愤然抗疏而出，辞官还乡。入元，隐居不仕，杜门20年，著述终老，志节耿然。一生著述弘富，凡30余种，600余卷。清乾隆间修《四库全书》，著录其论著达14种之多，推为"博洽多闻，罕其伦比"。所著《困学纪闻》20卷，成于入元以后的艰苦困顿之中，网罗文献，博赡通贯，既集一生学养，亦寓家国忧思，为我国古代学术史上有口皆碑的名著。

厚斋先生之学，尤其是所著《困学纪闻》，影响有清一代学术甚巨。三百年间儒林中人，无不深得厚斋先生之学术沾溉，顾炎武之《日知录》、阎若璩之《潜丘札记》、钱大昕之《十驾斋养新录》、赵翼之《陔余丛考》、陈澧之《东塾读书记》，等等，每多引为矩矱，颇见遗风。专事《困学纪闻》董理者，顺治间即有刘孔中、周亮工之选钞，康熙间复有阎若璩、何焯二家之笺注，乾隆初则有全祖望之三笺，嘉庆、道光间，更有万希槐、翁元圻二家之《集证》《集注》，迄于晚清又有重臣张之洞之奖许，后先相承，代有传人。其间，全祖望不唯三笺《困学纪闻》，而且结撰《深宁学案》，阐幽表微，弘扬先贤，在厚斋先生学术传衍中，乃一尤可注意之大事。

全祖望，字绍衣，号谢山，亦浙东鄞县人。生于康熙四十四年（1705），卒于乾隆二十年（1755），得年仅51岁。谢山秉性亢直，中年失官之后，绝意宦情，潜心经史，留意乡邦文献，表彰一方先贤，有"深宁、东发（黄震）以后一人"之誉。厚斋先生学行，乃谢山一生尤为经意表彰者。

乾隆二年（1737），谢山由京中南归未久，喜闻榆荚邨王氏存有厚斋先生画像，欣然专程拜谒，撰文纪念。文中重申先前所撰《同谷三先生书院记》之见，认为"先生之学，私淑东莱而兼综建安、江右、永嘉之传"。从而确立厚斋兼取诸家、综罗文献、独得吕学之大宗的历史地位。于厚斋先生之生平大节，谢山《宋王尚书画像记》一文，尤有扫除榛莽之笃论。据称：

> 顾所当发明若有二，其一则《宋史》之书法也。先生于德祐之末，拜疏出关，此与曾渊子辈之潜窜者不同。先生既不与军师之任，国事已去，而所言不用，不去何待？必俟元师入城，亲见百官署名降表之辱乎？试观先生在两制时，晨夕所草词命，犹思挽既涣之人心，读之令人泪下，则先生非肯恝然而去者。今与渊子辈同书曰"遁"，妄矣。其一则明儒所议先生入元曾为山长一节也。先生应元人山长之请，史传、家传、志乘诸传皆无之，不知其何所出。然即令曾应之，则山长非命官，无所屈也。箕子且应武王之访，而况山长乎？予谓先生之拜疏而归，盖与马丞相碧梧同科，即为山长，亦与家参政之教授同科，而先生之大节，如青天白日，不可抢也。①

有鉴于《困学纪闻》阎、何二家笺释之未为尽善，乾隆六年（1741）秋冬间，谢山旅居扬州，取二家笺释合订，删繁就简，补阙正讹，复增300余条，成《困学纪闻三笺》。翌年二月，谢山撰序记云：

> 深宁王先生《文集》百二十卷，今世不可得见，其存者《玉海》部帙

---

① （清）全祖望：《鲒埼亭集外编》卷十九。

最巨,尚有附刻于《玉海》后者十余种,而碎金所萃,则为《困学纪闻》。顾其援引书籍奥博,难以猝得其来历,太原阎征君潜丘尝为之笺,已而长洲何学士义门又补之。……予学殖荒落,岂敢与前辈争入室操戈之胜,况莫为之前,予亦未能成此笺也。……是书虽经三笺,然阙如者尚多有之,又安知海内博物君子不有如三刘者乎?予日望之矣。[①]

谢山之学,博及四部,经史词章,在在当行。乾隆七年(1742)四月,曾与甬上同好结真率社,赋诗吟咏,唱和抒怀。十月,谢山汇诗社诸友佳构于一集,题为《句余土音》。其中载有一己所撰《王尚书汲古堂》诗一首。诗题之下,谢山有小注云:"尚书之父温州,善教子,理宗尝书'汲古传忠'四字,又书'竹林'二字赐之,遂以名堂。"该诗既述厚斋先生之为人为学,亦载王氏一门兴衰,抚今追昔,俨若诗史。谨过录如后:

竹林沉沉天宇碧,汲古传忠垂御笔。其中孕出双灵鸟(原注:尚书与弟应凤同日生),接翅飞来文五色。长公尤克昌其家,文献渊涵包八极。浙东学统溯明招(原注:吕祖谦),西山(原注:真德秀)东涧(原注:汤汉)递正席。爰以大宗集大成,区区词科乃余力。棱棱风节遭残宋,大声疾呼终何益。从此扃户毕残年,日闻空堂三太息。可怜《困学纪》中语,此志倔强固犹昔。商山四皓鲁两生,不以坑儒尽耆德。浮丘高堂济南叟,不以焚书绝遗籍。石奋家风在躬行,不以崇诈泯旧泽(原注:此语尚书载之《困学纪闻》,又见《桃源戴氏族谱序》)。天留硕果系孤阳,由来霜雪不能食。莫谓兹堂仅百弓,足为故国扶残脉。遗文百卷归羽陵,学案文案都剥蚀。流传少作词科书,犹为拿陋资典册(原注:尚书学术,世徒以淹博视之,其实则余绪也)。孙枝一线日就衰,锦里门庭减颜色。只有东壁光瞳

---

① 全祖望:《鲒埼亭集外编》卷二十五《困学纪闻三笺序》。

瞳，夜堕堂前震木石。(《句余土音》卷上)

凭借多年究心厚斋先生学行的积累，全谢山纂修《深宁学案》已然条件具备，只待得一恰当之实现时机。据董秉纯辑《全谢山年谱》记："(乾隆)十一年丙寅，先生四十二岁，仍录《耆旧诗》，兼修南雷黄氏《宋儒学案》。"可见此一时机的到来，乃在乾隆十一年(1746)。又据该谱续记，迄于乾隆二十年(1755)逝世，谢山南北奔走，除董理《水经注》之外，几乎无年不在《宋元学案》的续修之中。由此又可认定，《深宁学案》当结撰于此数年间。

《深宁学案》见于今本《宋元学案》卷八十五。依黄宗羲、百家父子未竟旧稿，厚斋先生仅存小传一篇，附载于《真西山学案》。后经谢山增定，始独立而出，自成一卷，题为《深宁学案》。一如学案体史籍定例，《深宁学案》卷首为序录，总评案主学术云："四明之学多陆氏，深宁之父亦师史独善以接陆学。而深宁绍其家训，又从王子文以接朱氏，从楼迂斋以接吕氏。又尝与汤东涧游，东涧亦兼治朱、吕、陆之学者也。和齐斟酌，不名一师。《宋史》但夸其辞业之盛，予之微嫌于深宁者，正以其辞科习气未尽耳。若区区以其《玉海》之少作为足尽其底蕴，陋矣。述《深宁学案》。"继之则为案主小传，大体删节《宋史》本传而成，直书其事，简核有法，所增"入元不出"四字，不没大节，洵称实录。随后即是案主学术资料选编，凡二种，一为《深宁文集》，一为《困学纪闻》。前者仅9条，而后者则至百余条之多。道光间，谢山遗稿经王梓材、冯云濠二人整理，《深宁学案》中所录《困学纪闻》语，尚存65条。

《深宁学案》选录之《困学纪闻》语，皆出全谢山先生手，案主之为学旨趣，棱棱风节，凭以足见大体。唯书稿本属蝇头小楷，未经整理，谢山赍志而殁，遗稿辗转传钞，迭经众手，难免鲁鱼豕亥，错简误植。往日读《深宁学案》，每遇疑似，则取道光间翁元圻先生集注本《困学纪闻》校阅。逐一比勘，则见今本《学案》间有删节失当，句读偶疏处。

晚清张之洞著《书目答问》，于《困学纪闻》诸多版本之中，独举二部以示后学，一为万希槐《七笺集证》，一为翁元圻《集注》。《答问》及稍后范希曾先生之《补正》，皆尤为推重翁氏《集注》本，认为："此注更胜《七笺》本。"前贤甘苦之言，信然可据。近日，欣悉栾保群、田松青、吕宗力三位先生整理翁元圻集注本《困学纪闻》蒇事，行将送请上海古籍出版社付梓，谨以陋文附之骥尾，既志祝贺，亦敬请三位先生并方家大雅赐教。

陈祖武　谨识
2008 年 4 月 5 日于京东潘家园

原载《困学纪闻》（全校本），上海古籍出版社 2008 年 12 月版

《伟哉中华》序

欣悉孟庆江同志①绘图、王晓秋同志②撰文的长篇历史文化图卷《伟哉中华》竣稿,行将由云南教育出版社出版,至为高兴。遵庆江同志嘱,谨聊赘数语,以志祝贺。

中国是一个历史悠久的文明古国。在人类文明史上,中华民族创造的灿烂文明,博大深邃,自成体系,绵延五千年而永葆青春。这既是中华民族对人类文明的巨大贡献,也是中华民族实现伟大复兴的历史依据。

一部中华文明史,记录了中华民族五千年来所走过的艰苦奋斗历程,留下了许许多多养育中华儿女的精神财富。其间,最可宝贵的财富,便是始终把全民族凝聚在一起,并不断地给予自己的民族以强大生命力的伟大民族精神。

什么是中华民族的民族精神?古往今来,多少哲人都在运用自己的卓越思维去把握它、总结它。早在先秦时代,《周易》便有"天行健,君子以自强不息"(《乾卦·象辞》)的归纳。也就是说,我们的民族犹如大自然的生生不息,永远奋发图强。孔子继起,以他博大的襟怀和辟除榛芜的开拓精神,对这一归纳做了充实和发展。他所提出的"三军可夺帅也,匹夫不可夺志也"(《论语·子罕》)的论断,显示了我们的民族决不向邪恶势力低头的凛然正气。作为孔子学说的杰出继承者,孟子对民族精神的追求又进行了新的总结,表述为:"富贵不能淫,贫贱不

---

① 孟庆江,著名画家,曾任人民美术出版社副总编辑。
② 王晓秋,北京大学历史学系教授。曾任第九至第十一届全国政协委员。

能移，威武不能屈。"(《孟子·滕文公下》)为了实现这样的追求，不知有多少古代爱国者身殉社稷而在所不惜。其间，诸如范仲淹的"先天下之忧而忧，后天下之乐而乐"(《范文正公集·岳阳楼记》)；文天祥的"人生自古谁无死，留取丹心照汗青"(《文山集·过零丁洋》)；顾炎武的"保天下者，匹夫之贱与有责焉"(《日知录·正始》)，等等，都无不为我们民族的伟大精神增添了夺目的光彩。

1840年的鸦片战争，揭开了中华民族在近现代历史上反抗殖民主义和帝国主义侵略的新篇章。从林则徐虎门销烟的历史壮举，到震烁古今的"五四"运动，无数仁人志士在民族危亡的关头，用自己的血肉筑成了坚不可摧的钢铁长城，使中华民族的民族精神实现了伟大的升华。

足见，中华民族的民族精神是一个历史范畴，它伴随中华文明史的展开而形成、发展、升华。究竟应当如何准确地去把握它？20世纪90年代初，中国人民大学的方立天教授，用了"刚健奋进"四个字去概括。而北京大学的张岱年教授，则主张借用《周易》的八个字去归纳，即"自强不息""厚德载物"。张教授说："'自强不息'，就是奋进拼搏精神，永远努力，决不停止。'厚德载物'，就是讲团结，有宽容宽厚精神。"方立天和张岱年二位教授是哲学家，他们的总结无疑是十分恰当的。

时隔数年，我们的画家孟庆江同志和史学家王晓秋同志，以他们的画笔和史笔珠联璧合，形象地再现中华文明的历史道路，从而展示中华民族的伟大民族精神。庆江同志和晓秋同志的努力，业已取得巨大成功。近年来，我不止一次地拜读过二位的大作，每读一次，皆会受到一次强烈的震撼。他们合作的这部长篇历史文化图卷告诉我们，无论是"刚健奋进"也好，还是"自强不息""厚德载物"也好，归根结底，贯穿于其间的核心，就是坚韧不拔的爱国主义精神。这是我们民族的脊梁，是生存的依据。今天，我们弘扬中华民族的优秀文化传统，首先就要弘扬这种坚韧不拔的爱国主义传统，我们振奋中华民族的民族精神，首先就要振奋这种坚韧不拔的爱国主义精神。我们要让它发扬光大,一代接一代地传下去,不断增强民族自信心,提高民族自豪感,韬光养晦,居安思危,以期傲然自立于世界民族之林。

原载《伟哉中华:五千年历史文化图卷》,云南教育出版社 2000 年 12 月版

《明清史研究丛书》序

中国社会科学院历史研究所的明清史研究,是在著名史学家杨向奎、王毓铨二位先生的率领之下,由众多老一辈学者奠定基础的。45年来,他们甘贫甘淡,孜孜耕耘,现这块园地已是枝叶扶疏,满园姹紫嫣红。从《乾隆朝刑科题本》《曲阜孔府档案》的整理开始,《中国史稿》明清史分册、《清代全史》《清代人物传稿》《明史研究论丛》《清史论丛》《清史资料》等,一大批学术专著和辑刊相继问世,从而显示出令人瞩目的群体优势。如今,由于不可抗拒的自然法则,也由于现行管理体制上的原因,老一辈的学者业已陆续退出研究工作第一线。然而,十分令人欣喜的是,一批优秀中青年学者正成长起来。他们坚持马克思主义的唯物史观,学风严谨,锐意进取,已成为繁荣和发展本所明清史研究的中坚力量。

今年春天,本所明清史研究室的几位年轻学术带头人倡议,编纂出版《明清史研究丛书》。此一想法一经提出,即得到本院社会科学文献出版社社长兼总编辑谢寿光同志的支持。经过近半年的精心筹划,精心组稿,适逢高翔博士、宋军博士和万明教授的三部研究成果竣稿,于是丛书的出版便提上日程。据知,继高、宋、万三位同仁的大著之后,明清史研究室诸位同仁都将陆续在丛书中推出新作。

明清史料浩若烟海,明清史研究亦有甚多可以深入开拓的领域和课题,在繁荣历史科学,实现中华民族的伟大复兴中,明清史研究工作者大有可为。我们希望在本丛书中,他日能不断刊出四方学者在这方面的最新研究成果。借此机会,我们谨向海内外明清史学界的诸位先进呼吁,恳请各位对本丛书的编纂出版,予以指导、支持和帮助。如蒙颁赐力作,编委会全体同仁当感激不尽。

祖武不学,无非较之诸位俊彦马齿虚长,即承他们不弃,忝任丛书主编,得以一附骥尾。其实徒具虚名,大量的工作皆是编委会诸位同仁做的。祖武唯愿竭尽绵薄,同诸位同仁一道,把这部丛书编好。

陈祖武　谨识
1999 年 9 月 23 日

原载《明清史研究丛书》,社会科学文献出版社 2000 年 12 月版

《清代经学图鉴》序

马文大[①]、陈坚[②]二位先生《清代经学图鉴》编就，承不弃，有幸拜读书稿，为之一快。遵逸明[③]编辑嘱，谨聊赘数语，以志祝贺。

梁任公先生有言，清代学术以经学为中坚。大师卓见，实是不刊。有清一代，是对中国古代学术进行整理和总结的历史时期。中国古代学术本以经学为主干，故而260余年间学者之究心，不期而然，亦以经学最称用力。清儒治经，力戒空谈，务求实证。一代经师，凭借其文字、音韵、训诂的深厚积累，又复谙熟子史百家、朝章国故，通晓天文历算、地理沿革、民风土俗。于是后先而起，遍疏群经，而有超迈前人的辉煌业绩，成为中华民族文化宝库中的重要组成部分。

20世纪初，自章太炎、梁任公、钱宾四诸先生开启先路，迄于今日，对清代学术的董理，已成一门专学。其间，前哲时贤之论究一代学术史，或述专家，或论学派，或分地域，或别门类，所得甚富，硕果累累。唯以经学为论题，贯通一代的专著，则尚不多见。祖武不学，孤陋寡闻，除先前幸得拜读之汤志钧教授著《近代经学与政治》，以及近年扬州师范学院一位年轻教授的《中国近代经学史》书稿外，几乎茫然无知。马文大先生等著是书，上起清初黄南雷，下迄晚清章太炎，以辑录经师论著书影同介绍经师学行相结合的形式，梳理一代经学历史。图文辉映，言简意赅，历时两年始成。用力勤而业绩著，不失为了解清代经学史的一部入门书籍。

---

① 马文大，现任首都图书馆地方文献中心主任。
② 陈坚，现任首都图书馆副馆长。
③ 王逸明，中国友谊出版社编辑。

21 世纪正在向我们走来，中华民族的文化亦将与日俱新。然而无论未来的社会如何进步，亦无论未来的文化如何更新，中华民族五千年文化的久远积累，必将成为这一更新的重要历史依据。唯其如此，我们要了解和研究自己的历史，要了解和研究自己的学术史，要了解和研究自己的经学史。述往思来，鉴古训今，乃中国史学之优秀传统。立足现实，瞻望前程，融域外之一切先进文化为我所有，我们的民族必将创造一个更加美好的未来。

陈祖武

1998 年 4 月 18 日

于京东潘家园

原载《清代经学图鉴》，国际文化出版公司 1998 年 8 月版

《新编清人年谱稿三种》序

1997年初，逸明先生枉驾寒舍论学，宾主谈艺，尝及清人年谱纂辑事。睽违三载，忽接逸明兄大著《新编清人年谱稿三种》清样，捧物如晤，喜不自胜。拜读一过，始知近三年间，逸明先生之足迹不唯遍布京中各大图书馆，而且远涉江南，读书访古，请益时贤。其为学之辛勤，其追求之执着，令人感佩，为之肃然。

《新编清人年谱稿三种》，谱主依次为徐乾学并其二弟秉义、元文，庄存与及其侄述祖，黄式三、以周父子。诸家或为名臣，或为名儒，皆关系一时社会与学术甚大。唯或因头绪纷繁，梳理非易；或缘文献阙略，撷拾为艰，故而在现存众多清人年谱中，三家则付阙如。有鉴于此，逸明先生以诸家著述为主要依据，博采官私史籍、档案文书、方志谱牒、文编杂说，兼及时贤论著，详加比勘，别择断制，寒暑迭经而克成斯编。全书元元本本，可据可依，洵为知人论世之力作。

近数年间，祖武以读乾嘉学术文献为功课，于常州庄氏学术之渊源，每有所思。喜逸明之大著先得我心，谨赘数语，敢唱同调。

在迄今的乾嘉学术研究中，对常州庄氏学术的研究，尚是一个薄弱环节。清中叶的常州庄氏之学肇始于庄存与，中经其侄述祖传衍，至存与外孙刘逢禄、宋翔凤而始显。晚近学者论常州庄氏学之渊源，往往着眼于社会危机或权臣和珅之乱政，较少从学理上去进行梳理。其实这是一个很可深入论究的问题。所谓社会危机或权臣乱政云云，如果用以去观察庄述祖以降之常州今文学，抑或恰当，而据以解释庄存与之《春秋》公羊学，恐怕难以联系得上。

关于这个问题，为清代学术史研究奠基的诸位大师，从历史环境和学风递嬗着眼，皆有过讨论。章太炎先生著《訄书》，率先留意此一问题，指出：

> 夫经说尚朴质，而文辞贵优衍，其分涂自然也。文士既已熙荡自喜，又耻不习经典，于是有常州今文之学，务为瑰意眇辞，以便文士。今文者，《春秋》公羊、《诗》齐、《尚书》伏生，而排斥《周官》，《左氏春秋》，《毛诗》，马、郑《尚书》。然皆以公羊为宗。始武进庄存与，与戴震同时，独喜治公羊氏，作《春秋正辞》，犹称说《周官》。其徒阳湖刘逢禄，始专主董生、李育，为《公羊释例》，属辞比事，类列彰较，亦不欲苟为恢诡。然其辞义温厚，能使览者说绎。及长洲宋翔凤，最善傅会，牵引饰说，或采翼奉诸家，而杂以谶纬神秘之辞。翔凤尝语人曰，《说文》始一而终亥，即古之《归藏》也。其义瑰玮，而文特华妙，与治朴学者异术，故文士尤利之。①

继太炎先生之后，梁任公先生自今文经学营垒中出，于此一学派的兴起别作解释云：

> 常州学派有两个源头，一是经学，二是文学，后来渐合为一。他们的经学是公羊家经说，用特别眼光去研究孔子的《春秋》，由庄方耕存与、刘申受逢禄开派。他们的文学是阳湖派古文，从桐城派转手而加以解放，由张皋文惠言、李申耆兆洛开派。两派合一，来产出一种新精神，就是想在乾、嘉间考证学的基础之上，建设顺康间经世致用之学。②

对于章、梁二位先生所论，钱宾四先生并不甚满意。所以钱先生著

---

① 章炳麟：《訄书》第十二《清儒》，古典文学出版社，1958年。
② 梁启超：《中国近三百年学术史》四《清代学术变迁与政治的影响（下）》，东方出版社，1996年。

《中国近三百年学术史》，只是吸收二家论究之合理部分，转而别辟蹊径，提出了十分重要的意见。

钱宾四先生探讨常州庄学之渊源，注意力集中于苏州惠学的巨大影响上。苏州惠氏一门，从康熙间惠有声肇始，经惠周惕、惠士奇奠立藩篱，至乾隆初惠栋崛起，四世传经，自成一派。关于惠氏一门学风，钱宾四先生归纳为"推尊汉儒，尚家法而信古训"①。正是从对苏州惠氏学风及其影响的准确把握出发，钱宾四先生创立新说，提出了"常州之学原本惠氏"的主张。钱先生的结论是："常州公羊学与苏州惠氏学，实以家法之观念一脉相承，则彰然可见也。"②

同惠栋相比，庄存与是晚辈。存与生于康熙五十八年（1719），要较惠栋年少22岁。乾隆九年（1744），惠栋撰《易汉学》成，率先揭出复彰汉学之大旗。翌年，庄存与始以一甲二名成进士，时年27岁。惠栋《易汉学自序》云：

> 六经定于孔子，毁于秦，传于汉。汉学之亡久矣，独《诗》《礼》《公羊》，犹存毛、郑、何三家。《春秋》为杜氏所乱，《尚书》为伪孔氏所乱，《易经》为王氏所乱。杜氏虽有更定，大校同于贾、服，伪孔氏则杂采马、王之说，汉学虽亡而未尽亡也。惟王辅嗣以假象说《易》，根本黄老，而汉经师之义，荡然无复有存者矣。③

常州与苏州毗邻，惠栋兴复汉学的倡导，庄存与随父宦游南北，当能知其梗概。

乾隆十四年（1749），清高宗诏举潜心经学之士。惠栋为两江总督黄廷桂、陕甘总督尹继善保举，列名荐牍。十六年（1751），因试期在

---

① 钱穆：《中国近三百年学术史》第八章《戴东原》，中华书局，1986年。
② 钱穆：《中国近三百年学术史》第十一章《龚定盦》，中华书局，1986年。
③ （清）惠栋：《松崖文钞》卷一《易汉学自序》。

即，惠栋深以不能如期入京为忧，就此致书尹继善，书中有云：

> 栋少承家学，九经注疏，粗涉大要。自先曾王父朴庵公，以古义训子弟，至栋四世，咸通汉学。以汉犹近古，去圣未远故也。《诗》《礼》毛、郑，《公羊》何休，传注具存。《尚书》《左传》，伪孔氏全采马、王，杜元凯根本贾、服。唯《周易》一经，汉学全非。十五年前，曾取资州李氏《易解》，反复研求，恍然悟洁静精微之旨，子游《礼运》，子思《中庸》，纯是《易》理。乃知师法家传，渊源有自。此则栋独知之契，用敢献之左右者也。①

此时庄存与正在翰林院为庶吉士，置身儒林清要，职系四方观瞻，于惠栋之表彰汉儒经说，当有更深体悟。乾隆二十三年（1758）三月，庄存与以直隶学政条奏科场事宜，"奏请取士经旨，悉遵先儒传注"②，或可视为对惠栋主张的响应。就当时学术界的情况言，表彰汉儒经说者，《易》有惠栋，《礼》有江永及徽州诸儒，《诗》则有戴震，唯独《春秋》公羊说尚无人表彰。庄存与因之起而回应，亦是情理中事。

庄存与之发愿结撰《春秋正辞》，一方面固然是惠栋诸儒兴复汉学的影响；另一方面也与此时的清廷好尚和存与自身的地位分不开。

高宗初政，秉其父祖遗训，以"首重经学"为家法。乾隆十年（1745）四月，高宗策试天下贡士于太和殿，昭示天下士子："将欲为良臣，舍穷经无他术。"③ 庄存与即是经此次殿试而进入翰林院庶吉士馆。乾隆十三年（1748）五月，庶吉士散馆，存与考列汉书二等之末，本当重罚，高宗念其"平时尚留心经学"④，责令留馆再学三年。经十六年再

---

① （清）惠栋《松崖文钞》卷一《上制军尹元长先生书》。
② 《清高宗实录》卷五五八"乾隆二十三年三月丙申"条。
③ 《清高宗实录》卷二三九"乾隆十年四月戊辰"条。
④ 《清高宗实录》卷三一五"乾隆十三年五月庚子"条。

试，存与遂官翰林院编修。而此时正值清高宗诏举经学，且首次南巡归来，濡染江南穷经考古、汉学复彰之风，因之而高唱"经术昌明，无过今日"①。十七年（1752），庄存与升侍讲，入南书房，成为清高宗的文学侍从。

继圣祖、世宗之后，清高宗亦视《春秋》为帝王之学，命儒臣编纂《春秋直解》。乾隆二十三年（1758）八月，书成，高宗撰序刊行，序中有云："中古之书，莫大于《春秋》。推其教，不越乎属辞比事，而原夫成书之始，即游、夏不能赞一辞。"该序指斥宋儒胡安国《春秋传》"傅会臆断"，宣称《直解》本清圣祖所定《春秋传说汇纂》为指南，"意在息诸说之纷歧以翼传，融诸传之同异以尊经"。②

正是在令儒臣纂修《春秋直解》的前后，清高宗屡屡表彰汉儒董仲舒之学。乾隆十九年（1754）四月，高宗策试天下贡士于太和殿，阐发"天人合一"说，指出："董仲舒以为，善言天者，必有验于人。又谓道之大，原出于天，天不变，道亦不变。"③三十七年（1772）四月，同样是策试天下贡士，高宗又称："汉仲舒董氏，经术最醇。"④三十九年（1774）二月，高宗在经筵讲《论语》"克己复礼为仁"章，则以董仲舒、朱子之说相比较，认为："董仲舒正谊明道之论，略为近之。"⑤专制时代，"朕即国家"，帝王一己之好尚，对一时儒臣的为学，其制约力之大是不言而喻的。

乾隆三十三年（1768），庄存与为清高宗识拔，入直上书房，教授皇十一子永瑆，迄于五十一年（1786）告老还乡，存与任是职十余年。他的《春秋正辞》，大概就始撰于入直上书房之后。我们之所以如此说，其根据主要是如下三个方面。

---

① 《清高宗实录》卷三八八"乾隆十六年五月丙午"条。
② 《清高宗实录》卷五六九"乾隆二十三年八月丁卯"条。
③ 《清高宗实录》卷四六一"乾隆十九年四月乙巳"条。
④ 《清高宗实录》卷九〇七"乾隆三十七年四月丙戌"条。
⑤ 《清高宗实录》卷九五二"乾隆三十九年二月己丑"条。

第一，《春秋正辞》秉高宗旨意，遵孟子之教，以《春秋》为天子之事。庄存与于此有云："旧典礼经，左丘多闻。渊乎公羊，温故知新。穀梁绳愆，子夏所传。拾遗补阙，历世多贤。《春秋》应天，受命作制。孟子舆有言，天子之事。以托王法，鲁无惕焉。以治万世，汉曷觊焉。"①书中，存与屡引董仲舒说，以明为君之道，力言维护"大一统"。所以道光初阮元辑《皇清经解》，著录《春秋正辞》，评存与是书云："主公羊、董子，虽略采左氏、穀梁氏及宋元诸儒之说，而非如何劭公所讥倍经任意、反传违戾也。"②

第二，乾隆三十六年（1771）三月，庄存与任会试副考官，翌年六月，在翰林院教习庶吉士。该科进士孔广森后撰《春秋公羊通义》，于书中大段征引庄存与说《春秋》语云：

> 座主庄侍郎为广森说此经曰，屈貉之役，左氏以为陈侯、郑伯在焉，而又有宋公后至，麇子逃归。《春秋》一切不书主，书蔡侯者，甚恶蔡也。蔡同姓之长，而世役于楚，自绝诸夏。……若蔡庄侯者，所谓用夷变夏者也。

广森服膺师说，认为："三复斯言，诚《春秋》之微旨。"③

第三，《春秋正辞》凡九类，依次为奉天辞、天子辞、内辞、二霸辞、诸夏辞、外辞、禁暴辞、诛乱辞、传疑辞。大体类各一卷，唯内辞作上中下三卷，故全书作十一卷，末附《春秋要指》《春秋举例》各一卷。各类之下，再分子目，所列多寡不等，共计一百七十五目。今本所载，虽有目无书者甚多，因之光绪所修《武阳志余》，认为："此书先生或未能毕业，故各类中多有录无书乎？"④但就体例言，则颇类讲章。

---

① （清）庄存与：《春秋正辞》卷一《奉天辞第一》。
② 阮元：《庄方耕宗伯经说序》，载庄存与《味经斋遗书》卷首。《揅经室集》不载。
③ （清）孔广森：《春秋公羊通义》卷五《文公十年》。
④ （清）庄毓鋐等：《武阳志余》卷七《经籍·春秋正辞》。

关于这一点，可以魏源文为证。道光间，庄氏后人辑存与经说为《味经斋遗书》，魏源于卷首撰序云：

> 武进庄方耕少宗伯，乾隆中，以经术传成亲王于上书房十有余载，讲幄宣敷，茹吐道谊。子孙辑录成书，为《八卦观象上下篇》《尚书既见》《毛诗说》《春秋正辞》《周官记》如干卷。辜乎董胶西之对天人，醰乎匡丞相之述道德，胠乎刘中垒之陈今古，未尝凌杂瓠析，如韩、董、班、徐数子所讥，故世之语汉学者鲜称道之。①

根据以上诸条，祖武认为，《春秋正辞》当撰于乾隆三十至四十年代间。庄存与著书，正值乾隆盛世，存与身在宫禁，周旋天子帝胄间，讲幄论学，岂敢去妄议社会危机！至于和珅之登上政治舞台，据《清高宗实录》和《清史稿》之和珅本传记，则在乾隆四十年（1775），而其乱政肆虐，则已是乾隆四十五年（1780）以后。因此，庄存与之晚年，虽痛恨和珅之祸国，但若以此为其结撰《春秋正辞》之初衷，似可再作商量。

陈祖武　谨识
庚辰孟秋于京东潘家园

原载《新编清人年谱稿三种》，学苑出版社 2000 年 11 月版

---

① （清）魏源：《魏源集》上册《武进庄少宗伯遗书序》，中华书局，1976 年。

《叶德辉集》序

治清末民初文献学史，叶德辉先生是众所关注的学术大家，《书林清话》《郋园读书志》诸书，早已不胫而走，流播四方。然而在过去较长一段时间，由于认识上的局限，学术与政治每每纠缠不清，以致妨碍了对叶先生学术业绩研究的深入。随着改革开放大业的稳步前进，解放思想，实事求是，日益成为学术界的共识，于是叶德辉学术的研究自然吸引越来越多的学人注意。正是顺应这样一个学术发展的客观要求，而有王逸明先生所辑《叶德辉集》的问世。

逸明先生究心有清一代及民国初叶之学术文化，勤于搜讨，多历年所。秉持学术乃天下公器之宗旨，寻觅学术前辈所遗文献，辑录爬梳，排比成编，以供学林共享，乃逸明先生为学之一贯追求。20世纪90年代与人合编《清代经学图鉴》，以及本世纪初再成之《新编清人年谱稿三种》《吴兴崔鬐甫先生年谱稿》等等，无一不是嘉惠学林之文献辑录。此番所辑《叶德辉集》亦然，南北奔波，书山跋涉，诸多图书馆中皆留下了辛勤足迹。一人辛苦而众人获益，一代辛苦而泽及子孙，这不正是今日我们的社会所最为需要和应当大力弘扬的奉献精神吗！

中国有句古话，叫作"不依规矩，不成方圆"。即如读书问学，学科不同，规律各异，唯有尊重规律，正视差异，方能求得学术事业的和谐发展。治文献学，谈学术史，最讲究文献积累。学科的自身属性，要求学人潜心文献，甘于寂寞，严谨精勤，一丝不苟，来不得半点虚假和浮夸。固然读书问学需要必备的物质条件，这就是前哲所云"仓廪实而知礼节，衣食足而知荣辱"的道理。然而学术成果断不是金钱所能堆砌，艰苦的创造性劳动，其价值也绝非任何数量的货币所能衡量。逸明先生所辑《叶德辉集》，一如先前其结撰诸书，并无国家和个人一分一厘的先期资助，其间蕴含的道理不无启发意义。

欣悉《叶德辉集》行将出版，遵逸明先生嘱，谨书前述数语以志祝贺。若能以此而同四方读书人共勉，则祖武不胜荣幸。

历代典籍传承了古老的中华文明，中华民族无限美好的未来，亦将记录在姹紫嫣红的图书苑囿之中。

陈祖武　谨识

2007年4月5日

原载《叶德辉集》，学苑出版社 2007 年 7 月版

《顾炎武研究文献集成》总序

顾炎武是我国17世纪杰出的思想家、学问家，与黄宗羲、王夫之并称清初"三大儒"。他一生秉持中华学人数千年来"以天下为己任"的强烈社会责任意识，大声疾呼"天下兴亡，匹夫有责"，以"博学于文，行己有耻"的为人为学之道，开启一代朴学先河，为后世的中华学人留下了诸多宝贵的精神遗产，值得我们世世代代缅怀和纪念。整理清代、民国两个时期的顾炎武研究文献，旨在为学术界尤其是致力于顾炎武研究的学者提供准确、客观、完整的资料，便于大家查找，从而弘扬顾炎武精神，推动顾炎武研究的进一步深入。

《顾炎武研究文献集成》分为清代卷、民国卷两辑，所涉内容时间跨度长，从清初至1949年，举凡顾氏的家世、交游、社会活动、身后情况，以及相关学者对其学术、思想的研究，均在搜集之列。所涉及的文献包括顾炎武的年谱、传记、友人唱和诗文以及清代、民国年间与顾炎武有关的诗文、笔记、方志、新闻报道、论文、专著等。全书规模甚大，几近200万字。民国卷以时间为经进行编排，清代卷则侧重于归类整理。两卷虽各成一体，但殊途同归。

丛书由江苏昆山市顾炎武研究会主编。苏州昆山是顾炎武的故乡，研究会成立的宗旨就是以收集整理顾炎武有关资料、研究与宣传顾炎武爱国主义思想为己任。研究会自成立以来，已收集了一批清代版本的顾炎武原著，编辑出版过若干研究顾炎武的著作，如《旷世大儒：顾炎武》《顾炎武》《顾炎武传记》《诗咏顾炎武》等，还精心整理出版了被珍藏300多年的顾炎武名著《天下郡国利病书》。尽管已具备多方面的编纂优势，然而本次推出这样一套规模较大的文献集成类丛书，对研究会以及相关单位来说，仍可谓是巨大的挑战。从清初到 1949 年，关于顾炎武的研究论著数不胜数，但大都散落四方，搜讨不易，缺乏统一的整理、归类、存档，此为其一。其二，若干稀见资料流失海外，亟待寻觅。其三，民国时期报刊、书籍浩瀚杂博，加之版本需考订、辨疑等，更增加了丛书编纂工作的难度。不得不说，昆山市顾炎武研究会能想到做这样一件艰难但极具意义的事，是难能可贵的，而来自北京师范大学的林辉锋教授和项旋老师于繁忙的教学之余，不辞辛劳，甘于奉献，分别担负起民国卷和清代卷的主编工作，为丛书付出了多年的心力。文献集成是一项艰苦、繁难的事业，为了顾炎武研究的进一步开展，林、项二位先生和他们所率的学术团队愿意进行这项事业，承担这份责任，让人为之感动并心生敬意。

2019 年 7 月，顾炎武思想学术研讨会在昆山举办，我有幸参与此次盛会。当时，昆山市顾炎武研究会的陈建林会长即跟我谈过本书的情况。今天，欣悉全书编纂蒇事，行将问世，谨书上述文字奉附骥尾，以志祝贺。

中华数千年的学术传承一再告诉我们，每一次成功的学术总结和整理，都会为其后的学术拓展和深化奠定根基。在我们即将迈入 21 世纪第三个十年门槛之际，《顾炎武研究文献集成》的成功出版，必将把新时代的顾炎武研究推进到一个崭新的天地。谨致最良好的祝愿。

陈祖武
2019 年 12 月 2 日

原载《顾炎武研究文献集成（民国卷）》，
古吴轩出版社 2019 年 12 月版

以文化人　移风易俗
——恭祝《三礼学通史》出版

2019年岁杪，承山东师范大学丁鼎教授①盛谊，远颁大著《三礼学通史》书稿。全稿上起先秦，下迄当代，紧紧围绕揭示中华礼乐文明的基本品格这一主题，由《周礼》《仪礼》《礼记》三部礼学经典的形成入手，梳理数千年三礼学的发生、发展和演变历史，元元本本，信而有征。拜读大稿，受教良深。欣悉丁先生之此一大著业已获得国家出版基金立项，即将由人民出版社出版，谨致诚挚祝贺。据知，《三礼学通史》系国家社科基金2009年所立重要基础性研究项目，无所依傍，难度极大。自立项以来，丁鼎教授率领课题组全体专家，爬梳文献，攻坚克难，历时七载，于2016年圆满完成预期研究计划，并获评审专家一致赞许，荣膺优秀成果。近两年间，丁先生及所率团队，又复广泛听取各方面专家意见，细心修订，精益求精，克成此一近百万言厚重大著。十年一书，成功非易，尽心尽力，允称楷模。

遵嘱，谨就近期关于坚定文化自信的思考奉附骥尾，忝申同调共鸣，敬请丁鼎教授并课题组诸位专家以及广大读者指教。

坚定"四个自信"，尤其是文化自信，是习近平新时代中国特色社会主义思想的一个重要组成部分。为了准确地把握其题中要义，我们应当进一步认真解决好如下几个认识问题。

第一，坚定文化自信，同弘扬以爱国主义为核心的民族精神及改革开放的伟大时代精神，浑然一体，相辅相成，关乎国家长治久安，绝非

---

① 程奇立（丁鼎），山东师范大学齐鲁文化研究中心教授、常务副主任。

一时的权宜之计。因此，必须从理论和实践的结合上，把总书记的这一重要战略思想切实学好、用好、抓紧、抓细、抓实，使之成为全国各族人民的共同意志。

第二，坚定文化自信，植根于五千多年中华优秀传统文化的传承和发展。古国文明，源远流长，有典有册，可据可依。我们一定要尊重历史，实事求是，科学准确地把这个发生、发展、与时俱进、历久弥新的演进过程讲清楚。前事不忘，后事之师。今天，我们认真总结历史经验，是为了以史为镜，开创未来，绝非是古非今。在这个问题上，历史和现实已经再三证明，跟在别人后面，让人牵着鼻子走，是永远不会有出路的。同样的道理，眼睛只知道向后看，亦步亦趋，复古倒退，也是一条行不通的死胡同。

第三，同当今人类社会的众多文明形态一样，中华文明个性鲜明，源远流长，具有独特的精神品格和强大的凝聚力量。这样的品格和力量，是实现中华民族伟大复兴中国梦的坚强人文保障，也是中国人民对构建人类命运共同体的巨大历史性贡献。我们一定要响应习近平同志的号召，集思广益，群策群力，把中华优秀传统文化的精神标识提炼出来、展示出来，把优秀传统文化中具有当代价值、世界意义的文化精髓提炼出来、展示出来。

第四，古往今来，中华文化秉持"他山之石，可以攻玉"的博大襟怀，海纳百川，吞吐万象，不断吸取域外文明的优秀成果，量体裁衣，融为我有。面对国际局势的深刻变化，我们应当一如既往，处乱不惊，从容应对，在以习近平同志为核心的党中央坚强领导之下，全面深化改革开放，富而不骄，强而不霸，努力增进中外人文交流，同世界各国人民一道，为构建人类命运共同体而奋斗。

中华文化以民为本，礼乐奠基，和谐共生。五千多年的沧海桑田，矢志如一，初心不改，既追求自强不息、坚韧不拔的刚毅之美，又讲究内敛含蓄、典雅和谐的柔顺之美，厚德载物，涵养九州。勤劳勇敢的中国人民，世世代代生于斯，长于斯，为了建设自己的美好家园，艰苦奋斗，百折不挠。最近40年间，改革开放的伟大时代洪流，使中华民族数千年的小康憧憬实现划时代的升华，凝聚成近14亿中国人民对美好生活的共同愿望。以人民为中心，把满足全国各族人民不断增长的对美好生活的向往作为奋斗目标，理所当然乃是坚定文化自信题中的第一要义。

2014年9月24日，习近平同志在纪念孔子诞辰2565周年大会上发表重要讲话，倡导科学对待传统文化，号召我们："要坚持古为今用，以古鉴今，坚持有鉴别的对待，有扬弃的继承，而不能搞厚古薄今、以古非今，努力实现传统文化的创造性转化、创新性发展，使之与现实文化相融相通，共同服务以文化人的时代任务。"四年之后，2018年8月21日至22日，在全国宣传思想工作会议上，总书记重申坚持以文化人的时代任务，同时与大力弘扬时代新风气相结合，号召我们："要弘扬新风正气，推进移风易俗。"

讲责任，重担当，这是中华学人数千年一以贯之的优良传统。从孟子的"忧以天下，乐以天下"，到范仲淹的"先天下之忧而忧，后天下之乐而乐"，洋溢其间的是可贵的人文关怀和强烈的社会责任意识。张载倡导的"为天地立心，为生民立命，为往圣继绝学，为万世开太平"，则不仅揭示了关学的基本品格，而且道出数千年中华学人的崇高精神追求。明末清初，社会动荡，面对中华文化的传承挑战，杰出思想家顾炎武冲破"家天下"的固有格局，立足数千年礼乐文明的优秀传统，发出"亡国与亡天下奚辨"的时代之问，大声疾呼"天下兴亡，匹夫有责"，从而开启文化自觉的历史先河。接武先哲，见贤思齐。肩负实现中华民族伟大复兴和"两个一百年"奋斗目标的历史重任，面对前进道路上的艰难险阻，为了不断提高全民族思想觉悟、道德水准、文明素养和全社会文明程度，我们必须时刻牢记以文化人、移风易俗的责任担当，团结一心，艰苦奋斗，努力把各方面的工作做得更好。

《帝国之雩——18世纪中国的干旱与祈雨》序

欣悉吴十洲先生[①]大著《帝国之雩——18世纪中国的干旱与祈雨》行将问世，遵十洲先生嘱，谨赘数语，以附骥尾。

吴十洲先生早先负笈南开，师从朱凤瀚先生问先秦史，由梳理典章制度入手而得治史门径。爬梳文献，会通经史，遂成《两周礼器制度研究》力作。其后，开阔视野，驰骋古今，多历年所而再成《乾隆一日》大著。为乾隆一朝史事所独具研究价值的吸引，最近数年，十洲先生深入其间，左右采撷，精力尽在清代三百年历史中。好学深思，用力专一，终成此新著《帝国之雩——18世纪中国的干旱与祈雨》。

有清一代，高宗当政的60年，凭借其父祖奠定的雄厚国基，经济平稳发展，社会相对安定，一度将文明古国推向鼎盛。然而曾几何时，国库空虚，民怨沸腾，贪风炽烈，政以贿成，太平盛景倏尔之间已成万马齐喑。同经历工业革命的资本主义世界相比，此时的清王朝已经落伍太多，相去越来越远。落后就要挨打，落后就要遭人侮辱、宰割，这样的历史教训是何等的沉痛啊！

小题大做的为学方法，祖武最是佩服。因之而东施效颦，敢唱同调，敬请十洲先生并诸位大雅指教。

陈祖武　谨识
2008年1月4日

原载《帝国之雩——18世纪中国的干旱与祈雨》，紫禁城出版社2010年10月版

[①] 吴十洲，中国社会科学院研究生院教授、文物与博物馆学专业硕士学位教育中心主任。

《韩非子的政治思想》审查报告

关于韩非子的政治思想，前哲时贤已有较多探讨，欲在现有成果基础之上有所前进，殊非易事。著者[①]以其对韩非子思想之全局把握，兼以于先秦诸子学说之谙熟，博采众长，融为我有，故而能沿刘家和教授之研究所得而进，取得可喜成绩。虽《绪论》《余论》未得尽读，然仅就现有文字而论，无论是对韩非子政治思想历史特征的深入论究，对这一思想哲学基础的准确把握，还是与同一历史时期印度、希腊文化的成功比较，在在有理有据，令人信服。全篇学风笃实，文笔流畅，论证周密，结论允当，对韩非子政治思想乃至整个先秦诸子思想的研究，无疑是一个贡献。今日史学界能得此新生力量之加入，本人深感欣慰。

陈祖武
中国社会科学院历史研究所
1998 年 12 月 7 日

原载《韩非子的政治思想》，北京师范大学出版 2000 年 11 月版

[①] 蒋重跃，北京师范大学历史学院教授。

《姚江书院派研究》序

欣悉茂伟教授[①]大著《姚江书院派研究》行将出版，无任喜慰。遵茂伟教授嘱，谨赘数语，以志祝贺。

姚江书院为明清之际浙东学术之一重镇，作育人才，播扬文教，在书院史和学术史上皆写下了重要的一页。而邵念鲁在其间的教育和学术活动，身系一方文教兴衰和社会变迁，影响深远，历久不绝，尤具学术探讨价值。有鉴于此，茂伟教授以邵先生和姚江书院学风为论究重点，爬梳文献，精进不已，对明清之际的浙东学术史进行别具慧眼的审视，克成大著《姚江书院派研究》。深信茂伟教授新著之出版，对于明清浙东学术史和书院史研究的深入，当能产生积极的推动作用。

茂伟教授之勤奋为学，谙熟文献，素为祖武敬佩。此番《姚江书院派研究》新著之结撰，既系多年刻苦治学之积累而读书得间，尤得益于《姚江书院志略》此一重要文献之整理和研究。茂伟教授的成功学术实践再次证明，文献乃史学之基础，治学术史而离开文献，只能是空中楼阁，华而不实。历史学是一门求真务实的学问，讲究字字有根据，句句有来历，言必有本，无征不信。该学科的自身特点，规定了历史研究必须从史料出发，依靠坚实的学术积累，脚踏实地，锐意创新，来不得半点的虚假和浮夸。此处所言积累，既指史学工作者个人几年、几十年乃至毕身的积累，还包括史学界一代接一代的群体劳作。因此，在学术实践中，我们提倡进行艰苦的创造性劳动，不赞成人云亦云的低水平重复。我们主张必须尊重他人的劳动成果，尊重他人的首创精神。这种成

---

① 钱茂伟，宁波大学人文与传媒学院历史系教授。

果和精神，既包括前辈大师的业绩，也包括同时代众多史学工作者的一点一滴的劳动。这就是今天学术界的朋友们大声疾呼的学术规范。

近年来，学风建设一直是我国学术界关注的重要问题。广大史学工作者不断呼吁，要加强学风建设，杜绝急功近利，坚持实事求是一丝不苟的严谨学风。良好的学风建设，要靠严密的学术规范来保证。然而学风问题，又绝非规范二字所能赅括。在建立严密、科学的学术规范的同时，不断加强和提高史学工作者的素养，尤其是道德素养，增进对国家、民族和社会的责任意识、服务意识，也是一个值得高度重视的问题。事实上，为人之与为学，本来就是紧密地联系在一起的。孔子教诲其弟子，主张"博学于文""行己有耻"，讲的就是这个道理。古往今来，这一思想早已成为历代杰出学人的共同追求。茂伟教授大著所表彰之邵念鲁先生，操志高洁，史笔如椽，即无愧于孔子思想之发扬光大者。借此机会，谨恭述孔子教诲，以与茂伟教授和学术界的同志们共勉。

陈祖武　谨识

2004 年 12 月 15 日

原载《姚江书院派研究》，中国社会科学出版社、
文化艺术出版社 2005 年 11 月版

《清代石门吴文照家藏尺牍》序

浙江桐乡已故文博名家张梅坤先生，一生致力于一方文博事业，孜孜矻矻，鞠躬尽瘁。荣退之后，不忘初心，留意搜求乡邦文献，节衣缩食，殚精竭虑。为使所知文物不至流散湮没，先生不辞辛劳，跋涉四方。天道酬勤，不负苦心，此次刊布之《清代石门吴文照家藏尺牍》，即为先生晚年所觅得之文物珍品。

浙水东西，经济富庶，文教蔚兴，素称人文渊薮。宋明以降，浙西桐乡，一如诸比邻重镇，文献传家，代有才人。在山堂主人吴文照，便是挺生于清代中叶之一方名幕。文照，原名瑛，字香竺，号聚堂，生于乾隆二十三年（1758）。五十三年（1788），举乡试，旋幕游京城，历时几二十载。嘉庆十一年（1806），得官粤东，简任新兴知县，后改任香山。道光初，擢补惠州同知。四年（1824），辞官还乡。八年（1828），病卒故里，享年七十有一。文照一生，雅擅诗文，尤以书艺名噪朝野。所依幕主及交游，多一时朝廷重臣，名流雅士，友朋间书札往还，多历年所。此《清代石门吴文照家藏尺牍》四十四通，迭经变迁，幸存于世，而为张梅坤先生所珍藏。其间，不唯有涉一时官场实态，可凭以知人论世，因之显示其学术价值，而且不乏书艺上品，具有重要的文化传承价值。

梅坤先生晚年，精心护惜所藏，爬梳文献，逐一释读，以期激活文物，传承文明。惜天不假年，赍志而殁。先生之女公子丽敏，承其尊人遗志，以繁荣乡邦文博事业为己任。工作之余，不间寒暑，朝夕以之，历时八载，终将书札释读整理蒇事，题以《清代石门吴文照家藏尺牍》而成完帙。又撰就《陈万全年谱》《吴文照交游考》二种，以作附录。

2018年8月中,谬承丽敏同志厚谊,远颁书稿,嘱为撰序。拜读大稿,教益良多。祖武深知,以文化人、移风易俗,乃今日学人之共同责任。于是不揣固陋,率尔直言。丽敏同志虚怀若谷,不以为忤,9月初,专程赴京,取回书稿。国庆前夕,大著再颁。为精益求精计,遵嘱,又复吹毛求疵,再度进言。

欣悉《清代石门吴文照家藏尺牍》行将送社科文献出版社刊布,谨书数语奉附骥尾,以申感佩悃忱。

陈祖武　谨识
2018年国庆假日

原载《清代石门吴文照家藏尺牍》,社会科学文献出版社2019年6月版

《张履祥与清初学术》序

恭逢浙中先哲张杨园先生400周年冥诞,承桐乡俊彦张天杰先生[①]厚谊,远颁大稿《张履祥与清初学术》。拜读书稿,受教良深,前辈大师教云,"学如积薪,后来居上",信然!遵天杰先生嘱,谨赘感言一二语忝附骥尾,既祝殊为难得之研究力作问世,亦借以敬抒对杨园先生数十年景仰之悃忱。

明清更迭,在中国古史中是又一个大动荡的时代。历时近百年的社会变迁,演为学术界的风起云涌,才人辈出。浙江桐乡张杨园先生挺生其间,以其忧国忧民的强烈社会责任意识和实事求是的为学风尚,引领一方学术风气,影响泽及后世,历久而弥新。先生之为人,光明磊落,操志高洁,先生之为学,笃实践履,纯粹正大,洵称旷世大儒,千秋风范。

祖武不学,于杨园先生之学行知之甚少。20世纪80年代中,应中华书局之约,整理《杨园先生全集》。寒来暑往,朝夕其间,于先生学行始得略知一二。然虽以勤补拙,唯学殖寡浅,不得要领处依然甚多。故而《杨园先生全集》于2002年有幸出版之后,承四方大雅指疵纠谬,多赐教言,其中尤以桐乡文史专家惠我最多。郁震宏先生惠书数度颁示,释误正讹,教诲再三。此番复得恭读天杰先生大著,既系统梳理杨园先生学行,准确把握先生学术精要,又辟启"杨园学社""杨园学派"之研究路径,允称原原本本,可信可据。

中国学术界有一个好传统,讲究道德、学问、文章的统一。古往今

[①] 张天杰,杭州师范大学政治与社会学院教授。

来，为了实现这样一个三位一体的人生境界，几多儒林中人，"博学于文"，"行己有耻"，潜心问学，甘贫甘淡。他们"先天下之忧而忧，后天下之乐而乐"，视名利富贵若粪土，为国家、为民族、为学术而终身奋斗。张杨园先生一生，将道德、学问、文章融为一体，执着追求，终身以之。杨园先生一生虽得年不过六十有四，但先生所留下的著述和思想，则是具有永恒价值的精神财富，足以辉映千秋，永垂不朽。

深入研究张杨园先生的学术，弘扬先生的高尚情操和精神，抑或是今日学人对杨园先生诞辰最好的纪念。张天杰先生于此身体力行，锐意进取，不啻树立一可效可法之楷模。祖武虽已入人生晚景，然见贤思齐，尚可追随。谨奉妄言如上，敬祈天杰先生并读者诸高贤指教。

陈祖武　谨识
2010 年 12 月 10 日

原载《张履祥与清初学术》，浙江古籍出版社 2011 年 4 月版

关于中华优秀传统文化精神标识的若干思考

2018年8月，习近平总书记在全国宣传思想工作会议上，就我们党的宣传思想工作"举旗帜、聚民心、育新人、兴文化、展形象"的使命任务发表了十分重要的讲话。在讲话当中，总书记对中华优秀传统文化提出了一个重要的理论判断。他说："中华优秀传统文化是中华民族的文化根脉，其蕴含的思想观念、人文精神、道德规范，不仅是我们中国人思想和精神的内核，对解决人类问题也有重要价值。"正是从这样一个准确、科学的判断出发，总书记号召我们："要把优秀传统文化的精神标识提炼出来、展示出来，把优秀传统文化中具有当代价值、世界意义的文化精髓提炼出来、展示出来。"

2019年3月4日，总书记在看望全国政协文化文艺界和哲学社科界委员并参加联组会时，再一次强调，我们要重视研究、提炼、总结中华优秀传统文化的内容。

中华优秀传统文化的精神标识是什么？文化精髓是什么？能不能够用一段话或者很精炼的文字来解释它？这是一个艰巨的任务。今天我没有这个能力来解决这个问题，但我想结合最近这几年在工作实践当中碰到的一些问题，通过三个问题的回答，与各位领导同志一起思考。因为我认为这三个问题恰好从根本上，涉及对中华优秀传统文化的基本品格，就是总书记讲的精神标识的把握。最终就是要响应总书记的号召，向总结和提炼中华优秀传统文化精神标识这个目标去努力。

一、中华文化是利己文化吗？

前些时候我读到《参考消息》上发表的一篇文章，介绍西方智库有一位专家谈中华文化，他认为中华文化讲的是"人不为己，天诛地灭"，因此他就以此为依据断言中华文化没有利他主义，是一种利己文化。这就像今天美国政客在说我们中华文明不能够和西方文明对话一样荒唐。西方文化标榜利他主义，因此说我们中华文化讲的是利己主义，就等于把中华文化从根上抹黑了。

那么究竟是不是这样一个情况？看到这篇文章后，我一直在思考，究竟中华文化是利己文化吗？我想，要解答这个问题，我们要回到中华文化的早期形成阶段来寻找答案。春秋战国时期是我们中华文明形成发展的一个高峰，在那个时期，不同学术流派的思想家站在各自的立场上对中华文明的发展提出自己的思考。这就是著名的"百家争鸣"。其中有一个问题，是各个学术流派都共同关注的——作为社会的人应该如何生存？社会性的人和他人是什么关系？怎样处理人际关系，社会才能够和谐地向前走？

老子是最先回答这个问题的，在《道德经》第81章中有这么一段话："圣人不积，既以为人己愈有，既以与人己愈多。天之道，利而不害。圣人之道，为而不争。"这是老子提出来的一个很重要的思想，就是"为而不争"。那么这句话是什么意思呢？就是德行高尚的人，他们（对自己的东西）是不保留的。他们在把自己所有的东西给了他人后，反而更加充实，更加富有，这就是老子的辩证法思想。因此他的结论就是"天之道，利而不害"，就是说大自然归根结底是有利于人类，而不会为人类制造无休止的灾害。"圣人之道，为而不争"，作为德行高尚、有社会理想和抱负的圣人，他们会首先把自己的事情做好，而不是把目标对准他人，以邻为壑，去和他人做无序的竞争，这就叫作"为而不争"。从老子的这一思想当中我们可以看到，他是把个人和他人作为一个统一整体来思考的，他认为人类应该这样在社会上生存。

孔子与老子同一时代而年辈略晚一些，史书上有记载，孔子曾经向老子请教过学问。在《论语》当中，孔子与老子的思想相呼应，提出了"己欲立而立人，己欲达而达人"，"己所不欲，勿施于人"这些影响中华文化几千年发展的很著名的思想。这是一种推己及人、仁者爱人之学，也就是孔子的仁学。这一学说影响了之后的中华社会几千年。

在孔子之后，孟子继承和发展了孔子的仁学思想，提出了"老吾老以及人之老，幼吾幼以及人之幼"，"穷则独善其身，达则兼善天下"等思想。从老子到孔孟，他们在思考个人应该如何在社会上生存的时候，是把个人和他人作为一个整体来看。这种思想从老子、孔孟发展到西汉初年，这个时候的一些经典我们今天还能看到。比较有代表性的是《礼记》和《尚书》中的表述。

在《礼记·坊记》中有一句很经典的话，就是"君子贵人而贱己，先人而后己，则民作让"。德行高尚的君子总把他人摆在第一位，这里的"贱己"不是作贱自己，而是一种谦卑的态度。用今天的话来讲就是君子要严格要求自己，要尊重他人，并且把他人摆在第一位，自己从属于第二位。如果一个社会都能够做到这一点，那么整个社会的礼让和谐就会蔚然成风，这就叫作"则民作让"。这里的"让"就是礼让，大家互相谦让，有序地往前走，这就是先人后己的思想。

《尚书》中有一篇《大禹谟》，主要是记载夏代的君王在治国理政当中讨论国家大事的言论。这里他们用了"稽于众"三个字。"稽"可以解释为考察、稽考。也就是要向各方面广泛听取意见。当朝廷议政出现重大分歧的时候，作为当政统治者也应该为了大局不惜舍己从人，放弃自己的意见，而采纳他人的意见。

所以通过以上的梳理，我们可以观察到：从春秋战国一直发展到汉初的上千年间，中国古代的先哲在思考个人在社会中与他人相互依存、共同推进社会和谐发展的重大问题的时候，经历了这样的思维发展的过程。这些思想在中华文化演进的几千年当中潜移默化，为中华民族全体成员所接受，成为直到今天还在影响我们中华民族社会和谐发展的一个优良品德。

我们也可以观察到，中华文化是以人为论究的中心，是讲个人和他人相互依存、和谐共生的文化。因此中华文化绝不是一种利己文化，而是一种推己及人、先人后己，直到舍己为人的文化。我们中国共产党人追求的宗旨就是全心全意为人民服务，这恰好就是传统美德在中国共产党人身上的体现。

那么为什么这位西方专家会那样认为呢？原因就在于他没有好好地读懂我们中华民族的文化经典。下面我们就回到历史进程当中，找找"为己"这两个字是如何出现在中华文化经典中的。

《论语》当中孔子有这么一段话，叫作"古之学者为己，今之学者为人"，孔子是在回答弟子问题的时候说出这句话的。弟子问他古代的学者和今天的学者做学问间的差异是什么，孔子于是回答"古之学者为己，今之学者为人"，但在《论语》中，对于什么是"为己"、什么是"为人"，并没有给出进一步的解释。直到后来，荀子在他的《劝学篇》中才回答了这个问题。荀子把"为己"之学定义为君子之学，而把"为人"之学定义为小人之学，那就是应该受到批评、受到贬斥的学问。

那么"君子之学"和"小人之学"的差异在哪里呢？荀子说："君子之学也，入乎耳，著乎心，布乎四体，形乎动静，端而言，蠕而动，一可以为法则。"这是说君子的学问，先入耳，再入心，实际上就是要经过自己的大脑消化吸收，然后就布乎四体，形乎动静，就转变成自己的一言一行。"一可以为法则"就是自己把知识消化以后，变为自己的言行法则，整个过程就叫"君子之学"，就叫"为己之学"。

那么"小人之学"呢？荀子讲："入乎耳，出乎口，口耳之间，则四寸耳，曷足以美七尺之躯哉。"也就是说，"小人之学"缺了"著乎心"这个关键的环节，所以他只会照本宣科。口耳之间不过只有一寸见方的地方。所谓的一寸就是言其空间狭小，怎么能容得下一个七尺男儿的身躯呢？也就是说，这个人的一言一行怎么能从口耳之间就找到法则呢？所以荀子的结论是"古之学者为己，今之学者为人，君子之学也以美其身，小人之学也以为禽犊"。就是君子之学是用来增强道德修为，而小人之学就是做给他人看的"禽犊"，也就是只能取悦于人的玩物。

汉代的经学家孔安国解释《论语》，借鉴了荀子的思想，把"为己"解释成"履而行之"，也就是践履一种道德标准。把"为人"解释为"徒能言之"，也就是只会说空话，不经过自己的思考而哗众取宠。魏晋南北朝时期何晏著《论语集解》，也采用了孔安国的讲法。所以在中国的学术史上，"为己"和"为人"是早有定论的，为历代经师所公认。"为己"和"利己"全然不是一回事。

在春秋战国时期也确实有主张"利己"的学者，就是杨朱。他标榜的学术宗旨就是"为我"，他的思想是典型的利己主义，正因为杨朱的思想违背了中华文化的主流，不是中国古代学人共同认可的思维方向和价值，因此他的著作没有完整地流传下来，直到今天，在任何地方都找不到杨朱完整的思想著作介绍。今天我们能够去谈论他的思想以及他片断的经历，都是从与他同时代的思想家著作中去看到的。这就是历史大浪淘沙无情的选择，或者说就叫历史自有公论。

所以通过回忆这一段历史，我们应该说利己主义不能强加到中华文化的头上来。

至于"人不为己，天诛地灭"，这实际上是晚清民国时期流传于社会上的一句谚语。它反映的是我们中华民族在遭受西方列强欺凌后，社会在痛苦挣扎当中找不到方向，尤其是西方社会达尔文主义等思想传入以后，自私自利的思想恶性膨胀，所以才会出现"人不为己，天诛地灭"这句话，但它绝不是中华文化的主流。这句话的源头有人说来自实叉难陀翻译的《十善业道经》，我没有读过这部书，前些天拜托宗教所的同志也没有在《十善业道经》的文本中找到相应的表述。看来这句话的源流也还是一个值得探讨的问题。

二、中华文化有霸权倾向吗？

当前西方社会的一些政客不断鼓吹"中国威胁论"，抹黑中华文化也是他们不约而同去做的事情。

有一次我听一位由海外访学回来的同志说，在西方现在有一种说法，认为中华文化存在霸权倾向，不仅今天的中华文化存在霸权倾向，而且从中华文化的形成早期就有霸权倾向。他们的根据就是《大学》当中讲的"格物致知，诚意正心，修身齐家治国平天下"，他们认为，中华文化不仅讲"治国"，还讲"平天下"，因此从早期形成开始就有一个称霸世界的鼓噪在其中。

然而真相是这样吗？如果我们从中国典籍和中华文化历史的本来面貌去看并不是这样的。如果不是他们的有意曲解，他们至少也是犯了与其先辈同样的错误，那就是对中华文化与中国历史没有深入研究就信口雌黄。在中华文明五千多年的历史发展进程中，"天下"这一词语由先秦一直沿用到今天。作为一个历史范畴，它既具有后先相承的一贯性，又根据不同历史时期的具体环境，显示出不尽一致的人文内涵。

先秦时期，"天下"作为一个地域概念最早出现的时候，它往往是和"国家"并列在一起的，就是"天下国家"。《孟子·离娄上》当中有这样一段话："人有恒言，皆曰天下国家。天下之本在国，国之本在家，家之本在身。"从这一段话可见，在孟子生活的时代，"天下国家"是一种社会的流行话语。至于其具体所指，自东汉经师赵岐为《孟子》一书作注以后，早已形成历代学者的共识，那就是："天下谓天子之所主，国谓诸侯之国，家谓卿大夫之家。"这就是说，所谓天下，讲的乃是周天子之治下。

我们要理解这段话，最关键的就是"天下国家"这四个字。西方学术界很多的学人把我们讲的"天下"理解为世界,所以他们用世界体系这四个字来讲中国,来讲天下。而"国"他们觉得就和国家的概念等同。其实不然。"天下"在先秦时代一直到战国时代,主要指的是"周天子治下",指的是周朝的天子统辖的地域。丝毫没有"世界"的概念在里面。实际上在先秦时期我们中国人并没有"世界"的观念,他们认为天下是在周天子一统之下的,所以才会有"溥天之下,莫非王土;率土之滨,莫非王臣"这样的话。

在武王伐纣的时候,号称有一千多个诸侯国,到春秋时期也有八百个诸侯国,战国时期还有"战国七雄"。这个"国"与今天国家的概念不是一回事。这里的"国"指的是当时林立的诸侯国,而"家"则指的是卿大夫之家、贵族之家。

因此,我们从先秦时期历史上看,"天下"也好,"国家"也好,全都是讲的我们中国自己的事情,丝毫不涉及外部世界。因为那个时候我们的先人并没有"世界"的观念。因此这个"天下"概念丝毫没有世界意义,并不能说中华文化形成早期就有霸权倾向。显然,用西方的"世界体系"来谈先秦典籍中的"天下",就违背了中华文化和中国历史发展的实际。

秦始皇统一六国以后,一直到明清,我们中国经历了漫长的封建时代,在两千多年的时间里,"天下"这个概念依然延续下来了。但它的具体所指就不再只是天子之治下,因为周天子没有了。这个时候的"天下"指的是一家一姓的"家天下",就和今天的国家概念实际上重合起来了。

如果我们去读典籍和史书会看到"朕即国家""朕即天下"这样的话。这表明过去的历代帝王认为他就是"天下"、就是"国家"。所以"天下"和一家一姓王朝统治合一了。尽管合一,但它谈的依然是中国的事情,仍旧丝毫不涉及世界,没有世界的含义在里面。

"天下"和世界的概念重合,是在清朝灭亡、中华民国成立以后,尤其是在中华人民共和国成立以后，"天下"作为一个地域概念才逐渐地和世界重合了。

因此西方的某些政客和学者把中国古代的"天下"视为一个一成不变的概念，来谈中华文化的霸权倾向，可以说是违背了中国历史乃至世界历史发展的实际。所谓的"中华文化存在霸权倾向"，其实是西方政客提出来的伪命题，我们丝毫不能接受。

通过前面的回顾，我们澄清了西方某些政客的歪曲误解。在这样的基础之上，如果我们回到中华历史和文化发展的实际当中，我们会看到一个十分有趣和不可忽视的现象。那就是"天下"作为一个地域概念，从它登上历史舞台的先秦时期开始，就已经蕴含了丰富的人文内涵。这也就是我们说中华文化博大精深之所在。

《孟子·梁惠王下》中记录了孟子对齐宣王讲的一句话，叫作"乐以天下，忧以天下"。这句话的意思是说，执政当国者，应当与民众同忧乐。显然，此处的"天下"一语，就已经不是单纯的地域概念，它还包含着关怀民生疾苦的人文意识和社会责任。换句话说，这里的"天下"一语，其后实际上省略了"民众"或者"民生"二字。

所以这就体现出天下背后的人文关怀和社会责任。这种人文关怀和社会责任的意识世代相传，到了魏晋隋唐时期，我们就可以从当时的一些官修史书中，发现"以天下为己任"的崭新表达。到了北宋，范仲淹的千古名言"先天下之忧而忧，后天下之乐而乐"，更体现了古代有作为、有抱负的政治家以及学人的强烈责任意识，这是一种可贵的责任担当。

范仲淹以后，这种思想发展到明清之际，社会动荡，民生凋敝，中华文化面临着一次深刻的传承危机。为什么这样说呢？

首先明朝中叶以后尤其是明朝末年，在经济上，土地兼并，赋役繁苛，酿成了经济上的全面崩溃。这种全面崩溃的经济态势反映到政治舞台上，就导致了严重的政治腐败。这种经济崩溃、政治腐败直接导致了民不聊生的悲惨局面。所以农民大众才揭竿而起，推翻了朱明王朝的统治。农民起义自然对封建秩序与封建文化是一个极大的冲击。这是第一个根据。

第二个根据是原来地处东北边陲的后金政权崛起，满洲贵族的军队利用吴三桂的叛变长驱直入，最后取农民政权而代之。随着对江南的军事的展开，把南京的弘光小朝廷消灭了。剃发、易服等民族高压政策的强制推行，一度酿成激烈的民族矛盾。这对中华几千年的礼乐文明也是一个严重的挑战。

第三个根据就是在明朝末叶以后，王阳明的后学沿着王阳明的"不必以孔子之是非为是非"的思维路线，最后造成摆脱传统封建制度与传统礼教的束缚，标榜"满街都是圣人"，从而导致江南社会奢侈腐败之风蔓延。这也是对中华几千年传统文明的挑战。从"知行合一"到"致良知"，阳明心学确实对思想解放有极大的历史价值，但是试图用"吾心之良知"作为评判是非的唯一标准，就难免导致社会没有一个共同追求的价值观，没有一个共同的约束，这就从根本上脱离了中国的国情。这也是儒家学说与中国传统文化的深刻危机。

最后，当时西方的传教士不仅带来了西方的神学，而且还带来了比当时的中国传统科学先进的天文、物理和数学知识。这对我们中华传统学术的传承也是挑战和冲击。

所以从这四个方面的分析，我提出一个认识，那就是明末清初中华文化面临着传承断裂的深刻危机。正是因为面临着这样的深刻危机，为了寻求挽救的途径，杰出的思想家、政治家和学人应运而生。不是他们自己愿意登上历史舞台，而是时代的召唤。在这个时候，历史和时代召唤了一位杰出的思想家登上历史舞台，这就是苏州昆山的顾炎武。顾炎武不像那些前辈学者，他立足时代命题、时代任务，思考了比前辈学者与思想家更加深刻和博大的问题。

顾炎武的著名著作《日知录》中有一篇《正始》。这篇文章一开始就讲"有亡国,有亡天下,亡国与亡天下奚辨"。就是讲"亡国"和"亡天下"怎么来进行区别。我认为这是顾炎武在《日知录》中提出来的时代之问。而这是从孟子到范仲淹都没有提出过的问题。

顾炎武讲"易姓改号谓之亡国",就是说在秦朝以后的历代王朝都是由不同的家族来统治的,变成了他们的"家天下"。所以顾炎武认为一家一姓的家天下统治集团更改了,年号变了,就叫"亡国"。接下来他就讲:"仁义充塞,而至于率兽食人,人将相食,谓之亡天下。"这里我们可以看到顾炎武讲的"亡天下"就不是一家一姓的天下概念在里面了,他的立足点就是中华几千年的礼乐文明和中华文化几千年的传承。

所以,他的结论就是:"故知保天下,然后知保其国。"他把"保天下"放在第一位,就是强调能够传承优秀文化才能够保证"家天下"王朝的统治。顾炎武最后说:"保国者,其君其臣,肉食者谋之。保天下者,匹夫之贱与有责焉耳。"保卫"家天下"的政权,是帝王大臣们的责任。而要保卫几千年的礼乐文明、中华文化是全体国民的事情。这种思想到了清代中叶以后又经过几十年的总结,到了梁启超的时候,就总结为八个字——天下兴亡,匹夫有责。习近平总书记在多次讲话当中都引用了这八个字,并把它纳入中华民族优秀传统文化的独特价值体系当中。

所以,从孟子的"乐以天下,忧以天下",经过魏晋隋唐的"以天下为己任",到范仲淹的"先天下之忧而忧,后天下之乐而乐",再到顾炎武的"天下兴亡,匹夫有责",我们可以清楚地看到,在"天下"这个词语后面不断充实、不断发展的人文精神,最终和中华民族的爱国传统合一了,成了中华民族爱国主义传统的一部分。

通过对这段历史过程的梳理,我们可以看到西方一些政客和学者认为中华文化是一种霸权文化,是违背中华文化发展的历史实际的。这样一个回溯的过程,实际上也是一个摆事实讲道理的研究过程。我想应该是比较充分地证明了这一点。另外"天下"这个词语所包含的丰富的、不断发展升华的人文精神，是我们今天还要弘扬的宝贵精神财富。

三、为什么说"以文化人"是时代任务？

2014年9月24日，习近平同志在纪念孔子诞辰2565周年大会上发表重要讲话，倡导科学对待传统文化，号召我们："要坚持古为今用、以古鉴今，坚持有鉴别的对待、有扬弃的继承，而不能搞厚古薄今、以古非今，努力实现传统文化的创造性转化、创新性发展，使之与现实文化相融相通，共同服务以文化人的时代任务。"总书记为什么要从"时代任务"的高度，发出"以文化人"的倡导？

我想，要回答这个问题，我们应当把习总书记的历次讲话贯穿在一起，把它作为一个历史过程来看。这样，我们就会发现"以文化人"这四个字提出来绝非偶然。这实际上反映的是习近平新时代中国特色社会主义思想的一个重要基本主张。我认为这个基本主张就是夯实国内文化建设的根基。

2013年12月，习近平总书记在主持第十八届中央政治局第十二次集体学习的时候，就讲了这么一段很重要的话："夯实国内文化建设根基，一个很重要的工作就是要从思想道德抓起，从社会风气抓起，从每一个人抓起。"这是总书记主持中央和国家工作以来，第一次就文化工作提出的一个重要主张，就是夯实国内文化建设根基。我认为这个主张的立足点，就是党中央在十七大提出来的推进社会主义文化大繁荣、大发展。夯实国内文化建设根基，就是推进社会主义文化大发展、大繁荣的重要保证。

2014年2月，总书记主持第十八届中央政治局第十三次集体学习，把他在2013年形成的这个思想归纳为八个字，就叫"以文化人，以文育人"。在2014年2月，总书记第一次把"以文化人"作为一个基本的思想，提到党和国家的文化建设的重要日程上。总书记讲，对几千年传承下来的历史文化,我们要有鉴别地对待,有扬弃地继承,要充分吸收中华民族的先人为我们创造的一切精神财富,来"以文化人","以文育人"。

2014年5月4日,总书记到北京大学纪念五四运动,宣传社会主义核心价值观,讲核心价值观是怎么来的,社会主义核心价值观要怎样才能保持它强大持续的生命力和影响力。在那一次座谈会发表的重要讲话当中,他再一次提出"以文化人",而且把"以文化人"同"自强不息""天人合一""天下为公""天下兴亡,匹夫有责"等中华优秀传统文化品格一道纳入了中华优秀传统文化独特的价值体系。

所以到了2014年9月24日,在纪念孔子诞辰2565周年的大会上,总书记才向全社会发出科学对待传统文化的倡导,最后的落脚点就是要共同服务于"以文化人"的时代任务。这一时代任务得以确立起来了。

在2018年8月的全国宣传思想工作会议上,总书记又一次重申了"以文化人",而且同时强调要弘扬新风正气,推进移风易俗。所以到2019年3月初,总书记在和文化文艺界、社会科学界的政协委员见面时再一次谈到这个问题,并且提出了"四个坚持"的要求,就是要坚持与时代同步伐,坚持以人民为中心,坚持以精品奉献人民,坚持用明德引领风尚。

通过重温从2013年以来一直到2019年3月总书记的历次重要讲话精神,我们可以发现,从夯实国内文化建设根基主张提出来的时候,总书记就是把人和社会风气连在一起来谈。夯实国内文化建设根基一个重要的工作就是要从思想道德抓起,从社会风气抓起,从每一个人抓起。"四个坚持"也依然是把人和时代和社会风气连在一起,是一个不可分割的整体。在这六年当中,总书记的思想中始终有一根红线,就是"以人民为中心"。我认为这在总书记的思想当中是一个核心、一个内核,而它离不开时代,离不开社会,离不开风气。

所以我个人认为,"以文化人""移风易俗"不可割裂,是总书记关于文化建设当中的一个基本思想。为什么总书记每一次讲"以文化人"都要和"移风易俗"连在一起，和社会风气连在一起？我想我们看得到他对当前社会风气的忧虑。如果我们认真学习一下总书记在纪念五四运动100周年大会上的讲话，就会发现总书记特别强调以爱国主义为核心的五四精神，突出了"爱国"。而且在那次讲话当中，总书记强调："当代中国，爱国主义的本质就是坚持爱国和爱党、爱社会主义高度统一。"

我们能不能好好总结一下中华人民共和国成立初期，我们在小学教育当中所开展的"爱祖国、爱人民、爱劳动、爱科学、爱护公共财物"的"五爱"教育？借鉴一下"五爱"教育的成功经验？我个人虽然在旧时代读过半年的私立小学，但是我的一生主要是在新时代度过的，是新中国培养了我，"五爱"教育在我的身上体现得根深蒂固，一辈子忘不了，不管风吹浪打，我始终坚信国家，坚信党的领导。所以我建议教育部门能否根据总书记这个讲话精神，开展一个"三爱"教育的活动，就是爱国、爱党、爱社会主义，把它持久地进行下去，这是关系到我们中华民族后继有人的事情。

总书记在纪念"五四"一百周年的讲话当中，提到了四个错误思想倾向，第一个是拜金主义，第二个是享乐主义，第三个是极端个人主义，第四个是历史虚无主义。我想这四个错误倾向，当然还有其他的一些，是当前我们全面建成小康社会、实现"两个一百年"奋斗目标和中华民族伟大复兴中国梦进程中必须要解决的问题，我们绝不能低估这些错误倾向的消极影响，任凭有些文艺作品有些人胡作非为，那不是我们共产党人的态度，不能任其泛滥。

今天我讲的这三个思考，实际上绝不是中华优秀传统文化精神标识的全部，这三个问题，无论是"推己及人""先人后己""舍己为人"，还是讲责任，重担当，以天下为己任、"天下兴亡，匹夫有责"，乃至最后的"以文化人""移风易俗"，这都是中华优秀传统文化的标识，不过这只是很粗的一个思考。当然还有其他的，比如说我们的"富贵不能淫，贫贱不能移，威武不能屈"的传统，还有中华民族自强不息、厚德载物、坚韧不拔、艰苦奋斗的传统，还有中华民族勤劳俭朴的传统，这些都可以好好地总结，都应该把它们纳入中华优秀传统文化的精神标识当中去。

原载《部级领导干部历史文化讲座（2019）》，
国家图书馆出版社 2020 年 6 月版

在"一代儒宗——钱大昕纪念展暨《钱大昕年谱长编》发布会"上的书面发言

"一代儒宗"筹委会诸位领导和专家：

欣悉"一代儒宗——钱大昕纪念展暨《钱大昕年谱长编》发布会"在上海嘉定隆重举行，谨遥致诚挚祝贺，并请向与会诸位专家、旧雨新朋转致崇高敬意。

由于健康状况拖累，祖武不能到会祝贺，聆听四方专家的教诲，殊为歉疚，敬祈鉴宥。谨请《钱大昕年谱长编》的著者李经国先生受累，转呈如下三点建议。

（一）李经国先生结撰《钱大昕年谱长编》，历时十余年，耗费心血，成之非易。深盼以此力作的问世为契机，四方专家齐心协力，勠力精进，把对竹汀钱先生学行的研究推向纵深。

（二）竹汀钱先生学养湛深，继往开来。先生之学，博赡贯通，朴实无华，远绍顾亭林、黄梨洲、王船山，近承惠定宇、江慎修、戴东原，集诸朴学大儒学术之大成，不唯以乾嘉史坛巨匠崛起，而且拔理学旧幡，树朴学新帜，乃以一代朴学宗师而永垂史册。

（三）竹汀钱先生学术历史地位的准确判定，既是推动对先生学行深入研究的新起点，也是寻求解决清代学术历史定位问题的突破口。前辈师长既以先秦诸子、两汉经学、魏晋玄学、隋唐佛学、宋明理学而赅括历代学术，为何我们新时代的学人还要把清代学术的冠名问题留给后人呢？时不我待，只争朝夕！

耽误了各位的宝贵时间,敬谢敬谢。谨祝会议圆满成功。

陈祖武　谨识

二〇二〇年十一月十六日

中国社会科学院历史研究所

《一代儒宗》筹委会诸位领导和专家：

欣悉"一代儒宗——钱大昕纪念展暨《钱大昕年谱长编》发布会"在上海嘉定隆重举行，谨遥致诚挚祝贺，并请向与会诸位专家、旧雨新朋转致崇高敬意。

由于健康状况抱恙，诚恳不能到会祝贺，聆听四方专家的教诲，殊为歉疚，敬祈鉴宥。谨请《钱大昕年谱长编》的著者李经国先生受累，转呈如下三点建议。

一、李经国先生编撰《钱大昕年谱长编》，历时十余年，耗费心血，成之非易。深盼以此力作的问世为契机，四方专家齐心协力，努力精进，把对竹汀钱先生学术的研究推向纵深。

二、竹汀钱先生学兼汉宋，建往开来。先生之学，博赡通贯，朴实无华，远绍顾亭林、黄梨洲、王船山，近承惠定宇、江慎修、戴东原，集诸朴学大儒学术之大成，不惟以乾嘉史坛巨匠崛起，而且披理学旧幡，树朴学新帜，足以一代朴学宗师而永垂史册。

1.

中国社会科学院历史研究所

三、钱行钱先生学术历史地位的准确判定，既是推动对先生学行深入研究的新起点，也是寻求解决清代学术历史定位问题的突破口。前辈师长既以先秦诸子、两汉经学、魏晋玄学、隋唐佛学、宋明理学而贬抑清代学术，为何再让新时代的学人还要把清代学术的正名问题留给后人呢？时不我待，只争朝夕！

耽误了各位的宝贵时间，谢谢谢谢。谨祝会议圆满成功。

陈祖武 谨识

二〇二〇年七月十六日

在"一代儒宗——钱大昕纪念展暨《钱大昕年谱长编》发布会"上的书面发言手稿（第2页）

旅台琐记

应台湾"中央研究院"中国文哲所筹备处的邀请，我于1992年12月19日至26日，在台湾出席"清代经学研讨会"，并进行了学术交流。兹将有关情况略记如后。

一、"清代经学研讨会"基本情况

"清代经学研讨会"系由台湾"中研院"文哲所筹备处主办，该处主任戴琏璋教授为总干事。会期两日，即12月23、24两日。与会学者共130人，其中，台湾学者124人，大陆学者1人，美国学者2人，日本学者3人。会议期间，有18位学者宣读论文，与会者逐一进行了讲评和讨论。会议开得很成功。此18篇论文，就所涉及时间而言，上起清初，下迄晚清，涵盖有清一代；就所讨论课题而论，既有一代经师论著的述评，亦有不同经学流派学风的探讨，还有清代经学于周边国家学术影响的介绍。其中，诸如台湾"中研院"文哲所林庆彰教授的《陈奂〈诗毛氏传疏〉的训释方法》、钟彩钧教授的《宋翔凤的微言大义说》，史语所陈鸿森教授的《刘氏〈论语正义〉成书考》，中兴大学胡楚生教授的《黄以周〈经训比义〉述评》，交通大学詹海云教授的《清代浙东学者的经学特色》，政治大学曾春海教授的《李光地的易学初探》，台湾大学黄沛荣教授的《清人杂著中之易学资料》，清华大学刘人鹏教授的《诠释与考证——阎若璩辨伪论据分析》，以及美国加州大学洛杉矶校区艾尔曼教授的《清代科举与经学的关系》，日本九州大学町田三郎教授的《关于日本考证学的特色》、名古屋学院竹内弘行教授的《清末的私纪年与经学》等文，或荟萃众长，断以己意，或阐幽发覆，独出疏解，皆用力极勤，各具新意。本人提请大会批评的《乾嘉学派吴皖分野说商榷》一文，亦引起与会者注意，讨论中有首肯，有诘难，颇多鼓励和过誉。

二、主要学术交流活动

本人19日下午乘机抵达台北，翌日上午，即以私人身份出席第二届当代新儒学学术会议。下午，拜访台湾大学中文系资深教授何佑森先生。21日，应台湾中山大学中文研究所徐汉昌、鲍国顺两位教授邀请，前往高雄，在该所进行演讲，题为《从〈明儒学案〉到〈清儒学案〉》。23日上午，由东海大学杨承祖教授陪同，拜访"中研院"史语所所长管东贵教授。24日上午，由台湾大学中文系夏长朴、李伟泰两位教授陪同，参观该校庋藏图书及教学设施。下午，由文哲所钟彩钧教授陪同，参观"中央图书馆"特藏部及汉学中心。当晚，应邀出席台湾师范大学资深教授黄景镛先生宴会。25日上午，由文哲所林庆彰教授陪同，参观台北"故宫博物院"，拜访该院文物处处长吴哲夫教授。下午，与师范大学王家俭、朱鸿两教授及淡江大学郑樑生教授晤谈并共进晚餐。26日上午，由"中研院"社科所梁其姿教授陪同，参观该所图书馆及研究设施。旅台期间，承台湾"中研院"院士黄彰健教授错爱，多所教诲，并蒙赐代表论著《经今古文学问题新论》和《经学理学文存》各一部。

三、几点感受和建议

此次旅台，时间虽短，但感受颇多。尽管走马观花，接触对象亦仅台北、高雄等部分地区的学术界中人，所得印象难免片面，乃至失真。然而管中窥豹，可见一斑，若干可由直观获得的印象，恐怕与实际相去也不会很远。这些印象归纳起来，可以用16个字去概括，那就是：经济繁荣，社会平稳，学术有成，人才辈起。有感于此，谨对当前的学术工作提出如下几点建议。

第一，应当进一步加强两岸的学术文化交流。

此次所接触学者，上自资深院士、教授，下至在学博士生、硕士生，就大体而言，除少数因这样那样的缘故而心存成见者外，绝大部分学者都希望加强两岸的学术文化交流，不愿意目前这种不正常的局面长此以往。因而许多学者对台湾发展的前景格外担心。不止一个学者强调，"台独"的可能性是存在的，且呈扩大趋势，对此断不可忽视。因此，建议进一步加强两岸学术交流，每年有计划地多邀请一些台湾学者过来看一看。看什么呢？这里有一个前提，就是必须把自己的工作做好，让人家看到中华民族的希望。唯有这样，才能使人家了解我们，信任我们，最终实现反对"台独"，以"一国两制"的构想，促进国家的早日和平统一。同时还建议，凡对方提出邀请，在国家利益许可的情况下，不妨尽可能让各方面的人士旅台。在这个问题上，应当务实，向前看，不必过多拘泥形式。否则不唯有可能产生误会，还会授人以柄。

第二，全心全意搞好经济建设，努力提高国民素质，切实改善社会风气。

"仓廪实而知礼节，衣食足而知荣辱。"这是中国古代哲人的至理名言。当前，我们抓住经济建设这个中心不放，以之为基本国策，这样的治国方略是十分正确的。台湾的许多友好人士都赞成我们这样做，但也还有许多人不了解这一方针的战略意义，因而心存疑虑，担心在可以预见的将来发生变化。对此，建议一方面加强宣传工作；另一方面则是脚踏实地，拿出看得见、摸得着的经济实效来。相形之下，后者是更具说服力的因素。在发展经济的同时，应切实做好教育工作，把文化建设作为百年大计认真安排好。双管齐下，殊途同归，以期卓有成效地逐步提高国民素质，进一步改善社会风气。事实上，有了这个坚实的基础，国家的统一大业又何愁水到而不渠成呢！

第三，值得注意的两个"人才断层"。

十年的"文化大革命"，给我们的学术文化事业酿成了深重的灾难。因而在粉碎"四人帮"以后，学术界青黄不接的问题凸显出来。这就是人们常说的第一个"人才断层"。之后，中国共产党拨乱反正，改革开放的正确决策，使我们的国家走上了健康的发展道路。然而，由于没有经验可循，一切都要在实践中摸索，因此我们也为之付出了沉重的代价。小学生失学，中学生辍学，大学生疏学，这样的现象虽尚不能说具有普遍意义，但在不同地区、不同学校，则无疑是程度不等的一个客观存在。学术界后继乏人的矛盾，再一次威胁着我们。倘若任其发展，那么当跨入下一个世纪门槛的时候，我们将不可避免地受到历史的惩罚。这大概就是当前若干有识之士所议论的第二个"人才断层"。为实现四个现代化的宏伟目标计，为中华民族的伟大振兴计，建议重视这两个"人才断层"，尤其是当前已经迎面而来的第二个"人才断层"，采取切实对策，积极稳妥地加以解决。

第四，不要中断中国经学史研究。

经学是我国古代的一门传统学问，流传数千年而不绝。中华人民共和国成立以后，这门学问得到了继承和发展。然而，经历"文化大革命"的浩劫，从事这方面专门研究的学者越来越少，后继乏人，几成绝学。这样一个局面是很令人忧虑的。而当前的台湾学术界，虽然经学史研究尚未形成大的气候，此次"清代经学研讨会"也是破天荒头一回，但是一支老中青后先相继的研究队伍已经依稀可见。站在这支队伍前面的，则是文哲所林庆彰教授等富有才干的领袖人物，一个后来居上的势头，咄咄逼人。因此，建议从实际出发，凡具备条件的高等院校和研究机构，应及时开设中国经学史课程，招收从事中国经学史研究的博士、硕士研究生。群策群力，循序渐进，力争在五到十年内，改变当前的不正常状态。在时机成熟以后，实现已故著名经学史家周予同教授的遗愿，编纂一部完善的多卷本《中国经学史》。

　　此次赴台学术交流业已圆满结束，骨肉同胞，血浓于水，这样一个深刻的印象依然萦回脑际。日后，为促进两岸学术文化交流，弘扬中华民族的优秀文化传统，我当鞠躬尽瘁，竭尽绵薄之力。

三 与同窗诸友一道成长

《李塨年谱》点校说明

一

李塨（1659—1733），字刚主，号恕谷，河北蠡县人。康熙二十九年（1690）举乡试，后迭经会试不第，以著述授徒终老乡里。他师承颜元，一生讲求实习、实行、实用之学，是著名的颜李学派的创始人之一。

《李塨年谱》，原名《李恕谷先生年谱》，凡五卷。前四卷为冯辰撰，第五卷为刘调赞撰。冯、刘都是谱主李塨的弟子。冯辰，字枢天，一字拱北，河北清苑人。生卒年不详，约当清康熙中叶至乾隆初叶。始为诸生，自康熙四十四年（1705）起，从学于李塨。五年后，李塨西游秦晋，冯辰即遵嘱前来蠡县，教其子侄群从，并承命为之修年谱。雍正十一年（1733），李塨病逝，祭文即为冯辰所撰。后以教学乡里终其一生。著有《丧礼疑问》《学规》《家劝》等，并辑有谚语一部。晚年失明，多倩人代书，所辑谚语即以《倩人谚语》为名。刘调赞（1700—？），字用可，河北威县人。自雍正元年（1723）起，从学于李塨，时年24。雍正八年（1730），为李塨召至其宅，教授子弟，并续撰年谱。后协助李塨建道传祠，以传授颜元、李塨之学为己任，成为李塨晚年的得意门人。著有《士相见礼仪注》《冠礼仪注》等。

冯辰所撰前四卷，起顺治十六年（1659），迄康熙四十九年（1710），所记凡五十二年间事。脱稿后，曾于康熙五十三年（1714），由李塨挚友恽鹤生校订，并经李塨本人审阅。恽鹤生（约1655—1743），字皋闻，江苏武进人。早年工于词章，康熙四十七年（1708），举乡试，后以游幕为食。五十三年（1714），幕游河北，结识李塨，尽弃旧学，成为颜元私淑弟子。他以治《毛诗》见长，著有《思诚堂诗说》《读易谱》《禹贡解》等。晚年南归，执教常州，名重一方。刘调赞续撰稿，初止于雍正八年（1730）。李塨逝世后，刘氏又于乾隆元年（1736）补辑雍正八至十一年间事，所记凡二十三年。至此，年谱始成完稿。

嘉庆十九年（1814），冯、刘二稿又经李塨裔孙锴重订，删繁补阙，更臻完善。李锴生平，已不得详考。唯据其所撰《恕谷先生年谱总跋》可大致推知，嘉庆间，他曾在唐山学署供职，此后便默然无闻了。道光十五年（1835），李氏后人淑将家藏谱稿付梓，翌年书成。

《李恕谷先生年谱》自康熙四十九年始撰，迄于嘉庆十九年重订，直到道光十六年（1836）刊行，中经多人辛勤笔耕，历时120余年，成书可谓艰难矣！据刘调赞《续纂李恕谷先生年谱序》称，继冯辰之后，李塨门人刘廷直亦曾有过续修年谱之举。但谱稿于调赞续修前即已遗失，之后亦未见他人述及，想是早已不存于世。

二

明清之际的学术界，一如其所据以立足的社会，诸说比肩，云蒸霞蔚。清初的颜李学派，便是其中的一支突起异军。它首创于颜元，大成于李塨，在康熙、雍正间的学术舞台上，活跃了近半个世纪。《李恕谷先生年谱》如实地记录了李塨的一生学行和思想，为研究颜李学派提供了宝贵的历史依据。这部年谱的编纂者，虽然远非一时学术名家，而且在众多的清代碑传文中，也几乎为人们所忽略，但是这丝毫不影响他们作品的存在价值。冯、刘二人继承颜元、李塨倡导的实习、实行、实用之学，鄙弃数百年来理学家的"党同伐异，虚学欺世"，同样都是颜李学说的忠实传人。在年谱撰写过程中，他们始终抱定"功过并录，一字不为馒饰"的宗旨，据事直书，翔实可信，成为这部年谱的鲜明特色，从而也赋予它以较高的学术价值。

首先,《李恕谷先生年谱》如实地记录了颜李学派形成的历史过程。康熙十八年(1679),河北博野县著名学者颜元前来蠡县讲学。面对理学家"性与天道"的鼓噪,颜元力倡恢复"周孔正学","别出一派,与之抗衡"。①凤鸣朝阳,震聋发聩。李塨闻讯,专程前往拜谒。从年谱中可以清楚地看到,正是这次访问,成为李塨一生为学道路上的重要里程碑。从此,他决意追随颜元,致力于经邦济世的实学,成为颜元学说的笃信者。他说:"咫尺习斋,天成我也,不传其学,是自弃弃天矣。"②

当时,三藩乱平,台湾一统,海内渐趋承平。经历清初数十年的社会动荡,王阳明心学盛极而衰,程朱理学乘间复起,以致河南、北一带"人人禅子,家家虚文"③。颜元针锋相对,大声疾呼:"程朱之道不熄,周孔之道不著。"④李塨作同调之鸣,指出:"程朱、陆王,非支离于诵读,即混索于禅宗。"⑤他断言:"今之虚学可谓盛矣,盛极将衰,则转而返之实。"⑥康熙四十三年九月,颜元逝世。在举行葬礼前夕,李塨告慰其师道:"使塨克济,幸则得时而驾,举正学于中天,挽斯世于虞夏。即不得志,亦拟周流吸引,鼓吹大道,使人才蔚起,圣道不磨。"⑦自此,他北上京城,南游江浙,西历秦晋,为之进行了终生不懈的努力。他在当时的学术舞台上,高高地树起了颜李学派的旗帜。

其次,由于这部年谱强调一个"实"字,因而它在叙述李塨对颜元学说继承和张大的同时,也如实地记录了颜、李之间在思想、学风、立身旨趣诸方面的若干歧异。而这些记载,对于探讨颜李学派的演变,是

---

① 《习斋记馀》卷三《寄桐乡钱生晓城》。
② 《李塨年谱》卷一"二十三岁"条。
③ 李塨《颜习斋先生年谱》卷下"五十八岁"条。
④ 《习斋记馀》卷一《未坠集序》。
⑤ 《李塨年谱》卷二"三十一岁"条。
⑥ 《恕谷后集》卷一《送黄宗夏南归序》。
⑦ 《李塨年谱》卷四"四十六岁"条。

尤为宝贵的。在这个问题上，年谱以确凿的事实表明，40岁前后的南游，是李塨为学的一次重要转折。之前，他笃信颜元学说，亦步亦趋，"不轻与贵交，不轻与富交，不轻乞假"，认为："纸上之阅历多，则世事之阅历少；笔墨之精神多，则经济之精神少。"[①] 他所经历的，是一个原原本本地吸收和消化的过程。在这个过程中，他向颜元学礼，向张而素学琴，向赵思光、郭金城学骑射，向刘见田学数，向彭通学书，向王馀佑学兵法，使其在学术上得到充实。到江南以后，那里学术界的新鲜气息感染了他，使他看到颜元学说之外，尚别有天地。

康熙中叶的江南，经学方兴未艾，朴实的考据学风正在酝酿。费密、毛奇龄、阎若璩、姚际恒等，究心经籍，专意著述，宛若群葩争妍。在连年的南北学术交流中，李塨与上述学者往复论学，多有过从。他既使颜学第一次远播江南，又兼收并蓄，使之扩充而同经学考据相沟通。其中，毛奇龄给予他的影响特别深。李塨在六艺之中，关于乐学的空白，就是师从毛奇龄来填补的。他的若干经学、音韵学主张，也源自毛奇龄。在毛奇龄与江南学风的潜移默化之下，李塨接受了经学考据的绵密方法，把颜学与经学考据沟通的结果，使他不自觉地步入了考据学的门槛。南游中及稍后一些时间里，他所陆续撰成的《田赋考辨》《禘祫考辨》等，就都带着明显的考据色彩。在结束南游前夕，他还用考据方法，"遍考诸经，以为准的"[②]，完成了自己的成名之作《大学辨业》。晚年，他更"流连三古"，遍注群经，虽旨在对颜李学说进行理论总结，但实则已与考据学合流。所以，钱宾四先生早年就说过："习斋之学，得恕谷而大，亦至恕谷而变。"[③] 可谓不刊之论。

再次，这部年谱的学术价值还在于，它保存了李塨与一时学者间的若干往复书札。譬如李塨的《上颜习斋先生书》《复邵允斯书》，以

---

① 《李塨年谱》卷二"二十九岁"条。
② 《大学辨业自序》。
③ 《清儒学案序》。

及费密、毛奇龄、王源、恽鹤生、方苞等人的《致李恕谷书》，对于探讨各自的学术思想，知人论世，把握康熙、雍正间的学术趋向，都是极有价值的材料。而这些书札不仅《恕谷后集》失载，且多不见于各家文集，弥足珍贵。

三

当然，在肯定《李恕谷先生年谱》历史价值的同时，也必须看到，它还存在一些不足之处。譬如关于李塨遵循古礼的所谓"一岁常仪功"，翻来覆去，不厌其详，虽旨在表彰谱主"悔过迁善"之勇，但却有失累赘。又如在述及李塨与方苞的关系时，尤其是对方苞代李塨谢绝清廷聘用，把过失全然委之于方苞，也不尽公允。此外，在编写体例上，由于对必要的历史背景概未交代，因而谱主的某些思想变迁，便无从据以寻出脉络。譬如年谱中记录了李塨晚年在思想上的一些倒退，但是，由于对康熙五十一年（1712），清廷将朱熹从祀孔庙的地位升格，没有作出交代，这样李塨从批判理学的阵地退却，就显得原因不明。事实上，清廷的这一举动，无异于对清初重起的朱陆学纷争作出官方定论，只许尊朱，不许从陆，更不允许如同颜元、李塨那样，直呼其名地指斥朱熹。清廷的干预，实质上是对颜李学说的沉重打击，它也正是造成这一学派在当时不得流行的重要原因之一。至于年谱中述及农民起义及郑成功抗清处，皆出诋诬之词，乃是历史与阶级局限所使然，读者自能辨析，此处无须再作批评。

《李塨年谱》自道光十六年刊行以来，几经重印，版本甚多。目前可以得见的，有道光刊本、《畿辅丛书》本、《颜李丛书》本、《国粹丛书》本和民国二十四年（1935）铅印本等五种。道光之后诸本，祖承旧本，翻刻而已。若就版本目录学而论，盖以道光本为最善。此次整理，即以之为底本，校以他本，择善而从。对个别明显的文字讹误，径作改正。避讳字，如以"元"代"玄"，以"宏"代"弘"，以"歷"代"曆"等，除个别易滋误解者外，一般不予改回。须作说明者则简注于页末。另于谱文每年开首处，均括注公历，以便读者。

道光十六年本原编次如下：

一、《读恕谷先生年谱题辞》（恽鹤生）；

二、《恕谷先生年谱总跋》（李锴）；

三、《凡例》（冯辰）；

四、《李恕谷先生传》（恽鹤生）；

五、《李恕谷先生年谱序》（冯辰）；

六、《题李恕谷先生年谱》（范鸣凤）；

七、《李恕谷先生年谱跋》（李浩）；

八、《李恕谷先生年谱后记》（李淑）；

九、年谱正文卷一——五。

此次整理，原序及凡例仍列有关正文之首，其他题跋后记则列为附录一。附录二则收墓志、传记多篇。其中除恽鹤生所撰传系底本原有者外，其余均为点校者所辑录，意欲供读者参照年谱，借以更多地了解谱主的生平。

点校者学殖寡浅，此次整理，疏误在所难免，恳请读者不吝赐教。

陈祖武
1985年12月

原载《李塨年谱》，中华书局1988年9月版

《颜元年谱》点校说明

一

《颜元年谱》,原题《颜习斋先生年谱》,分上下二卷。谱主颜元(1635—1704),河北博野人。初因其父昶为蠡县朱氏养子,遂姓朱,名邦良,字易直,号思古人。后归宗复姓,改名元,字浑然,号习斋。清初为诸生,后绝意仕进,以教学终老乡里。其学始自陆、王入。继而改从程、朱,终则悉为摒弃,一意讲求经世致用之学,专以实学、实习、实用为倡,成为清代学术史上著名的颜李学派的创始人。他的主要著述为《存治》《存性》《存学》《存人》四编,史称《四存编》。其他尚有《四书正误》《朱子语类评》等。短篇杂著及传状书札,门人辑为《习斋记馀》刊行。

《年谱》著者李塨、修订者王源,皆为谱主门人。李塨(1659—1733),字刚主,号恕谷,河北蠡县人。自21岁起,从学于颜元。康熙二十九年(1690)为举人,后屡历会试,迭遭败绩。晚年,选授通州学政,未及三月,辞官返乡,著述终老。李塨一生以张大颜学为己任,为此,他往返北京,作幕中州,南游钱塘,西历秦、晋,遍交当代硕儒,成为颜李学派的创始人之一。李塨著述甚富,博及礼乐兵农、经史考证。其最著者为《大学辨业》《圣经学规纂》等,短篇杂著则以《恕谷后集》结集刊行。

颜元逝世后,李塨即为之编写年谱。撰作始于康熙四十四年(1705)六月二十五日,同年八月十二日竣稿。翌年十月,由王源修订一过。王源(1648—1710),字昆绳,号或庵,大兴(今北京)人。康熙三十二年（1693）举人。早年以通兵法、工古文名，后应聘入徐乾学幕，与同时名儒万斯同、阎若璩、胡渭、刘献廷等游，声名大起。康熙三十九年（1700），结识李塨，服膺颜李学说，遂尽弃旧学，师从颜元，时年56。他一生幕游南北，晚年应聘作幕南下，卒于淮安知府幕。其主要著述为《平书》《读易近指》，所为诗文则以《居业堂文集》行世。

二

《颜元年谱》成书甚速，康熙四十四年李塨成初稿，四十五年经王源修订，四十六年即付梓刊行。由于李塨、王源皆系谱主弟子，又是一时学术舞台上的佼佼者，尤其是李塨，追随颜元数十年如一日，对谱主阅历、个性、立身旨趣、学术趋向等，了若指掌，因而轻车熟路，易成佳构。所以，这部年谱不唯文简事备，平实畅达，而且写状谱主，可即可亲，音容笑貌，跃然纸上。它既是宝贵的史籍，亦可作为传记文学来读，在众多的清人年谱中，实堪称上乘之作；历来为研究谱牒学者所重视，当然就不是一桩偶然的事情。近世著名学者梁启超先生，在论及清代的年谱编纂时，就明确地指出了这一点。他把清人年谱分为三类：其一为谱主自撰，最具历史价值；其二为友生及子弟门人所撰，价值次之；其三为后人补作或改作昔贤年谱，时移世易，成功最难。《颜元年谱》则为梁先生推为第二类的"最上乘者"①。其实，这部年谱无异于谱主自撰，其价值也并不在梁先生所说第一类之下。关于这个问题，可以该年谱的史料来源为有力佐证。

在谈及这部年谱的取材时，李塨于《凡例》中指出："《颜先生年谱》，甲辰三月以前，本之先生追录稿及塨所传闻，以后皆采先生《日记》。"甲辰为康熙三年（1664），颜元时年30。从这一年起，他开始立

---

① 《清代学者整理旧学之总成绩》第八章《传记谱牒学》。

《日记》自省，迄于逝世，40年未曾间断。颜元之立《日记》，旨在劝善规过，而且与友人相约，每月定期为会，以《日记》互质。届时，相互责难，指数其过，"声色胥厉，如临子弟"[1]。王源正是以颜元的"不欺暗室"[2]，乃于已逾半百之年，断然师从。李塨也正是深感颜元"改过之勇"[3]，遂效法颜元立《日谱》自考，终身服膺，至死不渝。可见颜元的《日记》是可信的，李塨据以为之编写《年谱》，也就不啻谱主自撰，同样考信不诬。至于《年谱》所记谱主30岁以前的经历，著者说得很清楚，其史料来源一是谱主追录稿，一是得自传闻。虽然追录稿之所指，李塨未明言其详，但是以《年谱》所记，征诸《习斋记馀》中《未坠集序》《答五公山人王介祺》《与易州李孝廉介石》《答清苑冯拱北》诸篇，则言言有据，抑或追录稿即此类文字之统称。不过，据王源称，追录稿又确有所指。他说："谱自三十岁以前，刚主据先生戊辰自谱及夙所见闻者为主。"[4]这就是说，颜元在康熙二十七年戊辰（1688），自行编写过30岁以前的年谱。无论如何，这部分记载主要取材于谱主手笔则是无疑的。因而也可视同谱主自撰，多可信据。而就得自传闻的史料来源论，传闻之辞，虽然难免真伪间杂，例如存在诸如记谱主诞生时的怪异以及祈神而病除之类的不实，但是就总体而言，著者的取舍还是较为严谨的。

史书之作，贵在求信。年谱作为一种后起的史籍编写形式，亦以征实为第一要义。在这方面，《颜元年谱》遵照谱主勿"伐异党同，虚学欺世"之教，"功过并录，一字不为馒饰"[5]，对谱主的学术、思想、生平、交游等，皆做了如实的记录。它以其之征实可信，显示了重要的学术价值。同时，由于颜元的《日记》已佚，其文集又失之简略，因而在

---

[1] 《颜元年谱》"二十九岁"条。
[2] 《居业堂文集》卷四《颜习斋先生传》。
[3] 《颜元年谱》"四十六岁"条。
[4] 《居业堂文集》卷十二《颜习斋先生年谱序》。
[5] 《颜元年谱·凡例》。

研究颜元的生平行事，尤其是他的学术趋向的演变时，这部年谱就具有不可取代的重要地位。此外，《颜元年谱》还以其所涉及的广泛内容，提供了知人论世的大量史料。譬如关于清初北学演进的轨迹，关于清初书院的规制，关于清初的礼制风俗以及抗清斗争，等等，或详或略，在其中都做了记载。这些史料足以补官修史书的阙略，对研究清初历史是可宝贵的。

再就编写体例而论，《颜元年谱》也有其可供取法之处。著者在所拟《凡例》中有云："先生交游论定者，各附小传。或谓先生《年谱》不宜传他人，然先生会友辅仁之学见于是焉，故宁赘无削。"为李塨所采取的这样一种编写体例，不唯有助于深入了解谱主学行，而且也使谱主的师友交游，其学行梗概，借以得到保存。同时，这样做的结果，还可减省读者的检核之力。一举而获数益，当然不是累赘，而是一种成功的尝试。

三

《颜元年谱》的迅速成书，一方面固然可在传播颜李学说中起到积极的媒介作用，但是另一方面却也因成书仓促，难免有未尽精审和疏略之处。正如著者在《凡例》中所自述，这部年谱"涉猎而录出者略亦甚矣"，他指出："如有再为修谱者，将其《日记》节录，尚可得五六编，编各不同，皆可传世。"所以继李塨之后，乾隆初，颜元的另一门人钟錂，又据《日记》编成《习斋先生言行录》《习斋先生辟异录》。《言行》《辟异》二录，虽在某些方面补充了《年谱》之未备，可与《年谱》并读，可是毕竟不是《年谱》补编，因而《年谱》中存在的若干疏略，依然未能得到充实。

譬如据《年谱》记，谱主于弥留之际，曾告诫众门人："天下事尚可为，汝等当积学待用。"①这里的"可为""待用"指的是什么？《年谱》并未予说明，便戛然而止，把问题留给了读者。与之类似，著者在明、清易代的崇祯十七年（1644）条下，特地记录了谱主对先前服饰的追述："先生尝言，曾戴蓝觊晋巾二顶，明之服色也。"②康熙十三年（1674），闻三藩乱起，谱主又曾与弟子讲论管仲的尊王攘夷之功，而且怆然喟叹："仆久有四方之志，但年既四十，血嗣未立，未敢以此身公之天下耳。"③这些记载曲折地表明，谱主所说的"可为""待用"，恐怕还不仅仅限于恢复周、孔之学，而应当是实实在在的经世之功，其中或许还包含对于推翻清廷统治的某种憧憬。可是每当涉及这一类问题时，著者都总是如此欲言又止，一点即过。如果说这样的疏略，乃是著者为一时政治形势所制约而不得不做的避忌，因而未可苛求的话，那么在述及谱主学术主张形成过程中的某些关键处，依然不详加检核，就不能说不是疏失了。后世考论颜元为学渊源，每多争议，言人人殊，究其根源，同李塨在《颜元年谱》中的这类疏失恐不无关系。

据《颜元年谱》记，谱主31岁时，曾与王养粹言："六艺惟乐无传，御非急用，礼、乐、书、数宜学。但穷经明理，恐成无用学究。"著者于此段文字后，特地加了如下按语："此时正学已露端倪矣，盖天启之也。"④颜元的倡导六艺之学，究竟是得之"天启"，还是渊源有自？事关重大，不可不辨。

清初的学术界，由于动荡的社会现实的孕育，形成了诸说并起、竞相争雄的局面。颜元以六艺之学为倡，号召河北，卓然名家，实为异军突起。然而讲明六艺之学，却并非颜元首创，更不是"天启"。姑不论宋、明，即以清初言，江南学者陆世仪早已先声夺人，颜元之学，即得

---

① 《颜元年谱》"七十岁"条。
② 《颜元年谱》"十岁"条。
③ 《颜元年谱》"四十岁"条。
④ 《颜元年谱》"三十一岁"条。

益于陆氏学术主张的启发。关于这一点，颜元的《上太仓陆桴亭先生书》说得很明白，他写道："一日游祁，在故友刁文孝座，闻先生有佳录，复明孔子六艺之学，门人姜姓，在州守幕实笥之。欢然如久旱之闻雷，甚渴之闻溪，恨不即沐甘霖而饮甘泉也。曲致三四，曾不得出，然亦幸三千里外有主张此学者矣，犹未知论性之相同也。既而刁翁出南方诸儒手书，有云此间有桴亭者，才为有用之才，学为有用之学，但把气质许多驳恶杂入天命，说一般是善。其《性善图说》中，有人之性善正在气质，气质之外无性等语，殊新奇骇人。乃知先生不惟得孔、孟学宗，兼悟孔、孟性旨，已先得我心矣。当今之时，承儒道嫡派者，非先生其谁乎！"[1]据李塨所记，这封信写于康熙十一年，而钟錂辑《习斋记馀》将其收录，则注作"甲寅"，即康熙十三年。事实上，陆世仪正好卒于康熙十一年，颜元断不致在陆氏故世两年之后，尚给死者写信。因此《年谱》所记是可信的。只是应当指出的是，信中所提到的颜元游祁州，在刁包处得悉陆世仪学术主张，并不是康熙十一年的事情，而要较这一时间早得多。

据考，颜元与刁包相识，在顺治十八年（1661），时年27。[2]康熙七年，刁包病逝。当时颜元正居丧在家，未能前去祁州吊唁，直到翌年三月，始得"入祁州，以只鸡清酒哭奠"[3]。而从顺治十八年至康熙七年，八年之中，颜、刁二人并未再得一晤。其间，刁包与仇家诉讼，亟须颜元相助，曾遣人专程敦请，颜元却因其祖母"偶伤足，侍扶居寝，跬步不得离"[4]而未能前往。之后，刁包病危，再度迎请，颜元又以"病弱依杖"[5]而却请。这就说明，颜元在刁包处得知陆世仪的为学主张，应当是在顺治十八年，他27岁之时。只是因为当时他尚笃信程、

---

[1] 《存学编》卷一《上太仓陆桴亭先生书》。
[2] 《颜元年谱》"二十七岁"条。
[3] 《颜元年谱》"三十五岁"条。
[4] 《习斋记馀》卷三《答刁文孝先生》。
[5] 《习斋记馀》卷三《再却刁先生请》。

朱学说，所以未能有所共鸣。而前述颜元与王养粹关于六艺之学的那番谈话，已经是这以后三年多的事情，他在《存性》《存学》二编中，系统地阐述其学术主张，就更与此相去八年了。在这个问题上，李塨由于考核未精，以致把颜元"闻太仓陆桴亭自治教人以六艺为主"，误入康熙八年七月。① 这样一来，他便无从对颜元31岁时学术趋向的变化作出解释，结果只好归诸"天启"了。

其实，颜元学说的形成，绝非一朝顿悟，而是一个博取众长、不断消化、融为我有的演进过程。在这一过程中，他不唯得到陆世仪思想的启示，而且还深受张罗喆、王馀佑等人的影响。早在康熙三年，他就曾登门问学于王馀佑、张罗喆。王、张二人的学术主张，尤其是在人性问题上的见解，诸如"天生人来，浑脱是个善"、"气质天命，分二不得"，②"人性无二，不可从宋儒分天地之性、气质之性"③等，都给了他以深刻的影响。尽管他当时囿于程、朱之见，未能唱为同调，但是这些主张都成为日后他所撰写《存性编》的基本依据。这正如颜元在《存性编》卷末追述张罗喆的人性主张时所说："先生赐教，在未著《存性》前，惜当时方执程、朱之见，与之反复辩难。及丧中悟性，始思先生言性真确。期服阕，入郡相质，而先生竟捐馆矣。"颜元初访王、张，均在他与王养粹论六艺之学前，由此足见李塨的所谓"天启"说，是不能成立的。

四

《颜元年谱》虽然存在一些小疵，但是毕竟瑕不掩瑜。而且，由于著者所据史料的原始可信，即令是某些疏失，只要对《年谱》本身

---

① 《颜元年谱》"三十五岁"条。
② 《存性编》卷末引述王馀佑语。
③ 《存性编》卷末引述张罗喆语。

进行过细检核，再参以他书，也不难弥缝。因此可以断言，在众多的清人年谱中，《颜元年谱》确属上乘之作。这部年谱自康熙四十六年刊行以后，因为颜、李学说的不得流传，以致历时200余年，直到20世纪初，始得重印。目前，康熙刊本已少有收藏，习见者多为《国粹丛书》本、《畿辅丛书》本、《颜李丛书》本及博野四存学会1935年铅印本诸种。其中，刊行于清末民初的《畿辅丛书》本，曾经多人汇校，较之他本"格既清朗，字少讹夺"①，故此次点校，即以之为底本。间有疑似，则校以他本，择善而从。为保存底本原貌，除个别形近而讹的明显错字酌加校改，并做出必要校注外，其他如避讳改字等，除易于引起误解外，则一般不予改回。《畿辅丛书》本年谱缺王源所撰《颜习斋先生年谱序》，现据《国粹丛书》本年谱补入。卷末原有张琬璋、郑知芳二跋，现将黄节为《国粹丛书》本年谱撰的《颜习斋先生年谱跋》也一并录入。此外，点校者辑录了若干篇有关谱主的传赞作为附录，供读者参阅。为便于读者，谱文每年开首处的纪年，均括注公元。囿于闻见，点校中失误在所难免，恳请读者批评指正。

陈祖武
1986年9月19日

原载《颜元年谱》，中华书局1992年1月版

---

① 缪荃孙：《畿辅丛书序》。

《榕村语录　榕村续语录》点校说明

一

《榕村语录》三十卷、《榕村续语录》二十卷，著者为清初理学名臣李光地。前书由其门人徐用锡及其孙李清植辑，后书的纂辑者，前人时贤尚未见论及。据光地孙清馥所撰《榕村谱录合考》卷上"四十四"岁条云："孙思哉，属公之甥，手录有《榕村语录》一本，疑在此时。及己巳（康熙二十八年）侍公京邸所记，其稿藏彼家数十年，馥于乾隆癸亥（八年）从季弟清泰处检得，云得之其曾孙庄敬藏本。今已录出，增入《榕村续语录》中。"则《续语录》的纂辑，似出李清馥手。

李光地（1642—1718），字晋卿，号厚菴，学者尊为安溪先生，卒谥文贞，福建安溪人。生于明崇祯十五年（1642），卒于清康熙五十七年（1718），终年77岁。光地以康熙九年进士，由翰林院编修累官至直隶巡抚、吏部尚书、文渊阁大学士，位极人臣，显赫一时。他一生不唯以在官场角逐中的委蛇进退引人注目，而且勤于治学，于《周易》、乐律、音韵诸学皆确有所得。当其晚年，尤以工于揣摩帝王好尚，一意崇奖朱子学，深得康熙帝宠信，先后奉命主持《朱子全书》《周易折中》《性理精义》诸书的纂辑事宜，俨若一时朱学领袖。著有《周易通论》《周易观象》《古乐经传》《韵书》及《榕村全集》《榕村语录》等，故世后，由其后人辑为《榕村全书》刊行。

《榕村语录》的主要纂辑者徐用锡（1657—？），字坛长，号昼堂，一号鲁南，江苏下相（今江苏宿迁）人。康熙四十八年（1709）进士，官翰林院编修，后因事夺职。乾隆初复起，授翰林院侍读，终以年事太高，旋起旋落而归老乡里。著有《圭美堂集》行世。用锡早年工于文词，康熙三十三年（1694）以后，从学于李光地，究心经史，旁及乐律、音韵、历数，尤以书法著称于世。他追随李光地20余年，凡光地日常讲论，皆留意记录，日积月累，手稿居然"富溢囊箱"[1]。于是自康熙五十四年（1715）起，徐用锡将记录稿整理誊清。康熙五十七年（1718）竣稿，送请李光地审阅，被李光地赞为"可存之书"[2]。李光地逝世后，用锡将书稿交光地孙李清植。清植据其祖遗著及他人记录复加增补，以《榕村语录》为书名，于雍正七年（1729）付梓。十一年（1733）五月初成，再送徐用锡撰写题跋。乾隆八年（1743），又由李光地后学张叙冠以《序言》，至此，《榕村语录》遂成完书。

李清植（1690—1744），字立侯，号穆亭，为光地三子钟佐之子。由于早失怙恃，李清植自幼随祖父宦居保定、北京，亲承謦欬，学业日进。雍正二年（1724）成进士，先后以翰林院编修、侍读主持江南乡试，提督浙江学政。后因事降职，告假回乡。乾隆初再出，官至礼部侍郎。李光地遗著多为清植整理刊行，《年谱》亦出其手。

同《榕村语录》相比，《续语录》的纂辑则要略后一些。该书的纂辑者李清馥（1703—？），字根侯，号逊斋，为光地长子钟伦之子。清馥与其从兄清植一样，自幼失怙，栖身于祖父膝下。后以荫入仕，官至广平知府。他祖述家学，"质厚安雅"[3]，著有《闽中理学考》《闽学志略》《榕村谱录合考》等。至于《续语录》的编纂过程及竣稿时间，由于李清馥等人并未留下只字序跋或其他专门记载，因而仅能据相关线索，试作爬梳。

根据前引《榕村谱录合考》所记，早在徐用锡之前，李光地的外甥孙襄于康熙二十四年（1685）即已开始记录光地讲论，留下过《榕

---

[1] （清）李光地：《榕村语录》卷末，徐用锡《跋》。
[2] （清）李光地：《榕村语录》卷末，徐用锡《跋》。
[3] （清）方苞：《方苞集》卷十二《李世得墓表》。

村语录稿》一部。四年后，孙襄入光地幕，继续前记，又成记录稿一部。前稿大概早为光地后人所得，而后稿，李清馥则得之于乾隆八年（1743）。就现存《榕村续语录》的编次情况看，这两部稿子无疑都成了李清馥从事纂辑的重要依据。又据徐用锡《榕村语录跋》称，李光地逝世前夕，曾就用锡记录稿表示过要为之"汰存十之五六"的意向。光地为人多疑，瞻前顾后，谨小慎微，他之所以做出上述表示，居于政治利害上的考虑当是主要原因。将今本《语录》及《续语录》比照，不难看出，这一遗愿在李清植增订徐稿时已获实现。凡《续语录》中未注明"自记"或"孙襄"及他人所记字样者，大概即多源自当年李清植删存稿。再据李清馥《榕村谱录合考跋》记，他依《续语录》对李清植所辑《文贞公年谱》进行订补，事在乾隆二十一年（1756）。

由上述诸点似可得出如下认识：《续语录》的纂辑，其起讫虽尚难准确判定，但上限不会早于乾隆八年，竣稿则当在乾隆二十一年以前。想是因为李清馥及其亲属对如何处理书稿所涉朝局时事、大臣臧否心存忌讳，尤其是对李光地一生"疑谤丛集"经历的洗刷，意见不一，因而未能及时刊行。尔后，李氏后人虽将书稿迭加修改，然终因时移势易而深藏不出。直到100多年后的光绪二十年（1894），始由安溪知县黄家鼎据李氏家藏稿录出副本。民国初，黄氏抄本辗转传归著名文献学家傅增湘先生，于是沉潜多年的《榕村续语录》方才得以付梓行世。

二

在中国学术史上，语录体著作源远流长，《论语》《孟子》早已开其先河。《法言》《中说》诸家继起，接武孔孟，后先相承。及至两宋，理学勃兴，讲学诸儒为佛门风气习染，纷纷以语录传授师法，张大门墙。于是《二程遗书》《上蔡语录》《朱子语类》比肩接踵，风行海内。积习既成，历元明两代，经久不衰。明清之际，理学虽已成强弩之末，语录体文风亦为有识之士群起挞伐而奄奄待毙,但固守壁垒者则依然视若家珍。宋明数百年间,语录既为理学中人所重视,因而也就自然成为研究理学家学术思想的重要依据。在李光地现存近40种200余卷著述中,《榕村语录》及其续编,便以其内容的广泛和卷帙的繁富而成为他的代表作品之一。

如何评价李光地的学术地位?在清代学术史研究中久存争议,迄无定论。誉之者推为"儒林巨擘"[1],"学博而精"[2],毁之者则讥作"纸尾之学"[3],"不学无术"[4]。二者之间的距离显然是很大的。平心而论,"儒林巨擘"云云,褒扬过当,名与实乖,当然不足取。事实上,就连受李光地搭救之恩的方苞,在论及其学问时,也只是给了"平平"二字的评价。李光地对此亦无可奈何,只好用"吾何以当平平二字"[5]聊以解嘲。然而"纸尾之学""不学无术"却也还可商量。回顾李光地研究的历史和现状,我们会注意到,凡訾议其学问者,每多从讥斥其为人出发。的确,李光地的人品并不高尚,正如方苞忆其逸事时所述:"自公在位时,众多诮公,既殁,诋评尤甚。"[6]这种所谓"疑谤丛集"局面的酿成,一方面固然与当时的官场倾轧分不开,自有党派斗争的深刻背景;另一方面也在于李光地触怒清议,咎由自取。但是倘若把李光地为人的那些可訾议之点,同他对康熙朝国家统一、社会稳定、文化发展诸方面所做的贡献相比,则显然是其局部的、次要的方面。何况学问之与为人,毕竟不可等量齐观,尤不应以人而废学。在这一点上,《榕村语录》及其续编提供了解决问题的良好依据。

《榕村语录》大致以经义、性理、诸儒、诸子、史书史事、治道、诗文为类,记录了李光地一生与门人子侄的讲学问答。《续语录》则于

---

[1] 《四库全书总目》卷一七三《榕村全集提要》。
[2] 徐世昌:《清儒学案》卷四十《安溪学案》。
[3] (清)全祖望:《鲒埼亭集外编》卷四十四《答诸生问榕村学术帖子》。
[4] 张舜徽:《清人文集别录》卷三《榕村全集》。
[5] (清)李光地:《榕村续语录》卷十八《治道》。
[6] (清)方苞:《方苞集·集外文》卷六《安溪李相国逸事》。

诸项之外，复增本朝时事、本朝人物两大类，对李光地自述生平行事、议论朝局是非、大臣得失等内容，均做了详尽记载。就所涉及的学术领域而论，不唯有对理学传统范畴的讨论，而且博及经学、史学、子学、文学、天文历算、律吕、音韵诸学。其论究内容之广泛，自《朱子语类》之后，在理学家众多的语录体著述中，实属罕见。固然由于一意求博，学力不济，以致时有浮光掠影的空泛之论，甚至是穿凿附会，强为解人。但是无可否认，其中亦确有真知灼见。

朱陆学术之争，这是宋明理学史上的一桩公案。自元代理学家吴澄以尊德性、道问学赅括二家学术特征，将陆九渊一派归诸尊德性，分朱熹一派为道问学，从此尊德性与道问学之争数百年不绝。李光地在《榕村语录》中明确地否定了这样的区分，就尊德性与道问学的关系阐述了与前人不尽一致的见解。尊德性与道问学，语出《中庸》，云："君子尊德性而道问学。"此讲的是儒家在道德修持上，既主张从宏大处着眼，立定脚跟，同时又要从细微处入手，循序渐进。李光地对这一命题的讲论，试图逾越前人的成见，还儒学以本来的面目。他重申："君子既要尊德性，又要道问学，存心、致知，一面少不得。"但他又认为，尊德性与道问学相比，毕竟是根本而更其重要。所以他说："尊德性是道问学之基。"在李光地看来，朱陆学术同属既尊德性又道问学的儒家正统，只是陆九渊不如朱熹平正，失之偏激。因而他评价陆学说："象山不可谓不高明，只是少'道中庸'一边耳。"[1] 这样的去讲解儒家经典并进而讨论朱陆学术，尊朱的倾向固然很鲜明，但是不唯摆脱了前人的窠臼，而且较之同时朱学中人如张烈、陆陇其辈的一味诋斥陆王学术，显然要冷静得多，理智得多。同样的道理，对于王守仁的学术主张，李光地虽然从根本上作了"终入邪魔"[2]"诐淫邪遁"[3] 一类的抨击，但是也能在

---

[1] （清）李光地：《榕村语录》卷一《经书总论》。
[2] （清）李光地：《榕村语录》卷十八《宋六子》。
[3] （清）李光地：《榕村语录》卷二十《诸子》。

局部上做出某些肯定。譬如王守仁关于"立志""万物一体"诸儒学命题的讲论,李光地便详细称引,评为"皆极精"①,这当然是实事求是的见解。

《榕村语录》及其续编,以大量篇幅,依次对《易》《书》《诗》《礼》《春秋》诸儒家经典作了训解。就总体而言,李光地的经解以宋学为宗尚,侧重义理,疏于考证。然而他也不废汉儒经学,且能取其所长,融为己有。一方面,他从尊朱的立场出发,确认:"解经在道理上明白融会,汉儒自不及朱子。"另一方面,又肯定了汉儒经学的不可偏废。他说:"至制度名物,到底汉去三代未远,秦所澌灭不尽,尚有当时见行的。即已不存者,犹可因所存者推想而笔之,毕竟还有些实事。不似后来礼坏乐崩,全无形似,学者各以其意杜撰,都是空言。此汉儒所以可贵。"②

李光地一生,在经学上最为用力者,是他的《周易》研究。他在《语录》中说过:"某治《易》,虽不能刻刻穷研,但无时去怀,每见一家解必看。今四十七年矣,觉得道理深广,无穷无尽。"③正是由于长期究心,博采众长,因而使他成为康熙一朝大臣中最深通《易》学者。康熙中叶以后,李光地之所以日渐宠信,原因固然是多方面的,但是他在《易》学上的远胜熊赐履、汤斌诸人,从而可以随时为康熙帝提供学术咨询,则是一个不可忽视的因素。随着康熙帝学术修养的加深,李光地这种无可取代的地位便越发突出。所以对于他的故世,康熙帝深感痛惜,给他以"学问渊博,朕知之最真,知朕亦无过光地者"④的盖棺定评,就不是没有道理的。

至于全祖望批评李光地的"以筹算言《图》《书》,则支离之甚者;

---

① 李光地:《榕村续语录》卷十六《学》。
② 李光地:《榕村语录》卷十九《诸儒》。
③ 李光地:《榕村语录》卷九《周易》。
④ 《清史稿》卷二六二《李光地》。

言互体更谬,不合古法"①,则属似是而非之论。在经学史上,对《周易》的训解,素有象数、义理二派之分。汉儒说《易》,走的是象数一路,讲术数,论互体,乃汉《易》家法,从焦赣、京房到马融、郑玄,一脉相承。魏晋以后,象数学衰微,晋人王弼注《易》,一改汉儒旧辙,专以义理为依归,开宋明《易》学义理派风气之先河。宋明数百年,是义理派的天下,程颐的《伊川易传》,朱熹的《周易本义》,以讲求义理而高踞正统地位。其间虽有邵雍、朱震诸象数学大家承汉儒衣钵,然而涓涓细流终究以"《易》外别传"而不能汇为巨川。李光地治《易》,既重在义理,赞成朱熹关于《易》为卜筮之书的判断,同时又受其乡先辈黄道周象数学影响。由黄道周而朱震、而邵雍,一直溯源至汉儒《易》学,从而形成荟萃众长,自成一家的《易》学风尚。渊源有自,不悖古法,巧容有之,支离则无。因此,全祖望拘执宋《易》矩矱对李光地所做的讥弹,我们就没有理由去赞成它。

三

谈李光地学术宗尚者,无不以程朱为说。倘若依理学家的习惯用语来讲,称作"晚年定论",那无疑是正确的。但是,如同历史上众多的学者和思想家那样,李光地的学术思想也经历了一个复杂的演变过程。探讨这一过程,不仅是全面评价李光地学术的一个重要方面,而且对于透视清初的理学界也是有意义的。在这个问题上,《榕村语录》及其续编所提供的资料,足以补李光地的文集及其他著述之所未备。

作为一个从科场角逐中跻身仕途的知识分子,由于朝廷功令所在,士子风气所趋,李光地的学问由"四书"起家,自是不言而喻。尽管他对此的追述不尽一致,一说:"某年十八,手纂《性理》一部;十九,

---

① 全祖望:《鲒埼亭集外编》卷四十四《答诸生问榕村学术帖子》。

手纂《四书》一部。"① 一说："予十八岁看完《四书》，十九岁看完本经，廿岁读完《性理》。"② 然而以"四书"为根柢，则并无歧异。20岁以后，李光地把治学范围扩及《周易》。由于受象数学的影响，因而当时他并不以朱熹的《易》注为然，正如他所自述："某少时好看难书，如乐书、历书之类。即看《易》，亦是将图画来画去，求其变化巧合处。于《太极图》，不看其上下三空圈，却拣那有黑有白、相交相系处，东扯西牵，配搭得来，便得意，觉得朱子注无甚意味。"③ 与之同时，他则为陆九渊、王守仁的著述所吸引，为此整整用去了五年功夫。李光地尔后对《大学》的训释，反复称引陆王的见解，主张恢复古本，认为朱熹补格物传为多余④，显然就是受了王阳明学说的影响。以上，是李光地治学的第一个阶段，其基本特征可以大致归纳为四个字，即兼收并蓄。

自康熙九年中进士入选翰林院，李光地开始了他治学的第二个阶段。青少年时代的理学根柢，使他一度赢得当时任掌院学士的熊赐履的重视，将其以"有志于理学"⑤ 推荐给康熙帝。随后，他又奉命向康熙帝进呈著述，表示："臣之学，则仰体皇上之学也，近不敢背于程朱，远不敢违于孔孟。"⑥ 尽管如此，早先陆王学说的影响毕竟一时难以尽去，因而在他于康熙二十四年前后所纂辑的《朱子学的》《文略内外编》中，王学的影子依然若隐若现。到李光地晚年，他之所以要对《朱子学的》进行全盘修订，改题《尊朱要旨》录入全集，原因大概就在这里。据《榕村谱录合考》称，《文略内编》即《理学略》，凡三卷，卷三即专载陆九渊、王守仁选文。犹如《朱子学的》的改为《尊朱要旨》一

---

① 李光地：《榕村语录》卷二十四《学》。
② 李光地：《榕村续语录》卷十六《学》。
③ 李光地：《榕村语录》卷二十四《学》。
④ 李光地：《榕村语录》卷一《大学》。
⑤ 《康熙起居注》"康熙十一年八月十二日甲寅"条。
⑥ 李光地：《榕村全集》卷十《进读书笔录及论说序记杂文序》。

样，李光地后来为了掩饰自己这一段在程朱、陆王间徘徊的学术经历，也重辑该书为《榕村讲授》，将王守仁文尽数摈而不录。[①]康熙二十五、二十六年，他两度为清圣祖召见，咨询《易》学，并擢任翰林院掌院学士。然而直到此时，李光地的学术宗尚并未明朗，换句话说，亦即与清圣祖崇奖朱子学的趋向尚未合拍。因此，康熙二十八年五月，当他因深陷党争而被撤销掌院学士职，降为通政使司通政使时，清圣祖便当众斥责他为"冒名道学"，指出："古来道学如周、程、张、朱，何尝不能文？李光地等冒名道学，自谓通晓《易经》卦爻，而所作文字不堪殊甚，何以表率翰林！"[②]同年九月，更明确地把他归入朝臣中的王学派，断言："许三礼、汤斌、李光地俱言王守仁道学，熊赐履惟宗朱熹，伊等学问不同。"[③]足见，从29岁进入翰林院，到48岁掌院学士职被罢免，前后20年间，就学术宗尚而论，李光地一直游移于程朱、陆王间，还不能以学宗程朱来赅括。

失去翰林院掌院学士职，对李光地是一次很大的打击。清初，由翰林院掌院学士而拜相，俨若成例。李光地深知朝廷掌故，他早先投靠武英殿大学士明珠，二人间就曾经对谋取这一职位的时机做过策划。[④]如今掌院学士职的得而复失，促使他对其中的缘由去进行反省。其结果，作为政治上的抉择，便是以"积诚致谨，耐事慎交"[⑤]为座右铭，力图摆脱党争的羁绊。在学术宗尚方面，则是迅速做出调整，一改先前在程朱、陆王间的徘徊，向朱子学一边倒。

为此，李光地首先对自己数十年的理气观作了否定。理，这是宋明理学的最高哲学范畴。与其相对而存在的是气，理与气之间究竟是一个什么样的关系，在理学史上长期争论，莫衷一是，成为困扰理学家的一

---

① （清）李清馥：《榕村谱录合考》卷上"四十四岁"条。
② 《康熙起居注》，"康熙二十八年五月初七日壬寅"条。
③ 《康熙起居注》，"康熙二十八年九月十八日辛亥"条。
④ （清）李光地：《榕村续语录》卷十三《本朝时事》。
⑤ （清）李清馥：《榕村谱录合考》卷上"五十岁"条。

个根本哲学课题。根据朱熹的学说，理作为宇宙的本源，天下的万事万物无不为之所派生，所以他说："未有天地之先，毕竟也只是理。有此理，便有此天地。若无此理，便亦无天地，无人无物，都无该载了。有理，便有气流行，发育万物。"① 这样的理气观，正是全部朱熹学说的出发点。然而恰恰也就是在这样一个根本问题上，李光地受明代理学家蔡清、罗钦顺、薛瑄等人的影响，对朱熹的阐释一直持怀疑态度。② 于是为了表明自己的尊崇朱子学，李光地在51岁那年撰为《初夏录》一篇，以卫道士的姿态批判明儒，表彰朱熹的理先气后论。他指出："先有理而后有气，有明一代，虽极纯儒，亦不明此理。"而光地此时的主张则是："理在先，气在后。理能生气，气不能生理。"③ 这样，李光地就从为学的根本之点入手，树起了尊朱的旗帜。紧随其后，他又着手精选程朱语录，于康熙三十四、三十五年辑为《朱子语类四纂》《程子遗书纂》。接着便是改订旧稿，以朱子学为准绳，重辑《尊朱要旨》《榕村讲授》，将阳明学踪迹洗刷殆尽。与此相一致，李光地又于康熙四十二年将当时的著名学者梅文鼎聘入幕署，讲求天文历算学，以便同清圣祖的学术好尚全然吻合。借助于十余年来的这一系列苦心经营，李光地在自己的晚年完成了学术宗尚的根本转变，以恪守朱子学的面貌出现于朝野，并据此博得清圣祖的宠信而荣登相位。随后，他又通过主持编纂《朱子全书》，终于给自己戴上了朱子学领袖的冠冕。

　　剖析李光地一生学术思想的演变过程，我们可以看到，他尊崇朱子学的学术宗尚的确立，并不是建立于踏实而严密的学术研究基础之上的。相反，以帝王好尚、政治得失为转移依据的投机色彩则十分浓厚。因此，尽管李光地在其晚年竭力表彰朱子学，但无非朱熹学术主张的复述而已，在理论思维上则是苍白无力的。他没有，也不可能对朱熹的学

---

① （宋）朱熹：《朱子语类》卷一《理气》。
② （清）李清馥：《榕村谱录合考》卷下"五十一岁"条。
③ （清）李光地：《榕村语录》卷二十六《理气》。

术体系做出任何发展。历史地看来,在清初学术史上,李光地的贡献并不在于理学,而是他顺乎潮流,对经学研究的提倡和身体力行。后来乾嘉汉学家誉之为"儒林巨擘",也正是由此出发的。

清初,在阳明学已成众矢之的,朱子学经朝廷的提倡而高踞庙堂的历史条件下,李光地学术宗旨的转变,实在就是当时理学界状况的一个缩影。清廷的崇奖朱子学,事实上只是把理学视为维系其统治的道德规范罢了。所以,清圣祖一再告诫理学儒臣,"果系道学之人,惟当以忠诚为本",绝对不能"务虚名而事干渎",并且还以《理学真伪论》为题,考试翰林院全体官员。① 李光地先前的因"冒名道学"而被逐出翰林院,后来的以"才品俱优"② 而荣登相位,都是清廷最高统治者这种理学观的典型反映。康熙一朝,理学的提倡者将其视为道德教条而用以桎梏臣民,尊奉者或如陆陇其、汤斌等的以之律身自省;或如李光地、熊赐履辈的借以沽名邀宠。这样严酷的事实,当然不是一种学术体系兴旺的标志,为这一历史现象所折射出来的,则是理学僵化、日暮途穷的深刻本质。由于当时中国的具体历史条件的制约,汉学的崛起,理学之为经学所取代,便成为学术发展的必然趋势。

四

《榕村语录》及其续编,既是研究李光地学术思想的重要依据,同时作为历史文献,它们又提供了据以知人论世的大量资料。李光地一生,几乎同康熙一朝相始终。三藩之乱、郑氏降归、朝廷党争、储位角逐、朱学独尊……凡数十年间治乱兴革,或详或略,二书中皆有记载。其中,尤以《续语录》所记最为详细。由于事出著者亲身经历,因而去

---

① 《清圣祖实录》卷一六三,"康熙三十三年闰五月癸酉"条。
② 《清圣祖实录》卷二二三,"康熙四十四年十一月己巳"条。

伪存真，去粗取精，则多可补清代官修史书之所阙略。但是也正因为著者所亲历，一则受客观条件的限制，难免以偏概全，失于片面；再则许多时事、人物又都与著者荣辱攸关，主观上便心存讳饰，抑彼扬己，甚至不惜淆乱真相以诿过他人。诸如对同时江南学者黄宗羲、毛奇龄等的无端讥弹；论李颙、李塨诸北方学者的似是而非；视政敌陈梦雷、徐乾学、熊赐履若不共戴天而百般诋毁；等等。或信口臆说，或过甚其词，真伪杂陈而难以信据。加以《续语录》又迭经著者后人改窜，为替李光地文过饰非而肆意践踏著述道德，以致前后两歧，破绽百出。正如已故著名史家孟心史先生所评："词繁意复，矛盾舛戾，不可了解。"[1] 因之每遇书中自相牴牾处，则简直令人愕然，不禁顿生"尽信书不如无书"之叹。以下，仅以《续语录》中的记陈梦雷事为例，略加剖析。

李光地毕生最招惹物议者，莫过于他在三藩之乱中同陈梦雷的关系。全祖望所列李光地"三案"中之"卖友"一案，即缘此而生。康熙十二年（1673）十一月，吴三桂倡乱滇中，翌年三月，耿精忠遥相呼应，在福州举起叛旗。当时，李光地与同年进士陈梦雷皆以翰林院编修告假在乡。据陈梦雷称，康熙十三年（1674）夏，李陈二人曾在福州陈寓密谋，决意里应外合，陈出任伪职，"阴合死士以待不时之应"，李则"遁迹深山，间道通信"，以"稍慰至尊南顾之忧"。[2] 此后，李光地即于十四年（1675）五月遣人上《蜡丸疏》，向清廷献攻取福建策。乱平，李光地因此而擢升内阁学士，而陈梦雷则因《蜡丸疏》中未曾具名，李光地又拒不澄清真相，反以从逆罪受审。于是陈梦雷遂揭露事情原委，将李光地"卖友"劣迹公诸朝野。这就是李光地"卖友"一案的由来。对陈梦雷的指责，李光地矢口否认，坚持《蜡丸疏》为己出，与陈梦雷毫不相干。最后，这场诉讼终以陈梦雷的流放关外而不了了之。

---

[1] 孟森：《明清史论著集刊》下册，《题江安傅氏近刻〈榕村续语录〉》，中华书局，1984年。

[2] （清）陈梦雷：《松鹤山房文集》卷五《与李厚菴绝交书》。

在《榕村续语录》中，李光地及其后人以卷十的全卷篇幅，对"卖友"一案极尽洗刷、诬枉之能事。开卷第一条本来记得很清楚，福建乱起，李光地之所以到福州见耿精忠，是"为伪官群小所逼迫"，与陈梦雷无关。然而第二条则节外生枝，嫁祸于陈梦雷，记为："变起，而陈已戴纱帽矣。陈后以书招予……予如其言，至其家，无他语。予次日辞欲去，陈曰：'君安得去？一入城门，门卒即有报某某进城矣。'予曰：'奈何？'陈曰：'且见耿王再商。'"这样，李光地的见耿精忠，便成了陈梦雷设置的圈套。可是十分奇怪，同卷末条却又弃后说于不用，将初说明确化，承认："到福州省城，是耿精忠泉州知府王者都荐去的，逼着不许还家，只得去。"孰是孰非？如此一口两舌，翻云覆雨，实是令人无所适从。好在该书卷十五又述及往福州事，依然重申系伪官所荐，"耿王即以令箭来调"。综观上述四条，李光地康熙十三年夏的福州之行，乃是应耿精忠调令而去，实非陈梦雷所设骗局。这才是事情的真相。

至于上《蜡丸疏》一事，《续语录》为了否定陈梦雷的实际参与，于卷十第五条云："陈则震（引者按：梦雷字）至今闹不已。他临发遣时，魏环溪为大司寇，杜肇余为少司寇，则震怀中出一纸告予说，《蜡丸》本是他做的，我删去他名字。杜最长厚，亦能穷诘他，云：'那时老先生在福州，他在安溪，中间关津颇多，老先生有此《蜡丸稿》，如何得达与李老先生？或是他差某人来，老先生差人去，将此人指出姓名来，就可质审。'他说：'他差人来，偶然不曾问其姓名。'"这就是说，陈梦雷连李光地所遣联络人员都道不出姓名，则商议疏稿便是谎言无疑。于是同条末更振振有词，不唯指出所遣家仆张诰并非与陈梦雷商议《蜡丸疏》事，而且还煞有介事地声称："今日张诰现在此，子等可背我问之，便知其详。"气壮如牛，咄咄逼人！其实，所有这些都是经不住检验的。陈梦雷与杜臻的问答，当出李光地杜撰，所谓"今日张诰现在此"云云，则为李氏后人窜入。首先，陈梦雷不仅知道张诰的姓名，而且他所记嘱张诰转李光地诸事,并不涉前述《蜡丸疏》。这在他抵达流放地后,于康熙二十二年(1683)写给詹事府官员徐乾学的信中所述甚详,尽可驳倒《续语录》之诬枉。① 其次,陈梦雷记与李光地商定密疏,事在康熙十三年夏,先于李光地遣张诰联络半年多。这屡见于他早年所撰《与李厚菴绝交书》,及赦罪回京后,于康熙四十四年(1705)五月所拟《沉冤未白疏》等,后先一辞,毫无牴牾。《续语录》将商定密疏与遣家仆联络混为一谈,显然是在蓄意制造混乱。再次,据《续语录》卷十第二条称,张诰自陈梦雷处回,因为陈所盅惑,遂"辞予他往"。既然家仆星散,心腹张诰亦断然出走,那么前述"张诰现在此"云云,则无从谈起。关于这一点,还可以著者嫡孙李清馥所撰《榕村谱录合考》为证。该书卷上"四十五岁"条引述《续语录》旧稿,前后文字均与今本卷十第二条同,唯独无"今日张诰现在此"至"便知其详"18字。据此,清馥之后,李氏后人对《续语录》的改窜已经昭然若揭。

以上所举,虽然只是择其大要,但是《续语录》中关于陈梦雷的记载,其可靠程度究竟有多少,实在大可怀疑。涉及他人的类似事例,只要过细检核,无论是在《语录》,还是《续语录》中,都不难发现。因此,我们一方面肯定《榕村语录》及其续编的史料价值;另一方面也认为,倘若要把书中所记引为论史依据,则应取慎重态度,以多方取证为宜。

《榕村语录》除李清植雍正刻本外,乾隆中叶以后,该书著录于《四库全书》而有《四库全书》本,道光间,李光地后人汇辑其遗著为《榕村全书》,又有《榕村全书》本。诸本之中,自以初刻本为最善,惜此次整理虽多方努力,亦未能觅得该本,故只得以较好一些的《榕村全书》本为底本。疑似之处,则与《四库全书》本校读。《榕村续语录》今可得见者,版本有二,一为民国初傅氏藏园刊本,一为稍后佚名

---

① (清)陈梦雷:《松鹤山房文集》卷五《抵奉天与徐健菴书》。

石印本。二本各有长短,唯藏园本印工精细,字迹清晰,故即以之为底本,讹脱之处,则取石印本斟酌订补。为保留古籍原貌,二书编次一仍其旧。唯《榕村语录》底本目录后之李清植跋,及卷末之徐用锡跋,为便于读者检阅,一并前移,与张叙序文同列卷首。晚清黄家鼎为《榕村续语录》所撰序,原在藏园本卷首,现因二书合一,故亦移至《语录》诸序跋后。《榕村续语录》,原题《榕村语录续编》,又题《榕村语录续集》,为统一起见,据李清馥《榕村谱录合考》用题改作今名。整理过程中,除明显错字、异体字及避讳改字径以改回外,凡有校改或存疑,均于页末一一简注说明。囿于学力,孤陋寡闻,谬误当在所多有,恳请大家指教。

陈祖武

1987 年 12 月 9 日

原载《榕村语录　榕村续语录》,中华书局 1995 年 6 月版

《杨园先生全集》点校说明

《杨园先生全集》著者张履祥，为清初理学名儒。他字考夫，号念芝，学者以其所居杨园村而称之为杨园先生。浙江桐乡人。生于明万历三十九年（1611），卒于清康熙十三年（1674），得年64岁。著者生当明清鼎革，早年为诸生，科场角逐，屡经颠踬。明亡，绝意仕进，守遗民矩矱甚谨，课徒著述，终老乡里。

当明末季，理学已成强弩之末，一度风行的王阳明心学盛极而衰。一时理学营垒中人，或出于王而非王，或由王而返朱，竞相寻求儒学发展的新途径。作为理学玄谈的对立物，方兴未艾的实学潮流随社会危机的空前加剧而磅礴于世。加以西学东渐，两种素质各异的文化形态的撞击，终于演成我国古代学术史上又一个百家争鸣的局面。张履祥之为学，正是这一历史现象的缩影。他一生为学凡经数变，早年自王阳明"致良知"说入，中年师法刘宗周，讲求"慎独"之学，以期对王学做出积极修正。明清更迭，天翻地覆，激剧动荡的现实促使他对既往学术进行反省，从而走向王学的反面。在对历史和自我的沉痛反思中，张履祥把社会风气的江河日下归咎于王学末流的空疏不实。于是他服膺朱熹《小学》《近思录》之教，据以入手，尽弃旧学，一归洛闽，成为清初倡朱学以辟王学的先行者。有清一代，第一个获从祀孔庙殊荣的理学名臣陆陇其，即为履祥平实学风所被而兴起。虽然由于时代的局限和理学自身的僵化，张履祥复兴朱学的努力既不能超然于门户纷争之上，也没有从理论上对理学有任何发展。相反，倒夹杂着颇多的保守之论，缺乏创新和批判精神。但是，无论是他对清廉政治的憧憬，对科举取士制度积弊的抨击，还是试图以平实的修己治人之学的讲求，去明学术、正人心，实现学以经世的理想，乃至身体力行，致力于农桑水利，都无不体现出强烈的社会责任感。因此，入清以后，尽管张履祥葸影家园，敛迹不出，然而其学术实践则是与同时的经世思潮息息相通的，对于清初健实学风的形成，他也同样有不可埋没之功。

《杨园先生全集》为张履祥一生著述汇编，凡54卷。卷1为骚、诗，卷2至卷14为书札，卷15至卷24为序、记、题跋及短篇杂著。洵文如其人，笃实可信，保存了许多知人论世的资料。卷25为《问目》，系明崇祯十七年（1644）春冬两度问学于刘宗周时录以奉政之语。卷26至卷28为《愿学记》，皆杂记论学之语。卷29、卷30为《读书笔记》，内容广涉经史子集四部，著者为学之博大，可见一斑。卷31至卷46依次为《言行见闻录》《经正录》《初学备忘》《近鉴》《备忘录》《近古录》，或辑录前哲论学语要，或详载时贤嘉言懿行，平实正大，取舍有法，皆有关于世道人心，足以窥见著者经世襟怀。卷47、卷48为《训子语》，专记著者课督二子之语，修己治人，一丝不苟。卷49、卷50为《补农书》，在明末归安（今浙江湖州吴兴区）沈氏《农书》的基础之上，据自身农桑实践所得，详为增补，对研究17世纪中叶的浙西农艺提供了宝贵的历史依据，是我国农学史上一部具有重要价值的著述。卷51为《丧葬杂录》，杂考经史，以纠正时俗违礼之失。卷52至卷54为《训门人语》，由著者门人张嘉玲、姚珊、姚琏所记，敦本务实，不尚高奇，多关履祥晚年学行。

张履祥著述，生前虽以钞本不胫而走，但终因晚境清贫，多未及刊行。故世后，其挚友何汝霖曾辑有《文集》一帙交履祥嗣子收藏。后其高第弟子姚琏合家藏诸稿，仿《朱子大全》例，以类相从，成著者《全集》稿一部。此稿曾得履祥生前友好何汝霖、凌克贞审订。康熙四十三年（1704），海昌范鲲据姚氏钞本，增补佚文，将著者遗集选刻行世。乾隆间，祝洤、陈梓、朱芬等，续有《张考夫遗书》《杨园张先生全集》《杨园先生全集》付梓。范氏初刻，遗著未能尽收，后出诸本，或选辑，或删节，取舍任意，皆非足本。同治初，江苏按察使应宝时一意表彰前哲之学，拟重刻张履祥遗著，并聘江西兴国学者万斛泉入幕专事编校。万氏合姚钞范刻及著者私淑陈敬璋所辑佚文，参以他书，略事增删，终成此《杨园先生全集》54卷，于同治十年（1871）以江苏书局署名刊行。至此，张履祥遗著克成完书。其学术影响亦随清廷的崇奖朱学由晦而明，终与陆陇其齐名而被尊为"朱子后一人"。在所谓"理学中兴"的同治十年，遂跻身孔庙东庑，比肩于清初大儒孙奇逢。

《杨园先生全集》，一则迭经沧桑，屡罹灾厄；再则江苏书局本出，掩之前诸本而上，大行于世。因而，康熙、乾隆之初、续刻诸本，今日已难觅得。目前所习见者，除同治十年全集本外，尚有陈敬璋钞本《杨园先生未刻文稿》二册12卷、同治九年重刊祝洤删节本六册16种、光绪初重刻《经正录》一册一卷及民国间沈氏录纂《杨园菁华录》四卷诸本。唯江苏书局本后来居上，最称完备，故此次整理，即以之为底本，再合现存诸本详加比勘，择善而从，以期求实存真。值得注意者，同为江苏书局本，据整理者所见，北京各大图书馆即藏有编次及文字略有异同的三种本子。有鉴于此，在此次整理中，我们做了如下必要的技术性处理：

一、底本称原本，据以校改的同治别本，为与底本相区别，统称重订本。

二、原本首末所缺之序、跋，据重订本补齐，并一一加校语说明。

三、凡原本因政治避忌或其他原因缺字者，皆尽可能据重订本或他书校补，并加校语说明。未能校补者，则一仍其旧，以示存疑。

四、原本卷首录有方东树重编《张杨园先生年谱序》、苏惇元所编《张杨园先生年谱》及《编年诗文目》等多种附录。置诸卷首似嫌欠妥，故统以附录标出，移至卷末。

五、重订本卷首冠以同治间浙江学政徐树铭疏请张履祥从祀孔庙奏章一件，原本缺。此次整理，作为附录之一移至卷末。

《杨园先生全集》点校说明　235

六、凡帝王名讳，皆径改本字。其他古体、异体字，亦径以改作常用字。均不出具校语。

七、原本于诸卷右下方有原辑某某、参校某某等字样，统予删除。为使读者了解原本旧貌，谨辑录如后。卷1至卷20，"门人吴江姚琏原辑、后学兴国万斛泉编次"；卷21至卷24，"海宁陈敬璋辑"；卷25至卷30，"门人吴江姚琏原辑、后学兴国万斛泉编次"；卷31至卷34，"门人吴江姚琏、后学海宁张朝晋原校"；卷36、卷37，"后学海宁陈克鉴于人氏校"；卷39至卷42，"门人吴江姚琏原校、后学海宁吴士铨参订"；卷43至卷46，"桐乡张履祥念芝甫辑"；卷47、卷48，"后学休宁汪森原校、后学兴国万斛泉编次"；卷49、卷50，"后学海宁陈克鉴原校、后学兴国万斛泉编次"；卷51，"后学海宁陈世傅原校、后学兴国万斛泉编次"；卷52，"门人张嘉玲敬述"；卷53，"门人姚瑚敬述"；卷54，"门人姚琏敬述"。

由于点校者能力的限制，加以对张履祥尚缺乏深入的研究，因而整理中错误疏漏当在所多有，希望能够得到读者的指正。

陈祖武
1989年春节

原载点校本《杨园先生全集》，中华书局2002年7月版

《清初学术思辨录》前言

清代学术，以对中国古代学术的整理和总结为特征。自清政权甲申入关代明，迄于辛亥覆亡，近270年间，一代学者考经证史，实事求是，以其朴实无华的学风，使清学自为体系，而与先秦子学、两汉经学、魏晋玄学、隋唐佛学和宋明理学后先媲美，成为我国学术史上的一个重要发展阶段。尽管由于历史条件的制约，清代学者对以往学术的整理和总结尚存在诸多局限，但其间才人辈出，硕果累累，给后世留下了许多宝贵的文化遗产。认真地去清理这份遗产，剔除其封建性的糟粕，发掘其民主性的精华，从而总结出一代学术发展的基本规律来，这不仅有助于对中国古代文化历史价值的认识，而且对于建设社会主义的精神文明，开创中华民族的新文化，无疑也是有积极意义的。

对清代学术史的研究，在整个清史研究中，是一个起步较早的领域。清代学者的论究，诸如阮元、江藩、唐鉴等人姑且不论，早在20世纪初，章炳麟、梁启超两大师即已开启先路，卓然泰斗。他们所留下的著述，尤其是梁先生的《清代学术概论》和《中国近三百年学术史》，历时半个多世纪，一直为论者所重视。徐世昌并时而起，网罗旧日词臣，辑为《清儒学案》208卷，虽别择未谨，以致贻后世以"庞杂无类"之讥，但作为史料长编，功不可没。尔后，胡适、钱穆、侯外庐、杨向奎诸先生承章、梁未竟之志，续有述作。尽管方法各异，取径不一，但是殊途同归，成就斐然，无一不是这一领域中的大家重镇。钱先生所著《中国近三百年学术史》，与梁先生同名论著若双璧辉映，光彩照人，影响历久不衰。他们的研究所得，使清代学术史探讨的推向深入成为可能。

在清代学术史这块土地上，经过近 80 年来前哲时贤的辛勤耕耘，而今已是疆界粗具，阡陌划然。精耕细作，勤谨如初，以期满园姹紫嫣红，遍结硕果，乃继起者责无旁贷的事情。笔者有幸附于诸先进之骥尾，虽深以滥竽其间而自愧，但朝夕跋涉，历有年所，也居然形成了一些蒙稚之想。我以为，把这些不成片段的东西整理出来，不管它是幸能成立的也罢，还是纰缪显然的也罢，兴许对正在奋进有为的同志会有所助益。承中国社会科学出版社总编及历史室诸先生的鼓励和指导，这个愿望总算付诸实现了。感激与宽慰之心理，又岂是言语所尽能写状！

以下，笔者打算从社会史与学术史相结合的角度，对清初顺治、康熙二朝，即 17 世纪中叶至 18 世纪初叶的主要学术现象进行一番清理和再认识。于前人未曾解决的问题，则拾遗补阙，作引玉之砖；于迄今尚存争议的问题，则略陈管见，任贤者别择。意欲通过这样的努力，来探索清初学术发展的基本规律。一言以蔽之，就叫作脚踏实地，务在求真。

清初的 80 年是一个由乱而治的历史时期。作为这一时期历史特征的折射，清初学术走过了一段由诸说并起，竞相斗妍，趋向对古代学术成果进行清理的历程。这一历史过程是如何演进的？为什么会出现这样的演进？其间所反映出来的基本历史特征是什么？我们应当如何去把握这一演进的基本规律？以及对清初学术的历史地位作何估价？等等，诸如此类，都是我所试图奉献给读者的思考。只是由于笔者学殖寡浅，识力尤所匮乏，以致未必能把这些问题梳理清楚，且陋误讹夺，当在所不少。因此，我诚恳地期待着师长和同志诸君的批评、指教。

拙稿蒇事，蒙恩师杨向奎老先生撰序鼓励，倍感振奋。唯于拱宸师所期许之"继梁任公、钱宾四诸先生之后，祖武此书，将脱颖而出矣"，则万万不敢当。任公、宾四诸先生之于清代学术史研究，犹如高峰挺立，直入云端，岂是不学若我所能望其项背！惶恐之情，尚祈读者诸君体谅。今年正值拱宸师 80 诞辰和从事教育、学术活动 55 周年，谨以此习作献给老先生，感谢老师多年来对我的教诲和培养。

陈祖武
1990 年春节于海淀

原载《清初学术思辨录》，中国社会科学出版社 1992 年 6 月版

《中国学案史》初版前言

中国历代史籍，不唯以浩如烟海而令人叹为观止，而且还以其编纂体裁的完备而自豪于世。编年、纪传、纪事本末若三足鼎峙，源远流长，争奇斗妍，为史籍编纂确立了基本格局。其间所派生的各种专史，或通古为体，或断代成书，或记一族一姓，或述一地一时，博及政治、经济、军事、学术文化诸领域，琳琅满目，美不胜收。晚近以来，又融域外史籍编纂之精华为我所有，推陈出新，别辟蹊径，开创了中国历史编纂学的新局面。

历代史家，于史籍体裁演变源流，多所究心。自唐代刘知幾撰《史通》，中经南宋郑樵著《通志》，到清中叶章学诚推出《文史通义》，各抒心得，愈阐愈密。近世诸家史学史出，更掩刘、章众贤而上，辨章学术，考镜源流，多发前人之所未发。笔者早年读诸家史学史，每每以前哲时贤述学术史籍演变源流之语焉不详而兴叹。20世纪80年代初，有幸为杨向奎老先生著《清儒学案新编》第一卷抄撮资料，遂发愿于学案体史籍做一番梳理。玩愒岁月，久未有成，思之而无任赧颜。庚午秋，适有友人邀撰《中国学案史》，克期交稿，不可爽约。于是以此为压力，迫我潜心伏案，无间寒暑，终得把以往不成片段之想联缀为篇。

在中国史学史上，学案体史籍的兴起是宋、元以后的事情。南宋朱子著《伊洛渊源录》开其端，明、清间周汝登、孙奇逢以《圣学宗传》《理学宗传》畅其流，至黄宗羲《明儒学案》出而徽帜高悬。乾隆初，全祖望承宗羲父子未竟之志成《宋元学案》，学案体史籍臻于大备。清亡，徐世昌网罗旧日词臣，辑为《清儒学案》208卷。至此，学案体史籍盛极而衰。梁启超并时而起，融会中西史学，以《中国近三百年学术史》而别开新境，学术史编纂最终翻过学案体之一页，迈入现代史学的门槛。

　　从朱熹到梁启超，中国学案体史籍经历了漫长的形成和发展过程。见盛观衰，述往思来，总结其间的成败得失和学术规律，对于推动学术史研究的深入，无疑是会有益处的。只是为学术素养所限，笔者所做的回顾和总结，未必能得其要领。不过，好在这尚是一项有开拓意义的工作，读者诸君倘若认为我的劳作居然有可取之一二，就请权且把它作为铺路之石吧。至于其间纰缪，则恳祈师友先进不吝赐教。

陈祖武
壬申三月于京西海淀

原载《中国学案史》，台北文津出版社 1994 年 4 月版

《清儒学术拾零》初版前言

21世纪正在向我们走来。作为一个发展中国家的中国，当即将翻过旧世纪的一章，迈入新世纪门槛的时候，我们既对未来充满信心，同时又为文明步履的滞后而忧虑。因此，把握机遇，迎接挑战，切实谋求中国文明的发展，就成为世纪之交的中国一桩至关重要的事情。以下，拟就儒学与当代中国文明的关系，谈一些极不成熟的思考，权作本书前言，敬请各位批评指教。

一、关于儒学的经世精神

作为中国传统文化中坚的儒学，源远流长，博大精深，是中华民族极可宝贵的历史文化遗产。数千年的中国儒学之所以能够绵延不绝，汇涓涓细流而成奔腾大川，其根本原因就在于有一磅礴伟岸的基本精神贯穿其间。儒学所具有的这种基本精神，不唯有力地推动了它自身的发展，而且也是使之对人类文明不断做出贡献的关键所在。

关于儒学的这种基本精神，《礼记》的《大学》篇有过一段集中阐述：

> 古之欲明明德于天下者，先治其国；欲治其国者，先齐其家；欲齐其家者，先修其身；欲修其身者，先正其心；欲正其心者，先诚其意。……意诚而后心正，心正而后身修，身修而后家齐，家齐而后国治，国治而后天下平。

这一"诚意、正心、修身、齐家、治国、平天下"的经典表述，从个人修持入手，直到经邦济世，概括了中国儒学自其形成时期所固有的基本精神。

这种精神发展到北宋，由著名思想家张载再度进行归纳，便成了四句很有名的话："为天地立心，为生民立命，为往圣继绝学，为万世开太平。"[①] 而与张载同时略早的范仲淹，则把这种精神表述为"先天下之忧而忧，后天下之乐而乐"[②]。张、范二家的归纳，洋溢于其间的，依然是传统儒学人我一体、经世致用的精神。到了明清之际的大动荡时代，终于迸发出"天下兴亡，匹夫有责"[③] 的历史强音。正是在这样的声浪之中，孕育了黄宗羲、顾炎武、王夫之等杰出的学术大师和《明经世文编》等不朽的著述。鸦片战火燃起，直到抗击日寇侵略的民族战争，中国儒学的基本精神融入"把我们的血肉，筑成我们新的长城"的历史洪流，伴随中国近现代历史的演进而升华，成为民族精神的象征。

中国数千年儒学的基本精神，后先一脉，愈阐愈深，宛若有一无形红线通贯其间。这种精神一言以蔽之，就叫作立足现实，经世致用。

在中国学术史上，各种学术形态的盛衰和更迭，环境不同，原因各异，未可一概而论。然而归根结底，无不以儒学经世精神的显晦升沉为转移。一种学术形态，如果能够立足现实，贴近现实，有效地解答社会现实提出来的问题，那么它就能够获得发展。反之，则失去生机。在这个问题上，宋明理学的兴衰，可视为一个典型。

理学在北宋中的崛起，深深地植根于当时的社会需要。中国古代社会发展到北宋，犹如人之年过半百，经历五代十国半个多世纪的王朝频繁更迭，为了防止这一衰老势头的加速，适应国家大一统的需要，"一道德而同风俗"的课题提上了历史日程。自唐中叶以来的数百年间，佛、道夺席，颉颃争先，尖锐的挑战促进了儒学的发展。宋初的太祖、

---

① 《宋元学案·横渠学案》。
② 《岳阳楼记》。
③ 意出顾炎武《日知录》，后经梁启超归纳。

太宗至真宗年间，儒、释、道三家势力迭经消长，渐趋合流。仁宗即位，推崇儒学，形成以儒学为主干，融佛、道为一体的基本格局，于是理学应运而生。中经南宋初，朱熹总其成，而至元初大行于世。迄于明弘治、正德年间，王阳明再加发展，推向极端。隆庆、万历之后，数百年理学极度成熟而再变。明清更迭，实学思潮起，理学遂以"虚学"而成为学术界审视和批判的对象。理学因立足现实、切于世用而兴，亦因脱离现实、迂阔无用而衰，这便是不以人们意志为转移的客观历史存在。

立足现实，经世致用，这就是中国传统儒学的基本精神，也是中国传统儒学不可撼动的脊梁。

二、关于儒学的历史特质

中国传统儒学具有强大的生命力。它与中国数千年的历史并进，同中华民族的文明共存，确立了我们国家作为文明古国、礼仪之邦的基本历史形象，赋予我们的民族以自强不息，贫贱不能移，富贵不能淫，威武不能屈的坚韧不拔的民族性格。古往今来，伴随中华民族先民的迁徙以及同世界各国的交往，儒学早已逾出国界，超越民族，成为人类文明的一个重要组成部分。

中国儒学之所以能够赢得如此特殊的历史地位，这除了蕴含其间的前述经世精神之外，也是同它自身所具有的历史特质分不开的。

首先，中国儒学讲"修己治人"，是以谋求人类社会的和谐发展为论究对象的学问。用孔子的话来讲，儒学追求的境界是"仁"，亦即尔后东汉经师郑玄解释的"相人偶"[1]。孔子说："夫仁者，己欲立而立人，己欲达而达人。"[2] 把一己同他人合为一体，谋求人类社会的和谐发

---

[1]《礼记·中庸》注。
[2]《论语·雍也》。

展,这就是孔子为儒学确立的根本目标。无论是孔子说的"仁",还是后世儒学大师加以发挥而提出的"修己治人",它都是一个不可分割的整体。其间,既包括自身道德文化素质的修养和完善,同时也包括为他人和社会服务能力的提高和完善。作为社会的成员,每一个人的一生,都是一个不断完善自我的过程。换句话说,都是一个没有止境的修己过程。而人们不断完善自己的过程,同时也就是不断调整同他人、同社会的关系,使之臻于和谐的过程。正是在这种不间断的完善和调整之中,人们既实现自己的人生价值,同时又共同推动人类文明的进步。

因此,修己与治人,彼此依存,相得益彰,足以成为人们终身追求的境界。可见,只要有人生存,只要人类社会存在,儒学便有它存在的历史价值。同样的道理,和平和发展作为当代世界的主题,已成今日人们的共识。虽然谁也不能说未来的人类社会不会发生战争,然而如同即将过去的一个世纪一样,战争毕竟是短暂的,它终究将为和平和发展所取代。因此,我们有理由这么说,实现和平和发展,不仅是当代世界的主旋律,而且也是人类社会永恒的主题。唯其如此,谋求人类社会和谐发展的中国儒学,也就有了它存在的历史依据。

其次,中国儒学是一个历史范畴,它如同奔腾入海的黄河、长江一样,伴随着中国历史的演进,也在不断地丰富、充实和发展自己。在中国学术史上,儒学有狭义和广义之分。狭义的儒学,指的就是先秦时代,由孔子经子思到孟子的儒家学派及其学说。而广义的儒学,则不仅指先秦的儒家及其学说,而且更包括在其后两千多年的中国历史上,接受儒家学说影响而争妍斗奇的众多学说和学术流派。我们今天所讨论的儒学,恐怕就是从广义上来着眼的。事实上,倘若儒学仅仅是就先秦的儒家而言,而不是一个随着历史的演进而发展的、具有顽强生命力的学说,那么或许它早已成为历史的陈迹,未必能引起今人如此浓厚的研究兴趣了。因此,从广义上说,不唯两汉经学、宋明理学和清代朴学属于儒学,而且早在儒学形成时期百家争鸣的诸子学说和其后中国化的佛学以及道家学说，乃至晚近风起云涌的学术潮流，亦皆与儒学相互渗透，相互补充，从而共同推进儒学的发展。

再次，中国儒学自成体系，其悠久而深厚的历史积累，使之始终如一地保持着鲜明的民族个性。中国儒学是一个完整的体系，它既讲个人修持，又讲社会和谐，还讲治国平天下的道理，乃至天文历法、方舆地志、医药博物、文学艺术，通天人之际，究古今之变，可谓博大精深，无所不包。自西汉武帝以降，由于历代统治者的提倡，以"崇儒重道"为基本国策，儒学深入朝野，成为制约社会成员的思想行为规范。众多儒学大师的主张，则通过典籍的传播和庋藏，依经、史、子、集为类，汇为群书。经师、人师；名臣、名儒，两位一体，风范长存。上而尊于朝章国故，下而至于乡规民约，天下治乱，民风士习，无一不在儒学熏陶之中。儒学同国家、同社会、同民众生活的紧密结合，既使它获得了历久不衰的生命力，同时又使它的民族个性磨砺日新。因此，古往今来，外来文明虽不断传入中国，儒学不唯没有失去其鲜明的民族性格，相反，则是兼容并蓄，融为我有，从而丰富了自己的民族个性。在这方面，诸如汉唐间佛学的中国化，明清之际利玛窦、汤若望等耶稣会士的会通儒学以传播西学，皆是很有说服力的例证。

三、关于促进中国文明发展的思考

当代中国文明的发展，面临着若干挑战。急功近利，金钱是求；贪污贿赂，舞弊营私；吸毒贩毒，求神信巫；等等，无一不在侵蚀中国的文明。如何改变这种精神文明建设滞后状况，促进中国文明的发展，已成为众所关注的焦点。政治家、经济家、文化发展战略家，各色人等，都在为之设计蓝图。这当然是一个令人欣喜的现象。作为一个以治中国传统经史为功课的读书人，我想借此机会，从学以经世的角度，谈几点迂阔之见。

第一，应当正确处理经济建设与精神文明建设之间的关系。《管子》云："仓廪实则知礼节，衣食足则知荣辱。"[①] 食不果腹，衣不蔽体，国弱民贫，文明自然无从谈起，这已是尽人皆知的道理。最近20年，中国以经济建设为中心，取得了长足的进步。中国社会大步前进的事实雄辩地证明，正是有了这20年的经济发展，我们今天来谈文明建设，方才可以脚踏实地，满怀信心。因此，以经济建设为中心，努力发展经济，是精神文明建设的基础，是根本，断不可本末倒置。但是严酷的社会现实也同时告诉我们，经济发展了，人民生活状况改善了，绝不就等同于社会的文明程度也会随之而自然提高。这就说明，经济建设成就是不能简单地转化为精神文明建设成就的。因此，在坚持以经济建设为中心的同时，还应当清醒地看到精神文明建设的艰巨性，要尊重精神文明建设的客观规律，用精神文明建设的特殊手段去处理其间的问题。何况发展经济并非只是一个单独的经济问题，从长远来看，脱离精神文明，甚至以牺牲精神文明为代价来谋求局部的、短期的经济利益，也实在是不可取的。

第二，弘扬中华民族的优秀文化传统是百年大计，绝非空话，应当从实际出发，力戒空谈，多做实事。在今日的中国，大凡受过一般教育的人论及文化问题，大概都会讲这么一句话，就是弘扬中华民族的优秀文化传统。然而究竟应当怎样去弘扬，又该弘扬些什么，则迄今没有一个定论。可见这还是一个很值得讨论的问题。不过有一点十分清楚，无论对此持何种主张，都切不可把弘扬中华民族的优秀文化传统当作空话。否则连篇累牍，重复一千遍，口号毕竟还是口号，终究于事无补。在这个问题上，我以为与其简单地去区分精华与糟粕的界限，倒不如从根本上去解决认识问题为好。从这个意义上来说，能否正确地估计儒学的历史地位和当代价值，就具有十分重要的意义。前边所述儒学的经世

---

① 《管子·牧民》。

精神和历史特质，在在表明，中国儒学并没有终结，它还具有强大的生命力。因此，我认为贬抑儒学是不妥当的，更不赞成否定儒学。假如我们能够以这样一个估计为立足点，去观察儒学，去认识儒学，去弘扬它的经世精神，进而从中国的历史和现实出发，对它进行创造性的改造，那么儒学必将在促进中国文明发展中发挥积极作用。反之，如果我们对儒学采取虚无主义的态度，或者走另一个极端，盲目推崇，而不去认真把握它的经世精神和历史特质，那么同样都是不利于推动中国文明前进的。中国有句古话，叫作"千里之行，始于足下"。认识问题解决了，一步一个脚印，踏踏实实地去做，弘扬中华民族的优秀文化传统也就落到了实处。

第三，发展中国文明要坚持走自己的路。以儒学为中坚的中国文明，是一个具有鲜明民族个性的文明体系。数千年的中国文明之所以历久不衰，至今依然屹立于世界文明之林，就在于中华民族世世代代的创造性劳动，赋予中国儒学以久而弥新的民族个性。失去了这一民族性格，中国儒学就失去了生命，中国文明也就失去了存在的依据。中华民族数千年的文明史给我们昭示了一条真理：要使中国文明永葆青春，必须始终如一地坚持走自己的路。

关于中国文明的发展前景，已故钱宾四先生曾经做过有远见的展望。钱先生断言，未来的中国文明，"决不全是美国式，也决不全是苏俄式"。在这个问题上，宾四先生有一句至理名言："跟在人家后面跑，永远不会有出路。"[1] 我服膺钱先生的卓见，认为当此世纪交替之际，唯有弘扬中国儒学的经世精神，推陈出新，精进不已，进而融域外文明之优秀成果为我所有，才是谋求中国文明发展的正确途径。

原载《清儒学术拾零》，湖南人民出版社 2002 年 6 月版

---

[1] 钱穆：《中国历史精神》第二讲"中国历史上的政治"，台北国民出版社，1955 年 8 月三版。

《清儒学术拾零》初版后记

时间过得真快，祖武在清代学术史园圃中耕耘，不觉已是整整20个春秋。20年来，以读清代学术文献为每日功课，朝夕以之，不间寒暑，甘苦皆在其中。此番奉献给诸位的《清儒学术拾零》，便是此20年间读书之一得。若幸蒙诸位批评指教，当感激不尽。

治清代学术史为祖武之毕身事业，唯生性迂腐，孤陋寡闻，虽以勤补拙，读书所得仍恨太少。早先之习作《清初学术思辨录》和此番再成之《清儒学术拾零》，其论究重点，皆为清中叶以前之学术史。以今日为起始，祖武往后之岁月，则多在晚清学术文献之中。倘若天假以年，再得20个春秋读书，那么我希望他日能够将晚清学术之读书札记汇为一册，依然送请湖南人民出版社出版。

陈祖武　谨识
1998年7月11日
于京东潘家园

原载《清儒学术拾零》，湖南人民出版社2002年6月版

《清儒学案》点校说明

在中国学术史上，由徐世昌主持纂修的《清儒学案》，卷帙浩繁，网罗宏富。有清一代，举凡经学、理学、史学、先秦诸子、天文历算、文字音韵、方舆地志、诗文金石，学有专主，无不囊括其中。它既是对清代260余年间学术的一个总结，也是对中国古代学案体史籍的一个总结。唯因其卷帙浩繁，通读非易，所以，除20世纪40年代初，容肇祖、钱穆等先生有过评论之外，对之做专题研究者并不多见。祖武自70年代末始读此书，精力不专，时辍时续，历时10余年而始通读一过。囫囵吞枣，无暇温习，新知未悟，旧识已忘。1995年，承河北人民出版社古籍室主任李大星先生错爱，嘱为点校该书。于是以之为每日功课，朝夕不辍，迭经寒暑，幸又得再读一过。值此脱稿在即，谨略述所得印象如后，以请读者批评。

一、徐世昌倡议修书

《清儒学案》纂修，工始于民国十七年（1928）。迄于民国二十七年（1938）中，由北京文楷斋刊刻蒇事，并于翌年七月，在京中修绠堂书店发售[①]，历时达十余年之久。这部书虽因系徐世昌主持而以徐氏署名，实则是一集体协力的劳作。

徐世昌，字菊人，一字卜五，号东海，又号弢斋、水竹邨人、退耕老人等，天津人，生于河南卫辉，生于清咸丰五年（1855），卒于民国

[①] 容媛：《清儒学案》，《燕京学报》第27期，1940年6月。

二十八年（1939），终年85岁。他为光绪十二年（1886）进士，以翰林院编修兼任国史馆协修、武英殿协修。清末，一度协助袁世凯督练新建陆军于天津。后历任东三省总督，军机大臣，民政部、邮传部尚书，内阁协理大臣等。民国初建，三年（1914），出任国务卿。七年（1918）十月，由安福国会选为总统。十一年（1922）六月下野。之后，即戢影津门，究心文史，著述终老。

徐世昌为清末词臣出身，素工诗文，留心经史，注意乡邦文献的整理、表彰，博涉古今，为经世之学。任民国大总统期间，他曾在总统府内举晚晴簃诗社。社中成员多显宦，亡清遗老亦吟咏其间。后即聘诗社中人选编清诗，辑为《晚晴簃诗汇》200卷刊行。

民国十七年（1928），徐世昌复网罗旧日词臣友好，倡议纂修《清儒学案》。九月，初拟《清儒学案目录》，时年74岁。从此，他的晚年精力，则多在《清儒学案》纂修之中。据贺培新辑《水竹村人年谱稿》记，十八年（1929）一月，《清儒学案概略》稿成，徐氏即亲为审定。入春以后，《学案》已有初稿一批送至请阅。翌年三月，夫人席氏病逝。经晚年失偶之痛，十月，世昌即又按日续阅《清儒学案》稿本，多所订正。当时，因预修诸公皆在京城，徐氏日阅《学案》稿本，凡有商榷，则随手批答，故函札往还一直不断。徐公当年书札，虽经数十年过去，多有散佚，但所幸中国历史博物馆史树青老先生处尚有珍藏。十余年前，承史老先生不弃，尽以所藏予笔者一阅，至今犹感念不忘。倘史老先生能于百忙之中，将徐东海先生手札整理刊布，实是学林一大幸事。

迄于民国二十三年（1934），徐世昌已届80岁高龄。他不顾年高，始终潜心于《清儒学案》稿本审订。逐日批阅，书札往还，备殚心力。同年六月，京中主要纂修人夏孙桐来书，商定《学案》事宜。徐世昌当即作复，并以撰写《清儒学案序》拜托代劳。徐公此札，幸为夏闰枝先生后人刊布，弥足珍贵，谨过录如后：

闰枝我兄同年阁下：久不晤，甚念。得惠书，知体气冲和，为慰。《学案》得公主持，已成十之九，观成有日，欣慰无似。序文非公不办，实无他人可以代劳。三百年之全史皆公手订，三百年之儒学又由公综核成书。此种序文，非身历其事者，不能道其精蕴，希我兄勿再谦让也。至"长编"二字，恐非《学案》所宜引用。唐确慎当国家鼎盛之时，欲编学案，不能不加"小识"二字。梨洲《明儒学案》成书，已入清代。此时编辑《学案》，深惧三百年学术人文，日久渐湮，深得诸君子精心果力，克日成书。案之云者，不过引其端绪，综合诸儒，使后之学者因此而考其专书，则一代之学术自可永存天壤间也。斯时与梨洲著书之时大略相同，则"长编"二字似不必加入也。仍请卓裁。《凡例》拟出，先请示阅，诸劳清神，心感无似。此颂健安，冬寒尤希珍卫不宣。弟昌顿首。①

徐氏此札，颇涉《清儒学案》纂修故实。观札中所述，至少可以明确如下诸点。自1928年倡议修书，历时六年，全书已得大半。此其一。其二，《清儒学案》的京中纂修主持人，实为夏孙桐。其三，该书书名后是否加"长编"二字，徐、夏二氏意见相左，夏提议加，徐则否定。其四，徐世昌以黄宗羲之于故明自况，将其眷念亡清的阴暗心理一语道出。最后，修书既已六年过去，全书《凡例》初稿始迟迟拟出，可见先前工作之粗疏。因之，徐氏之"观成有日"云云，未免盲目乐观。

之后，徐世昌以年入耄耋，亟待《清儒学案》早日成书。于是按日批阅稿本益勤，阅定即送京中付梓。民国二十六年（1937）新春，世昌因之而悉谢贺客，闭门批阅《学案》。同年四月，全书已近告成。二十七年（1938）正月，傅增湘由京中来津，议定刻书事宜。三月，徐世昌将《清儒学案序》重加改订。就这样，卷帙浩繁的《清儒学案》，终于在徐氏生前得以问世。

---

① 过溪：《清儒学案纂辑记略》，《艺林丛录》第七编。

二、夏孙桐与《清儒学案》

《清儒学案》的纂修，徐世昌不唯提供全部经费，而且批阅审定书稿，历有年所，并非徒具虚名者可比。而纂修诸人，辛勤董理，无间寒暑，同样功不可没。据当年主持撰稿事宜的夏孙桐氏后人介绍，《清儒学案》的具体纂修者，前后共十人。最初为夏孙桐（闰枝）、金兆蕃（篯孙）、王式通（书衡）、朱彭寿（小汀）、闵尔昌（葆之）、沈兆奎（羹梅）、傅增湘（沅叔）、曹秉章（理斋）和陶洙（心如）等九人。后因金兆蕃南归，王式通病逝，复聘张尔田（孟劬）。临近成书，夏孙桐以年力渐衰辞职，张尔田应聘三月，即因与沈、闵、曹不和，拂袖而去。诸人分工大致为，夏、金、王、朱、闵、沈分任撰稿，傅为提调，曹任总务，陶任采书、刻书。此外，另有抄写者数人。① 撰稿诸人中，以夏孙桐学术素养最高，又长期供职史局，故不啻京中撰稿主持人。

夏孙桐，字闰枝，号悔生，晚号闰庵老人，江苏江阴人。生于清咸丰七年（1857），《清儒学案》在京中刊行，他尚健在，时已83岁高龄。其卒年未详，如有幸，恳请闰枝先生后人示知。孙桐于光绪八年（1882）举乡试。徐世昌亦于同年中举，故前引徐氏致夏闰枝书，东海先生始以"同年"相称。不过，夏氏成进士则晚于徐氏六年，直到光绪十八年（1892），方得通籍。之后，即长期供职于翰林院。光绪三十三年（1907），外任浙江湖州知府。五年间，转徙于湖州、杭州、宁波三郡，无所建树，遂以病谢归。清亡，避地上海。民国初，应聘入清史馆，预修《清史稿》。嘉、道、咸、同四朝诸列传以及《循吏》《艺术》二汇传，多出其手。后又佐徐世昌编选《晚晴簃诗汇》。民国十七年（1928）以后，再应徐世昌之请，主持《清儒学案》撰稿事宜。前引徐氏札以《清儒学案序》的撰写相请，并云："《学案》得公主

---

① 过溪：《清儒学案纂辑记略》，《艺林丛录》第七编。

持,已成十之九。"足见对其倚重之深。

夏孙桐虽因年事已高,深恐《清儒学案》难以克期蒇事,遂于民国二十三年秋致函徐世昌,"乞赐长假"而辞职。但孙桐于《清儒学案》的纂修,其功甚巨。他的基本主张,皆保存于《拟清儒学案凡例》和《致徐东海书》中。谨详加引录,略事评述如后。

夏孙桐所撰《拟清儒学案凡例》共十条。

第一条云:"清代学术昌明,鸿硕蔚起。国史合理学、经学统列《儒林传》,实兼汉儒传经、宋儒阐道之义。而史学、算学皆超前代,以及礼制、乐律、舆地、金石、九流百家之学,各有专家。大之有裨经世,小之亦资博物,史传虽或列其人于《文苑》,揆以通天地人之谓儒,是各具其一体。谨取广义,并采兼收,以备一代学史。"此条概述全书宗旨,入案标准,意在宽泛,勿拘门户。逾越以往诸家学案专取理学旧规,以之述一代学术史,无疑更接近于历史实际。

第二条云:"学重师法,故梨洲、谢山于宋、元、明诸家,各分统系,外此者列为《诸儒》。清初,夏峰、二曲、梨洲,门下皆盛,犹有明代遗风。亭林、船山,学贯古今,为一代师表,而亲承授受者,曾无几人。其后,吴中惠氏,皖南江氏、戴氏,高邮王氏,传派最盛。而畿辅之颜氏、李氏,桐城之方氏、姚氏,奉其学说者,亦历久弥彰。盖以讲习为授受,与以著述为渊源,原无二致。至于闳通硕彦,容纳众流,英特玮材,研精绝学,不尽有统系之可言,第能类聚区分,以著应求之雅。大体本于黄、全前例,而立案较繁,不得不因事实为变通也。"此条论立案原则,既大体沿黄宗羲、全祖望《明儒》《宋元》二学案旧例,又从清代学术实际出发而加以变通,不失为务实之见。

第三条云:"唐确慎《学案小识》,虽兼列经学,而以理学为重。理学之中,以服膺程朱为主,宗旨所在,辨别綦严。今既取广义,于理学之朱、王,经学之汉、宋,概除门户,无存轩轾。推之考订专门,各征心得,异同并列,可观其通。但期于先正之表彰,未敢云百家之摒黜。折衷论定，别待高贤。故叙列不分名目，统以时代为次。"此条推阐首条立意，论定编次先后，一以时代为序，亦是允当之论。

第四条云："清代三百年，学派数变，递有盛衰。初矫王学末流之弊，专宗朱子，说经则兼取汉儒。继而汉学日盛，宋学日衰，承其后者，调停异派，稍挽偏重之势。又自明季以来，西学东渐，达识者递有发明。海禁既开，其风益畅。于是汉学、宋学之外，又有旧学、新学之分。有清一代，遂为千年来学术之大关键。综其先后，观之变动之机，蜕化之迹，可以觇世变矣。"此条鸟瞰一代学术递嬗，既言汉、宋，又述新、旧，最终则归结于以之反映社会变迁。立意甚高，难能可贵。

第五条云："学派渊源，每因疆域。淳朴之地，士尚潜修；繁盛之区，才多渊雅。巨儒钟毓，群贤景从，疏附后先，固征坛坫之盛。亦有官师倡导，风气顿为振兴。如李文贞之治畿辅，张清恪之抚闽疆，阮文达之于浙、粤，张文襄之于蜀、粤、鄂，其尤著者。文翁治化而兼安定师法，所关于学术兴替甚巨。此类谨详识之。至于辟远之区，英贤代有，而道显名晦，著述或少流传。虽加意搜求，宽为著录，终虑难免遗珠也。地理环境之于学术文化，虽非决定因素，但其影响毕竟不可忽视。"此条所言，虽尚可商榷，但"淳朴之地，士尚潜修；繁盛之区，才多渊雅"。夏氏此见，不无道理。

第六条云："此采诸人，以《国史儒林传》为本，以《文苑传》中学有本原者增益之。唐氏《学案小识》中，有史传所未载，而遗书可见、仕履可详者，并收焉。江氏《汉学师承记》《宋学渊源记》，李氏《先正事略》，及各省方志，诸家文集，并资采证。加以搜访遗籍所得，为前诸书所未及者，共得正案若干人，附案若干人，列入《诸儒》案中若干人，共若干人。"此条意在说明入案诸家传记资料来源，用力不为不勤。

第七条云："编次仿《宋元学案》而稍有变通。首本传，仕履行谊，以史传为根据，兼采碑志传状，不足再益以他书。学说有正案所难详者,括叙入传。凡著述俱详其目次。正案凡著述可摘录者,存其精要,难以节录者,载其序例。次附录,载遗闻佚事,有关系而未入传者,他人序跋有所发明者,后人评骘可资论定者。"此条论定各学案之正案编纂体例,仿《宋元学案》而稍有变通。择善而从,前后划一,确能收眉清目朗之效。

第八条云:"附案亦仿《宋元学案》诸名目,略从简括。首家学,以弟从兄、子孙从父祖,疏属受学者并载之。次弟子,以传学为重,其科举列籍,非有讲学关系者,不载。次交游,凡同学、讲友等,皆在其中。次从游,凡交游年辈较后,或从学而无列弟子籍确据者,入此项。次私淑,或同时未识面而相景慕,或不同时而承学派者,并入此项。附案中又有所附,别标其目,列于诸项之后。凡所引据,悉注书名,以资征信。"此条专论附案编纂体例,既取法《宋元学案》,又去其繁冗,除"从游"一类尚属累赘之外,其余皆切实可行,实为一个进步。"凡所引据,悉注书名",尤为可取。

第九条云:"史传附见之人,或以时地相近,或以学派相同,牵连所及,而其例较宽。学案附见者,必其渊源有自,始能载入。凡潜修不矜声气,遗书晦而罕传者,既未能立专案,苦于附丽无从,皆列诸儒案中。其例虽出黄、全二编,取义略有差别。"此条论定《诸儒学案》立案原则,既出黄、全二编而有所本,又略异黄、全《学案》及史传,实是当行之论。徐东海先生云"非身历其事者,不能道其精蕴",即此之谓也。

第十条云:"梨洲一代大儒,荟萃诸家学说,提要钩玄,以成《明儒学案》,故为体大思精之作。《宋元学案》梨洲创其始,谢山集其成,网罗考订,先后历数十年。几经董理,而后成书,如是之难也。清代学派更繁,著述之富过于前代,通行传本之外,购求匪易。展转通假,取助他山,限于见闻,弥惭谫陋。徒以一代文献所关,不揣末学,勉为及时搜辑。窃等长编之待订,仅供来哲之取材。海内明达加之补正,是私衷所企望者也。"① 此条言《清儒学案》实为一资料长编，无非供来哲取材而已。言而由衷，无意掩饰，著述者能坦白如此，令人钦敬。

夏孙桐为《清儒学案》所拟十条《凡例》，言之有据，实事求是，断非学乏素养者所能道。晚近贤哲评论及此，曾有讥其"自多门外之谈"者。恕笔者不恭，"门外"云云，实难苟同。我想，倘若揆诸清代学术发展的实际，取夏氏《凡例》与《明儒学案发凡》《校刊宋元学案条例》诸篇比照，恐怕就不会产生"门外"之感了。《致徐东海书》与《拟清儒学案凡例》为姊妹篇，信中，夏孙桐云：

> 前奉复谕，垂念四十年交谊，当日黄垆旧侣，仅存公及下走二人。勖以炳烛余光，岁寒同保，读此语不禁为之感叹，难以傲然拒命。而自顾孱躯，能否勉力从事，殊无把握。姑先清理积稿，择其较完整者，随手收拾，陆续交出。其有应改作者，加签待商。约于四月正可毕，再开清单呈阅。乞赐长假，薪款以腊月截止，请勿再施。至公笃念故旧之深情，幸勿拘于形迹。津门咫尺，明春和暖之时，冀得躬诣崇阶，以申十年阔绪。

以上是说辞职意坚，不可商量。接下去，便是对沈兆奎所拟《凡例》的商榷。

夏孙桐云："再顷见羹梅所拟各节，煞费苦心，当有可采。其言增取之人，亦有早经议及，觅书未得，悬以有待者。要以征集原书阅过，方能确定去取，此时尚是虚拟。鄙见不尽同处，仍有数端。"夏氏所商榷者，为如下三条：

一、生年次序。羹梅系从正、续《疑年录》开出，间有见于本书者。按现编原以时代为序，然只能论大段，如最初皆明遗老，次则顺、康间人。

---

① 夏孙桐：《观所尚斋文存》卷六《拟清儒学案凡例》。

凡记清代先儒之书，无不以夏峰、亭林、南雷、船山、二曲、杨园、桴亭数人居首，即《诗汇》亦取其例。若以沈国模、陈确数人驾于其上，似觉未安。（沈国模案：初稿仅有一传，无一文可录，并本案尚难成立，正议设法销纳。说详将来清单，阅之可悉。）曩时，国史馆续修《儒林传》，列船山名次较后，为众论所不及。时公方在枢庭，当尚忆之。窃谓首数案断难厕入此类之人。至以后有此目印证，不致大有颠倒，其有益不少。而不必尽拘年岁，盖学案非齿录可比也。

一、诸儒一类不可少。初拟草例之时，与书衡详商，黄、全两家皆有此类，以收难入附案之人。原出于不得已，何必不从！编到无可位置之时，自能了然此义。

一、学问之道无穷。无论大家、名家之著作，其毫无遗议者，殊不多见。不必因有一二人之批驳，轻加裁抑。公于此类素持广大主义，愿守此宗旨，以示标准。唯《学案》究以理学为主体，其稍具规模者，自宜多收。（如《学案小识》中，此类最多）而非有诸儒一类，不能位置也。至《文苑传》中人物，非实为专家之学，具有本末者，不宜过多。勿使喧宾夺主，亦宜慎之。①

夏孙桐此书，其大要有三。以时代先后为编纂次第，这是一个大的原则，不过其间仍可变通，未可拘泥。此其一。其二，《诸儒学案》之立，系以《明儒学案》和《宋元学案》为本，并非别出心裁，标新立异。凡难入附案诸人，《诸儒学案》实一最恰当的归宿。其三，以理学为主体，此乃学案体史籍的基本特征。因而凡学有规模者，皆可编入学案。

观夏氏所拟《清儒学案凡例》及《致徐东海书》，孙桐在《清儒学案》编纂中的举足轻重地位，确乎无可置疑。正如夏氏后人所云："开始拟具编纂方案，商榷体例案名，然后各人分担功课，由夏氏持其

---

① 夏孙桐：《观所尚斋文存》卷六《致徐东海书》。

总。"[1]虽然今本《清儒学案》卷首《凡例》，未能尽采孙氏拟稿，但其主要原则皆已大体吸收。至于《学案序》，不知是何种原因，夏氏始终未有见允。今本《学案序》，系先由张尔田草拟。尔田所拟本非精心，未能负一代学史之重，徐世昌并非"以显宦不解读书"者，自然不会用它。唯定本序究出何人之手，文献无征，只有俟诸来日读书有得，再行考订。

三、读《清儒学案》商榷

《清儒学案》凡208卷，上起明、清之际孙奇逢、顾炎武、黄宗羲，下迄清末民初宋书升、王先谦、柯劭忞，一代学林中人，大多网罗其中。不唯其内容之宏富超过先前诸家学案，而且其体例之严整，亦深得黄宗羲、全祖望之遗法。尽管其主持者徐世昌未可与黄、全二位学有专攻的大师比肩，然而书出众贤，合诸家智慧于一堂，亦差可追踪前哲，相去未远。唯因历史和认识的局限，《清儒学案》又还存在若干值得商榷的地方。兹掇其大要，讨论如后。

（一）《清儒学案序》的未尽允当处

《清儒学案序》撰于民国二十七年（1938），虽执笔者未确知其人，但既以徐世昌署名，则功过皆在徐氏。徐氏此序，可商榷者有二，其一是对康熙帝学术地位的评价问题；其二是应当怎样看待社会的进步问题。

康熙帝不唯是清代开国时期功业卓著的帝王，而且也是整个中国古代并不多见的杰出政治家。他于繁忙的国务活动之暇，数十年如一日，究心经史，研讨天文历法和数学，则尤为难能可贵。然而，康熙毕竟只是一个国务活动家，而非以治学为业的学者。因此，评价其历史功业，

---

[1] 过溪：《清儒学案纂辑记略》，《艺林丛录》第七编。

就当从大处着眼,不可把他等同于一般学者来论究。《清儒学案序》于此本末倒置,对康熙帝的所谓学术成就随意溢美。序中,不唯认为他生前"于当时著作之林,实已兼容并包,深造其极",称之为"天纵之圣",而且假述他人语断言:"清代之达人杰士,悉推本于圣祖教育而成。"并云:"圣祖之教,涵育于二百年。"极意推尊,言过其实,显然是不妥当的。

辛亥革命,推翻帝制,这是中国历史上一次翻天覆地的巨变,其意义远非以往任何一次改朝换代所能比拟。民国建立之后,中国社会日益卷入国际潮流,社会生活的各个方面都在冲击腐朽的桎梏而大步前进。这本来是一桩十分令人欣喜的事情,而徐世昌的序文则与之唱为别调,声称:"盱衡斯世,新知竞渝,物奥偏明,争竞之器愈工,即生民之受祸益烈。狂澜既倒,孰障而东!"用这样的眼光去看待社会和总结历史,当然就难免曲解历史,做出错误的判断。我们赞许徐世昌以《清儒学案》述一代学史的业绩,而对其试图以之去挽狂澜于既倒,则丝毫不予肯定。若此而修史,岂非螳臂当车!不啻挽歌一曲罢了。

(二)应否"以从祀两庑十一人居首"的问题

"以从祀两庑十一人居首",语出该书卷首《凡例》第一条。关于这个问题,我们于前节中,就依生年为次这个意义立论,认为它大体上是允当的。然而,此十一人中,除颜元、李塨为民国初从祀孔庙者外,其余九人皆清代钦定。徐世昌主持纂修《清儒学案》,时已入民国,且身为下野的民国大总统,却一依清廷好尚为转移,显然是一种不健康的遗老情调的反映。这同第一个问题中的"生民之受祸益烈,狂澜既倒"云云,皆出一辙,实不可取。

(三)关于吕留良的评价问题

吕留良,一名光轮,字用晦,又字庄生,号晚村。暮年削发为僧,名耐可，字不昧，号何求。浙江崇德（今浙江桐乡）人。生于明崇祯二年（1629），卒于清康熙二十二年（1683），终年55岁。吕留良是清初浙江的著名学者，在清代学术史、政治史上，都曾经产生过较大影响。但是，由于他故世后，于雍正间为文字冤狱祸及，被清世宗斥为"千古罪人"而戮尸枭首，乾隆间，其遗著又遭清廷尽行禁毁。因之雍乾及尔后学者，对吕留良的学行罕有论及。道光间，唐鉴著《清学案小识》，亦不敢置一词。《清儒学案》能不为成见所拘，著录吕留良于卷五《杨园学案》交游一类中，无疑是一个进步。不过，案中于吕留良的评价，则尚可商榷。据云：

> 晚村生平承明季讲学结习，骛于声誉，弟子著籍甚多。又以工于时文，《竿木集》之刻，当日已为凌渝安所讥。杨园初应其招，秀水徐善敬可遗书相规，谓兹非僻静之地，恐非所宜。其语亦载在《见闻录》中。全谢山记其初师南雷，因争购祁氏澹生堂书，遂削弟子籍。屏陆、王而专尊程、朱，亦由是起。可见名心未净，终贾奇祸。

《清儒学案》的此段评语，似是而非，问题甚多。就其大者而言，主要有三：其一是所谓"工于时文"能否得吕氏学术实质；其二是吕留良与黄宗羲反目成仇，深层原因何在；其三是所谓"名心未净，终贾奇祸"是否同历史真相吻合。前两个问题，见仁见智，非三言两语所能澄清，姑且不议。而"名心未净，终贾奇祸"云云，则违背历史真实，不能成立。众所周知，吕留良蒙冤，乃在其身后40余年，系由清世宗惩治曾静、张熙反清案，滥施淫威，殃及枯骨所致。而在《清儒学案》编纂者的笔下，不唯于雍正帝的专制暴虐不敢置一词，反而拾清廷牙慧，指斥吕留良"名心未净"。是非不分，黑白淆乱，显然与历史实际相去就太远了。

（四）几位不当遗漏的学者

《清儒学案》既以网罗儒林中人为宗旨，以下诸人皆非默然无闻者，似不当遗漏。

潘平格，字用微，浙江慈溪人。为清初浙东著名学者，与黄宗羲、张履祥、吕留良皆有往还。所著《求仁录》，于朱、陆学术皆有批评，故世后，于康熙末年以《求仁录辑要》刊行。道光间，唐鉴著《清学案小识》，置之于《心宗学案》中。虽误其字为"用徵"，但《求仁录辑要》的基本主张，已有所引述。徐世昌主持纂修《清儒学案》时，《求仁录辑要》当能看到，遗漏不录，实是不该。

戊戌维新，既是晚清政治史上的一个重大事件，也是 19 世纪末中国思想界的一次狂飙。维新运动中的领袖康有为、梁启超、谭嗣同等，无一不是当时儒林佼佼者。《清儒学案》著录之人，其下限既已及民国二十二年（1933）故世的柯劭忞，何以先于柯氏辞世的康、梁、谭反不著录？退一步说，即使以康、梁入民国以后，尚有若干重要政治、学术活动，因而不便著录，那么谭嗣同早在百日维新失败即已捐躯，何以摒而不录！《清儒学案》的纂修者，带着不健康的遗老情调，纵可仇视戊戌变法中人，但是康、梁诸人的学术成就则是抹杀不了的。

从纯学术的角度而言，康有为、梁启超都是晚清今文经学巨子。《清儒学案》所著录一代今文经师，既有清中叶的庄存与及其后人庄述祖、刘逢禄、宋翔凤，下至凌曙、陈立、皮锡瑞，而不及康有为、梁启超，以及对康氏学说有重要影响的廖平。以一己之好恶而人为地割断历史，当然不能让读者接受。

（五）编纂体裁的局限

《清儒学案》承黄、全二案开启的路径，仍用学者传记和学术资料汇编的形式，以述一代学术盛衰。这样一种编纂体裁，或人自为案，或诸家共编，某一学者或学术流派自身的传承，抑或可以大致反映。然而，对于诸如这一学者或流派出现的背景，其学说的历史地位，不同时期学术发展的基本特征及趋势，众多学术门类的消长及交互影响，一代学术的横向、纵向联系，尤其是蕴含于其间的规律，等等，所有这些问题，又都是《清儒学案》一类学案体史籍所无从解答的。一方面是学案体史籍在编纂体例上的极度成熟；另一方面却又是这一编纂体裁的局限，使之不能全面地反映历史发展的真实面貌。这样一种矛盾状况，适足以说明学案体史籍已经走到了它的尽头。以崭新的章节体学术史，来取代传统的旧学案，正是历史和学术发展的必然。

四、几点说明

《清儒学案》自 1938 年初刻问世之后，迄今未有再版刊行者。晚近以来，书店所见之刷印本及《海王邨古籍丛刊》本，或据现存旧版刷印，或并合旧刻影印，皆源出初刻，并无版本异同问题。因之此次整理，即以初刻本为底本。这是需要向读者说明的第一点。

第二，一如前述，由于历史和认识的局限，《清儒学案》的纂修者以遗民自处，眷念亡清，不健康的阴暗心理每见书中。其间，尤以为清帝避名讳，或改字，或缺笔，最为突出。又如固守民族偏见，于少数民族族名每加歧视、侮辱偏旁。诸如此类，此次点校皆径以改正，不再出校记。

第三，《清儒学案》入案诸儒数以千计，辑录之学术资料，博及经史子集，更是不遑数计。卷帙如此之浩繁，领域如此之广博，汇诸家传记及论学数据于一堂，剪裁取舍，最费斟酌，稍不留意，即出错讹。加以书出众手，后期又急于求成，故而编纂、校勘皆间有未尽精审处。此次点校整理，凡识见所及，则一一校改，并于当页末出简明校记。至于疑似之处，则守多闻阙疑古训，姑仍存疑，以俟他日。

清代学术以对中国古代学术的整理和总结为基本特征。就为学总体而论，清儒学术之博大，实是后来居上，超迈前贤。唯祖武不学，粗涉藩篱，一知半解，以孤陋寡闻而整理一代学术史资料长编，力不胜任，愧怍实深。故而此次点校整理，错讹疏误当所多有。恳请读者诸君不吝赐教，匡我不逮。俾便他日幸能再版，逐一是正，以求得一可以信据之善本。有劳各位费心之处，祖武谨于此先致谢忱。

陈祖武 谨识

1999 年 3 月 2 日

于京东潘家园

原载点校本《清儒学案》，河北人民出版社 2008 年 12 月版

《顾炎武评传》前言

在中国学术史上，明末清初是一个风起云涌、才人辈出的时代。顾炎武就是生活在这一时代的卓然大儒。他一生读万卷书、行万里路，行奇学博，志在天下，以其继往开来的杰出业绩，被誉为一代学术的开派宗师。

顾炎武是一个成就斐然的学者，承明末理学衰微之后，他深得晚明实学思潮熏陶的裨益，一生为学，始终抱定经世致用宗旨，以严谨精勤的学风和朴实的经验归纳方法，广泛涉足于经学、史学、方志舆地、音韵文字、金石考古以及诗文等学。他在众多的学术领域，取得了宏富的成就，留下几近50种的宝贵著述。其所著《日知录》《音学五书》《天下郡国利病书》《肇域志》，等等，宛若一座无比厚重的丰碑，昭示了历史演进的轨迹，具有划时代的重要意义。顾炎武崇实致用的治学精神，严谨绵密的考证方法，以及他对广阔学术门径的开拓，影响一时学风甚巨，对整个清代学术文化的发展，亦显示了深远的历史作用。清代260余年间，音韵文字学之所以能够从经学的附庸而蔚为大国，顾炎武建树了不可磨灭的开创之功。中国封建社会晚期，在学术思潮从宋明理学向清代朴学的转化过程中，作为一个开风气者，顾炎武的历史地位是无可取代的。

中国学术界有个好传统，讲究道德、学问、文章的统一。古往今来，为了实现这样一个三位一体的人生境界，几多儒林中人，潜心问学，甘淡甘贫，视名利若粪土，为学术而终身奋斗。顾炎武一生，将此三者融为一体，执着追求，终身以之，成为数千年儒林的楷模。他操志高洁，人格傲岸，时至今日，三百年过去，依然具有历久不衰的精神震撼力量。为他所倡导的"天下兴亡，匹夫有责"，早已成为中华民族的巨大精神财富。我们今天缅怀这位三百年前的旷世大儒，就是为了从顾炎武的学行和思想中寻求可贵的历史借鉴，弘扬中华民族的优秀文化传统，批判地继承历史文化遗产，从而推动中华民族新文化的建设，以迎接中华民族的伟大复兴。

祖武之治清代学术史，即自读顾亭林先生书起步。20余年间，虽亦写有一二篇读书札记，然于亭林学行，实知之太少。原拟一如前辈学者赵俪生教授，俟晚年读书稍多，再去对亭林学行进行梳理。故而近十年间，有关顾亭林先生学行的文字，几乎不写。1998年初，承河北人民出版社古籍室主任李大星先生不弃，约撰顾亭林传记。虽几经婉拒，李先生犹错爱不减，实令祖武进退维谷，无可奈何。所可庆幸者，恰逢已故王冀民教授之大著《顾亭林诗笺释》由中华书局出版。王先生之遗著，系先生于顾亭林诗及学行潜心数十年研究之所得，原原本本，信而有征。拜读再三，久蓄胸中之亭林学行疑问，得王先生指点而多获释然。有王冀民先生之力作为据，此时去撰写顾亭林小传，自可较之先前踏实许多。然而毕竟亭林先生行奇学博，祖武至今日犹未明白者尚多，以上所述，依旧有不少得要领之处。就权且充一阶段性作业，请读者诸君指教吧。

亭林小传结撰过半，承苏州大学周可贞博士盛谊，远道颁赐大作《顾炎武年谱》。顾亭林学行研究得此新著，无疑将会是一个有力推动。前辈哲人云，"学如积薪，后来居上"，信然！

同学诸友，梁君勇、袁君立泽、曹君江红、林君存阳，不唯切磋论难，匡我不逮，且为本书依次分撰第十一至十四各章。集体劳作，增色多矣。

陈祖武 谨识
1999年6月于京东潘家园
2009年11月修订于京东潘家园

原载《顾炎武评传》，河北人民出版社2000年7月版；后又收入修订本《顾炎武评传》，中国社会出版社2010年2月版

《衰世风雷——龚自珍与魏源》自序

在清代历史上，自乾隆末叶起，中经嘉庆、道光二朝，迄于咸丰当政，满洲贵族所建立的这个王朝，始而衰相毕露，继之动荡四起，终至趋于大乱，成为中国数千年历史中又一个急剧动荡的时代。外有西方殖民者的欺凌，内有诸多社会弊病的困扰，中国社会已经走到非变革不可的时候了。当此历史转折的关头，龚自珍、魏源二人挺生其间，他们抨击时弊，呼唤变革，给沉闷的中国知识界和社会带来了新鲜的生机。其影响所及，终清之世而不衰，因而作为杰出的开风气者，龚自珍、魏源既是社会史上的伟人，同时也是学术史上的大师。

龚自珍与魏源，一个出身于官宦门第，一个则养成于清贫人家，是时代的演进把他们召唤到一起。共同的立身旨趣，共同的学术好尚，共同的社会憧憬，乃至意气风发、不可一世的共同禀性，使之犹如双璧辉映，以并世奇才活跃在历史舞台上。然而他们空怀壮志，积郁难抒，龚自珍的佯狂玩世、辞官还乡，魏源的绝意仕宦、遁迹空门，这一历史悲剧的演成，个中缘由实发人深省。在本书中，笔者试图对他们的一生做一个鸟瞰似的勾勒，同读者诸君一道去思索、去回答历史提出的问题。

龚魏才气横溢，旷达倜傥，非绳墨之所能羁囿。以笔者之呆滞寡陋，实难状写其万一，恳请诸位批评。

原载《衰世风雷——龚自珍与魏源》，
台北万卷楼图书有限公司 2000 年 7 月版

《乾嘉学术编年》编纂缘起

清代学术,以整理和总结中国数千年学术为其特征,而最能体现此一历史特征者,则为乾嘉学派与乾嘉学术。董理乾嘉学派与乾嘉学术,自20世纪初叶以来,前辈大师章太炎、刘师培、梁启超、钱穆、侯外庐、杨向奎诸先生,早已开启先路,奠立藩篱。近一二十年间,复有众多学术俊彦再度进入此一领域,论著宏富,成就卓然。唯晚近之研究起步甚速,文献准备尚嫌不足。因而讨论中所见之学术主张,尤其是若干关系全局的认识,尽管新意迭出,然而往往缺乏充分的文献佐证。唯其如此,进一步加强乾嘉学术文献的整理和研究,便愈益成为引起学者关注的问题。

如同中国学术史上的众多学术流派和不同历史时段的学术形态一样,乾嘉学派与乾嘉学术,也经历了一个形成、发展、总结、嬗变的演进过程。在卷帙浩繁的乾嘉学术文献中,通过爬梳整理,区分类聚,用学术史资料长编的形式,按其时间先后顺序,把这样一个历史过程如实地记录下来,对于推动乾嘉学术文献的整理和研究,把乾嘉学派与乾嘉学术的董理引向深入,或许会是不无益处的一次尝试。

中国历代史籍,浩若烟海,体裁完备,编年、纪传、纪事本末,若三足鼎立,源远流长。其间,编年体史籍虽成书最早,然以之述学,则又较之其他体裁史书为晚。20世纪20年代初,钱穆先生著《先秦诸子系年》,或可视为其发轫。唯钱先生大著旨在考证先秦诸子史事年代,准确地说,与其称之为编年体学术史,倒不如将其视为历史年代学的开风气杰作,更加名副其实。因此,较钱先生略后,刘汝霖先生之大著《中国学术编年》,则无疑可称开山之作。依刘先生的著述计划,原拟承接20年代末先成之《周秦诸子考》，上起两汉西晋，下迄清末民初，凡作六集，合为《中国学术编年》大著。惜天不遂人愿，第一、二集《汉晋学术编年》《东晋南北朝学术编年》刊行之后，其余诸集竟成遗志。

学术传承，后先相继，犹若大江东去之源源不绝。在中国数千年学术的历史长河中，前辈之遗志，实乃后学为学的起点，一代一代，薪火相传。此《乾嘉学术编年》之结撰，即系遵循前辈师长开辟之门径而摸索向前。后海先河，饮水思源，离开20世纪初叶以来众多前辈的学术积累，断不可能有本书的发愿。而近一二十年间，四海硕儒之大作，亦使本书的结撰深获教益。当此排比初成，即将送请出版社审读之际，祖武偕诸位同窗，谨向前哲时贤致以崇高的敬意和深切的谢忱。

国家图书馆馆长任老继愈先生，以88岁高龄，欣然题签，勉励鞭策。祖武与共学诸君当终身铭感，为国家、民族之学术事业，辛勤耕耘，竭尽绵薄。

陈祖武　谨识
甲申春日于京东潘家园

原载《乾嘉学术编年》，河北人民出版社2005年1月版

《乾嘉学派研究》前言

清代乾隆、嘉庆两朝，迄于道光中叶的百余年间，经史考证，朴学大兴，在学术史上因之而有乾嘉学派之谓。流风所被，历久不绝，至20世纪中而影响犹存，学术界遂生乾嘉遗风云云。晚清以降，董理一代学术之风起，章太炎、刘申叔、梁任公诸先生开启先路，乾嘉学派研究遂告发轫。最近一二十年间，学术史研究之风复起，乾嘉学派研究再度引起学者关注，论著迭出，方兴未艾。

在中国古代学术史上，乾嘉学派于乾隆初叶之登上历史舞台，并在其后的近百年间主盟学坛，实非一偶然的历史现象。它是在彼时特定的社会经济条件之下，众多历史因素交互作用的结果。将研究对象置于具体历史环境，真相得显，本质了然。如同中国古代的其他学术流派一样，乾嘉学派亦有其独特的形成、发展、蜕变而向近代学术演进的过程。准确地梳理和把握这一历史过程，是一个艰苦繁难的创造性劳动。前辈大师的学术实践早已证明，治学术史必须从梳理学术文献出发，实事求是，务实求真，来不得半点的虚假和浮夸。历史研究，其立足点永远在社会现实之中，这是历史学的生命所在，也是历史学的魅力所在。乾嘉学派主盟学坛的一页，虽然已成历史陈迹，但是此一学派中人整理、总结中国数千年学术的卓著业绩和实事求是的为学风尚，则是中华民族一份极可宝贵的历史文化遗产。认真整理和总结这一份历史文化遗产，对于提高今日及尔后的学术研究水准，促进中华民族新文化的建设，无疑具有重要的借鉴意义。

20世纪80年代末，祖武忝附诸位先进之骥尾，开始究心乾嘉学派与乾嘉学术。90年代中，复得二三志同道合的年轻俊彦，互为师友，切磋琢磨。2000年，承中国社会科学院历史研究所学术委员会诸位专家支持，《乾嘉学派研究》获准以本所重点研究课题立项。翌年，再经中国社会科学院历史学科片专家评审委员会一致通过，此一课题得以跻身全院"十五"计划期间重大研究项目之列。五年多来，祖武集合同志，从爬梳文献入手，实事求是，一丝不苟，先期完成《乾嘉学术编年》的结撰。随后，课题组诸同志又根据各自学术积累，进行深入的专题研究，于近期再成此《乾嘉学派研究》。《乾嘉学派研究》凡作六章、二十八节，一如先前所成《编年》，同为集体劳作之结晶。撰写有关章节的同志依次为：

汪君学群：第二章第二节；

林君存阳：第二章第三、五节，第三章第二、三节；

杨君海英：第二章第四节；

吴君伯娅：第二章第六节；

杨君艳秋：第五章第一节。

祖武所撰之各章节文稿，皆蒙存阳、艳秋二位同志受累输入电脑，全部书稿且拜托存阳同志进行电脑处理。二位同志无私相助，祖武最是感激不尽。

1992年冬，祖武初次赴台问学，在"中研院"文哲所召开的"清代经学研讨会"上，以《乾嘉学派吴皖分野说商榷》为题请教。拙文有云："在中国学术史上，乾嘉学派活跃于18、19两个世纪间的学术舞台，其影响所及，迄于20世纪中而犹存。作为一个富有生命力，且影响久远的学术流派，它如同历史上的众多学派一样，也有其个性鲜明的形成、发展和衰微的历史过程。这个过程错综复杂，跌宕起伏，显然不是用吴皖分野的简单归类所能反映的。"因此，祖武在讲坛呼吁："从历史实际出发，对各家学术进行实事求是的具体研究。其中既包括对众多学者深入的个案探讨，也包括对学术世家和地域学术的群体分析，从而把握近百年间学术演进的源流，抑或能够找到将乾嘉学派研究引向深入的途径。"

　　十余年过去,当年握手谈艺的学者,有的如孔仲温教授已成故人,有的若鲍国顺、林庆彰、陈鸿森三位教授及祖武一般,正泰然面对病魔,更多的旧雨新知,则孜孜以求,精进不已,共同致力中华学术的繁荣。梁任公先生晚年在清华园,倡导合为人为学于一体的新学风,认为"战士死于沙场,学者死于讲座",乃理所当然。吾侪学人,视读书为学若天职,为国家、为民族,亦为自我,生存一日,即读书为学一日。唯其如此,陋室书案或不失为一可取之去处。

陈祖武　谨识

乙酉首春于京东潘家园

原载《乾嘉学派研究》,河北人民出版社 2005 年 10 月版

《清初名儒年谱》前言

最近，北京图书馆出版社从国家图书馆弆藏的众多清人年谱中，选取顺治、康熙、雍正三朝名儒年谱61家、83种，汇为丛刊影印。此举推动学术，嘉惠学林，深信能够得到四方学人赞许。出版在即，编辑同志嘱书数语，以为前言。

有清一代，顺治、康熙二朝是一个创辟规模、奠定国基的关键时期。就一代学术发展而言，清初的近百年，也是一个承先启后、开拓路径的重要阶段。这一期间，才人辈出，著述如林，其气魄之博大，思想之开阔，影响之久远，在中国古代学术史上，某种意义上似同先秦时代的百家争鸣。本丛刊所选诸儒年谱，上起晚明学坛盟主钱谦益、孙奇逢，中经旷世大儒黄宗羲、顾炎武、王夫之，下迄异军突起之颜元、李塨，知人论世，可据可依。

清初学术，承晚明学术开启的路径，带着急剧动荡的时代印记，呈现出既有别于先前的宋明理学，又不同于尔后的乾嘉汉学的历史特征。这些特征主要可归纳为如下四个方面：

第一，博大恢弘。近代著名学者王国维先生论清学，曾将清初学术归纳为一个"大"字，他说："国初之学大，乾嘉之学精，而道咸以来之学新。"[①] 顺、康、雍三朝的近百年，举凡经学、史学、文学、先秦子学、性理天道、音韵乐律、天文历算、地理沿革，乃至释道经籍，诸多学术领域，无不为一时学者广为涉足。其间，既有博赡通贯如顾炎武、黄宗羲、王夫之诸大师，亦有或兼通经史诗文，或以专学名家的众多学

---

① 王国维：《沈乙庵先生七十寿序》。

者，还有成就斐然的若干文学艺术宗匠。他们的繁富著述，博及经史子集，包罗万象，应有尽有，从而为有清一代学者对我国传统学术的全面整理和总结，奠定了雄厚的根基。

第二，经世致用。明清更迭的历史巨变，以及伴随而来的战乱频仍，经济凋敝，使整个社会陷入空前的危机之中。于是自明万历末叶兴起的经世思潮，至清顺治、康熙间而空前高涨。一时知识界中人为时代所召唤，纷然而起，为完成挽救社会危机的历史课题，去呐喊，去奋争，迸发出"天下兴亡，匹夫有责"的时代最强音。明亡之初，南北诸大儒若孙奇逢、傅山、顾炎武、黄宗羲、王夫之等，或铤而走险，组织义勇起而抗清；或暗通声气，出没抗清营垒，从事秘密反清活动。当他们投笔从戎的壮举被清兵的铁骑无情否定之后，严酷的现实驱使南北学术界转而走向用著述救世，以期"明学术，正人心"的历史道路。学以经世的倡导，此伏彼起，并时而鸣，已成为一时知识界的共识，从而构成清初学术的主干。

第三，批判理学。明清之际，理学作为一种自成体系的学术形态，已成强弩之末。社会的大动荡和学术发展的内在逻辑，使之无可挽回地成为学术界重新审视的对象。一时儒林中人，对理学的批判和总结取径不一。顾炎武、王夫之等人，走的是对王阳明心学进行不妥协批判的道路。而黄宗羲则是以学术史的编纂，通过对数百年理学发展史的总结，去彰明学术递嬗轨迹。孙奇逢、李颙、汤斌等人，却又选取了合会朱、陆学术的途径，试图以调停折衷去谋求学术发展的新路。钱谦益、毛奇龄、胡渭等人，则侧重于对宋儒经说的否定和汉唐注疏的表彰，而与理学分道扬镳。独有颜元、李塨、费密等人，对程、朱、陆、王之学概予排击，别辟蹊径，溯源周孔，以六艺实学的讲求而充分体现其批判精神。

第四，倡导经学。伴随着理学的衰微，自明中叶以后，"以经学济理学之穷"的学术潮流已经在传统儒学的母体内孕育。清初，承明人的经学倡导，学术界在摒弃"性与天道"的论究之后，不约而同地趋向于以经学去取代理学的选择。此风肇始于江南硕儒钱谦益。入清以后，钱谦益发展了他先前"以汉人为宗主"的经学主张，进而把经学与史学相结合，高唱"六经之中皆有史"。顾炎武、黄宗羲、王夫之、李颙、费密等，殊途同归，明确提出"理学，经学也"的命题，主张融理学于传统儒学之中。他们把经学倡导同学以经世的时代呼声相结合，昭示了通经致用的新学风。

阎若璩、胡渭、毛奇龄等继之而起，奉"一物不知，以为深耻"为座右铭，把清算宋儒"经祸"，还业已"晦蚀"的儒家经典旧观视为"经世大业"，皆以精研经学而名家。在治经实践中，他们沿着顾炎武"读九经自考文始，考文自知音始"路径而进，穷经考古，原原本本，走上了博稽经史的为学道路。康熙后期，朴实穷经，风气已成，即使是昔日理学营垒中人，亦纷纷以穷经考古而名世。李光地之于《周易》和音韵乐律，光地、光坡兄弟之于《三礼》，方苞之于《春秋》《周礼》，无不体现了这一学术特征。至此，清初学术遂由经学考辨入手，揭开对传统学术进行全面整理和总结的新篇章。

任何一个国家，任何一个民族，都有自己的文明史。以儒、佛、道三家为主体的中国古代学术，构成了古代中华文明的基本内容。自中华文明起源的夏文化始，经过商、周二代的发展，在春秋战国间，以孔子创立儒家学说而集其大成。西汉初，适应封建大一统的需要，罢黜百家，独尊儒术，儒学经典化而演为经学。尔后，外来佛教学说的中国化和中国自身道教学说的发展，同经学相互渗透，从而推动中国古代学术的前进。经历魏晋玄学的发皇和隋唐佛学的兴盛，迄于北宋间，以儒学为主体，儒、佛、道三家合流而理学崛起。至南宋朱熹集其大成，后再经明中叶王守仁的发展，中国古代学术遂以理学为代表达到前所未有的高峰。

从朱熹学说到王守仁学说，理学极度成熟而失去生机。明中叶以后，在日趋加剧的社会动荡之中，理学陷入深刻危机，中国古代学术面临何去何从的抉择。于是经世思潮应运而起，"通经学古"的学术潮流，把中国古代学术推向对理学的批判和总结。明清更迭的历史进程表明，要在陈旧的封建经济基础之上，建立较之理学更为完善的学术形态，已经是不可能的事情。因此，清朝初叶的学术界，为历史局限障蔽视野，无从看到学术发展的前景，只好回过头去，到传统的经学中寻找依据。这样，在向儒家经典回归的大趋势中，中国古代学术遂步入进行全面整理和总结的乾嘉考据学时代。

本丛刊所选诸家年谱，或系谱主自定，或出门生、私淑纂辑，或由后世学术史家结撰。分而董理，可觇一人、一家之为学风貌；合而并观，则数十年学术演进尽收眼底。常言道："前事不忘，后事之师。"中华民族尊重历史，热爱历史，具有实事求是的优良治史传统。凭借宝贵的历史文化遗产和深厚的历史底蕴，我们的民族曾经创造了灿烂的古代文明。学如积薪，后来居上，在新的历史时期，我们的民族必将用艰苦奋斗的创新精神，去缔造更加辉煌的伟大文明。

陈祖武　谨识
2006 年 5 月 22 日

原载《清初名儒年谱》，北京图书馆出版社 2006 年 8 月版

《乾嘉名儒年谱》前言

近者，欣悉北京图书馆出版社辑《乾嘉名儒年谱》行将出版，谨赘数语，以志祝贺。

年谱为编年体史籍之别支，乃知人论世的重要文献。据来新夏先生著《近三百年人物年谱知见录》，在现存的 800 余种清人年谱中，乾嘉时期名臣、名儒及众多学人的年谱，约占四分之一。北京图书馆出版社就国家图书馆所庋藏，自其中遴选 90 种，辑为此一丛刊。谱主上起乾隆初叶辞世之桐城文派初祖方望溪，下迄嘉庆、道光间总结乾嘉学派与乾嘉学术之高邮王氏父子暨汉学护法阮芸台，精华荟萃，大体已昭。

在中国学术史上，清代的乾隆、嘉庆两朝，迄于道光中叶的百余年间，经史考证，朴学大兴，因之而有乾嘉学派之谓。流风所被，历久不绝，至 20 世纪中而影响犹存，学术界之乾嘉遗风云云，即缘此而生。晚清以降，董理一代学术之风起，章太炎、刘申叔、梁任公诸先生开启先路，乾嘉学派研究遂告发轫。最近一二十年间，学术史研究之风复起，乾嘉学派研究再度引起学者关注，论著迭出，方兴未艾。《乾嘉名儒年谱》丛刊之结集，即系顺应此一学术潮流而发愿。

董理乾嘉时期学者的年谱，于研究乾嘉学派与乾嘉学术，具有不可忽视的意义。乾嘉学派于乾隆初叶之登上历史舞台，并在其后的近百年间主盟学坛，实非一偶然的历史现象。它是在彼时特定的社会经济条件之下，众多历史因素交互作用的结果。将研究对象置于具体历史环境，真相得显，本质了然。如同中国古代的其他学术流派一样，乾嘉学派亦有其独特的形成、发展、蜕变而向近代学术演进的过程。准确地梳理和把握这一历史过程，是一个艰苦繁难的创造性劳动。前辈大师的学术实践早已证明，治学术史必须从梳理学术文献出发，实事求是，一丝不苟，来不得半点的虚假和浮夸。此次所选之90种年谱涉及82家名儒，或出一时学者自定，或系谱主门生后学追辑，或代经董理，而由晚近贤哲总其成。分而细究，可见一人一家之学，合而并观，则可据以窥见百余年间学术演进之历程，知人论世，弥足珍贵。

历史研究，其立足点永远在社会现实之中，这是历史学的生命所在，也是历史学的魅力所在。乾嘉学派主盟学坛的一页，虽然已成历史陈迹，但是此一学派中人整理、总结中国数千年学术的卓著业绩和实事求是的为学风尚，则是中华民族一份极可宝贵的历史文化遗产。认真整理和总结这一份历史文化遗产，对于提高今日及尔后的学术研究水平，促进中华民族新文化的建设，无疑有其重要的借鉴意义。

学如积薪，后来居上。晚近数十年，随着学术研究的发展，重行编纂或订补之乾嘉学人年谱，每见问世。其中，诸如已故蒋天枢先生著《全谢山年谱》，陈鸿森先生著《清儒陈鳣年谱》《钱大昕年谱别记》《段玉裁年谱订补》，杨应芹先生著《戴东原年谱订补》，漆永祥先生著《江藩年谱》等，皆是不可多得之上乘佳构。据悉，由于影印版式或著作版权所限，此次均未能选入丛刊。他如弆藏别馆之年谱善本，如李穆堂、刘端临诸家，亦割爱于丛刊之外。每念及此，不胜惋惜。他日若蒙有力者以此为起点，多方合作，广肆搜寻，集四海公私弆藏于一堂，则翘首以待，日夕祝福。

陈祖武 谨识
2006年4月1日

原载《乾嘉名儒年谱》，北京图书馆出版社2006年7月版

《晚清名儒年谱》前言

国家图书馆弆藏之年谱珍本甚富，素为四方学人所重。最近，北京图书馆出版社自其间遴选晚清儒林名家诸谱，辑为《晚清名儒年谱》影印出版。嘉惠学林，推进学术，实为一桩很有益处的事情。

晚清七十年，中国社会经历了一场亘古未有的历史巨变。一时朝野俊彦，站在时代的前列，为中国社会之走出困境，谋求中国学术发展之新路，殊途同归，百家争鸣。晚近著名学者王国维先生论清代学术，以一"新"字而言晚清，得其大体，洵称不刊。七十年间，先是今文经学复兴同经世思潮崛起合流，从而揭开晚清学术之序幕。继之洋务思潮起，新旧体用之争，一度呈席卷朝野之势。而与之同时，会通汉、宋，假公羊以议政之风愈演愈烈，终成戊戌维新之思想狂飙。晚清的最后一二十年间，"以礼代理"之说蔚成风气，遂有黄以周《礼书通故》、孙诒让《周礼正义》出而集其大成。先秦诸子学之复兴，后海先河，穷源竟委，更成一时思想解放之关键。孙中山先生"三民主义"学说挺生其间，以之为旗帜，思想解放与武装抗争相辅相成，遂孕育武昌首义而埋葬清王朝。

有清一代学术，由清初顾炎武倡"经学即理学"开启先路，至晚清曾国藩、陈澧和黄式三、以周父子会通汉、宋，兴复礼学，揭出"礼学即理学"而得一总结。"以经学济理学之穷"的学术潮流，历时300年，亦随世运变迁而向会通汉、宋以求新的方向演进。腐朽的清王朝虽然无可挽回地覆亡了，然而立足当世，总结既往，会通汉、宋以求新的学术潮流，与融域外先进学术为我所有的民族气魄相汇合，中国学术依然在沿着自己独特的发展道路而曲折地前进。跟在别人的后面跑，数典忘祖，食洋不化，是永远不会有出路的，这不就是晚清七十年的学术给我们所昭示的真理吗！述往思来，鉴古训今。认真总结晚清七十年的学术史，对于今日及尔后中国学术和中国社会的发展，无疑是会有历史借鉴意义的。

本丛刊所选诸儒年谱，上起包世臣、陶澍，下迄梁启超、章太炎、王国维，凡78家、89种。诸家年谱或由谱主自订，或成于谱主之门生子侄，或系私淑、史家纂辑，详略不一，笔法各异。董理诸儒年谱，通过儒林中人不同际遇的考察，则可从不同角度，窥见晚清七十年中国社会和中国学术的演进历程，知人论世，弥足珍贵。当然，由于历史和认识的局限，其间亦难免曲笔失实之处。相信广大读者能够在阅读和研究这些年谱的过程中，予以实事求是的判断和评价。爬梳文献，假以时日，通过各方面专家学者艰苦的创造性劳动，若干旧谱的重订，新谱的补辑，当能取得后来居上的业绩。乾嘉诗坛大家赵翼有云："江山代有才人出，各领风骚数百年。"新时期的中国学术，必将才人辈出，著述如林，进一步走向繁荣兴旺。

陈祖武　谨识
2006年6月27日

原载《晚清名儒年谱》，北京图书馆出版社2006年12月版

《三礼馆：清代学术与政治互动的链环》序

乾隆初叶，三礼馆的设置，《三礼义疏》《大清通礼》的纂修，是关系乾隆一朝政治、社会和学术演进的大事，其影响则远远逾出高宗在位的60年。然而在迄今的清史研究中，对此一历史现象进行专题研究的学者还不多见，有分量的研究成果也嫌太少。有鉴于此，林存阳博士①在完成清初《三礼》学的研究之后，自2000年起，将其关注重心转移到此一课题上来。爬梳文献，刻苦钻研，历时7年而成此一具有创辟意义的研究成果。欣逢中国社会科学院建院30周年，院科研局遴选我院青年学者优秀论著，汇刊文库，存阳同志的研究成果荣幸入选。深信此一研究成果的刊布，对于方兴未艾的乾嘉学派研究会是一个有益的贡献。借此机会，我想就当前的乾嘉学派研究谈一些不成熟的看法，敬请各位批评指教。

一、乾嘉学派主盟学坛的历史原因

18世纪三四十年代以后，也就是中国清代的乾隆初叶以后，经史考证，蔚成风气，因而有乾嘉学派之谓。为什么会出现乾嘉学派主盟学坛的历史现象？20世纪初叶以来，我们中国的几代学人，都在不间断地寻求解决问题的答案。章太炎先生著《訄书》，最先议及这个问题，太炎先生说："清世，理学之言竭而无余华；多忌，故歌诗文史梏；愚

---

① 林存阳，中国社会科学院古代史研究所研究员、清史室主任。中国社会科学院研究生院历史系博士，师从陈祖武先生。

民，故经世先王之志衰。（原注：三事皆有作者，然其弗逮宋明远甚）家有智慧，大凑于说经，亦以纾死，而其术近工眇踔善矣。"章先生所做的回答，谈到了两个方面的原因，一方面是学术的原因；另一方面则是政治的原因。"理学之言竭而无余华"，讲的是学术原因，是说经过宋明数百年演进，入清以后，理学在理论上已经枯竭，不可能再有发展的空间。在这样的情况下，中国学术要继续往前走，就只有寻求其他途径。也就是说，17世纪中叶以后，用一种新的学术形态去取代理学，已经成为中国学术的时代要求。"多忌""愚民"云云，讲的都是明清更迭所酿成的政治原因。前者是就学术界所受的政治制约而言，因为统治者的政治高压，避忌太多，学术失去生机，万马齐喑；后者是就统治者推行的文化政策而言，由于愚民政策的需要，自然不提倡经世致用的学问。正是这学术、政治两方面因素的共同作用，造成了乾嘉诸儒"治经以纾死"的局面。

　　章太炎先生所谈上述两方面原因，无疑是正确的。只是因为此时章先生正倡导"革命排满"，对清政权成见太深，所以他没有，抑或是不愿意去考虑清中叶以后，迄于乾隆中，中国社会的由乱而治，相对稳定。正是看到了章先生论证的不周密，稍后，梁启超先生著《清代学术概论》《中国近三百年学术史》，一方面既承袭章太炎先生的意见，从学术和政治两方面去观察认识问题；另一方面又注意到社会相对稳定对学术发展的影响。梁先生就此提出了一个带有规律性的结论，他说："凡在社会秩序安宁、物力丰盛的时候，学问都从分析整理一路发展。乾、嘉间考证学所以特别流行，也不外这种原则罢了。"[1] 这样，梁先生便在探索解决问题的道路上，于学术、政治两方面的原因之外，又加上了社会经济方面的因素。

　　继章太炎、梁启超二位先生之后，钱穆先生及其高足余英时先生，

---

[1] 梁启超：《中国近三百年学术史》，东方出版社，1996年，第29页。

鞭辟近里，后来居上。无论是钱穆先生视宋明迄清代的社会与学术为一整体，凭以揭出"学术流变与时消息"和"不识宋学即无以识近代"的认识规律，还是余英时先生就学术演进而首次阐发的"内在理路"学说，皆领异立新，超迈前贤，把问题的探讨推向了前所未有的深度。

学术乃天下之公器，一致百虑，殊途同归。20世纪中叶以后，在钱先生、余先生深入开拓、精进不已的同时，中国大陆以侯外庐、杨向奎诸先生为代表的学者，秉持马克思主义唯物史观，亦在乾嘉学派研究中取得了卓著业绩。侯外庐先生论究乾嘉学派，首先提出并加以解决的问题，就是对18世纪中国社会基本状况的认识。侯先生从经济状况和阶级关系的剖析入手，认为从16世纪中叶以后，中国封建社会开始了它的解体过程。这是一个蹒跚而痛苦的过程。当历史演进到17世纪中叶，由于明清更迭所酿成的社会动荡，使中国社会一度出现民族矛盾激化的局面，因而历史的发展遂沿着更缓慢的途径前进。侯外庐先生说："在清初的大破坏时期和康熙朝后期若干年的相对安定时期，民族的压迫都使中国历史蹒跚不前。但这并不是说，清王朝一系列的镇压政策和统治阶级的主观愿望就能长久阻止客观历史的前进。18世纪的中国社会经济就呈现了复苏的景象，它有了恢复，甚至也有了发展。"[①]

通过对16世纪中叶以降，尤其是18世纪迄于19世纪初叶国情的研究，侯外庐先生得出了他观察18世纪中国社会的结论，那就是："18世纪的中国社会并不是所谓太平盛世。"[②] 以此为认识基点，侯先生进而论究18世纪的中国学术与中国社会的关系，提出了如下重要见解："18世纪的中国社会，是阶级矛盾和民族矛盾相交错的。从整个形势来看，这时清朝封建统治势力占有相对稳定的统治地位。从发展上看，这时资本主义的幼芽、市民的力量、农民的反抗活动则是在不可阻遏地生长

---

① 侯外庐：《中国思想通史》，人民出版社，1957年，第403页。
② 侯外庐：《中国思想通史》，人民出版社，1957年，第623页。

着。这种历史形势反映在当时的思想界,就是一方面有专门汉学之统治地位的形成;另一方面则有戴震、汪中、章学诚、焦循等人的哲学思想的出现。"① 侯先生此处所称"专门汉学",即指乾嘉学派而言。

20 世纪 80 年代末,祖武忝附诸位先进之骥尾,究心乾嘉学派与乾嘉学术。承前哲时贤数十年积累,复以一己不间寒暑之文献爬梳,多历年所,千虑一得,逐渐悟到在中国古代学术史上,乾嘉学派主盟学坛百年之久,实非一个偶然的历史现象。它是彼时特定的社会经济条件之下,为宋明以降学术演进的内在逻辑所制约,众多历史因素交互作用的结果。因此,我们论究乾嘉学派,不宜孤立地以某一方面的原因把问题简单化,而应当放开视野,多方联系,力求准确地把握历史合力的交汇点,揭示出历史的本质。

二、把握乾嘉时期学术主流的方法论

清代学术以总结整理中国数千年学术为基本特征,而最能体现此一历史特色者,则是乾嘉学派与乾嘉学术。唯其如此,章太炎先生《訄书》论清儒学术有云:"其成学著系统者,自乾隆朝始。"章先生虽没有具体说明这是一种什么样的学术系统,但是他接下来所说的"好博而尊闻","综形名,任裁断",已经隐约道出了乾嘉学派朴实考经证史的为学特色。梁启超先生继之而起,著《清代学术概论》《中国近三百年学术史》,将章先生的主张加以发挥,径称清代学术为考证学。认为:"我国自秦以后,确能成为时代思潮者,则汉之经学,隋唐之佛学,宋及明之理学,清之考证学,四者而已。"② 梁先生还将清代学术分为启蒙、全盛、蜕分、衰落四期,以乾嘉为全盛期,指出:"启蒙期之考

---

① 侯外庐:《中国思想通史》,人民出版社,1957 年,第 403 页。
② 梁启超:《中国近三百年学术史》,东方出版社,1996 年,第 14 页。

证学,不过居一部分势力,全盛期则占领全学界。故治全盛期学史者,考证学以外,殆不必置论。"① 又说:"乾嘉间之考证学几乎独占学界势力,……可以说是清代三百年文化的结晶体。"②

章、梁二位先生,尤其是梁先生对乾嘉学术主流的把握,20世纪初叶以来,一直为学术界所认可。最近十多年间,中国学术界重新审视乾嘉学派与乾嘉学术,一些学者,尤其是年轻俊彦,不再沿袭章、梁二家之说,试图表彰此一时期的经世思想,重评文字狱,进而提出乾嘉时期存在一个新义理学的主张。这样一来,什么是乾嘉时期的学术主流就成了问题。

对于今日学术界年轻朋友的学术创新精神,祖武十分敬重,没有这样的精神,学术研究就无从推进。然而学术创新的实现,必须建立在坚实的文献基础上,需要我们付出长期的、艰苦的创造性劳动。如何去把握乾嘉时期的学术主流,亦是如此。在这个问题上,恐怕首先要解决一个方法论的问题。具体地讲,就是采用习惯的吴皖分派方法,还是要把乾嘉学派与乾嘉学术视为一个历史过程。

20世纪20年代以前,章太炎先生、梁启超先生等前辈大师,皆以吴皖分派法来谈乾嘉学派与乾嘉学术。30年代中,钱穆先生从章、梁二先生之忽略处入手,着意论究惠栋于戴震为学的影响,提出"吴皖非分帜"的主张,将研究引向了深入。

20世纪50年代中,侯外庐先生以章太炎、梁启超、钱穆三位先生之研究所得为起点,继续向纵深推进。一方面既充分尊重前人的劳作,沿用吴、皖分派的思路,从为学路数和旨趣上去认识乾嘉学术;另一方面,他又选取乾嘉时代的几位主要思想家,如戴震、汪中、章学诚、焦循、阮元等,去进行专题研究。通过探讨诸家思想、学术之个性和贡

---

① 梁启超:《清代学术概论》,《民国丛书》第一编,上海书店,1989年,第50—51页。
② 梁启超:《中国近三百年学术史》,东方出版社,1996年,第29页。

献，侯先生提出了若干具有创获意义的重要见解。其中，如下两个见解，对于深化乾嘉汉学的研究，尤为重要。第一个见解是："汉学是始于惠栋，而发展于戴震的"，"戴学在思想史的继承上为惠学的发展"。第二个见解是："阮元是扮演了总结18世纪汉学思潮的角色的。如果说焦循是在学说体系上清算乾嘉汉学的思想，则阮元是在汇刻编纂上结束乾嘉汉学的成绩。他是一个戴学的继承者，并且是一个在最后倡导汉学学风的人。"[①]这就是说，乾嘉汉学肇始于惠栋，经戴震加以发展，至焦循、阮元而进行总结，方才走完其历史道路。

这两个重要见解，突破吴、皖分派的旧有格局，为把乾嘉学派和乾嘉学术作为一个历史过程来进行研究开了先河。这是侯外庐先生在乾嘉汉学研究中的一个重大贡献，其思想史和学术史上的意义不可低估。20世纪60年代初，先师杨向奎先生同外庐先生相呼应，在《新建设》杂志1964年7月号上发表了《谈乾嘉学派》一文。文中，向奎先师说："历来谈乾嘉学派的，总是说这一个学派有所谓吴派、皖派之分。其实，与其这样按地域来划分，还不如从发展上来看它前后的不同，倒可以看出它的实质。"令人惋惜的是，侯、杨二位大师的研究意见，尚未在学术界激起共鸣，一场民族文化的浩劫便轰然而起。

改革开放的正确决策，赢得了中国社会和中华民族的巨大进步。秉承侯、杨二位先生之教，1992年冬，祖武初次赴台问学，在"中研院"文哲所召开的"清代经学研讨会"上，以《乾嘉学派吴皖分野说商榷》为题请教。拙文有云："在中国学术史上，乾嘉学派活跃于18、19两个世纪间的学术舞台，其影响所及，迄于20世纪中而犹存。作为一个富有生命力，且影响久远的学术流派，它如同历史上的众多学派一样，也有其个性鲜明的形成、发展和衰微的历史过程。这个过程错综复杂，跌宕起伏，显然不是用吴皖分野的简单归类所能反映的。"因此，祖武在

[①] 侯外庐：《中国思想通史》，人民出版社，1957年，第414、629、577页。

讲坛呼吁："从历史实际出发，对各家学术进行实事求是的具体研究。其中既包括对众多学者深入的个案探讨，也包括对学术世家和地域学术的群体分析，从而把握近百年间学术演进的源流，抑或能够找到将乾嘉学派研究引向深入的途径。"也正是沿着这样的方向努力，最近五六年间，祖武同敝所几位年轻学人合作，完成了《乾嘉学术编年》的结撰。全书上起乾隆元年（1736），下迄道光十九年（1839），我们试图通过这 100 余年间学术史资料的长编，把乾嘉学派与乾嘉学术演进的历史过程记录下来。至于这一思想是否得到了实现，还要请学术界的朋友们多多指教。

三、19 世纪初叶中国学术的困境

乾隆末、嘉庆初，当中国社会进入 19 世纪门槛的时候，经籍考证如日中天的历史时期已经过去，乾嘉学派步入了总结和衰微的阶段。一如此一历史时期中国社会的危机迭起，衰相毕露，中国学术亦陷入了前所未有的困境。

早在乾隆四十年代末，《四库全书》馆臣程晋芳撰《正学论》，即对风靡朝野的汉学（亦即考证学）提出质疑。他说："海内儒家，昌言汉学者几四十年矣。其大旨谓，唐以前书皆尺珠寸璧，无一不可贵。由唐以推之汉，由汉以溯之周秦，而《九经》《史》《汉》，注疏为之根本，宋以后可置勿论也。呜呼！为宋学者未尝弃汉唐也，为汉学者独可弃宋元以降乎！然而学士大夫，相率而趋，同辙合涂，莫有异者，何也？"稍后，程晋芳故世，同为旧日馆臣的翁方纲撰文与之相呼应，指出："凡嗜学多闻之士，知考订者，辄多厌薄宋儒以自憙，今日学者之通患也。"嘉庆十九年（1814），体仁阁大学士、国史馆总裁曹振镛，以史馆所拟《儒林传目》咨询翁方纲。翁氏复书力倡以义理为依归，反对专走考证一路，据称："墨守宋儒，一步不敢他驰，而竟致有束汉唐注疏于高阁，叩以名物器数而不能究者，其弊也陋。若其知考证矣，而骋异闻，侈异说，渐致自外于程朱而恬然不觉者，其弊又将不可究极矣。"① 与之相后先，则是姚鼐视汉学为"异道"，斥作"今日之患"。嘉庆十四年（1809），安徽重修安庆府儒学成，姚鼐代巡抚董教增撰文云："近时阳明之焰熄，而异道又兴。学者稍有志于勤学法古之美，则相率而竞于考证训诂之途，自名汉学，穿凿琐屑，驳难猥杂。其行曾不能望见象山、阳明之伦，其识解更卑于永嘉，而辄敢上诋程朱，岂非今日之患哉！"②

在乾嘉学术史上，章学诚的一生几乎与考据学的兴衰相始终。他同一时主流学派中人，始而过从甚密，继之渐生龃龉，终至分道扬镳，成为考据学风的不妥协批评者。章学诚于嘉庆六年（1801）病逝，去世前数年，几乎每年皆撰文抨弹一时学风。嘉庆元年（1796），章学诚致书汪辉祖，将一时考证学风喻为"桑蚕食叶而不能抽丝"，据称："近日学者风气，征实太多，发挥太少，有如桑蚕食叶而不能抽丝。故近日颇劝同志诸君多作古文辞，而古文辞必由纪传史学进步，方能有得。"③ 同年，章学诚撰《淮南子洪保辨》，主张"君子之学，贵辟风气"。他说："君子之学，贵辟风气，而不贵趋风气也。……天下事，凡风气所趋，虽善必有其弊。君子经世之学，但当相弊而救其偏。"④ 翌年三月，章学诚有书答朱锡庚，于考证学中戴震、程瑶田、洪亮吉、孙星衍诸家，多所訾议，表示："弟犹不免论辨，若以争胜然者，实欲为世风作小维挽耳。故上尚书启事，极论今之士习文风，所争不在小也。"⑤ 嘉庆二年（1797），章学诚以《文史通义》初刻稿送钱大昕，并致书阐发著

---

① （清）翁方纲：《复初斋文集》卷十一《与曹中堂论儒林传目书》。
② （清）姚鼐：《安庆府重修儒学记》，《皇朝经世文编》卷二。
③ 《与汪龙庄书三月》，（清）章学诚：《文史通义新编》，上海古籍出版社，1993年，第563页。
④ 《淮南子洪保辨》，（清）章学诚：《文史通义新编》外篇一，上海古籍出版社，1993年。
⑤ 《又答朱少白书》，（清）章学诚：《文史通义新编》外篇三，上海古籍出版社，1993年，第650页。

述宗旨，重申："惟世俗风尚，必有所偏。达人显贵之所主持，聪明才隽之所奔赴，其中流弊，必不在小。载笔之士，不思救挽，无为贵著述矣。"① 嘉庆五年（1800），再撰长文论浙东学术，系统地提出"史学所以经世"的主张。他的结论是："史学所以经世，固非空言著述也。且如六经，同出于孔子，先儒以为，其功莫大于《春秋》，正以切合当时人事耳。后之言著述者，舍今而求古，舍人事而言性天，则吾不得而知之矣。学者不知斯义，不足言史学也。"② 章学诚谢世之前，因病目不能手书，遂口授邵晋涵生平学行，由其子贻选笔录为《邵与桐别传》。文中，喟叹："嗟乎？昊天生百才士，不能得一史才，生十史才，不能得一史识，有才有识如此而又不佑其成，若有物忌者然，岂不重可惜哉？"③ 这与其说是挚友亡故之哀痛，倒不如说是章学诚一生积郁之长抒。

类似上述诸家之主张，检索乾嘉学术文献，所在多有，不遑备举。足见18世纪末、19世纪初，质疑和否定主盟学坛的考证学，已经是中国学术界存在的一个普遍倾向。唯其如此，不唯一时宋学中人诋斥其病痛无异词，而且汉学中人于自家学派积弊亦多所反省。凌廷堪、焦循、王引之诸儒，不谋而合，此呼彼应，皆有高瞻远瞩之论。

凌廷堪为徽州戴门后学，早在乾隆五十八年（1793）夏，他即对一时学风痛下针砭，指出："读《易》未终，即谓王、韩可废。论《诗》未竟，即以毛、郑为宗。《左氏》之句读未分，已言服虔胜杜预。《尚书》之篇次未悉，已云梅赜伪《古文》。甚至挟许慎一编，置九经而不习。忆《说文》数字，改六籍而不疑。不明千古学术之源流，而但以讥弹宋儒为能事，所谓天下不见学术之异，其弊将有不可胜言者。"④ 焦循随之而起，乾隆六十年春，致书孙星衍，指斥以考据名学之非，主张以

---

① 《上辛楣宫詹书》，（清）章学诚：《文史通义新编》，上海古籍出版社，1993年，第529页。
② （清）章学诚：《文史通义》卷五《浙东学术》。
③ （清）章学诚：《章学诚遗书》卷十八《邵与桐别传》，文物出版社，1985年，第177页。
④ （清）凌廷堪：《校礼堂文集》卷二十三《与胡敬仲书》。

经学名清儒学术。他说:"本朝经学盛兴,在前如顾亭林、万充宗、胡朏明、阎潜丘。近世以来,在吴有惠氏之学,在徽有江氏之学、戴氏之学。精之又精,则程易畴名于歙,段若膺名于金坛,王怀祖父子名于高邮,钱竹汀叔侄名于嘉定。其自名一学,著书授受者,不下数十家,均异乎补苴掇拾者之所为。是直当以经学名之,乌得以不典之称之所谓考据者,混目于其间乎!"① 嘉庆元年(1796),焦循有书致刘台拱,再斥以考据名学之非,据称:"乃近来为学之士,忽设一考据之名目。循去年在山东时,曾作札与孙渊如观察,反复辨此名目之非。盖儒者束发学经,长而游于胶庠,以至登乡荐,入词馆,无不由于经者。既业于经,自不得不深其学于经。或精或否,皆谓之学经,何考据之云然!"② 嘉庆三年(1798)三月,焦循在致王引之书中,重申前说,力主"芟此考据之名目,以绝门户声气之习"。嘉庆九年(1804)夏,他再度致书王引之,批评惠栋《周易述》之拘执,指出:"东吴惠氏为近代名儒,其《周易述》一书,循最不满之。大约其学拘于汉之经师,而不复穷究圣人之经。譬之管夷吾名尊周,实奉霸耳。大作(引者按:指引之《经义述闻》)出,可以洗俗师之习矣。"③ 十月,王引之复书焦循,唱为同调,亦云:"惠定宇先生考古虽勤,而识不高,心不细,见异于今者则从之,大都不论是非。……来书言之,足使株守汉学而不求是者爽然自失。"④

继惠、戴之后,凌、焦、王皆一时经学大儒。以汉学俊彦而群起批评一己学派之弊短,说明一个学术转变的新时期已经来临。当此风气转换之际,于嘉庆中硕果犹存的戴震弟子段玉裁,其晚年之论学主张,最能窥见 19 世纪初叶中国学术面临的困境。以往我们中国学者论乾嘉学派,每多忽视段玉裁晚年的思想。1976 年 6 月,钱穆先生发表之《读

---

① (清)焦循:《雕菰集》卷十三《与刘端临教谕书》。
② (清)焦循:《雕菰集》卷十三《与刘端临教谕书》。
③ 罗振玉:《昭代经师手简二编》。
④ 王引之:《王文简公文集》卷四《与焦里堂先生书》。

段懋堂经韵楼集》，最先将此一问题揭出。

嘉庆十四年（1809），段玉裁时年75岁。是年，段玉裁于《经韵楼集》留有三篇文字，其一为《娱亲雅言序》，其二为《博陵尹师所赐朱子小学恭跋》，其三为《答顾千里书》。三文或批评"今之言学者，身心伦理不之务，谓宋之理学不足言，谓汉之气节不足尚，别为异说，簧鼓后生。此又吾辈所当大为之防者"；或表彰朱子《小学》"集旧闻，觉来裔，本之以立教，实之以明伦敬身，广之以嘉言善行。二千年圣贤之可法者，胥于是在"；或告诫年轻俊彦须读"子朱子《小学》"，指出"未有无人品而能工文章者"。正是以此三文为依据，钱穆先生论证，段懋堂"其心犹不忘宋儒之理学"，"一瓣心香之深入骨髓可知"。

由此而进，钱先生再合观段氏先前所撰《戴东原集序》《刘端临先生家传》二文，并通过考察段玉裁与同时诸大儒之往还，从而得出段氏为学及一时学风之重要判断："懋堂之学术途径与其思想向背，自始以来，显无以经学、理学相对抗意。而其同门如王石臞，至好如刘端临，亦皆绝不作此想。此可知当时之学风也。"继之，钱先生又以宝应刘氏、高邮王氏家学之传衍为据，指出"治经学而不蔑理学"，乃乾嘉间高邮、宝应两邑之学风。钱先生说："是宝应刘氏，自端临、楚桢、叔俛三世，家教相传，正犹如高邮王氏，自安国、石臞、伯申三世之家教相传，治经学而不蔑理学也。"

钱先生探讨段玉裁与理学之因缘，进而据以观察乾嘉间之江南学风，不唯深化了段玉裁学行的研究，而且也为研究乾嘉学派与乾嘉学术开辟了新的路径。钱先生所示范的为学方法告诉我们，研究乾嘉学派与乾嘉学术，应当注意考察理学与经籍考证之关系，以及彼此渗透所演成之学风变迁。迄于19世纪初叶，当中国学术已经深陷困境，学林中人却依然在汉宋学术间徘徊，甚至沉溺"理学中兴"的梦幻，这是历史的悲剧，乃时代使然。正如钱穆先生所论："道咸以下，乃方拘拘焉又欲蔑弃乾嘉以复宋明，更将蔑弃阳明以复考亭。所弃愈多，斯所复愈狭，是岂足以应变而迎新哉！"①

20世纪80年代，台北"中研院"史语所陈鸿森教授，沿钱先生所开路径而进，爬梳文献，多方搜讨，终于获得重要之学术发现。根据鸿森先生之研究所得，先于钱先生所揭嘉庆十四年之段氏三文，之前一年，段玉裁即在致王念孙书中，以"剿说汉学"与河患并提，同指为一时社会病痛，主张"理学不可不讲"。据云："今日之弊，在不尚品行政事，而尚剿说汉学，亦与河患相同。然则理学不可不讲也，执事其有意乎？"迄于嘉庆十九年（1814）段氏80岁，此念愈深且更其明确。是年九月，段玉裁有书复闽中陈寿祺，重申："愚谓今日大病，在弃洛、闽、关中之学不讲，谓之庸腐。而立身苟简，气节败，政事芜，天下皆君子，而无真君子，未必非表率之过也。故专言汉学，不治宋学，乃真人心世道之忧，而况所谓汉学者，如同画饼乎！"②以汉学大师而抨击汉学弊病，昌言讲求宋儒理学，足见嘉庆中叶以后，学风败坏，已然非变不可。

古往今来，学术前辈们的实践一再告诉我们，学术文献乃治学术史之依据，唯有把学术文献的整理和研究工作做好，学术史的研究才能够建立在可靠的基础之上。鉴于近一二十年间的乾嘉学派研究，起步甚速，文献准备尚不充分，2002年，祖武在台湾高雄中山大学参加第七届清代学术研讨会，曾提出进一步做好乾嘉学术文献整理和研究工作的建议，以与出席会议的学人共勉。我想，经过学术界的共同努力，循序渐进，持之以恒，我们的乾嘉学派研究定然会创造出一个可以告慰前贤的局面来。

历史学最讲究学术积累，实事求是，无征不信。由于研究对象的错综复杂，形态万千，研究者为主客观条件所制约，立场不同，取径各

---

① 钱穆：《清儒学案序目》卷首《序》。
② 陈鸿森：《钱大昕年谱别记》。

异,因而对同样一个历史现象的认识,往往各式各样。即使一致百虑,殊途同归,其史料别择、谋篇布局、论证方式、行文风格,等等,也断然不会千人一面,都按照某种预设的体系、构想去展开。否则学术研究也就失去其历史价值了。具体到乾嘉学派研究而言,我们迄今所能看到的研究成果,甚至是论题相近的专著,诸如郭康松、漆永祥、刘玉才、罗检秋、罗炳良、刘墨等各位博士的大作,当然也包括存阳博士的新著,无一不风格各异,自成方圆。据知,在德高望重的老前辈祁龙威教授主持之下,扬州大学诸位学术俊彦结撰中的《清代朴学志》,其用力所在也与之前各家不同。我想,这大概就应该叫作百花齐放、百家争鸣。古往今来的学术史已经证明,这是学术发展的康庄大道,循此以往,风光无限。

存阳博士的新著出版在即,谨书此以充同调,并奉以就教四方大雅。

陈祖武谨识
2007 年 8 月 5 日

原载《三礼馆:清代学术与政治互动的链环》,社会科学文献出版社 2008 年 5 月版

《中国学案史》（修订本）前言

中国历代史籍，不唯以浩如烟海而令人叹为观止，而且还以其编纂体裁的完备而自豪于世。编年、纪传、纪事本末若三足鼎峙，源远流长，争奇斗妍，为史籍编纂确立了基本格局。其间所派生的各种专史，或通古为体，或断代成书，或记一族一姓，或述一地一时，博及政治、经济、军事、学术文化诸领域，琳琅满目，美不胜收。晚近以来，又融域外史籍编纂之精华为我所有，推陈出新，别辟蹊径，开创了中国历史编纂学的新局面。作为古代学术史的特有编纂形式，学案体史籍的兴起，是宋、元以后的事情。南宋朱子著《伊洛渊源录》开其端，明、清间周汝登、孙奇逢以《圣学宗传》《理学宗传》畅其流，至黄宗羲《明儒学案》出而徽帜高悬。乾隆初，全祖望承宗羲父子未竟之志成《宋元学案》，学案体史籍臻于大备。清亡，徐世昌网罗旧日词臣辑《清儒学案》，学案体史籍至此极度成熟。梁启超并时而起，融会中西史学，以《中国近三百年学术史》而别开新境，学术史编纂最终翻过学案体之一页，迈入现代史学的门槛。

谈中国学案史而推祖于朱熹《伊洛渊源录》，自梁启超先生首倡，今日已成史学界共识。然若究其发轫，则渊源甚远，来之有自。诸如先秦诸子之述学，汉唐纪传体史籍的挺生，佛家宗史、灯录的风行，北宋中理学的崛起，等等，凡此皆从不同角度为其提供了文献学和思想史的依据。在中国学术史上，学案体史籍经历了漫长的形成和发展过程。见盛观衰，述往思来，认真回顾这一历史过程，总结其间的成败得失和学术规律，对于推动学术史研究的深入，无疑是会有益处的。

20世纪90年代初，笔者曾就此做过一次梳理尝试。承台湾文化大学邱镇京教授错爱，拙稿《中国学案史》有幸送请台北文津出版社付梓。自 1994 年习作在台湾问世，十余年过去，研究中国学案史，在今日的中国学术史研究中，依然还是一个可以深入开拓的领域。由于研究对象处于思想史、哲学史和史学史、文献学的交汇点上，随着学术史研究向纵深推进，它愈益吸引研究者的注意。有鉴于此，遵中国出版集团东方出版中心莫贵阳先生之嘱，谨将旧日书稿酌加增删，订讹正误，奉呈读者诸高贤，敬请方家大雅多赐教言。

陈祖武　谨识
2008 年 5 月 6 日

原载《中国学案史》（修订版），东方出版中心 2008 年 12 月版

《清初遗民社会》序

孔定芳博士[①]早年师从熊铁基先生问秦汉史，后负笈京城，与祖武共学，究心清儒学术。2005年，远涉南洋，以博士后研究学人身份前往新加坡国立大学，与李焯然教授同治明清文化史。2008年学成返乡，报效祖国，执教于中南民族大学。近者，欣悉定芳博士结撰之大著《清初遗民社会》竣稿，行将送请湖北人民出版社付梓，嘱祖武撰文共勉。谨以近日读书札记一则奉附骥尾，以与定芳教授唱为同调。

黄宗羲为清初遗民社会中之学术大家，所著《明儒学案》，匠心独运，洵称不朽。一部《明儒学案》，上起《师说》，下迄《蕺山学案》。何谓师说？顾名思义，乃黄宗羲业师刘宗周对一代儒林中人的评说。《师说》所论一代学人，冠以明初方孝孺，而《蕺山学案》案主则是刘宗周。方孝孺于明初死节，刘宗周则于明亡殉国，同是儒林中人，一在明初，一在晚明，后先辉映，光照千秋。黄宗羲著《明儒学案》，选择这样一个布局，恐非寻常之属辞比事，抑或另有深意寄寓其间。

黄宗羲之于方孝孺，评价极高，不唯取与南宋朱子并称，目为"有明之学祖"，而且径称"千载一人"。据云："先生直以圣贤自任……持守之严，刚大之气，与紫阳相伯仲，固为有明之学祖也。"在黄宗羲看来，方孝孺的历史地位远非朱明一代兴亡所能范围，因此，他引述明儒蔡清的话说："如逊志者，盖千载一人也。"[②]黄宗羲之所以要用"千载

[①] 孔定芳，中南民族大学民族学与社会学学院历史系教授。中国社会科学院研究生院历史系博士，师从陈祖武先生。

[②] 黄宗羲：《明儒学案》卷四十三《诸儒学案上一·文正方正学先生孝孺》，中华书局，1985年。

一人"来作方孝孺的历史定论,实为其师说之发扬光大,源头乃在刘宗周。一如蔡清,刘宗周评价方孝孺,亦用了四个字,那就是"千秋正学"。宗周说:"先生禀绝世之资,慨焉以斯文自任……既而时命不偶,遂以九死成就一个是,完天下万世之责。其扶持世教,信乎不愧千秋正学者也。考先生在当时已称程、朱复出,后之人反以一死抹过先生一生苦心,谓节义与理学是两事,出此者入彼,至不得与扬雄、吴草庐论次并称。于是成仁取义之训为世大禁,而乱臣贼子将接踵于天下矣,悲夫!"①这就是说,评价方孝孺必须将节义与理学合为一体,切不可忘掉"成仁取义"的古训。

其实,岂止是对方孝孺,探讨黄宗羲的《明儒学案》,如果我们从节义与理学相结合的角度,用"成仁取义"四个字去观察著录诸儒,那么贯穿全书的红线,便会跃然纸上。

先看卷六十二之《蕺山学案》,书中记案主刘宗周死节事甚详,从"南渡,起原官",一直记到清兵入浙,"绝食二十日而卒",从容坦荡,视死如归。据该案记:"浙省降,先生恸哭曰:'此余正命之时也。'门人以文山、叠山、袁闳故事言,先生曰:'北都之变,可以死,可以无死,以身在削籍也。南都之变,主上自弃其社稷,仆在悬车,尚曰可以死,可以无死。今吾越又降,区区老臣,尚何之乎?若曰身不在位,不当与城为存亡,独不当与土为存亡乎?故相江万里所以死也。世无逃死之宰相,亦岂有逃死之御史大夫乎?君臣之义,本以情决,舍情而言义,非义也。父子之亲,固不可解于心,君臣之义,亦不可解于心。今谓可以不死而死,可以有待而死,死为近名,则随地出脱,终成一贪生畏死之徒而已矣。'绝食二十日而卒,闰六月八日戊子也,年六十八。"②刘宗周绝食殉国,正气耿然,确乎将节义与理学合为一体,

---

① 黄宗羲:《明儒学案》卷首《师说·方正学孝孺》,中华书局,1985年。
② 黄宗羲:《明儒学案》卷六十二《蕺山学案》,中华书局,1985年。

成就了实践"成仁取义"古训之千秋楷模。

再以《东林学案》为例,该案卷首总论,黄宗羲写下了一段痛彻肺腑的感言,他说:"熹宗之时,龟鼎将移,其以血肉撑拒,没虞渊而取坠日者,东林也。毅宗之变,攀龙髯而薜蝼蚁者,属之东林乎?属之攻东林者乎?数十年来,勇者燔妻子,弱者埋土室,忠义之盛,度越前代,犹是东林之流风余韵也。一堂师友,冷风热血,洗涤乾坤,无智之徒,窃窃然从而议之,可悲也夫!"① 天启间,案主之一高攀龙为抗议权奸魏忠贤倒行逆施,舍身取义,"夜半书遗疏,自沉止水",且留下正命之语云:"心如太虚,本无生死。"② 有其师必有其弟子,攀龙弟子华允诚,案中记其死节云:"改革后,杜门读《易》。越四年,有告其不剃发者,执至金陵,不屈而死。先生师事高忠宪,忠宪殉节,示先生以末后语云:'心如太虚,本无生死。'故其师弟子之死,止见一义,不见有生死。"③

无独有偶,《东林学案》另一案主顾宪成,有弟子吴钟峦,黄宗羲亦将其死节事记入案中。据宗羲记,钟峦为明崇祯七年(1634)进士,官至桂林推官。明亡,遁迹海滨,投笔从戎,抗击南下清军。舟山兵败,顺治八年(1651)"八月末,于圣庙右庑设高座,积薪其下。城破,捧夫子神位,登座危坐,举火而卒,年七十五"。钟峦就义前,曾与黄宗羲"同处围城,执手恸哭"。后宗羲返四明山,幸免于难。正如黄宗羲在吴氏小传末所记:"某别先生,行三十里,先生复棹三板追送,其语痛绝。薛谐孟传先生所谓'呜咽而赴四明山中之招者',此也。呜呼!先生之知某如此。今抄先生学案,去之三十年,严毅之气,尚浮动目中也。"④

---

① 黄宗羲:《明儒学案》卷五十八《东林学案》卷首总论,中华书局,1985年。
② 黄宗羲:《明儒学案》卷五十八《东林学案一·忠宪高景逸先生攀龙》,中华书局,1985年。
③ 黄宗羲:《明儒学案》卷六十一《东林学案四·郎中华凤超先生允诚》,中华书局,1985年。
④ 黄宗羲:《明儒学案》卷六十一《东林学案四·宗伯吴霞舟先生钟峦》,中华书局,1985年。

他如金铉、黄道周、金声，或明亡投水自尽，或抗清兵败不屈赴死，其学行皆一一载入《明儒学案》。尤可注意者，则是《明儒学案》著录晚明儒林中人，其下限已至入清30余年后方才辞世的孙奇逢。明清更迭，由明而入清的儒林中人，遍及南北，比比皆是，《明儒学案》何以独取孙奇逢入案，与前引以身殉国的刘宗周、华允诚、吴钟峦诸家共入一编？确乎发人深省。梳理孙奇逢学行，尤其是入清以后的经历，抑或可以找到问题的答案。

孙奇逢，字启泰，号钟元，保定府容城人。生于明万历十二年（1583），二十八年（1600）举乡试，迄于明亡，迭经会试而不第。天启间，宦官祸国，朝政大坏。魏忠贤兴起大狱，逮廷臣杨涟、左光斗、魏大中等，酷刑摧残。左光斗、魏大中皆奇逢友，光斗弟光明、大中子学洢先后来容城求救。奇逢挺身而出，与鹿正、张果中竭力保护二家子弟，一面倡议酾金营救，一面促大学士孙承宗兵谏施压。义声震动朝野，时有"范阳三烈士"之目。崇祯间，奇逢为国分忧，多次在乡组织义勇，抗御清军袭扰。入清，顺治元年（1644）九月，经巡按御史柳寅东举荐，奉旨送内院，吏部启请擢用，令有司敦促就道。奇逢矢志不仕清廷，推病坚辞。二年（1645）三月，再经举荐，奉旨送内院考试，依然称病不出。国子祭酒薛所蕴谦然让贤，荐举奇逢代主讲席，亦为奇逢婉拒。三年（1646），家园被占，含恨南徙。九年，定居河南辉县苏门山之夏峰。

定居夏峰，孙奇逢已届古稀之年。此后20余年间，奇逢在夏峰聚族而居，迄于康熙十四年（1675），课徒授业，著述终老，享年92岁。同刘宗周、华允诚、吴钟峦诸家相比，入清以后，孙奇逢虽未"成仁取义"，一死报国，然而他却能将节义与理学合为一体，终身固守遗民矩矱，矢志不仕清廷。这与黄宗羲入清以后的立身大节，南北呼应，若合符契。黄宗羲认为："亡国之戚，何代无之？使过宗周而不悯《黍离》，陟北山而不忧父母，感阴雨而不念故夫，闻山阳笛而不怀旧友，是无人心矣。故遗民者，天地之元气也。然士各有分，朝不坐，宴不与，士之分亦止于不仕而已。"① 宗羲肯定"遗民"是天地的元气，在他看来，当明清易代之后，儒林中人只要不到清廷做官，就可以无愧于"遗民"之称了。

足见，黄宗羲晚年著《明儒学案》，之所以倡导将节义与理学合为一体，恪守"成仁取义"古训，以孙奇逢为著录下限，其深义乃在于要为天地保存这样一分可以传之久远的元气。

一孔之见，未必允当，敬请方家大雅并定芳博士指教。

陈祖武　谨识

2009 年 7 月 6 日于京东潘家园

原载《清初遗民社会》，湖北人民出版社 2009 年 7 月版

---

① 黄宗羲：《南雷文定后集》卷二《谢时符先生墓志铭》。

《国家图书馆藏钞稿本乾嘉名人别集丛刊》序

有清一代，乾隆、嘉庆两朝，迄于道光初的百余年间，才人辈出，著述如林，是我国古代文化发展的最后一个鼎盛时期。此一历史时期的众多学人，或专家绝学，终身以之，或义理、考据、辞章，在在当行，一致百虑，殊途同归，对中国数千年学术进行了一次成功的总结和整理。在董理历代典籍的艰苦劳作中，一代又一代的儒林中人，穷经究史，通贯百家，业绩超迈宋明而有乾嘉学派之谓。最近二三十年间，随着学术史研究的复兴，乾嘉学派与乾嘉学术的重新审视，愈益引起海内外学术界的关注，论著接踵，方兴未艾。近者，为了推进这一领域研究的深入，国家图书馆组织专家，将国家图书馆所弆藏之乾嘉时期著名学人钞稿本别集精心遴选，汇为丛刊予以影印。

全书所选，上起乾隆初名儒方苞、顾栋高、程廷祚，中经乾嘉间学坛中坚卢文弨、钱大昕、姚鼐，下迄道光初总结乾嘉学术之阮元、王念孙、王引之、江藩、刘宝楠诸儒，凡收63家钞稿本别集89种。其中，除少数大家、名家遗著刻本，最近二三十年间已陆续整理刊行外，绝大多数别集尚未及整理问世。尤其是诸家别集之钞稿本，为客观条件所限制，不唯未获整理，而且亦读之非易，弥足珍贵，其文献学价值亟待深入挖掘和研究。因之，此次丛刊的问世，既是古籍整理出版的一项可喜新成果，也是嘉惠学林、有益学术的一桩大好事，值得庆贺。

我们中国是一个历史悠久的文明古国，文化典籍世代相传，汗牛充栋，气象万千。这是传承中华文明，弘扬优秀文化传统，发展中国特色社会主义文化，实现中华民族伟大复兴的宝贵文化遗产。认真做好历代典籍的保护、整理、研究和出版，是当代我国学术界和文化出版界的共同时代责任。年初，欣悉就中华书局组织的《二十四史》暨《清史稿》整理本修订工作，温家宝总理曾有如下重要批示："致力弘扬中华传统文化，努力提高古籍整理出版水平。"温总理的这一批示，为全国的古籍整理和出版工作进一步指明了方向，顺乎民心，合乎民意，使广大古籍整理和出版工作者深受鼓舞。

《国家图书馆藏钞稿本乾嘉名人别集丛刊》的精心编选，精心印制，精心出版，正是国家图书馆和国家图书馆出版社切实贯彻温家宝总理批示精神的一个具体行动。我们只要始终如一地遵循温总理指明的方向努力，以对国家和民族高度负责任的精神，兢兢业业地去致力于古籍整理、研究和出版，我们的工作水平就能不断提高，对国家和民族的贡献也就会越来越大。

《丛刊》出版在即，遵编者之嘱，谨赘数语忝附骥尾，既志祝贺，亦申敬佩和感激。

陈祖武　谨识
2010 年 4 月 5 日

原载《国家图书馆藏钞稿本乾嘉名人别集丛刊》，国家图书馆出版社 2010 年 11 月版

《皖派学术与传承》序

安徽大学徐道彬教授[①]，先前专攻戴东原学术，以力作《戴震考据学研究》而深为四方学人赞许。此后又负笈金陵，北上京师，问学于宿儒与俊彦，将先前之研究加以拓展和深化，视野所至，博及乾嘉时期之江南考据学风。近者，欣悉道彬教授新著《皖派学术与传承》，行将由黄山书社出版。遵嘱，谨将往日读书所得忝附骥尾，既志祝贺，亦敬请道彬并四方大雅先进赐教。

清朝的乾隆初叶，也就是18世纪的30至60年代，在中国学术史上，曾经出现过一个古学复兴的潮流。这个学术潮流由江南中心城市发端，沿大运河由南而北，直入京城，在取得最高统治集团的认可之后，演为清廷的文化政策。于是朝野共鸣，四方流播，最终形成盛极一时的经史考证之学，因此拔宋帜而立汉帜，遂有汉学、朴学之谓。晚近治学术史之前辈诸大家，乃径称之为乾嘉学派。探讨乾隆初叶，古学复兴潮流在江南中心城市的形成过程，对于推进乾嘉学派与乾嘉学术研究的深入，或许不无益处。

一、兴复古学之前驱

明清时期，江苏苏州以富庶的经济、便利的交通和久远而深厚的文化积累，成为包孕吴越的人文渊薮。乾隆初叶的古学复兴潮流，即肇端于此。

[①] 徐道彬，安徽大学徽学研究中心研究员。

当明末季，中国社会步入一个大动荡的历史时期。入清之初，经历明清更迭的天翻地覆，阳明心学乃至整个宋明理学趋于没落，客观地提出了吾国学术何去何从的问题。由于此一时期中国社会、经济、政治、文化诸多方面发展水准的制约，决定了在封建社会的小农经济基础之上，不可能产生比宋明理学思维水准更高的学术形态。因此，一时学林中人反思宋明学术，歧路彷徨，无所适从，既没有也不可能看到学术发展的前景。于是摆落宋明，回归两汉，从而导致兴复古学风气在江苏苏州的发轫。20世纪30年代，钱宾四先生著《中国近三百年学术史》，做过可信可据的追根溯源。根据钱先生所揭示之历史真相，我们可以清楚地看到，同理学中人"性与天道"的论究异趣，在晚明的学术界，已经出现"通经学古"的古学倡导。此风由嘉靖、隆庆间苏州学者归有光开其端，至天启、崇祯间常熟钱谦益崛起，兴复古学，呼声不绝。钱谦益有云："自唐宋以来……为古学之蠹者有两端焉，曰制科之习比于俚，道学之习比于腐。斯二者皆俗学也。"[①] 一如归有光之倡导古学，钱谦益进而明确提出"以汉人为宗主"的治学主张，他说："学者之治经也，必以汉人为宗主……汉不足，求之于唐，唐不足，求之于宋，唐宋皆不足，然后求之近代。"[②]

从归有光到钱谦益，晚明苏州地区学者的经学倡导和兴复"古学"的努力，表明"以经学济理学之穷"的学术潮流，已经在中国传统儒学的母体内孕育。入清，儒林中人沿着明季先行者的足迹而进，通过重振经学而去兴复古学，遂有苏州大儒顾炎武及其训诂治经方法论的登上历史舞台。

宋明数百年，是理学的时代，理气心性的论究，在为学方法论上，赋予学术界以义理思辨的好尚。数百年间，理学中人轻视训诂声音之学，古音学若断若续，不绝如缕。积习既成，以叶韵而强古就今，乃至

[①] （清）钱谦益：《初学集》卷七十九《答唐汝谔论文书》，上海古籍出版社，1985年。
[②] （清）钱谦益：《初学集》卷七十九《与卓去病论经学书》，上海古籍出版社，1985年。

率臆改经而不顾。有鉴于此，顾炎武认为，治经学而不讲音韵文字，则无以入门。于是在致友人李因笃的论学书札中，力矫积弊，重倡古学，提出了"读九经自考文始，考文自知音始"①的训诂治经方法论。同新的为学方法论的提出相一致，顾炎武倡导融理学于经学之中，以经学去济理学之穷，用他的话来讲，就叫作"古之所谓理学，经学也"，"今之所谓理学，禅学也"。②顾炎武把经学视为儒学正统，在他看来，不去钻研儒家经典，而沉溺于理学家的语录，就叫作学不知本。因此，他呼吁"鄙俗学而求《六经》，舍春华而食秋实"，渊源两汉，澄清源流。顾炎武就此指出："经学自有源流，自汉而六朝，而唐而宋，必一一考究，而后及于近儒之所著，然后可以知其异同离合之指。如论字者必本于《说文》，未有据隶楷而论古文者也。"③

顾炎武复兴古学的努力，登高一呼，回声四起，率先在苏州激起共鸣。吴江经师朱鹤龄与顾炎武唱为同调，认为："经学之荒也，荒于执一先生之言而不求其是，苟求其是，必自信古始。"④流寓扬州的四川新繁学者费密，亦力倡"专守古经"，主张："学者必根源圣门，专守古经，从实志道。"⑤关中大儒李颙更遥相呼应，重申："其实道学即儒学也，非于儒学之外，别有所谓道学也。"⑥尤可注意者，一时南北学人之主张，通过儒臣讲论已进入庙堂。据《康熙起居注》记，康熙二十一年（1682）八月初八日，"讲官牛钮、陈廷敬进讲《尚书》……二臣奏，自汉唐儒者专用力于经学，以为立身致用之本，而道学即在其中……上曰然"⑦。由此可以窥知，学人重倡经学之努力，已得清廷认可。

---

① （清）顾炎武：《亭林文集》卷四《答李子德书》。
② （清）顾炎武：《亭林文集》卷三《与施愚山书》。
③ （清）顾炎武：《亭林文集》卷四《与周籀书书》。
④ （清）朱鹤龄：《愚庵小集》卷七《毛诗稽古篇序》。
⑤ （清）费密：《弘道书》卷上《古经旨论》。
⑥ （清）李颙：《二曲集》卷十四《周至答问》。
⑦ 中国第一历史档案馆整理：《康熙起居注》第二册，"康熙二十一年八月初八日"条，中华书局，1984年，第879页。

入清以后，由于诸多方面因素构成之历史合力所作用，苏州诸儒兴复古学的努力，尤其是顾炎武提出的训诂治经方法论，潜移默化，不胫而走。至乾隆一朝，迄于嘉庆、道光间，由识字审音入手，通过古字、古言的考据训诂，进而把握典章制度大要，准确诠释儒家经典，遂成数十年间主流学派共同恪守的学术矩矱。

二、江永与徽州诸儒

探讨雍正、乾隆间的古学复兴，徽州是一个当予重点关注的地域。梳理是时一方大儒江永及受学诸弟子之学行，或可略得管中窥豹之效。

江永，字慎修，号慎斋，安徽婺源（今属江西）人。生于康熙二十年（1681），卒于乾隆二十七年（1762），享年八十有二。婺源为朱熹故里，理学名邦。江氏一门，经史传家，永父期，寄籍江宁，为县学生，自永幼年，即以《十三经注疏》课督。永禀承庭训，读《大学》，知为学入手乃在格物，博涉多通，务求心得。康熙四十六年（1707）起，在乡开馆授徒，时年27。之后，潜心《礼经》，发愿结撰专书，以成朱子晚年纂修《仪礼经传通解》未竟之志。历时十余年，康熙六十年（1721）书成。全书91卷，初名《存羊编》，继改《增订仪礼经传》，凡三易其稿，终定名《礼经纲目》。该书承朱子遗意，区分类聚，别定规模，作嘉礼、宾礼、凶礼、吉礼、军礼、通礼、曲礼、乐八门，计106篇。全书以辑录"古注与释文"为主，旨在"但欲存古，以资考核"。由于卷帙浩繁，刊行不易，故而书稿尘封十余载，"几为虫蚀鼠穿"。

乾隆元年（1736）六月，清廷开馆纂修《三礼义疏》。安徽地方当局奉命，将《礼书纲目》抄送书馆。是年冬，同郡理学名儒汪绂有书致永，询问《礼书纲目》梗概。未待江永复书，绂书再至，误信传闻，疑永为学博杂，徒"以博洽自见"。三年（1738）春，永复以长书一通，绍介《礼书纲目》大要，彰明立身及为学旨趣。书中，探讨古礼、古乐，以明"存古""道古""志古""好古"之意，虽高言古学复兴，但亦主张"不必泥古"。九月，绂接永书，误会释然，于答书中以"从事于经学"共勉。至于如何从事经学，汪绂不赞成"因时艺而讲经学"，亦反对"汗漫之书抄"，提倡汉代经师的专门之学，主张："学者苟具中上之资，使能淹贯六经，旁及子史，尚矣。如其不能，则莫若专攻一经。"①翌年春，永再有长书复绂，告以"早年探讨西学，晚乃私淑宣城梅勿庵先生，近著《翼梅》八卷，写本归之梅氏令孙"。又称："《近思录》，吾人最切要之书，案头不可离者。俗本离析破碎，宋时叶采之注亦未备。尝为之详注，采取朱子之言，以注朱子之书。朱子说不备，乃取叶说补之，叶说有未安，乃附己意。足之十四卷，已有成书。"②

乾隆五年（1740），应在乡翰林院检讨程恂之请，永执教休宁程氏家馆。以花甲之年，完成历学书七卷，计有《金水二星发微》《七政衍》《冬至权度》《恒气注历辨》《岁实消长辨》《历学补论》《中西合法拟草》等7种。同年八月，随程恂入都，三礼馆总裁方苞及儒臣吴绂、梅毂成、杭世骏等，皆前来问学论难。六年（1741）八月返乡，迄于乾隆十二年（1747），除短暂讲学郡城紫阳书院及赴江西阅卷外，皆在程氏家馆。其间，休宁戴震负笈问学，成为及门高第弟子。

乾隆十四年（1749），清廷诏举经学特科，永以年届古稀而辞荐，并致书戴震，表示"驰逐名场非素心"。十五年（1750）七月，永七十大寿，震以及门高徒而撰寿序，序中称："吾师江慎修先生，生朱子之乡，上溯汉、唐、宋以来之绝学，以六经明晦为己任。震少知向慕，既数年，始获一见，又数年，始拜先生于吾邑之斗山。所读诸经，往来问难，承口讲指画，然后确然见经学之本末。既而先生就馆本邑，未能从

---

① （清）汪绂：《双池文集》卷三《与江慎修论学书》。
② （清）余龙光：《双池先生年谱》卷二，"乾隆四年，四十八岁"条。

学,深怅怅焉。"又说:"震少览近儒之书,所心折者数人。刘原甫、王伯厚之于考核,胡胐明、顾景范、阎百诗之于水经地志,顾宁人之于古音,梅定九之于步算,各专精一家。先生之学力思力,实兼之,皆能一一指其得失,苴其阙漏,著述若此,古今良难。"①

乾隆十八年(1753),应歙县西溪汪氏之请,永主持汪氏家馆教席。戴震、方矩、金榜、程瑶田、汪梧凤等远近弟子云集,执经问对,同调共鸣。翌年,戴震避仇入京,行囊携永著《推步法解》《翼梅》等新作。时值儒臣秦蕙田奉命撰《五礼通考》,遂全录《推步法解》,并将永相关论说辑入《观象授时》一类。

江永晚年,虽已年届耄耋,依然课徒授业,著述不辍。迄于乾隆二十七年(1762)三月病逝,不过短短10年间,相继再成《乡党图考》《律吕阐微》《春秋地理考实》《古韵标准》《河洛精蕴》《四声切韵表》《音学辨微》诸书。永为学一生,贯通汉宋,实事求是,毕生究心名物制度、经史舆地、天文历算、律吕音韵,尤以三礼之学最称专精。所著除前述诸书外,尚有《周礼疑义举要》《仪礼释宫增注》《礼记训义择言》《群经补义》《考订朱子世家》等。乾隆中修《四库全书》,著录永书达15种、百余卷之多。永学得弟子戴震、金榜、程瑶田等发扬光大,不唯开一代乡邦学术风气,而且声应气求,沟通四方,汇为古学复兴之学术潮流。

三、苏州紫阳书院

在乾隆初叶的古学复兴之中,苏州紫阳书院名士云集,独领风骚,洵称系四方观瞻之学术重镇。回顾苏州紫阳书院之创立,考察其学术好尚之演变,或可从中看到古学复兴潮流的形成,乃历史之大势所趋,有

---

① 戴震:《江慎修先生七十寿序》,附于江永《善馀堂文集》,今藏于上海图书馆。

其不可逆转之内在逻辑。

在中国书院史上，清初顺治、康熙二朝，迄于雍正朝的八、九、十年间，是书院教育由衰而复盛的一个转变时期。入清之初，在经历明清更迭的社会大动荡之后，出于巩固新政权统治的需要，为了防止知识界异己力量的聚集，清廷一度限制甚至禁绝各地书院的活动。康熙中叶以后，随着大规模军事对抗的结束，社会秩序逐渐平稳，于是恢复和兴办书院提上地方文化建设的日程。作为地方官学的补充，宋代书院初起，为一时学者自由讲学之所在，乃是与官办学校并存的私学。元代以后，书院虽仍多属民办私学，但已经愈益受到官府节制。这种书院官学化的趋势，在明代大为发展。嘉隆以还，南北蜂起的书院，即多属官办性质。清初书院，亦复如此。苏州紫阳书院就是在这样一个背景之下，于康熙后期登上历史舞台的。

在中国数千年封建社会中，重视文化教育，是一个世代相沿的好传统。宋明以降，从孔、孟到周、程、张、朱的"道统"说风行，崇儒重道便成为封建国家的一项基本文化国策。入清以后，在确立崇儒重道文化格局的过程中，清廷面临究竟是尊崇朱子学还是阳明学的严峻选择。圣祖亲政，尤其是三藩乱平、国家统一之后，这样的抉择愈益不可回避。康熙四十年（1701）以后，清廷以"御纂"的名义，下令汇编朱熹论学精义为《朱子全书》，并委托理学名臣熊赐履、李光地先后主持纂修事宜。五十一年（1712）正月，圣祖诏告朝野："朱子注释群经，阐发道理，凡所著作及编纂之书，皆明白精确，归于大中至正。经今五百余年，学者无敢疵议。朕以为孔、孟之后，有裨斯文者，朱子之功最为弘巨。"[①] 随即颁谕，将朱熹从祀孔庙的地位升格，由东庑先贤之列升至大成殿十哲之次。由此，清廷以对朱子及其学说的尊崇，基本确立了一代封建王朝崇儒重道的文化格局。

---

① 《清圣祖实录》卷二四九，"康熙五十一年正月丁巳"条，中华书局，1985 年，第 466 页。

为响应清廷的上述重大文化决策，倡导朱子学说，端正士习，振兴学术，康熙五十二年（1713）十一月，江苏巡抚张伯行在苏州府学东建紫阳书院。翌年三月，书院落成，张伯行撰文昭示书院宗旨，据称："学者之所以为学，与教者之所以为教，当以紫阳为宗，而俗学异学，有不得而参焉者矣。不佞乐与多士恪遵圣教，讲明朱子之道而身体之，爰建紫阳书院。"① 这就是说，苏州紫阳书院创建之初，秉承宋明遗风，是一个以朱子学为宗尚，讲求身心性命之学的所在。

然而不过短短十年过去，雍正元年（1723），江苏布政使鄂尔泰重修紫阳书院，其后书院的教学内容，已然发生变化。据《鄂文端公年谱》记："每会课于紫阳书院之春风亭，与贤卿名士互相唱和，时集数十百人。而四方从游，公余少暇，辄与论经史，谈经济，多前贤所未发。学者无不倾心动魄，恨闻道之晚。公乃分为古今文集，俱题曰《南邦黎献》。"② 足见先前紫阳书院讲求的身心性命之学，迄于雍正初，已经渐为诗文唱和、论经史、谈经济所取代。关于苏州紫阳书院风尚的这样一个转变，20 世纪 30 年代，柳诒徵先生撰《江苏书院志初稿》有过如下精当总结："鄂尔泰与苏之绅耆，及一时召集之士所作之文若诗，汇刻为《南邦黎献集》。书院之由讲求心性，变为稽古考文，殆以是为津渡。"③

沿着这样一条变迁路径往前走，经历雍乾间政治风云的起伏，至乾隆初叶，苏州紫阳书院遂摆脱心性之学的讲求，成为"以古学相策励"的学术重镇。

乾隆十四年（1749），青年才俊钱大昕由嘉定来苏州，入紫阳书院求学，时任院长为王峻。据事隔 46 年后钱大昕所追忆："予年二十有二，来学紫阳书院，受业于虞山王艮斋先生。先生诲以读书当自经史

---

① （清）张伯行：《正谊堂文集》卷九《紫阳书院碑记》。
② （清）鄂容安等：《襄勤伯鄂文端公年谱》，"雍正三年，四十六岁"条。
③ 柳诒徵：《江苏书院志初稿》，《江苏国学图书馆年刊》1931 年第 4 期，第 56 页。

始，谓予尚可与道古，所以期望策厉之者甚厚。予之从事史学，由先生进之也。"[①]大昕自编《竹汀居士年谱》亦记："巡抚觉罗雅尔哈善闻予名，檄本县具文送紫阳书院肄业。时侍御王艮斋先生为院长，阅居士课义诗赋论策，叹赏不置。曰此天下才也。自是课试常居第一。青浦王兰泉、长洲褚鹤侣、左莪，及礼堂、习庵皆在同舍，以古学相策励。"[②] 谱主曾孙庆曾于该条注云："先是王少司寇肄业紫阳书院，与王光禄同舍，始知公幼慧，有神童之目。及院长询以今日人才，则以公对。院长转告巡抚，巡抚喜甚，招公至院，试以《周礼》《文献通考》两论。公下笔千言，于是惊异，院中诸名宿，莫不敛手敬之。"[③] 注中名宿云云，依谱主自记，为惠栋、沈彤等。

排比钱大昕早年求学苏州紫阳书院的上述史料，似可形成如下三点认识：

第一，至迟在乾隆十四年，苏州紫阳书院课督生徒，已然由经史起步，旨在"可与道古"，且"以古学相策励"。

第二，此时主持书院讲席及课督生徒诸名宿，既有王峻、李果、赵虹等诗词古文名家，更有一时兴复古学之倡导者惠栋、沈彤。

第三，乾嘉时期，以经史古学名噪朝野的钱大昕、王鸣盛、王昶、褚寅亮等，其为学根柢皆奠立于苏州紫阳书院。

四、卢见曾及其扬州幕府

扬州为运河枢纽，大江东去，运河纵流，明代以来，这里一直是两淮盐运使官署所在地。入清之初，虽历兵燹，疮痍满目，但自康熙中叶以后，百废俱兴，经济复苏，又复成为人文荟萃、商旅辐辏之区。两

---

① （清）钱大昕：《潜研堂文集》卷二十四《汉书正误序》。
② （清）钱大昕：《竹汀居士年谱》，"乾隆十四年，二十二岁"条。
③ （清）钱庆曾：《竹汀居士年谱校注》，"乾隆十四年，二十二岁"条。

淮盐商及扬州士绅,素有襄助学术、振兴文教之传统,康熙间著名经师阎若璩的遗著《尚书古文疏证》,即于乾隆初在扬州刊行。乾隆十九年(1754),卢见曾再任两淮盐运使,承一方之良好风气,借助盐商马曰琯、曰璐兄弟的财力,集四方学术精英于幕府,倡导经史,兴复古学,从而使扬州成为古学复兴潮流中的又一重镇。

当时,会聚于卢见曾幕府的四方学人,主要有陈章、江昱、惠栋、沈大成、王昶、戴震等,其中,尤以惠、沈二人影响最大。据《扬州画舫录》记:"卢见曾,字抱孙,号雅雨山人,山东德州人……公两经转运,座中皆天下士……惠栋,字定宇,号松崖,苏州元和人。砚溪先生之孙,半农先生之子,以孝闻于乡。博通今古,与陈祖范、顾栋高同举经学。公重其品,延之为校《乾凿度》《高氏战国策》《郑氏易》《郑司农集》《尚书大传》《李氏易传》《匡谬正俗》《封氏见闻记》(引者按:当作《封氏闻见记》)《唐摭言》《文昌杂录》《北梦琐言》《感旧集》,辑《山左诗钞》诸书。"又称:"沈大成,字学子,号沃田,松江华亭人……通经史百家之书,与惠栋友善。"①

凭借惠栋、沈大成诸幕友的努力,卢见曾在二任两淮盐运使的十年间,先后做了几桩可谓转移风气的大事。

最先做的一桩事,是补刊朱彝尊遗著《经义考》,主张"勿信今而疑古",倡导"穷经稽古"之学。《经义考》为康熙间经学大儒朱彝尊遗著,全书凡300卷,彝尊生前,所刻仅及其半,即告赍志而殁。乾隆十九年,卢见曾再任扬州,与盐商马曰琯、曰璐兄弟相约,慨然出资补刊,历时一年,克成完书。补刊伊始,十九年夏,卢氏有序云:"窃尝谓通经当以近古者为信,譬如秦人谈幽、冀事,比吴、越间宜稍稍得真。必先从记传始,记传之所不及,则衷诸两汉,两汉之所未备,则取诸义疏,义疏之所不可通,然后广以宋、元、明之说。勿信今而

---

① (清)李斗:《扬州画舫录》卷十《桥东录》。

疑古，致有兔园册子、师心自用之诮。"①补刊蒇事，二十年（1755）六月，朱氏后人稻孙撰文感激卢见曾及扬州盐商马氏兄弟，据称："书之显晦，与夫行世之迟速，固有天焉。继自今穷经稽古之士，其得所津逮，而拜使君与嶰谷先生之嘉惠者，良匪浅矣。"②二十一年（1756）二月，清高宗祭告阙里，卢见曾又将《经义考》装潢二部，恭呈御览。从此，该书得以深入宫禁，流播朝野，于乾隆初叶以后经学之大盛，影响甚大。

第二桩事是辑刻《雅雨堂藏书》，率先表彰东汉经师郑玄学说，揭出"汉学"之大旗。《雅雨堂藏书》辑刻汉唐典籍凡13种，主要有《李氏易传》《郑氏周易》《尚书大传》《郑司农集》《周易乾凿度》等。全书始刻于乾隆十九年，至二十三年（1758）竣工，虽以卢氏署名，实则选书、校勘、撰序等，处处可见苏州大儒惠栋的辛劳。于所刻《李氏易传》，卷首卢氏序梳理《易》学源流，推尊汉学，以存古义，据称："余学《易》数十年，于唐宋元明四代之《易》，无不博综元览，而求其得圣人之遗意者，推汉学为长。以其去古未远，家法犹存故也。"③于《郑氏周易》，同样称："此书之传，虽不及《三礼》《毛诗》之完具，然汉学《易》义无多，存此以备一家，好古之士，或有考于斯。"④于《周易乾凿度》，还是说："《乾凿度》先秦之书也，去圣未远，家法犹存，故郑康成汉代大儒，而为之注……为梓而行之，以备汉学。"⑤于《尚书大传》，依然谓："三家章句虽亡，而今文之学，存此犹见一斑，为刊而行之。别撰《补遗》一卷，并附《康成集》于卷末，俾后之求汉

---

① （清）卢见曾：《经义考序》，载《经义考》补刻本卷首。
② （清）朱彝尊：《经义考》卷首《朱稻孙后序》，影印《四部备要》本，中华书局，1998年，第6页。
③ （清）卢见曾：《雅雨堂文集》卷一《刻李氏易传序》。
④ （清）卢见曾：《雅雨堂文集》卷一《刻郑氏周易序》。
⑤ （清）卢见曾：《雅雨堂文集》卷一《刻周易乾凿度序》。

学者，知所考焉。"① 以上凡引诸书序言，在在接武乾隆九年惠栋著《易汉学》，以及惠氏历年对郑玄《易》注的董理和郑氏经学的表彰，承前启后，继往开来，乃有他日汉学之风行四方。

第三桩事是刊行惠栋未竟遗著《周易述》，以存乾隆初叶古学复兴之一重要学脉。惠栋为苏州大儒，四世传经，专意汉学。乾隆九年（1744），所著《易汉学》成，以表彰汉《易》而唱兴复古学之先声。又著《九经古义》，弘扬顾炎武训诂治经之倡导，明确昭告学林："汉人通经有家法，故有五经师训诂之学，皆师所口授，其后乃著竹帛，所以汉经师之说立于学官，与经并行。五经出于屋壁，多古字古言，非经师不能辨。经之义存乎训，识字审音，乃知其义。是故古训不可改也，经师不可废也。"② 自乾隆十四年（1749）起，开始撰《周易述》，后因病故世而未成完书。惠栋生前，早在入扬州卢氏幕府之初，其治经主张即已为幕主所接受，因之始有卢见曾补刊《经义考》、辑刻《雅雨堂藏书》诸学术举措。二十三年（1758）五月，惠栋病逝。八月，卢见曾即以《周易述》付梓，于卷首撰文记云："吾友惠松崖先生说《易》，独好述汉氏。其言曰，《易》有五家，有汉《易》，有魏《易》，有晋《易》，有唐《易》，有宋《易》。惟汉《易》用师法，独得其传……盖先生经学得之半农先生士奇，半农得之砚溪先生周惕，砚溪得之朴庵先生有声，历世讲求，始得家法，亦云艰矣。先生六十后，力疾撰著，自云三年后便可卒业。孰意垂成疾革，未成书而殁。今第如其卷数刊刻之，不敢有加焉，惧续貂也。先生年仅六十有二，余与先生周旋四年，为本其意而叙之如此。"③

---

① （清）卢见曾：《雅雨堂文集》卷一《刻尚书大传序》。
② （清）惠栋：《松崖文钞》卷一《九经古义述首》。
③ （清）卢见曾：《周易述序》，载（清）惠栋：《周易述》卷首。

五、从惠栋、戴震到钱大昕

在乾隆初叶的古学复兴潮流中，江南诸多中心城市并非彼此孤立，互不关涉，实则一代又一代学人在其间的往还，已然使之相互沟通，联为一体。正是众多学人的执着和敬业，共同促成了经史古学的复兴和发皇。以下拟略述后先接武的三位大师之相关学行，以窥杰出学人在其间所付出劳作之艰辛。

我们所讨论的三位大师，一是惠栋，二是戴震，三是钱大昕。三人之中，惠栋最为年长，生于康熙三十六年（1697），戴震其次，为雍正元年（1723）生人，而钱大昕最少，生于雍正六年（1728）。就年辈论惠栋是长者，戴、钱皆属晚辈。乾隆九年（1744），惠栋著《易汉学》名世，成为兴复古学的杰出先行者。是时，戴、钱俱尚在孜孜寻觅治学门径。十四年，钱大昕求学紫阳书院，因之尊惠栋为"吴中老宿"，且慕名登门拜谒。事隔43年之后，年近古稀的钱大昕依然深情回忆："予弱冠时，谒先生于泮环巷宅，与论《易》义，亹亹不倦，盖谬以予为可与道古者。"[①] 二十一、二十二年间，大昕同窗王昶与惠栋同客扬州卢氏幕府，《易汉学》手稿即由王昶钞校。此一钞本及惠著《周易述》大要，亦经王氏而传入京城。所以彼时钱大昕自京中致书王昶，一是告"惠氏《易汉学》，鹤侣（引者按：褚寅亮）大兄现在手钞，此时尚未付还。来春当邮致吴门，决不遗失也"。[②] 一是称"松崖征君《周易述》，摧陷廓清，独明绝学，谈汉学者无出其右矣"。[③]

乾隆二十二年（1757）冬，戴震旅京南还，途经扬州。有幸在卢氏幕府同惠栋订交，当时情景，戴震记之甚明："震自京师南还，始觌先生于扬之都转盐运使司署内。先生执震之手言曰：昔亡友吴江沈冠

---

① （清）钱大昕：《潜研堂文集》卷二十四《古文尚书考序》。
② 陈鸿森辑：《钱大昕潜研堂遗文辑存》卷下《与王德甫书一》。
③ （清）钱大昕：《潜研堂文集补编》之《与王德甫书一》。

云（引者按：沈彤）尝语余，休宁有戴某者，相与识之也久。冠云盖实见子所著书。震方心讶少时未定之见，不知何缘以入沈君目，而憾沈君之已不及觏，益欣幸获觏先生。"①三十年冬，戴震过苏州，晤惠栋遗属及诸高足，曾撰《题惠定宇先生授经图》一文，以缅怀亡友。文中高度评价惠学云："先生之学，直上追汉经师授受，欲坠未坠，埋蕴积久之业，而以授吴之贤俊后学，俾斯事逸而复兴。震自愧学无所就，于前儒大师不能得所专主，是以莫之能窥测先生涯涘。"正是在这篇文章中，戴震承惠栋训诂治经的传统，提出了"故训明则古经明"的著名主张。同时，又将这一主张与典章制度的考究及义理之学的讲求相结合，对惠栋学术做了创造性的解释。他说："松崖先生之为经也，欲学者事于汉经师之故训，以博稽三古典章制度，由是推求理义，确有据依。彼歧故训、理义二之，是故训非以明理义，而故训胡为？理义不存乎典章制度，势必流入异学曲说而不自知，其亦远乎先生之教矣。"②

乾隆三十四年（1769），戴震为惠栋弟子余萧客著《古经解钩沉》撰序，重申前说，系统昭示训诂治经以明道的为学宗旨。他的结论是："经之至者道也，所以明道者其词也，所以成词者未有能外小学文字者也。由文字以通乎语言，由语言以通乎古圣贤之心志，譬之适堂坛之必循其阶，而不可以躐等。"篇末，戴震重申："今仲林得稽古之学于其乡惠君定宇，惠君与余相善，盖尝深嫉乎凿空以为经也。二三好古之儒，知此学之不仅在故训，则以志乎闻道也，或庶几也。"③

乾隆三十八年（1773），清廷开《四库全书》馆，戴震以举人奉召入京修书。至此，汉学得清廷优容，大张其军，风行朝野，古学复兴蔚成风气，如日中天。正如当时著名史家章学诚所记："于是四方才略之士，挟策来京师者，莫不斐然有天禄、石渠，勾《坟》抉《索》之思。

---

① （清）戴震：《东原文集》卷十一《题惠定宇先生授经图》。
② （清）戴震：《东原文集》卷十一《题惠定宇先生授经图》。
③ （清）戴震：《东原文集》卷十《古经解钩沉序》。

而投卷于公卿间者，多易其诗赋、举子艺业，而为名物考订，与夫声音文字之标，盖骎骎乎移风俗矣。"①

乾隆四十二年（1777）五月，戴震在北京去世。此时钱大昕已激流勇退，归隐林泉，以博赡通贯而主盟学坛。五十四年（1789），大昕入主苏州紫阳书院讲席。光阴荏苒，日月如梭，回首当年求学紫阳，不觉已整整40年过去。在迄于嘉庆九年（1804）逝世前的16年间，钱大昕弘扬紫阳书院传统，以"精研古学，实事求是"而作育一方俊彦。据钱庆曾《竹汀居士年谱续编》记："公在紫阳最久，自己酉至甲子，凡十有六年，一时贤士受业于门下者，不下二千人，悉皆精研古学，实事求是。如李茂才锐之算术，夏广文文焘之舆地，钮布衣树玉之《说文》，费孝廉士玑之经术，张征君燕昌之金石，陈工部稽亭先生之史学，几千年之绝学，萃于诸公，而一折衷于讲席。"②

后海先河，饮水思源，晚年的钱大昕，以一杰出史家而梳理当代学术史事，分别为惠栋、江永、戴震诸家立传，尤为留意表彰传主兴复古学之功。江永一传，大昕称传主"读书好深思，长于比勘，于步算、钟律、声韵尤明"。且记云："休宁戴震，少不誉于乡曲，先生独重之，引为忘年交，震之学，得诸先生为多。"③戴震一传则大段征引震撰《题惠定宇先生授经图》《古经解钩沉序》诸文之主张，将传主为学宗旨归纳为"由声音文字以求训诂，由训诂以寻义理，实事求是，不偏主一家"④。在《惠先生栋传》中，钱大昕总结数千年经学史，尤其是宋元以降学术积弊，指出："予尝论宋、元以来，说经之书盈屋充栋，高者蔑弃古训，自夸心得，下者剿袭人言，以为己有，儒林之名，徒为空疏藏拙之地。独惠氏世守古学，而先生所得尤深，拟诸汉儒，当在何邵公、

---

① （清）章学诚：《章氏遗书》卷十八《周书昌别传》。
② （清）钱庆曾：《竹汀居士年谱续编》，"乾隆五十八年，六十六岁"条。
③ （清）钱大昕：《潜研堂文集》卷三十九《江先生永传》。
④ （清）钱大昕：《潜研堂文集》卷三十九《戴先生震传》。

服子慎之间，马融、赵岐辈不能及也。"大昕准确地把握住惠栋《易》学与汉学复兴的关系，他写道："惠先生栋……年五十后，专心经术，尤邃于《易》。谓宣尼作《十翼》，其微言大义，七十子之徒相传，至汉犹有存者。自王弼兴而汉学亡，幸存其略于李氏《集解》中。精研三十年，引伸触类，始得贯通其旨。乃撰次《周易述》一编，专宗虞仲翔，参以荀、郑诸家之义，约其旨为注，演其说为疏。汉学之绝者千有五百余年，至是而灿然复章矣。"[1]

通过梳理惠栋、戴震、钱大昕三家的相关学行，我们似可依稀看到，乾隆初叶以后，"古学"二字宛若一根无形的红线，把几代学人紧紧地联系在一起。从惠栋、戴震到钱大昕，是否可以视为古学复兴潮流形成至发皇的一个缩影，我想或许是可以这样去认识的。

谨录旧文奉政，同声相应而已。倘蒙教言，感激不尽。

陈祖武　谨识
2011 年 8 月 13 日于京东潘家园

原载《皖派学术与传承》，黄山书社 2012 年 3 月版

---

[1] （清）钱大昕：《潜研堂文集》卷三十九《惠先生栋传》。

《清代学术源流》前言

承北京师范大学出版社不弃，2010年初，责任编辑同志致电寒舍，嘱祖武选编近若干年所撰学术论文，以《清代学术源流》为题结集，奉请该社出版。谬蒙盛谊，喜愧交并。祖武深知，虽已届望七之龄，然在学史、治史的道路上，无非起步伊始。所知不过沧海一粟，要认真去学习的功课还太多太多，又遑论东施效颦，忝然出版文集！好在近二三十年间，祖武关于讨论清代学术史的习作，皆在不同场合，以不同形式发表，业已接受过方家大雅的指教。因而此番结集，或可作为学史历程的一个阶段性记录。其间的偶然所得及诸多失误，对今日及往后的年轻朋友，抑或不无些微助益。秉持此一宗旨，于是便有了奉献给各位的这一册不成片段的集子。如果幸能再获四方高贤拨冗赐教，祖武不胜感激，谨预致深切谢忱。

以上，算是本书的编选缘起。2004年8月，应《人民日报》理论部之约，祖武曾就清代学术史研究写过一篇短文，题为《清代学术研究的三个问题》。六年过去，重读箧中旧文，似乎所言尚无大谬，谨冠诸卷首，权充本书前言。

近一二十年间，关注清代学术的学者日益增多，并不断有研究成果问世，显示了良好的发展前景。关于清代学术研究，笔者以为，划分清代学术演进的阶段、清理《清史稿·儒林传》之讹误和发掘《清儒学案》的文献价值，是值得关注的三个问题。

一、划分清代学术演进的阶段

清代学术，以对中国数千年学术的整理、总结为特点，经史子集，包罗宏富。260余年间，既随社会变迁而显示其发展的阶段性，又因学术演进的内在逻辑而呈现后先相接的一贯性。以时间为顺序，大体上可以分为三个阶段：

第一个阶段为清初学术，上起顺治元年（1644），下迄康熙六十一年（1722）。顺治、康熙两朝，是奠定国基的关键时期。就一代学术的发展而言，清初的80年，是一个承先启后、开拓路径的重要阶段。其间，才人辈出，著述如林，其气魄之博大，思想之开阔，影响之久远，在中国古代学术史上是不多见的。清初学术，既有别于先前的宋明学术，又不同于尔后的乾嘉汉学，它以博大恢弘、经世致用、批判理学、倡导经学为基本特征。正是在以经学济理学之穷的学术潮流之中，清初学术由经学考辨入手，翻开了对传统学术进行全面整理和总结的新篇章。

第二个阶段为清中叶学术，上起雍正元年（1723），下迄道光十九年（1839）。雍正一朝为时不长，实为清初学术向清中叶学术演进的一个过渡时期。清中叶学术以乾嘉学术为主体。王国维曾以一个"精"字来概括乾嘉学术："国初之学大，乾嘉之学精，而道咸以来之学新。"乾嘉学术，由博而精，专家绝学，并时而兴。惠栋、戴震、钱大昕主盟学坛，后先辉映，古学复兴蔚成风气。三家之后，最能体现一时学术风貌，且以精湛为学而睥睨一代者，当属高邮王念孙、王引之父子。至阮元崛起，身为封疆大吏而奖掖学术，以道光初《皇清经解》及与之前后问世的《汉学师承记》《汉学商兑》为标志，乾嘉学术遂步入其总结时期。

第三个阶段为晚清学术，上起道光二十年（1840），下迄宣统三年（1911）。嘉庆、道光间，清廷已内外交困。面对汉学颓势的不可逆转，方东树、唐鉴等欲以理学取而代之，试图营造一个宋学复兴的局面。然而时代在前进，不唯汉学日过中天，非变不可，而且宋学一统也早已成为过去，复兴蓝图不过一厢情愿而已。晚清学术，既不是汉学的粲然复彰，也不是宋学的振然中兴，它带着鲜明的时代印记，随着亘古未有的历史巨变而演进。70年间，先是今文经学复兴同经世思潮崛起合流，从而揭开晚清学术之序幕。继之洋务思潮起，新旧体用之争，一度呈席卷朝野之势。而与此同时，会通汉宋，假《公羊》以议政之风愈演愈烈，终成戊戌维新之思想狂飙。晚清的最后一二十年间，"以礼代理"之说蔚成风气。先秦诸子学的复兴，更成一时思想解放的关键。孙中山先生"三民主义"学说挺生其间，以之为旗帜，思想解放与武装抗争相辅相成，腐朽的清王朝无可挽回地覆亡了。然而，立足当世，总结既往，会通汉宋以求新的学术潮流，与融域外先进学术为我所有的民族气魄相汇合，中国学术依然沿着自己独特的发展道路执着地求索，曲折地前进。

二、清理《清史稿·儒林传》之讹误

《清史稿·儒林传》凡四卷，前三卷入传学者共284人，第四卷依《明史》旧规，为袭封衍圣公之孔子后裔11人。前三卷为全传主体，以学术好尚而区分类聚，大致第一卷为理学，第二、三卷为经学、小学。入传学者上起清初孙奇逢、黄宗羲，下迄晚清王先谦、孙诒让，一代学人，已见大体。各传行文皆有所依据，或史馆旧文，或碑志传状，大致可信。因此，数十年来，几辈学人研究清代学术史，凡论及学者学行，《清史稿·儒林传》都是很有参考价值的。

然而，由于历史和认识的局限，加以书成众手，完稿有期，故而其间的疏失、漏略、讹误又在所难免，从而严重影响了该传的信史价值。仅举数例，以见大概。

卷一《陆世仪传》，称传主"少从刘宗周讲学"。据考，陆氏虽于所著《论学酬答》中表示，刘宗周为"今海内之可仰以为宗师者"，却并无追随其讲学的实际经历。正因为如此，乾隆年间全祖望为陆世仪立传，说陆氏因未得师从刘氏而"终身以为恨"。又传末记陆世仪从祀文庙，时间也不准确。传称："同治十一年，从祀文庙。"其实，陆氏从祀，事在同治十三年（1874）四月，五月十六日饬下礼部议复，从祀获准已是光绪元年（1875）二月十五日。

又如同卷《颜元传》，称"明末，父成辽东，殁于关外"。"成"字不实。据考，颜元父至辽东，系明崇祯十一年（1638）为入关清军所挟，非为明廷戍边。一字之讹，足见撰传者之立足点所在。

戴震为乾隆间大儒，影响一时学风甚巨。在《清史稿·儒林传》中，戴氏本传举足轻重，不可轻率下笔。然而此传则疏于考核，于重要学行似是而非。传称"年二十八补诸生"，不确。据段玉裁《戴东原先生年谱》、洪榜《戴先生行状》、王昶《戴东原先生墓志铭》，均作乾隆十六年（1751）补诸生，时年29。此其一。其二，传称"与吴县惠栋、吴江沈彤为忘年友"，亦不确。惠栋、戴震相识于乾隆二十二年（1757），戴少惠27岁，确为忘年之交。而沈彤已于乾隆十七年（1752）故世，终身未曾与戴震谋面，"忘年友"云云，无从谈起。疑系张冠李戴，将沈大成误作沈彤。其三，紧接"忘年友"后，传文云"以避仇入都"。倘依此行文顺序，则先有与惠、沈订交，随后传主才避仇北上。其实大谬不然。戴震避仇入都，事在乾隆十九年（1754），三年后南旋，始在扬州结识惠栋、沈大成。于此，戴震事后所撰《题惠定宇先生授经图》《沈学子文集序》，说得非常清楚。

他如对吕留良、谭嗣同、梁启超、章太炎等人视而不见，拒不入传，则已非疏失可言，而是腐朽的历史观使然。

有鉴于此，清理《清史稿·儒林传》之讹误，爬梳史料，结撰信史，已是今日学人须认真去做的一桩事情。

三、发掘《清儒学案》的文献价值

清代史料，浩若烟海，一代学术文献足称汗牛充栋。以文献长编而述一代学术，前辈学者早已建树筚路蓝缕之功，其间业绩最为卓著者，是徐世昌主持纂修的《清儒学案》。

《清儒学案》的纂修，始于1928年，迄于1938年中。这部书虽因系徐世昌主持而以徐氏署名，实是集体协力的成果。全书凡208卷，入案学者计1169人。上起明清之际孙奇逢、顾炎武、黄宗羲，下迄清末民初宋书升、王先谦、柯劭忞，一代学林中人，举凡经学、理学、史学、先秦诸子、天文历算、文字音韵、方舆地志、诗文金石，学有专主，无不囊括其中。它既是对清代260余年间学术的一个总结，也是对中国古代学案体史籍的一个总结。唯因其卷帙浩繁，通读非易，所以，除20世纪40年代初容肇祖、钱穆等先生有过评论之外，对其做专题研究者并不多见。

同《清史稿·儒林传》相比，《清儒学案》的入案学者已成数倍的增加，搜求文献，排比成编，其用力之艰辛也不是《清史稿》所可比拟的。尽管一如《清史稿》，由于历史和认识的局限，《清儒学案》的历史观已经远远落伍于时代，疏失、错讹亦所在多有。然而其文献价值则无可取代，应予以充分肯定。今日学人研究清代学术史，《清儒学案》实为不可忽视的重要参考著述。

《清儒学案》承黄宗羲、全祖望二家开启的路径，采用学者传记和学术资料汇编的形式，述一代学术盛衰。这样一种编纂体裁，或人自为案，或诸家共编，某一学者或学术流派自身的传承，抑或可以大致反映。然而，对于诸如此一学者或流派出现的背景，其学说的历史地位，不同时期学术发展的基本特征及趋势，众多学术门类的消长及交互影响，一代学术的横向、纵向联系，尤其是蕴含于其间的规律应当如何把握等等，所有这些问题又都是《清儒学案》一类学案体史籍所难以解答的。一方面是学案体史籍在编纂体例上的极度成熟；另一方面却又是这一编纂体裁的局限，使之不能全面反映学术发展的真实面貌。这种矛盾状况，足以说明学案体史籍已经走到了尽头。

进入20世纪以后，随着西方史学方法论的传入，融会中西而有章节体学术史问世。梁启超先生挺然而起，倡导"史界革命"，完成《清代学术概论》和《中国近三百年学术史》的结撰。以之为标志，学术史编纂翻过学案体史籍的一页，迈入现代史学的门槛。

祖武治清代学术史30余年，以读清儒著述为每日功课。不间寒暑，朝夕以之，幸有所得则为文敬清四方同好指教。多历年所，成篇居然数以十计。此番应北京师范大学出版社之约，从中遴选20余篇结集，旨在据以窥知有清一代学术之演进历程。承国家哲学社会科学规划办公室组织专家评审，将此一不成片段的集子纳入成果文库。鞭策鼓励，感激至深，谨向规划办公室并各位评审专家致以崇高敬意和由衷感谢。

承北京师范大学出版社盛谊，尤其是责任编辑刘东明同志受累，精心编辑，精心校对，精心出版，本书方能有今日之面貌，谨致深切谢忱。

陈祖武　谨识

2010年12月8日初稿

2011年11月20日改订

原载《清代学术源流》，北京师范大学出版社2012年3月版

《榕村全书》整理说明

《榕村全书》系闽中大儒李光地之遗著汇编。光地字晋卿，号厚庵，福建泉州安溪人。生于明崇祯十五年（1642），卒于清康熙五十七年（1718），享年七十有七。光地生当明、清鼎革，一生亲历清初社会之由乱而治。康熙一朝，举凡一时国家大政，诸如平定三藩、台湾回归、治河理漕、兴复文教、整治朋党、储位废立、朱子崇祀、经学提倡，等等，光地皆身在其间，每多攸关。因此，在清初政治史和学术史上，李光地允称举足轻重，享有"儒林巨擘""一代伟人"之誉，占有不可取代的重要地位。

康熙九年（1670），光地以二甲第二名进士入翰林院，由编修累官至掌院学士。三十二年（1693），出任顺天学政，后擢直隶巡抚，即任授吏部尚书。四十四年，荣登相位，拜文渊阁大学士。在主持纂修《朱子全书》《性理精义》《周易折中》诸御纂图书相继蒇事之后，于大学士任上病逝。圣祖惊悉噩耗，震悼异常，专派皇子治丧，赐谥文贞。所撰祭文有云："朕久玩羲、文之《易》，独穷理数之原。惟尔虚衷，随时请益，每共研寻终始，辨析精微，尝累日而未休，恒他人所莫解。君臣之契，特有深焉。"痛叹："惟朕知卿最悉，亦惟卿知朕最深！"常言道"伴君如伴虎"，而在康熙中叶以后，李光地之与清圣祖，君臣之间竟能如同友朋一般，当可称为佳话一段。

李光地一生，不唯以其过人的政治智慧而卓有建树，而且勤于为学，老而弥笃。他邃于经术，尤以《易》学最称专精，融会汉、宋，贯通古今，卓然成一家言。积毕生治经所得，于其晚年相继撰成《周易通论》《周易观象》及《尚书解义》《诗所》《四书解义》《春秋毁余》《古乐经传》诸书，表彰经学，实事求是，于清初健实学风之形成，关系甚巨。此外，光地学博识精，卓有睿见，凡性理子史、天文历法、诗文音韵等，皆多所涉猎，各有著述。诸如《榕村全集》《榕村语录》《正蒙注》《历象本要》等，与前述经学诸书合计，留下遗著几至40种，200余卷之多。

乾隆元年（1736），李清植汇其祖遗著为一编，题以《李文贞公全集》刊行，所录光地遗著凡29种、149卷。三十八年（1773），清廷开《四库全书》馆，除光地主持诸官修图书悉数著录外，其个人著作14种，亦得著录或存目于《全书》之中。四库馆臣于光地著述及为学，实事求是，多有的评，倾心赞许光地为"儒林巨擘"。据称："光地所长在于理学、经术，文章非所究心。然即以文章而论，亦大抵宏深肃括，不雕琢而自工。盖有物之言，固与鬐鱝悦目者异矣。数十年来，屹然为儒林巨擘，实以学问胜，不以词华胜也。"嘉庆四年（1799），时任户部侍郎阮元著《畴人传》，立光地传于该书卷四十。传中征引光地所著《历象本要》及论历学三文，盛赞光地为"一代伟人"，推光地学为"大儒之学"，"多前人所未发"。

道光初，光地玄孙李维迪承其先辈之未竟，重辑光地遗著为《榕村全书》，所录凡32种、177卷。九年书成，闽中大儒陈寿祺欣然为《全书》撰序，以不得为光地入室弟子为恨，推尊光地之学足以接武朱子，"迟久弥新而不可以澌灭"。大儒定评，洵称不刊。

祖武不学，唯以读清儒著述为每日功课。20世纪80年代中，应中华书局之约，曾整理李光地遗著《榕村语录》及其续编，于90年代中刊行。此后十余年间，此一整理本屡得前辈师长鞭策激励。犹记2005年秋，已故自然科学史家席泽宗先生赴新加坡出席国际科学大会返京，有电话赐教，示以先生之大会演讲，即有引用整理本《榕村语录》处。然祖武深知，学殖寡浅，于光地著述一知半解处犹多，拟俟他日为学幸能有进，再逐一认真董理。2009年秋，承福建人民出版社错爱，竟约祖武整理《榕村全书》。学习机缘陡然而至，夙愿居然可望实现，天乎？人乎？唯有向福建人民出版社诸位主事及魏清荣、史霄鸿二位先生深致谢忱。

道光间刊本《榕村全书》，一仍先前《李文贞公全集》旧法，虽以汇辑李光地著述为主，然亦兼录光地子孙之部分论著。平情而论，光地后人，无论是李清植，还是李清馥，其历史地位及为学所得，皆与李光地相去甚远，不宜并提。二家若此，遑论他人！因之今次整理《榕村全书》，以表彰李光地学术为宗旨，他人所著一概不在整理之列。此乃首要原则。其二，道光本《榕村全书》所辑光地著述32种，既有严格意义上的个人著述，如《周易通论》《榕村语录》《榕村全集》等，亦多历代诗文、语录之选辑、评点。如《韩子粹言》《二程子遗书纂》《朱子语类四纂》《榕村诗选》等。且有诱掖科举士子的专门文选，如《榕村制义》《榕村讲授》《程墨前选》等。三类著述，价值各异，未可一概而论。相比之下，自然当以第一类为上乘。此外，二三两类所涉诸家诗文、语录，经晚近数十年古籍整理专家之辛勤劳作，大都已有单行别本。有鉴于此，今次整理拟大致取法《四库全书》，选取光地之代表著述进行整理。其三，《四库全书》失收之《历象本要》及晚清始出之《榕村续语录》，皆具重要之学术价值，且前者已入道光本《榕村全书》，故一并加以整理。

秉持上述三条原则，今次纳入《榕村全书》整理之李光地著述，凡22种、162卷。依次为：《周易通论》《周易观象》《周易观象大指》《尚书解义》《洪范说》《诗所》《四书解义》《春秋毁余》《朱子礼纂》《孝经注》《古乐经传》《历象本要》《阴符经注》《离骚经注》《九歌注》《参同契章句》《正蒙注》《榕村语录》《榕村续语录》《榕村全集》《榕村续集》《榕村别集》。

为有裨知人论世，今次整理，选取道光本《榕村全书》卷末所载《光地年谱》2种作为附录，一为李清植辑《文贞公年谱》，一为李清馥辑《榕村谱录合考》。此外，一并附录之资料，尚有《李光地传记资料选编》《四库全书总目辑录》2种。

伏案陋室，朝夕以之，不觉暑往寒来，春秋再易。祖武之于《榕村全书》整理，虽以勤补拙，不苟丝毫，然囿于学力，囫囵吞枣，错讹谬误当所在多有。脱稿在即，惴惴不安。唯有敬祈方家大雅不吝赐教，指疵纠谬。祖武当恪遵教言，一一是正。有劳高贤费心，谨致深切谢忱。书稿整理初竣，承陈叔侗、朱安群、汤化、卢和等先生审读，匡谬正讹，受教至深。谨向审读赐教之诸位专家遥致由衷感激，他日有缘拜谒，当一一道谢。

陈祖武　谨识

2011年3月12日初稿

2012年6月2日修订

原载《榕村全书》，福建人民出版社2013年4月版

《清儒学术拾零》再版前言

承故宫出版社诸位主事不弃，拟将祖武旧日习作《清儒学术拾零》纳入丛书，再版印行。鼓励鞭策，盛谊感人，谨致深切谢忱。1998年，拙稿承湖南人民出版社初印，正值祖武参加国立新加坡大学儒学国际研讨会返京，遂以提请与会同好指正之拙文权充出版前言。十余年过去，往日之思考似乎未尽失去价值，故而改题"初版前言"予以保留。谨将近期与之相关的若干想法联缀成文，以代再版前言。

在当代中国社会的前进过程中，文化建设已经成为社会普遍关注的一个重大问题。然而，由于急功近利痼疾作祟，拜金浊流无孔不入，诚信缺失，道德滑坡，这方面的工作面临着许多困难和挑战。以下，拟就此谈几点未必妥当的思考，敬请各位批评指教。

一、文化建设的立足点在人

改革开放30余年来，随着中国经济社会的大步前进，文化建设也在全方位地向前推进。人民的文化生活丰富多样，国家的文化实力显著提高，呈现一派欣欣向荣气象。但是在前进道路上，又还存在许多不协调的现象，干扰文化建设的健康发展。一些人为了追逐金钱，谋求私利，不择手段，弄虚作假。他们寡廉鲜耻，罔顾他人，罔顾社会，罔顾国家和民族。中华民族数千年养成的传统美德被肆意践踏，中华民族的文明传承受到了前所未有的尖锐挑战。

这样一个局面的形成，原因很多，值得我们认真分析和总结。从文化建设的角度而言，对其本质的认识和把握存在偏差，理论和实际脱节，就是一个不可忽视的原因。

谈到文化，众所周知，近百年来，对其界定见仁见智，各有据依，可谓百花齐放，百家争鸣。尽管如此，而关于其本质的认识和把握，却可以大致看到一个相似之处，即立足点都在人。借用中国古代哲人的话来说，这大概就叫作"一致百虑，殊途同归"。在这个问题上，笔者赞成这样的见解，认为文化是一个民族的精神和灵魂，它既以经济的发展为前提，同时又通过民族文明素质的提高，反作用于经济，从而推动社会和历史的前进。因此，所谓文化建设，归根结底是要解决人的问题，是要达到提高民族文明素质的目的，本质是人，立足点在人。

关于文化建设本质的认识和把握，最近二三十年间，其偏差主要反映在两个方面。第一个方面，是把文化建设视为经济建设的附庸，或者说认为文化建设是手段，发展经济才是目的。较长一段时间以来，有这样一句话颇为流行，叫作"文化搭台，经济唱戏"。这句话所反映出来的，就是这一方面的认识偏差。靠这样的认识去安排文化建设，其结果当然只能是缘木求鱼。第二个方面，是忽视文化建设的本质，将文化建设纳入经济建设的轨道，混为一谈。这就是当前严重存在的试图用文化产业取代文化建设的倾向。其实，顾名思义，文化产业讲的是经济结构、经济布局和经济增长方式，目的在于发展经济。同文化建设相比，二者本质不同，分工各异，断不可眉毛、胡子一把抓，甚至取而代之。因此，经营性的文化产业固然是一个方兴未艾的产业，具有良好的发展前景，但是绝对不能用它去取代文化建设事业。

二、教育是文化建设的根本

我国古代先哲给我们留下过一句至理名言，叫作"十年树木，百年树人"。这就是说，一个人的一生，从呱呱坠地到耄耋垂老，终身皆在不间断地接受教育之中，活到老，学到老。一个人尚且如此，何况是一个民族文明素质的养成和提高呢！因此，文化建设既然以提高民族文明素质为目标，那么对社会成员的教育，尤其是广大青少年的教育，就是至关重要的根本大计，不可须臾松懈。谈文化建设，断不可离开教育。

令人深感忧虑的是，当前我国的教育环境，尤其是广大青少年的成长环境，情况并不是很好。金钱至上、享乐第一、自我中心、目无他人，久而久之，习以为常，一些不该发生的事情也就成不可回避的现实。我们自己培养的大学生，不仅驾车肇事，而且竟然将亟待救治的伤者杀害。这难道还不令人痛心疾首吗！严酷的现实告诉我们，同维护和治理生态环境已经迫在眉睫一样，维护和治理教育环境、人文环境，也是一件再也不能够耽搁的事情。要把这件事情做好，当然需要全社会的共同努力，然而中坚力量无疑是广大教育工作者。这里所说的教育工作者，首先自然是指工作在第一线上的广大小学、中学和大学的老师们、教授们，同时也包括作家、艺术家、影视戏曲工作者、新闻传媒工作者和自然科学、社会科学工作者在内的广大文化工作者。传道、授业、解惑的老师，教书育人，职责所在，"春蚕到死丝方尽，蜡炬成灰泪始干"，古往今来，责无旁贷，义不容辞。而对广大文化工作者来说，用健康的、积极向上的精神产品去丰富人民大众的精神生活，尤其是广大青少年的文化生活，去帮助广大青少年生动活泼地健康成长，同样是在行使崇高的教育职责。这是神圣的时代使命和不可推卸的社会责任。

谈到时代使命和社会责任，我们不赞成如下的价值判断，即用简单的"娱乐"二字，去给当代文化工作者的崇高责任定性。固然，我们的文化工作者必须用自己的辛勤劳动，创造健康的精神产品，带给人民大众快乐和愉悦。然而娱乐绝不能成为单一的目的。我们断然鄙弃用娱乐二字去掩盖追逐金钱的目的，更不赞成因之而玷污文化工作者的社会良知。我们文化工作者的一言一行，一举一动，任何时候都不能忘记为提高全民族文明素质服务的职责。寓教于乐这样一个正确方向，不能有丝毫的动摇，必须理直气壮地去坚持。

三、儒学的人学品格

中国古代学术以儒学为中坚，儒、释、道互补而自成一体。自春秋战国间孔子创立儒家学派，在两千多年的历史演进过程中，儒学吸纳释、道，融诸子百家之所长为我有，不断充实和发展，显示了无与伦比的巨大包容能力和历久弥新的强大生命力。儒学已经深层次地融入中华民族的文化心理，成为中华文明不可分割的历史血脉。古往今来，伴随中华民族先民的迁徙以及同世界诸多文明的交往，儒学早已逾出国界，超越民族，成为人类文明的一个重要组成部分。儒学如此特殊历史地位的形成，其根本依据就在于它的人学品格。

儒学以人为论究核心，从个人的修持入手，进而探讨个人与家庭、个人与他人、个人与社会、个人与自然、个人与天下国家千丝万缕的联系，最终谋求人类社会的人我一体，和谐发展。孔子把这样的境界称之为仁，他说："夫仁者，己欲立而立人，己欲达而达人。"（《论语·雍也》）孔子主张推己及人，"先人而后己"，"己所不欲，勿施于人"（《论语·颜渊》）。曾子实践孔子的仁学，进而将其发扬光大，号召人们"仁以为己任，死而后已"（《论语·泰伯》）。在曾子的笔下，儒学的人学品格得到了格物致知、诚意、正心、修身、齐家、治国、平天下的经典归纳，他说："古之欲明明德于天下者，先治其国；欲治其国者，先齐其家；欲齐其家者，先修其身；欲修其身者，先正其心；欲正其心者，先诚其意；欲诚其意者，先致其知；致知在格物。……自天子以至于庶人，壹是皆以修身为本。"（《礼记·大学》）

无论是孔子提出的仁学，还是曾子据以阐释的格致、诚正、修齐、治平，以及北宋大儒张载所发挥的"为天地立心，为生民立命，为往圣继绝学，为万世开太平"，直至清初顾炎武"天下兴亡，匹夫有责"呐喊的迸发，历史的发展充分证明，儒学的人学品格自成体系，不可分割。其间，既包括社会成员自身文明素质的养成和完善，同时也包括为他人和社会服务能力的提高和完善。作为社会的成员，每一个人的一生，都是一个不断完善自我的过程。换句话说，都是一个没有止境的修持过程。而人们不断完善自我的过程，同时也就是不断调整同他人、同自然、同社会的关系，使之臻于和谐的过程。正是在这种不间断的完善和调整之中，人们既实现自己的人生价值，同时又共同推进人类文明的步履。

儒学的人学品格，规定了个人修养与关心他人、服务他人浑然一体，相得益彰，足以成为谋求人类社会和谐发展的宝贵精神财富。我们中国是一个历史悠久的文明古国，今天的中国是昨天、前天的中国之合乎逻辑的发展，当代的中国文化，也是中国数千年历史文化在新的历史条件下的必然前进。弘扬儒学的人学品格，使之与时俱进，融域外文明之优秀成果为我有，理所当然是当代中国文化建设的一项重要任务。

陈祖武　谨识
2012 年 6 月 10 日

原载《清儒学术拾零》，故宫出版社 2012 年 11 月版

《清儒学术拾零》再版后记

祖武不学，落伍太多，于今日学人皆能娴熟运用的电脑，竟茫然不知。贻笑大方，迂腐已极。因之此番拙作再版，从输入电脑到编辑校改，无不仰仗故宫出版社各部门的同志们。有劳各位，谨致谢忱。尤其是两位责任编辑阎立军、刘玮同志，不辞辛劳，高度负责，将全书所引文献逐一检核，精心校改，纠谬正讹，受累最多。10余年前旧作幸能有今日面貌，皆是阎、刘二位俊彦的功劳，容日后另觅机会道谢。

旧作再版，奉教方家，敬请拨冗赐教。祖武于此，谨预致由衷感激。

陈祖武　谨识

2012年6月9日

于京东潘家园

原载《清儒学术拾零》，故宫出版社2012年11月版

《乾嘉四大幕府研究》序

上周，承林存阳教授相告，他的新著《乾嘉四大幕府研究》已然竣稿，且经严格评审，入选中国社会科学院学术文库，行将送请中国社会科学出版社出版。得闻此讯，深感欣慰。遵嘱，谨赘数语奉附骥尾，以志祝贺。

深入研究清代的幕府制度，是改革开放之初，在南开大学召开的首次明清史国际学术研讨会上，已故郑老天挺先生发出的倡导。30余年过去，几代学人沿郑老指示路径勤奋开拓，取得了甚多可喜的成果。其中，北京大学尚小明教授著《学人游幕与清代学术》，将一代幕府制度变迁与二百数十年学术演进相结合，别具只眼，尤称创获。存阳教授接武小明教授之努力，选取乾嘉两朝迄于道光初叶，卢见曾、朱筠、毕沅、阮元四大幕府的学术业绩为论究对象，分别进行深入的个案研究。又复合四家于一体，前后贯穿，提纲挈领，进而揭出乾嘉学派与乾嘉学术乃一历史过程的结论。《乾嘉四大幕府研究》的完成和出版，无疑将会推进乾嘉时期幕府制度特质的研究，把乾嘉学派与乾嘉学术的研究引向深入。尚小明、林存阳二位教授的研究所得，后先而进，同调共鸣，允称一致百虑，殊途同归，实是可喜可贺。

乾嘉诗坛大家赵翼《咏史》有句云："江山代有才人出，各领风骚数百年。"古往今来，大凡能够做出杰出学术业绩，在学术史上留下足迹的学人，无一不是那些脚踏实地、循序渐进的辛勤耕耘者。在社会进步一日千里的历史新时代，节奏再快，频率再高，中华民族的学术事业要发展，依然需要这种严谨精勤、一丝不苟的精神。

值此《乾嘉四大幕府研究》出版在即，谨书此以与存阳教授并诸位年轻朋友共勉。

陈祖武　谨识
2014 年 11 月 24 日

原载《乾嘉四大幕府研究》，中国社会科学出版社 2016 年 6 月版

《清代学者象传校补》缘起

叶衍兰先生与叶恭绰先生祖孙二位合著之《清代学者象传》（以下简称《象传》），凡作二集。第一集为叶衍兰先生著，上起清初顾炎武、黄宗羲，下迄道咸间姚燮、魏源，共著录清代前期学者169人。所著录学者，大抵人自画像一帧，各撰小传一篇，像传辉映，相得益彰。衍兰先生乃晚清文献学家，诗书画俱工，《象传》之画像、传文及书写，皆出先生一人之手，历时30余年而成。大家手笔，弥足珍贵，一时学林共推"三绝"。唯先生生前未及刊行，清亡，民国十七年（1928），始由其孙恭绰先生在上海交商务印书馆影印出版。第二集为叶恭绰先生著，上起清初钱谦益、孙奇逢，下迄清末民初江标、李希圣，共著录有清一代，尤其是第一集所缺之晚清同、光、宣三朝学者200人。除去与第一集重出之侯方域外，实为199人。经顾廷龙先生编辑安排，于1953年，在安定珂罗版社影印出版。唯国家多故，世变日亟，虽经恭绰先生20年之苦心搜辑，而是时所影印问世者，仅为江西画师杨鹏秋摹绘之各家画像。至于200家之传文，则尽付阙如。

20世纪20年代中，清史馆所修《史稿》争议正炽，董理一代学术史风气方兴。《象传》第一集的问世，顺乎潮流，引领风气，颇为四方瞩目。一时学坛及社会名流，若康有为、王秉恩、樊增祥、沈尹默、冒广生、蔡元培、于右任、罗振玉、谭延闿等，皆有序跋或题签。20余年之后，《象传》第二集出。时值中华人民共和国成立伊始，百废待举，困难重重，虽由叶先生自费仅印200部，但亦得郭沫若、陈叔通二位先生题签。据知，叶先生曾以此集一部送毛泽东主席，毛泽东主席有答书致谢，且索观第一集。恭绰先生原拟续事纂辑，将第二集所缺各家传文补齐，然而迄于1968年8月病逝，此愿终未得一践。

1986年1月，顾廷龙先生将《象传》之一、二集合为一编，亲笔题写《清代学者象传合集》书名，敦请潘景郑先生撰序，交由上海古籍出版社出版。顾廷龙、潘景郑二位先生此举，一则是对两位叶先生卓著业绩的纪念和表彰，再则亦把传承文明，完成前辈文献大家未竟事业的任务，交给了后起学人。祖武早先读《象传合集》，既于两位叶先生之筚路蓝缕而深致景仰，亦以《象传》之未成完帙而惋惜。此后20年间，将《象传》续成完书之想，每每萦回脑际。2008年秋，在中国社会科学院历史研究所卸去兼任行政职务，得以专意读书问学。恰逢商务印书馆丁波博士来询《象传》整理事宜，于是多年夙愿得此机缘遂告付诸实践。天乎？人乎？实乃时代使然也。

五历寒暑，朝夕以之，至2014年秋，《象传校补》粗见眉目。由于祖武生性迂腐，保守落伍，既不识互联网，亦不知如何使用电脑，经与丁波博士商议，拟即以专用稿纸影印手稿出版。此议既定，承历史研究所所长卜宪群研究员俯允，是冬，专用竖格稿纸送至案头，书稿誊正旋即开始。

近六七年间，《象传校补》工作之得以顺利进行，始终要感激四方友人的指教、帮助和支持。扬州大学已故前辈祁龙威教授，虽素未谋面，然先生生前不唯多次来信来电赐教，而且转赠当地学者之最新论著。南京师范大学江庆柏教授，以往亦无一面之缘，竟枉驾寒舍，颁赐大著《清代人物生卒年表》《清代进士题名录》。中国友谊出版公司王逸明先生，则馈赠稀见抄本影印件，使难觅依据的《孔广林》一传得以动笔。安徽大学诸伟奇教授、彭君华教授，四川大学舒大刚教授，福建师范大学林金水教授，福建省文史馆卢美松、魏定椰二位先生，贵州省文史馆顾久、靖晓莉二位馆长，皆不时颁来各地古籍整理之新成果。历史研究所诸位友人，若袁立泽、林存阳、杨艳秋、李立民、梁仁志等，或购置图书，或搜寻资料，助我最多，亦受累最多。尤为感念不忘者，是台湾友人"中研院"史语所陈鸿森教授、文哲所林庆彰教授，二位先生专攻清代经学，多次颁赐研究论著，受教至深，终身得益。

《清代学者象传校补》六易春秋，蒇事在即，承中央文史研究馆馆长袁行霈先生厚谊，挥翰题签，鼓励鞭策。20世纪50年代初，中央文史研究馆肇建，首任副馆长、代理馆长叶恭绰先生之未竟遗著，60余年之后，承现任袁行霈馆长题签，由忝侧馆员之列的后学续成完书，薪火相传，后先一脉，或可目为今日文化建设之佳话一则。

陈祖武　谨识

2015年7月初稿于北京医院骨科病房

2016年3月定稿，时年七十有三

原载《清代学者象传校补》，商务印书馆2017年3月版

《〈清儒学案〉曹氏书札整理》序

欣悉李立民博士[①]整理之《〈清儒学案〉曹氏书札》，经专家严格评审，业已纳入中国社会科学院创新工程出版资助项目，行将送请中国社会科学出版社出版，谨致祝贺。

20世纪80年代初，在国家博物馆的前身中国历史博物馆参加座谈会，有幸拜谒史学界老前辈傅振伦、史树青二位先生。承二老不弃，多赐教诲。后来，傅先生以论究地方志问题专著相赠，我有关地方志的若干知识，就是向傅先生学到的。史先生得知我当时正在读《清儒学案》，还召我至先生东城寓所，出示所藏之《〈清儒学案〉曹氏书札》。时间过得真快，转瞬间30余年过去。2014年初，历史所几位年轻同事来寒舍探望，告我《〈清儒学案〉曹氏书札》已由线装书局出版。两周后，承梁仁志博士受累，由近代史所图书馆将书札影印件三大册送来。我用了三天时间，将此一书札浏览一过，当年的诸多疑问，顿时释然，不禁为之大快。唯书札出版未经精心校勘，故而编排顺序前后倒置，失误尚多，是为美中不足。立民博士早先从治目录学起步，勤奋好学，获悉此一情况，遂精心比勘，暗自用功。未及一年，《〈清儒学案〉曹氏书札》整理本初成，元元本本，先后秩然。得见立民博士此一创获，喜出望外，再三叮嘱进一步做好校勘工作，争取早日公诸同好。

据知，近年北京大学沙志利博士亦在潜心整理《〈清儒学案〉曹氏书札》，且有可喜阶段性成果问世。同样一部文献，志利、立民两位博

[①] 李立民，中国社会科学院古代史研究所副研究员。中国社会科学院历史研究所博士后，师从陈祖武先生。

士分头用力,各自出版,这大概就叫作一致百虑,殊途同归。以一人之辛勤劳作,而省去众多学人检核之功夫,从而共同促进学术事业,这不正是吾国学人数千年一脉相承的好传统吗!谨向立民、志利二位博士致以崇高敬意。

陈祖武　谨识
2016 年 3 月 2 日

原载《〈清儒学案〉曹氏书札整理》,中国社会科学出版社 2016 年 9 月版

《〈清朝续文献通考·经籍考〉研究》序

　　李立民博士早先师从北京师范大学周少川教授问历史文献学，得陈援庵先生治学之法门，实事求是，无征不信。继之入历史研究所博士后流动站，专攻晚清历史文献。鉴于刘锦藻所辑《清朝续文献通考·经籍考》之学术价值，而以往文献学界又少有专题论究，乃由刘考辑录之群书序跋入手，搜寻其史源，评骘其得失，进而据以知人论世，深入探索，遂成此《〈清朝续文献通考·经籍考〉研究》大著。

　　清代学术宏深，以总结整理吾国数千年学术为特征。二百数十年间，才人辈出，著述如林，在中华文化的传承中，做出了承前启后的重大历史贡献。晚近王国维先生论清代学术，以一"大"字言清初，以一"精"字言乾嘉，而于晚清70年之学术，则归结为一"新"字。在迄今的清代学术史研究中，谈到清初学术之博大，乾嘉学术之专精，恐怕论者已然大体形成共识，当无太多异议。然而如何理解静安先生论道咸以降学术所用之"新"字，则似尚有进一步讨论之必要。20世纪90年代中，应已故友人鲍国顺教授之约，前往台湾高雄中山大学问学。其间，有幸参加清代学术研讨会，曾以《晚清七十年之思想与学术》为题撰文，向与会四方专家请教。借此机会，请允许我将旧日拙见大要奉上。

　　晚清70年，中国社会经历了一场亘古未有的历史巨变。一时朝野俊彦，站在时代之前列，为中国社会之走出困境，为中国学术之谋求发展，殊途同归，百家争鸣。王国维先生以一"新"字来赅括晚清学术，得其大体，洵称不刊。晚清70年间的学术，有一潮流行之最久，亦最可注意，这便是会通汉宋，推陈出新。70年间，先是今文经学复兴同经世思潮崛起合流，从而揭开学术史之序幕。继之洋务思潮起，新旧体用之争，一度呈席卷朝野之势。而与之同时，会通汉宋，假《公羊》以议政之风愈演愈烈，终成戊戌维新之思想狂飙。晚清的最后一二十年间，"以礼代理"之说蔚成风气，遂有黄以周《礼书通故》、孙诒让《周礼正义》出而集其大成。先秦诸子学之复兴，后海先河，穷原竟委，更成一时思想解放之关键。中山先生"三民主义"学说挺生其间，以之为旗帜，思想解放与武装抗争相辅相成，遂孕育武昌首义而埋葬清王朝。因此，王国维先生所说之"新"，既指晚清方兴未艾之西学，同时亦应包括中国传统学术在会通汉宋中的自我更新。

有清一代学术，由清初顾炎武倡"经学即理学"，开启先路，至晚清曾国藩、陈澧和黄式三、以周父子会通汉宋，兴复礼学，揭出"礼学即理学"而得一总结。"以经学济理学之穷"的学术潮流，历时 300 年，亦随世运变迁而向"会通汉宋以求新"的方向演进。腐朽的清王朝虽然无可挽回地覆亡了，然而立足当世，总结既往，会通汉宋以求新的学术潮流，与融域外先进学术为我所有的民族气魄相汇合，中国学术依然在沿着自己独特的发展道路而曲折地前进。跟在别人的后面跑，是永远不会有出路的，这不就是晚清 70 年的学术给我们所昭示的真理吗！

欣逢立民博士大著出版，谨以上述文字奉附骥尾，敬请方家大雅指教。

陈祖武　谨识
2016 年 3 月 7 日

原载《〈清朝续文献通考·经籍考〉研究》，中国社会科学出版社 2017 年 3 月版

《清代学林举隅》序

承《贵州学者文丛》编委会诸位专家不弃，远颁约稿大函，嘱祖武遴选旧日为学文字，忝附骥尾，共襄盛举。谬蒙厚谊，无任感激，乡愁漾起，喜慰难抑。遵嘱，谨将所选文字奉上，敬谢家乡父老数十年养育之恩。

祖武1943年旧历10月14日，生于贵州省贵阳市。1949年春，入私立正谊小学，中华人民共和国成立后，学校改名为会文路公立小学。1955年毕业，升入贵阳市第二中学初中部。1958年，再升贵阳市第一中学高中部。1961年，考入贵州大学历史系。1965年毕业，由国家统一分配至云南省昆明市一所职业中学任教。甫及一年，"文革"十年浩劫陡起，斯文扫地，不堪回首。四凶既锄，国运重昌，1978年2月，奉调云南民族学院历史系任教。同年10月，负笈京城，入中国社会科学院研究生院，师从历史研究所杨向奎先生问清儒学术。1981年毕业，即留历史所供职，历任研究实习员、助理研究员、副研究员、研究员。2006年，当选中国社会科学院首批学部委员。2008年，在历史所卸去兼任所长职务。2009年，承国务院总理聘任，忝为中央文史研究馆馆员。

光阴荏苒，逝者如斯。犹记当年离乡，不过22岁之青年学子，匆匆51年过去，已届七十有三之人生晚境。自追随先师问业，数十年间，祖武不间寒暑，朝夕以之，所做功课主要是如下两个方面：一方面是论究清代学术源流；另一方面是梳理清代学者学行。承出版界诸同好错爱，有关论究清代学术源流的文字，幸得两度结集。第一次是湖南人民出版社1998年刊行之《清儒学术拾零》，第二次是北京师范大学出版社2012年刊行之《清代学术源流》。《拾零》2002年再版；2012年，承故宫出版社纳入"明清史学术文库"重刊。《源流》则承全国哲学社会科学规划办公室组织专家评审，纳入"国家哲学社会科学成果文库"出版。而有关梳理清代学者学行的文字，则迄未系统结集。

此次承贵州人民出版社盛谊，题以《清代学林举隅》刊行之文字，主要包括如下三个部分：第一部分是20世纪70年代末至90年代中，所写之《旷世大儒顾炎武》；第二部分是同期参加国家项目《清代人物传稿》，所撰若干学者小传；第三部分则是近六七年间，所结撰之《清代学者象传校补》举要。全书上起清初孙奇逢、黄宗羲、顾炎武、王夫之，下迄晚清郑珍、莫友芝、黄彭年、孙诒让，凡及一代学者55家之生平学行。有清一代，学术宏深，才人辈出，见于官私史籍之一代学者，数以千计。"举隅"云者，名从其实，无非管中窥豹而已。唯学殖寡浅，一知半解，讹误疏陋当所在多有，敬祈方家大雅多赐教诲，谨致深切谢忱。

祖武生性迂拙，保守落伍，既不识互联网，亦不知如何使用电脑。《举隅》文稿之审阅处理，仰赖戴俊编审及出版社诸位朋友受累，多有劳烦，感激不尽。他日有缘幸得回乡，再容一一拜谒道谢。

陈祖武　谨识

2016年4月20日

于北京潘家园一号楼寒舍

原载《清代学林举隅》，贵州人民出版社2018年6月版

《清代陆王心学发展史》序

聊城大学杨朝亮教授[①]新著《清代陆王心学发展史》，爬梳文献，结撰艰辛。欣悉行将送请商务印书馆出版，谨摘录往日恭读钱宾四先生《清儒学案序目》札记数则，奉附骥尾，以志祝贺。

20世纪40年代初，钱先生受命撰《清儒学案简编》。稿成，先生将大要刊诸《四川省立图书馆图书集刊》，题为《清儒学案序目》。文中，先生于该书宗旨有云："本编所录，一以讲究心性义理，沿续宋明以来理学公案者为主，其他经籍考据，概不旁及。庶以附诸黄、全两家之后，备晚近一千年理学升降之全。"依钱先生之所见，观察清代学术，尤其是一代理学，有两个特点最宜注意。第一，"理学本包孕经学为再生"，清代并非"理学之衰世"。第二，清代理学"无主峰可指，难寻其脉络筋节"。

秉持此一基本主张，钱先生以四阶段述一代理学演进。第一阶段为晚明诸遗老，第二阶段为顺康雍三朝，第三阶段为乾嘉两朝，第四阶段为道咸同光四朝。

明清更迭，社会动荡，学术亦随世运而变迁。钱先生认为，这是一个承先启后的时代，晚明诸遗老在其间做出了不可磨灭的贡献。先生就此指出："当明之末叶，王学发展已臻顶点，东林继起，骎骎有由王返朱之势。晚明诸老，无南无朔，莫不有闻于东林之传响而起者。故其为学，或向朱，或向王，或调和折衷于斯二者，要皆先之以兼听

[①] 杨朝亮，聊城大学历史文化与旅游学院教授、历史系主任。中国社会科学院研究生院历史系博士，师从陈祖武先生。

而并观，博学而明辨。故其运思广而取精宏，故已胜夫南宋以来之仅知有朱，与晚明以来之仅知有王矣。抑且孤臣孽子，操心危而虑患深，其所躬修之践履，有异夫宋明平世之践履，其所想望之治平，亦非宋明平世之治平。故其所讲所学，有辨之益精，可以为理学旧公案作最后之论定者；有探之益深，可以自超于理学旧习套而别辟一崭新之蹊径者。"①

顺治、康熙、雍正三朝，钱先生谓之理学为清廷所用，以为压制社会利器之时代。一如300年前黄梨洲之评明初理学，"此亦一述朱，彼亦一述朱"。先生进而云："往者杨园、语水诸人谨守程朱矩矱者，宁有此乎？充其极，尚不足追步许衡、吴澄，而谓程朱复生，将许之为护法之门徒，其谁信之？其转而崇陆王者，感激乎意气，磨荡乎俗伪，亦异于昔之为陆王矣。"②

乾嘉时代，经学考据之风甚盛，俨然一时学术主流。面对理学之落入低谷，钱先生挥去表象，直指本质，做出了如下别具只眼的揭示："理学本包孕经学为再生，今徽、歙间学者，久寝馈于经籍之训诂考据间，还以视夫宋明而有所献替，亦岂遽得自逃于宋明哉！故以乾嘉上拟晚明诸遗老，则明遗之所得在时势之激荡，乾嘉之所得在经籍之沉浸。斯二者皆足以上补宋明之未逮，弥缝其缺失而增益其光耀者也。"③

晚清70年，理学一度俨若复兴，然而倏尔之间，已成历史之陈迹。中国古代学术，尤其是宋明以来之理学，何以会在迈入近代社会门槛的时候，形成这样一种局面？钱先生认为，问题之症结乃在不能因应世

---

① 钱穆：《清儒学案序目》卷首《序》，《钱宾四先生全集》第22册，台湾联经出版事业公司，1998年，第590页。
② 钱穆：《清儒学案序目》卷首《序》，《钱宾四先生全集》第22册，台湾联经出版事业公司，1998年，第590—591页。
③ 钱穆：《清儒学案序目》卷首《序》，《钱宾四先生全集》第22册，台湾联经出版事业公司，1998年，第591页。

变，转而益进。相反，路愈走愈窄，直至无从应变迎新而为历史潮流淘汰。先生主张："继今而变者，势当一切包孕，尽罗众有，始可以益进而再得其新生。"

近三四十年间，沿着钱宾四先生开启的路径，一代又一代学人后先相继，究心清代理学，创获甚多，令人佩服。朝亮教授集众家之长，凭以深入探讨，专就一代陆王心学源流进行梳理，大纲已得，可喜可贺。深盼矢志以往，精进不已，以期取得更多业绩。

陈祖武　谨识

2017 年 10 月 4 日

原载《清代陆王心学发展史》，商务印书馆 2018 年 7 月版

《清史稿儒林传校读记》前言

《清史稿·儒林传》凡四卷，卷一至卷三，大致以学术宗尚区分类聚，略依年辈先后为序，著录一代儒林中人近三百家生平学行。卷一专记理学诸儒，二、三两卷分记经学、小学、史学及诸子学中人。所录各家，人自为传，或独领一篇，或诸家共席，首尾一贯，自成体系。凭以知人论世，可得一代学术演进大要。卷四则沿《明史》旧规，专记入清以后，历世衍圣公之承袭，唯无以附丽，乃置诸《儒林传》末。由于《清史稿·儒林传》前三卷所具学术价值，因之自1928年刊行以来，一直以治清代学术史之基本史籍，而为学人所重视。

然而清史馆开，正值民国肇建，军阀纷争，社会动荡，并非史家潜心修史之时。故而蹒跚14载所成之《清史稿》，错讹甚夥，争议不绝。诚如20世纪中，点校《清史稿》诸位专家所言："《清史稿》成于众手，编写时很少照应，完稿以后，又未经复核改定，匆忙刊行，校对也很不认真。因此体例不一，繁简失当，往往发生年月、事实、人名、地名的差误，遗漏颠倒，以及文理不通的现象。此外，还有史事论断的错误。"同《清史稿》全书相比，《儒林传》本来基础很好，既有《清国史》旧文可据，又有晚清国史馆耆硕缪荃孙先生提供之初稿，理当脱颖而出，独步全书。缪先生过世，在其后的八九年间，如果后继者能够勤于比勘，精心校核，则不难订讹正误，去非存是，编就上乘信史。恰恰相反，由于史馆管理无章，统稿乏人，加之后期急于成书，斧钺随意，以致酿成《儒林传》的过多失误。

《清史稿》成书之后，迄今曾经有过两次较大规模的集中整理。第一次是新中国成立初期，自50年代末起，国家集合四方专家，对

《二十四史》及《清史稿》的系统点校。第二次则是七八十年代，中国台湾地区众多清史专家合作完成的《清史稿校注》。《清史稿》的两次整理，于《儒林传》用力重点各异。前者系具有开拓意义的创举，做了可贵的传文分段，并施加新式标点。后者乃采"以稿校稿，以卷校卷"原则，利用存档史稿及相关资料，进行全面校勘，出有校记476条。之后，以传主著述、碑传、年谱及《实录》《会典》《起居注》等官私史籍为据，从历史学与文献学相结合的角度，逐传精心校读，遂成前辈师长交给后起学人的为学功课。

1978年10月，笔者有幸负笈京城，考入中国社会科学院历史研究所，追随先师杨向奎先生问清儒学术。从此，恭置《清史稿·儒林传》于案头，作为入门史籍而随时检读。光阴荏苒，转瞬40年过去，当初所购《史稿》，而今装帧已多破损，然从中所获教益，则受用终身。犹记拜读之初，每有疑问，往往录之专用卡片，置诸纸质硬盒。久而久之，苦于卡片盒无处放置，便径记于各传天头、地脚，乃至字里行间。岁月流逝，字迹漫漶，早年之所记竟有难以辨识者。因之晚近以来，遂生将历年所记整理成帙之想。2016年4月，《清代学者象传校补》竣稿，未作停歇，旋即开始《清史稿儒林传校读记》之整理。历时两年，粗见眉目，所成校记居然已逾千条。抚卷冥思，百感交集。

清代乾嘉史家钱竹汀先生有云："史非一家之书，实千载之书，祛其疑乃能坚其信，指其瑕益以见其美。拾遗规过，匪为龂龂前人，实以开导后学。"恪守"实事求是，护惜古人"宗旨，钱大昕先生究心历代史籍，撰成不朽名著《廿二史考异》。笔者之从事《清史稿·儒林传》校读，实乃遵循竹汀先生熏戒，沿着前辈史家之艰苦跋涉而学步向前。古往今来，关于中华学术之世代传承，前哲屡有教言："先创者难为功，绍述之易为力。"《清史稿儒林传校读记》之幸成完帙，皆仰赖200余年来，先辈史家一代接一代的辛勤耕耘。其间，既有嘉庆中叶以降，清代国史馆《儒林传》之创编及迄于清亡的数度重修，亦有民国初年，《清史稿·儒林传》之据以成书，还有20世纪中，前辈史家的两次系统整理，以及晚近数十年，众多专家的勤力精进。饮水思源，不忘根本，唯有无尽的缅怀和感恩。只是学殖寡浅，识见孤陋，桑榆景迫，病痛缠身，凡所校读，多有错讹，敬祈方家大雅不吝赐教。

陈祖武　谨识
2018年春杪

原载《清史稿儒林传校读记》，商务印书馆2021年3月版

《纂修〈清儒学案〉往来书札辑考》序

朱曦林博士[①]自幼濡染家学，秉其外祖之教，喜好读史。弱冠远赴东北师范大学，师从赵轶峰教授问明史，撰成论著《黄景昉及其著作研究》。2013年秋，负笈京城，与祖武共学，究心清儒学术。历时三载，以《徐世昌与〈清儒学案〉》之优秀论文，获历史学博士学位。旋复以博士后研究学人身份，入我院文学研究所，追随刘跃进、吴光兴诸位教授问文献学，兼师多益，学业大进。研究计划完成，即留文学所供职。近日，欣悉曦林博士新著《纂修〈清儒学案〉往来书札辑考》修订蒇事，行将送请出版，谨赘数语，以申祝贺。

《清儒学案》自20世纪30年代末成书以来，因其卷帙浩繁，通读非易，除容肇祖、钱穆诸位先生有过评论之外，做专题深入研究的学者并不多见。改革开放洪流起，解放思想，实事求是。先师杨向奎先生以《清儒学案新编》引领风尚，一代又一代学人同声相应，南北共鸣，相关研究喜呈方兴未艾之势。唯苦于迭经变迁，《清儒学案》稿本、纂修往来书札散佚无闻，给进一步的深入研究亦带来了困难。犹记80年代初，在国家博物馆的前身中国历史博物馆参加座谈会，有幸拜谒史学界老前辈史树青先生。史先生得知我正在读《清儒学案》，乃召至先生东城寓所，出示所藏之《〈清儒学案〉曹氏书札》。当时，我曾冒昧陈请，敬祈整理刊布 30 余年过去，2014 年初，得阅线装书局出版之《〈清儒学案〉曹氏书札》，始知昔年史先生之所藏，已化身千百，影印刊行。

---

① 朱曦林，中国社会科学院文学研究所助理研究员。中国社会科学院研究生院历史系博士，师从陈祖武先生。

近年，以《〈清儒学案〉曹氏书札》为论究专题，北京大学沙志利博士、中国社科院李立民博士不谋而合，相继结撰整理研究力作。曦林博士接武二家之辛勤开拓，复就纂修《清儒学案》之往来书札，遍历京津、江浙沪上，南北搜求，爬梳考辨，五易寒暑而成此新著《纂修〈清儒学案〉往来书札辑考》。所著既以《〈清儒学案〉曹氏书札》为基础，又增补了国家图书馆藏《清儒学案》稿本、上海图书馆藏《清儒学案存稿》及金兆蕃、夏孙桐、朱彭寿、宋伯鲁、贺葆真诸家编纂者之书札，而且逐一精心辨析，考证系年。全书元元本本，可据可依，洵为信而有徵之力作。朱曦林、李立民、沙志利三位年轻俊彦，不畏繁难，勇于进取，乃成今日之鼎足而立，实是可喜可贺。

陈祖武　谨识
2020 年 9 月 12 日于病中

四 诸位友人采访实录

我的清代学术史研究
——访陈祖武研究员

邹兆辰[①]

2009年秋，首都师范大学历史学院邹兆辰教授来访，就清代学术史研究的诸多问题，宾主切磋，相得益彰。邹先生是一位很细心的学者，承他费心，将访谈整理成文发表。谨恭录邹先生记录文稿如后。

一、研究生院的读书生活

邹兆辰：陈先生，很高兴能访问您。从年岁来看，您似乎是处于老一辈学者和当今中青年学者之间的过渡阶段的学者。以前也听过您的学术讲演，很有启发，但一些问题还是不太清楚，今天可以当面向您请教了。

陈祖武：您太客气，我们是学史、治史的同行，彼此交流，大有益处。我们从什么地方开始呢？

邹兆辰：一般我们都是从进入史学殿堂之前的学习阶段开始谈。

陈祖武：好！那就从我的读书生活开始吧。我是1965年在贵州大学历史系毕业的。毕业后，先到昆明粮食学校教书。执教不到一年，"文化大革命"就开始了。我被下放到一个货场的仓库和装卸工人一起劳动，但艰苦的生活中，读书一直是我生活的重要内容。

[①] 邹兆辰，首都师范大学历史学院教授。

邹兆辰： 您在这十年动乱中仍然能够坚持读书，这是受了什么影响，与家庭影响有关系吗？

陈祖武： 影响主要是两个方面：一个是从少年时代起即接受良好的学校教育；另一方面则是每日不可离开书本的家庭教育。

邹兆辰： 十年动乱结束以后，您很快就得到了继续深造的机会了？

陈祖武： 1976年粉碎"四人帮"之后，我得以进入大学任教。这时候，我给著名历史学家郑天挺教授写了信，并有幸结识了他。1978年，研究生招生制度恢复，在郑天挺教授的鼓励下，我考取了中国社会科学院研究生院的研究生，师从已故著名历史学家杨向奎先生，从此踏进了清史研究的殿堂。作为研究生院的第一届学生，当时的学习和生活环境都是相当艰苦的，研究生院还没有独立的校舍，只能跟北京师范大学的学生住在一起。

邹兆辰： 那样说来当时的学习条件还是很艰苦的？

陈祖武： 当时的生活情况，确实是很苦的。但是大家没有因为生活清苦放弃自己的努力，因为我们这些经历过"十年浩劫"的同学都有一种"时不我待"之感，倍加珍惜这来之不易的学习机会。"板凳宁坐十年冷，文章不写半句空"，这就是我们当时的精神状态。生活虽然清苦，但当时的学术氛围确实是很好的。国家图书馆当时叫北京图书馆，是我们经常去读书的地方。有时为了占个位置而不得不凌晨四五点钟就爬起来去图书馆，中午就啃一个冷馒头。社科院良好的学术环境和北京丰富的资料来源，加上得到诸多史学大师的悉心指导，使我们的学问日渐长进。在这3年的研究生院生活中，我经常以"时不我待"4个字来鞭策自己，只争朝夕，孤灯相伴，苦读清儒之作。可以说研究生院的读书生活让我受益一生，研究生院的养育深恩，我是终身难报。

邹兆辰： 研究生院毕业以后，您就留在了历史所工作了吗？

陈祖武： 是的。1981年研究生院毕业后，就留在历史所工作了，岗位在清史研究室。这30年来，我专注于清代学术史的探究。经过多年的学习，在这个领域里，取得了一些初步成绩，其中的《清初学术思辨录》和《中国学案史》可以说是我的主要代表作。

《清初学术思辨录》是我的第一本学术专著。1992年，由中国社会科学出版社出版。这本书从社会史和学术史相结合的角度出发，以顺治、康熙二朝学术史上的若干重要问题作为研究对象，合众多个案研究为一体，对清初80年间的学术演进趋势、主要特征和历史地位等，进行了探讨。

这本书问世以后，受到了学术界的关注和鼓励。杨向奎先生对我的习作给予了肯定评价，认为结合清初的社会实际来谈学术思想，这是最正确的方法之一。我们不能脱离实际社会而谈社会思潮，"皮之不存，毛将焉附"！先秦诸子、两汉经学、魏晋玄学、宋明理学，都与当时之社会相关。我此后的研究工作，便是遵循先师教诲，逐步推进的。

二、我的学案史研究

邹兆辰：上次您到我们历史学院来作学术报告，您专门讲了您的学案史研究的情况。我看到学术界对您的《中国学案史》一书评价很高，认为它是一部填补学术空白的开拓性著作。它远溯先秦诸子、《史记》《汉书》，上起南宋朱熹《伊洛渊源录》，下迄民国徐世昌《清儒学案》，对于学案体史籍的形成、发展和演变，做了第一次系统梳理。今天可以请您谈一谈您从事学案史研究的情况吗？

陈祖武：我进入学案史领域是在20世纪80年代初。致力于黄宗羲研究，就要读他的《明夷待访录》，读他的《明儒学案》。关于《明儒学案》，梁启超的《中国近三百年学术史》，追溯到了朱熹的《伊洛渊源录》，所以我去读《伊洛渊源录》，并写成《朱熹与〈伊洛渊源录〉》一文。那么黄宗羲的《明儒学案》和朱子的《伊洛渊源录》是什么关系呢？这是我首先要搞清楚的问题。

邹兆辰：谈中国学案史，首先就要追溯到朱熹的《伊洛渊源录》了？

陈祖武：是的。谈中国学案史推祖于朱熹的《伊洛渊源录》，这是梁启超先生首倡，中经陈垣先生等史学大师的认同，现在已经成为学术界的共识。

在中国古代学术史上，朱熹是与孔子后先辉映的两位大师。孔子祖述尧、舜，宪章文、武，以儒学开派宗师而影响中国学术界两千多年。朱熹则以理学泰斗集传统儒学之大成，并且将它导向一个崭新的天地。《伊洛渊源录》是朱熹学说形成初期的一部著述。它诞生于南宋初叶，并非一个偶然的学术现象，而是深深地植根于两宋间社会和学术的发展之中。《伊洛渊源录》全书14卷，以首倡道学的程颢、程颐为中心，上起北宋中叶周敦颐、邵雍、张载，下至南宋绍兴初胡安国、尹焞，通过辑录二程及两宋间与程氏有师友渊源的诸多学者的传记资料，来勾勒出程氏道学的承传源流。这部书的可贵之处，就在于既立足于纪传体史籍的传统，又博采佛家的僧传所长，尤其是禅宗灯录体史籍假记禅师言论，以明禅法师承的编纂形式，使记行与记言，相辅相成，浑然一体，开启了史籍编纂的一条新路。自《伊洛渊源录》问世后，从元代到明清两代，以至民国初期的学术史编纂，形成一个源远流长的传统。黄宗羲的《明儒学案》，无疑也受到它的影响。

邹兆辰：上次您谈到《明儒学案》的成书年代问题。这个问题是怎么回事呢？

陈祖武：我感到读《明儒学案》问题太多。首先一个问题，从文献学的角度看它是在什么时候成书的呢？黄宗羲曾在序中说："书成于丙辰之后。"丙辰年是康熙十五年（1676），但把此书的成书定于康熙十五年恐怕是不对的。

黄宗羲的这部书不可能在康熙十五年完成。因为之前一年他才完成了《明文案》，不可能这么快就完成另一部书。黄宗羲的这部书，最初并不叫《明儒学案》，而是叫《蕺山学案》，这是专谈他的老师刘宗周学术的史书，大概在康熙二十年完成。北方大儒汤斌，还为该书作了序。这样，就有一个从《蕺山学案》到《明儒学案》的过程。

我提出了《明儒学案》的初始是什么的问题，但没有搞清楚，问题太多。我想弄清楚这部书最近的渊源是什么？就是直接的来源是什么？于是读他的诗文年谱，发现孙奇逢的《理学宗传》很重要。

邹兆辰：孙奇逢是什么人呢？他的《理学宗传》是怎样的一部书？

陈祖武：那就先说说孙奇逢这个人。孙奇逢直隶容城人，生于明万历十二年（1584），卒于清康熙十四年（1675），享年92岁。所以，他的一生和明清更迭的历史过程相始终。他经明清两朝的征聘而不出，所以人称孙征君，晚年号岁寒老人。他的门人如云，弟子遍及南北。晚年，于课徒授业的同时勤勉著述，以著述终老，成为清朝初年北学泰斗。他的主要著述有《理学宗传》《中州人物考》《畿辅人物考》等。

《理学宗传》是他的代表作。这部书始刊于康熙五年春，但是编纂的过程已经经过了30年，并且是三易其稿。就是说，他在崇祯初年就开始结撰，那时正当他的中年时代，等到该书刊刻，已经是83岁的高龄了。这部书共26卷，前11卷主要写他所称的"宋明理学十一子"，就是周敦颐、程颢、程颐、张载、邵雍、朱熹、陆九渊、薛瑄、王守仁、罗洪先、顾宪成。另外，还有附载4人。卷12以后已经逾出理学家的范围，主要包括汉、隋、唐、宋、元、明各代的儒者。他的编纂方针就是"十一子其主也，儒之考其辅也"。全书总共记述了历代学者共170人。

孙奇逢尽管是出自阳明学，但他并不抱残守缺。一方面肯定阳明学在儒学发展中的地位；另一方面也正视自身学派所面临的危机，试图把朱子学和阳明学合在一起，他的书要解决王阳明的儒学正统地位。在编纂体例上，他上承朱熹《伊洛渊源录》开启的路径，变通纪传体史籍中的儒林列传体裁，采取了合传记及学术资料选编于一堂的编纂形式。《理学宗传》的结撰，试图通过中国古代学术史，尤其是宋明理学史的总结，寻找儒学发展的新途径，在当时学术界产生了深远影响。

邹兆辰：您怎么知道黄宗羲与孙奇逢有关系呢？

陈祖武：据黄宗羲的裔孙黄炳垕所辑《黄梨洲先生年谱》记载，孙奇逢生前与黄宗羲之间有过一次书札往还。康熙十二年（1673），正值黄宗羲母亲80诞辰，孙奇逢千里寄诗一章，并将他所辑的《理学宗传》一部作为祝贺。黄宗羲在康熙十五年（1676）以后着手去作《明儒学案》，应当不排除《理学宗传》的影响。孙奇逢有一个《日谱》，记述了他辑《理学宗传》的过程。我也读过这部《日谱》，发现南北学术交流的问题。20世纪80年代初，先是写了《孙夏峰与黄梨洲》的读书札记，后来即以之为探讨内容，再成《蕺山南学与夏峰北学》一文。

邹兆辰：除了《理学宗传》以外，还有没有别的书影响到黄宗羲呢？

陈祖武：对于黄宗羲影响最大的人应该说是他的老师刘宗周，《明儒学案》的直接来源我认为当是刘宗周的《皇明道统录》。此书完稿于天启七年（1627），共7卷。它的编纂体例是仿照朱熹的《名臣言行录》。结构是三段式，第一段平生行履，第二段语录，第三段论断。《明儒学案》的体例和《皇明道统录》很相似，都是分3个部分，不过是将论断置于各案的卷首。所以，我揣测黄宗羲的《明儒学案》脱胎于《皇明道统录》，并进一步加以充实、完善。

关于《明儒学案》，我过去写过一些文章，后来大都辑入新近修订的《中国学案史》中。最近，又据读书所得再成《〈明儒学案〉发微》一文，很快会在《中国史研究》上刊出，或许可以参考。

邹兆辰：您的讲座中还谈到黄宗羲的书之所以称为"学案"的问题，您是否可以再谈谈这一点？

陈祖武：为什么叫"学案"？这是我20年来没解决的问题。

20世纪80年代中，陈金生先生最先撰文提出定义，说了中国古代"案"和"按"两个字是相通的，"按"是判断、考察的意思。90年代初，我沿着陈先生的思路写了一篇《"学案"试释》，提出"学案"是学术公案的意思,未必能成立。今年初,又为《北京师范大学学报》写了一篇《"学案"再释》,请参考。

邹兆辰：在学案史的研究中,您除了研究黄宗羲的《明儒学案》以外,您还在搞《清儒学案》的点校是吧?

陈祖武：《明儒学案》往下继续读还有两部重要的著作,第一部就是《宋元学案》。黄宗羲完成《明儒学案》的结撰以后,以耄耋之年致力于《宋元学案》的结撰,虽然因为他年事已高,没有能够完成,但他发凡起例的辛勤劳动是功不可没的。黄宗羲去世后,他的儿子黄百家继承父志,继续进行纂修,为《宋元学案》的成书立下不可磨灭的业绩。据我的粗略统计,在今本《宋元学案》中,载有黄百家的按语210条,数量之多大大超过其父。黄氏父子先后谢世以后,所遗留下来的《宋元儒学案》稿本没有人去整理,几乎散失。到乾隆初年,幸好得到浙东学者全祖望继续对书稿续加补辑,使这部濒于失散的稿本最终得以完成。全祖望既有对宋元学术的深厚素养,又曾读过《宋元儒学案》和《明儒学案》的稿本,所以他是完成此书的最好的人选。原来叫《宋儒学案》和《元儒学案》,全祖望把它们合二为一,成为今天的《宋元学案》。

另一本就是徐世昌主持的《清儒学案》。《清儒学案》共208卷,上起明清之际的孙奇逢、黄宗羲、顾炎武,下至清末民初的宋书升、王先谦、柯劭忞,一代学林中的人物,大多网罗其间。不仅内容的丰富超过了先前诸家的学案,而且体例的严整也可以说深得黄宗羲、全祖望这样的一代大师的遗法。《清儒学案》的纂修始于1928年,于1938年完成,历时10余年。这部书纂修由徐世昌主持、提供经费,并且亲自审订。具体的纂修者是夏孙桐等10人。它是继《明儒学案》《宋元学案》之后又一部成功的学案体史籍。我花了30年的时间读它,20世纪90年代初开始点校,历时10多年,总算在今年初出版了,疏失一定很多,敬请大家指教。

邹兆辰：您的《中国学案史》最初是在台湾地区出版的吗?

陈祖武：20世纪90年代初，我把学案史的发展源流做了一个梳理，写成了《中国学案史》书稿。承台湾地区文化大学邱镇京教授错爱，把书稿送至台北文津出版社，1994年出版。十几年过去了，学案史的研究在中国的学术史研究中还是一个可以深入开拓的领域。由于它的研究对象处于思想史、哲学史和史学史、文献学的交会点上，随着学术史研究向纵深推进，它也吸引了更多的研究者的注意。所以，中国出版集团东方出版中心在2008年底又出版了新的修订本。承南北学术界的朋友们错爱，据我所能见到的文字，迄今已有五位专家分别撰文，对拙著修订本进行专题批评。

三、对乾嘉学派的研究

邹兆辰：我看到您的学术论著中关于乾嘉学派的研究成果很多，如河北人民出版社2005年出版的《乾嘉学术编年》，是一个大部头的著作；还有一本《乾嘉学派研究》也是河北人民出版社2005年出版的。是否可以谈一谈，关于乾嘉学派的研究有什么重要意义？您为何要投入这项研究？

陈祖武：这是一个大问题，只能粗略地谈一下。最近10多年间，乾嘉学派研究是中国学术界所关注的若干问题之一，无论是在中国大陆，还是在台湾地区，都有不少论著问世，取得了可喜的成绩。首先，我们要探讨一下为什么在乾隆初叶以后，会出现乾嘉学派主盟学坛的历史现象。

20世纪初叶以来，我们中国的几代学人，都在不间断地寻求解决这个问题的答案。章太炎先生所著的《訄书》中曾谈到了两个方面的原因：一方面是学术的原因；另一方面则是政治的原因。"理学之言竭而无余华"，讲的是学术原因。是说经过宋明数百年演进，入清以后，理学在理论上已经枯竭，不可能再有发展的空间。在这样的情况下，中国学术要继续往前走，就只有寻求其他途径。也就是说，17世纪中叶以后，用一种新的学术形态去取代理学，已经成为中国学术的时代要求。另一方面，"多忌""愚民"等说法讲的都是明清更迭所酿成的政治原因。"多忌"指学术界所受到的政治制约而言，因为统治者的政治高压，避忌太多，学术失去生机，万马齐喑；"愚民"是就统治者推行的文化政策而言，由于愚民政策的需要，自然不提倡经世致用的学问。正是这学术、政治两方面因素的共同作用，造成了乾嘉诸儒"治经以纾死"的局面。

我觉得章太炎先生所谈的这两方面原因，无疑是正确的。但是要注意一点，就是因为这个时候章先生正倡导反清革命，对清政权成见很深，所以他没有，或者是不愿意去考虑清中叶以后，迄于乾隆中，中国社会的由乱而治，相对稳定的情况。正是看到了章先生论证的不周密，稍后梁启超先生著《清代学术概论》《中国近三百年学术史》，一方面既承袭章太炎先生的意见，从学术和政治两方面去观察认识问题；另一方面又注意到社会相对稳定对学术发展的影响。梁先生就此提出了一个带有规律性的结论，他说："凡在社会秩序安宁，物力丰盛的时候，学问都从分析整理一路发展。乾、嘉间考证学所以特别流行，也不外这种原则罢了。"这样，梁先生便在探索解决问题的道路上，于学术、政治两方面的原因之外，又加上了社会经济方面的因素。

继章太炎、梁启超二位先生之后，钱穆先生和他的高足余英时先生，可以说鞭辟近里，后来居上。无论是钱穆先生视宋明迄清代的社会与学术为一整体，凭以揭出"学术流变与时消息"和"不识宋学即无以识近代"的认识规律，还是余英时先生就学术演进而首次阐发的"内在理路"学说，都是领异立新、超迈前贤的，他们把问题的探讨推向了前所未有的深度。

邹兆辰： 马克思主义学者对这个问题是怎么看的呢？

陈祖武： 这个问题很重要，我们可以具体地谈一谈。20世纪中叶以后，在钱先生、余先生深入开拓、精进不已的同时，以侯外庐、杨向奎诸先生为代表的学者，秉持马克思主义唯物史观，也在乾嘉学派的研究中取得了卓著业绩。

侯外庐先生论究乾嘉学派，首先提出并加以解决的问题，就是对18世纪中国社会基本状况的认识。侯先生从经济状况和阶级关系的剖析入手，认为从16世纪中叶以后，中国封建社会开始了它的解体过程。这是一个蹒跚而痛苦的过程。当历史演进到17世纪中叶，由于明清更迭所酿成的社会动荡，使中国社会一度出现民族矛盾激化的局面，因而历史的发展遂沿着更缓慢的途径前进。侯外庐先生说："在清初的大破坏时期和康熙朝后期若干年的相对安定时期，民族的压迫都使中国历史蹒跚不前。但这并不是说，清王朝一系列的镇压政策和统治阶级的主观愿望就能长久阻止客观历史的前进。18世纪的中国社会经济就呈现出复苏的景象，它有了恢复，甚至也有了发展。"通过对16世纪中叶以后尤其是18世纪到19世纪初叶国情的研究，侯外庐先生得出了他观察18世纪中国社会的结论，那就是："18世纪的中国社会并不是所谓太平盛世。"以此为认识基点，侯先生进而论究18世纪的中国学术与中国社会的关系，提出了他的见解："18世纪的中国社会，是阶级矛盾和民族矛盾相交错的。从整个形势来看，这时清朝封建统治势力占有相对稳定的统治地位。从发展上看，这时资本主义的幼芽、市民的力量、农民的反抗活动都是在不可阻遏地生长着。这种历史形势反映在当时的思想界，就是一方面有专门汉学之统治地位的形成；另一方面则有戴震、汪中、章学诚、焦循等人的哲学思想的出现。"这里侯先生所称的"专门汉学"，就是指乾嘉学派而言的。

从20世纪80年代末开始，我也附诸位先进之骥尾，专心于乾嘉学派与乾嘉学术的研究。一方面承受了前哲时贤数十年积累，更以自己不间寒暑的文献爬梳，经过多年的思考逐渐悟到在中国古代学术史上乾嘉学派主盟学坛百年之久，并不是一个偶然的历史现象。它是那个时代特定的社会经济条件之下，为宋明以降学术演进的内在逻辑所制约，众多历史因素交互作用的结果。因此，我们论究乾嘉学派，不宜孤立地以某一方面的原因把问题简单化，而应当放开视野，多方联系，力求准确地把握历史合力的交会点，揭示出历史的本质。

邹兆辰： 您谈的这一点我觉得很重要，是不是可以再具体谈一下乾嘉学派出现的具体原因？

陈祖武： 好。要说明这个问题，要先从顺、康之际的批判理学思潮谈起。顺、康之际，伴随着理学的衰微，理论思维领域逐渐酝酿起同传统的理学无论在内容上，还是在方法上都不尽一致的新思潮。这一思潮发端于明末以来的实学思潮，以朴实考证经史为方法，以经世致用为宗旨，试图据以达到挽救社会危机的目的。清初的这种批判理学思潮，成为乾嘉汉学的先导。这种思潮，以经世致用为宗旨，对理学进行批判和总结，打破几个世纪以来理学对思想界的束缚，是具有历史的积极意义的。但清初思想家对理学的批判又具有浓厚的法古倾向。他们批判理学的思想武器，不可能是建立在新的经济因素上的理论形态，而是较之理学更为古老的汉代经学。这种法古的倾向，导致了清初知识界在方法论上逐渐抛弃宋明理学的哲学思辨，走上朴实考证经史的途径，从而也就为乾嘉学派的形成在理论思维上提供了内在的逻辑依据。随着清初历史的发展，尤其是清廷文化专制的加剧，批判理学思潮发生了变化，朴实考经证史最终成为主要的方面，而经世的宗旨则无人响应。这样，经过清初诸儒对理学的批判，中国古代儒学并没有超越理学而大步前进，只是经过了一场如梁启超所说的"研究法的运动"，走向对传统学术的全面整理和总结。到了乾隆中叶，伴随着经济的发展和社会的相对稳定，考证学终于风靡朝野，形成了中国古代社会晚期继宋明理学之后的主要学术流派，这就是清代汉学，也就是乾嘉学派。

邹兆辰： 我觉得您所谈的乾嘉学派形成的背景很具有说服力，既承袭了前辈学者的研究成果，又有自己的创新见解，侧重于学术发展的视野，令人信服。对于如何把握乾嘉学者的学术主流上您有什么自己的见解呢？

陈祖武：清代学术以总结整理中国数千年学术为基本特征，而最能体现此一历史特色的，就是乾嘉学派与乾嘉学术。章太炎先生在《訄书》中说的"好博而尊闻"，"综形名，任裁断"，已经隐约道出了乾嘉学派朴实考经证史的为学特色。梁启超先生则将章先生的主张加以发挥，称清代学术为考证学。他认为："我国自秦以后，确能成为时代思潮者。则汉之经学，隋唐之佛学，宋及明之理学，清之考证学，四者而已。"梁先生还将清代学术分为启蒙、全盛、蜕分、衰落四期，以乾嘉为全盛期，指出："启蒙期之考证学，不过居一部分势力，全盛期则占领全学界。故治全盛期学史者，考证学以外，殆不必置论。"又说："乾嘉间之考证学几乎独占学界势力……可以说是清代三百年文化的结晶体。"章、梁二位先生，尤其是梁先生对乾嘉学术主流的把握，20世纪初叶以来，一直为学术界所认可。最近10多年间，中国学术界重新审视乾嘉学派与乾嘉学术，一些学者，尤其是年轻学者，不再沿袭章、梁二家之说，试图表彰此一时期的经世思想，重评文字狱，进而提出乾嘉时期存在一个新义理学的主张。这样一来，什么是乾嘉时期的学术主流就成了问题。

邹兆辰：那么您对于这个问题是如何看的呢？

陈祖武：对于今日学术界年轻朋友的学术创新精神，我是十分敬重的，没有这样的精神，学术研究就无从推进。然而学术创新的实现，必须建立在坚实的文献基础上，需要我们付出长期的、艰苦的创造性劳动。如何去把握乾嘉时期的学术主流，亦是如此。在这个问题上，恐怕首先要解决一个方法论的问题。具体地讲，就是采用习惯的吴皖分派方法，还是把乾嘉学派与乾嘉学术视为一个历史过程去认识和研究的方法。

在说明我自己的观点以前，我还是要把前辈学者的看法梳理一下。

20世纪20年代以前，章太炎先生、梁启超先生等前辈大师，都是以吴皖分派法来谈乾嘉学派与乾嘉学术。30年代中，钱穆先生从章、梁二先生忽略的地方入手，着意论究惠栋对于戴震为学的影响，提出"吴皖非分帜"的主张，这样就把研究引向了深入。

20世纪50年代中，侯外庐先生以章太炎、梁启超、钱穆三位先生的研究所得为起点，继续向纵深推进。一方面沿用吴、皖分派的思路，从为学路数和旨趣上去认识乾嘉学术；另一方面，他又选取乾嘉时代的几位主要思想家，如戴震、汪中、章学诚、焦循、阮元等，去进行专题研究。通过探讨诸家的思想、学术的个性和贡献，侯先生提出了若干具有创获意义的重要见解。我觉得如下两个见解对于深化乾嘉汉学的研究尤为重要：第一个见解是，汉学是始于惠栋，而发展于戴震的，戴学在思想史的继承上为惠学的发展。第二个见解是，阮元扮演了总结18世纪汉学思潮的角色。如果说焦循是在学说体系上清算乾嘉汉学的思想，则阮元是在汇刻编纂上结束乾嘉汉学的成绩。他是一个戴学的继承者，并且是一个在最后倡导汉学学风的人。这就是说，乾嘉汉学肇始于惠栋，经戴震加以发展，至焦循、阮元而进行总结，方才走完历史道路。

这两个重要见解，突破吴、皖分派的旧有格局，为把乾嘉学派和乾嘉学术作为一个历史过程来进行研究开了先河。这是侯外庐先生在乾嘉汉学研究中的一个重大贡献，其思想史和学术史上的意义不可低估。20世纪60年代初，先师杨向奎先生同外庐先生相呼应，在《新建设》杂志1964年7月号上发表了《谈乾嘉学派》一文。文中，向奎先师说："历来谈乾嘉学派的，总是说这一个学派有所谓吴派、皖派之分。其实，与其这样按地域来划分，还不如从发展上来看它前后的不同，倒可以看出它的实质。"令人惋惜的是，侯、杨二位大师的研究意见，尚未在学术界激起共鸣，一场民族文化的浩劫便轰然而起。

邹兆辰：新时期以来，您继承了侯、杨二位前辈学者的研究意见，把他们的观点又做了进一步的阐扬。谈谈您是怎么做的呢？

陈祖武：改革开放以后，我秉承侯、杨二位先生之教，于1992年冬初次赴台问学，在"中研院"文哲所召开的清代经学研讨会上，提交了《乾嘉学派吴皖分野说商榷》的文章。我在文章中说道："在中国学术史上，乾嘉学派活跃于18、19两个世纪间的学术舞台，其影响所及，迄于20世纪中而犹存。作为一个富有生命力，且影响久远的学术流派，它如同历史上的众多学派一样，也有其个性鲜明的形成、发展和衰微的历史过程。这个过程错综复杂，跌宕起伏，显然不是用吴皖分野的简单归类所能反映的。"因此，我在文章中提出："从历史实际出发，对各家学术进行实事求是的具体研究。其中既包括对众多学者深入的个案探讨，也包括对学术世家和地域学术的群体分析，从而把握近百年间学术演进的源流，抑或能够找到将乾嘉学派研究引向深入的途径。"

沿着这样的方向努力，我在此后的五六年间同研究所里的年轻学人合作，完成了《乾嘉学术编年》的结撰。全书上起乾隆元年（1736），下迄道光十九年（1839），我们试图通过这100年间学术史资料的长编，把乾嘉学派与乾嘉学术演进的历史过程记录下来。至于这一思想是否得到了实现，还要请学术界的朋友们多多指教。

邹兆辰：您是不是可以把这部《乾嘉学术编年》在学术上的特点再具体地介绍一下？

陈祖武：《乾嘉学术编年》为编年体乾嘉学术史资料长编。在中国学术史上，编年体史籍虽成书甚早，然以之述学，则又较之其他体裁史书为晚。20世纪20年代初，钱穆先生著《先秦诸子系年》，或可视为其发轫。之后，刘汝霖先生之大著《中国学术编年》，则无疑可称为开山之作。《乾嘉学术编年》之结撰，即系遵循前辈师长开辟之门径而摸索向前。

邹兆辰：您曾经探讨过中国社会进入19世纪以后，经籍考证如日中天的历史时期已经过去，乾嘉学派步入总结和衰微的阶段，那么这种局面出现的原因在哪里呢？

陈祖武：这确实是一个值得探讨的问题。乾隆末、嘉庆初，也就是中国社会进入 19 世纪门槛的时候，经籍考证如日中天的历史时期已经过去，乾嘉学派步入了总结和衰微的阶段。这一历史时期中国社会的危机迭起，衰相毕露，中国学术亦陷入了前所未有的困境。

早在乾隆四十年代末，《四库全书》馆臣程晋芳撰《正学论》，即对风靡朝野的汉学也就是考证学提出了质疑，他批评了当时的学术界"昌言汉学者几四十年"，但宋学遭到贬斥。他说："为宋学者未尝弃汉唐也，为汉学者独可弃宋元以降乎！"在乾嘉学术史上，章学诚的一生几乎与考据学的兴衰相始终。他同一时主流学派的人物，开始过从甚密，以后渐生龃龉，最后分道扬镳，成为考据学风的一位不妥协批评者。章学诚是嘉庆六年病逝的，在他去世前数年，几乎每年都要撰文抨弹一时学风。嘉庆元年，章学诚在给汪辉祖的信中说："近日学者风气，征实太多，发挥太少，有如桑蚕食叶而不能抽丝。"嘉庆二年，章学诚以《文史通义》初刻稿送钱大昕，并致书阐发著述宗旨，重申："惟世俗风尚，必有所偏，达人显贵之所主持，聪明才隽之所奔赴，其中流弊，必不在小，载笔之士，不思救挽，无为贵著述矣。"嘉庆五年，章学诚再撰长文论浙东学术，系统地提出"史学所以经世"的主张。他的结论是："史学所以经世，非空言著述也。且如六经，同出于孔子，先儒以为，其功莫大于《春秋》，正以切合当时人事耳。后之言著述者，舍今而求古，舍人事而言性天，则吾不得而知之矣。学者不知斯义，不足言史学也。"类似上述诸家的主张很多。足见 18 世纪末、19 世纪初，质疑和否定主盟学坛的考证学，已经是中国学术界存在的一个普遍倾向。

古往今来，学术前辈们的实践一再告诉我们，学术文献乃治学术史的依据，只有把学术文献的整理和研究工作做好，学术史的研究才能够建立在可靠的基础之上。鉴于近一二十年间的乾嘉学派研究起步很快，但文献准备尚不充分，所以 2002 年，我在高雄中山大学参加第七届清代学术研讨会，曾提出进一步做好乾嘉学术文献整理和研究工作的建议，以与出席会议的学人共勉。我想，经过学术界的共同努力，循序渐进，持之以恒，我们的乾嘉学派研究定然会创造出一个可以告慰前贤的局面来。

四、博学于文，行己有耻

邹兆辰：您在很多大学的讲演中都提到孔子的教诲"博学于文，行己有耻"，为什么您今天要提出这个观点呢？

陈祖武："博学于文，行己有耻"可以说是我一生的追求，同时也是我给在校学生的寄语。这句话源出《论语》，孔子回答弟子为学之问，主张"博学于文"，而为人之问，则答为"行己有耻"。后来清初学术大师顾炎武将这两句话合而为一，就成了"博学于文，行己有耻"。我之所以要重申这样的主张，是有感于当前学术界和社会的不良风气而提出来的。我认为，要合为人与为学于一体。"博学于文"中的"文"不是简单的书本知识，而是指整个人文知识，是学者的学术素养。史学工作者最要讲素养，因为历史学科是讲求积累的学问，如果积累不到一定的程度，是不能取得发言权的。而"行己有耻"就是说要知道什么是耻辱，什么事情该做，什么事情不该做，即要知道"有所为，有所不为"，自己脑子里要十分清楚才行。学人不仅要"博学于文"，更要"行己有耻"，强调做人要律己，应当树立一个做人的原则，即什么事情对国家民族有利就要做，对国家民族不利就不做。

邹兆辰：您在学术讲演中经常提到要学习老一辈学者的治学传统，这是您对当今年轻一代学者的重要期盼吧？

陈祖武：是的。我建议大家学习老前辈的治学传统，读书要入乎其里，出乎其外，要善于效法他们去解决问题，要认真读书。最近二三十年，许多学者坚持了这个好传统，但有些人没有坚持。我希望大家要潜心读书。近10多年来，我每年要看许多博士论文，平均不下15部。从

2月到6月,都要为各高校服务。看到好的文章很高兴,不好的也很担心。有的年轻同志刚出了一本书,就很着急出版自己的第二本著作,我觉得不能这么急。我们所里的老前辈,有的人终生没有出一本书,但没有人不承认他们的学术地位,已故张政烺先生就是最有说服力的楷模。

邹兆辰:我最近看到您谈到史学工作者的社会责任和时代使命问题,为什么您要强调这个问题?

陈祖武:我们回顾中国史学最近30年来的发展,应该看到,成果很丰硕,主流是好的,但也存在一些问题。譬如有的同志把中国史学研究的好传统丢掉了,对史学工作者的基本素养和社会责任很淡漠,在社会上造成了一些不太好的影响。有的史学工作者对马克思主义唯物史观产生怀疑,认为它有很多缺陷,必须加以修订。再就是历史虚无主义思潮也有所抬头,有人借"重新评价"之名,歪曲近现代中国革命的历史和党的历史,在社会上造成了很不好的影响。还有一种情况就是把历史学的功能庸俗化,把严谨的历史研究弄成虚无缥缈的东西。这些现象说明,确有部分史学工作者忘记了历史学应该为人民服务、为社会主义服务的社会责任。

邹兆辰:您长期致力于清代学术史的研究,从中国史学的优良传统中也有一些可以为今天学术事业健康发展借鉴的东西。

陈祖武:是啊!"经世致用"就是中国史学的优良传统,任何时代的历史学家都要践行那个时代的社会责任。当前,党中央提出了科学发展观、构建社会主义和谐社会、弘扬中华文化等重大命题,史学工作者要结合当代中国的社会主义现代化建设实践,从史学的角度去研究,为我们党和人民构建社会主义和谐社会的伟大实践提供历史借鉴、建言献策。

邹兆辰:2009年,您担任了中国史学会的副会长,您觉得当前史学工作者有哪些重要工作要做?

陈祖武:史学工作者首先是要自觉地加强学习,特别是马克思主义唯物史观的学习。马克思主义的唯物史观不是教条，而是能够经受实践检验的真理。我们要理直气壮地坚持唯物史观，认真地学习马列主义经典原著，学习中国化的马克思主义理论体系——毛泽东思想、邓小平理论、"三个代表"重要思想和新一代中央领导集体提出的科学发展观。同时还要具有世界的眼光和开阔的胸襟，努力学习人类文明的先进成果，使之化为我有。

邹兆辰： 结合自己多年治史的实践，您觉得怎样才能成为一个合格的史学工作者呢？

陈祖武： 怎样才能成为一名合格的史学工作者，对于这个问题，自古以来，就有很多表述。比如唐代的史学家刘知幾对史家的素养进行理论总结，提出了"才、学、识"三个字。到了清代乾嘉时期，史学大师章学诚在"才、学、识"三个字之后，又提出一个"德"字。我认为，德、才、学、识这四个字，是我们史学工作者要尽职尽责做到的。如果把这四个字与我们新的时代任务结合起来解释，就是应当具有正确的立场、观点和良好的学术素养。

刚才我已经讲到了，我认为在当前作为一名史学工作者，最要紧的是要做到"博学于文，行己有耻"。史学工作者最讲素养，因为历史学科是讲求积累的学问，字字有根据，句句有来历，是起码的治学要求。如果积累不到一定的程度，是不能取得发言权的。《礼记》的《学记》篇中，有一句很有名的话，叫作"学然后知不足"。我们中国是历史悠久的文明古国，以礼仪之邦而著称于世，文献山积，汗牛充栋，为中华民族，也为全人类留下了宝贵的精神财富。认真总结和整理这些宝贵财富，使之发扬光大，造福于今日及尔后的社会发展，是我们史学工作者的历史责任。我们既然选择治史为毕生的事业，一生有读不尽的书，学不尽的知识，做不尽的学问。因此，就应当永远以孜孜求学的学子心志，刻苦读书，精进不已。这是我们的天职，也是人生最大的乐趣。

邹兆辰： 谢谢您接受访谈。您的谈话回顾了您自己走过的学术历程，也提出了对当代史学工作者的期望。我相信您在治学中所得到的体验，对于不同学科的史学工作者都是有益的。祝您在已经取得的学术成就的基础上能够更上一层楼！

原载《历史教学问题》2010年第4期

为人为学　浑然一体
——陈祖武先生访谈录

林存阳　杨艳秋[①]

一、学史、治史、用史之路

林存阳：陈先生，许多青年学子都十分仰慕您的为人与学问，也想更多地了解您的为学经历，您先给我们谈一下这方面的情况吧。

陈祖武：谢谢大家的厚爱！我的祖籍是湖南茶陵，1943年10月14日出生于贵州高原的贵阳市。那里虽是穷乡僻壤，却民风淳朴。自少年时代起，我即在党和人民的养育下，脚踏实地循序向前，开始了求学之路。1965年7月，我毕业于贵州大学历史系，旋即赴云南省昆明市任教。但登台执教未及一年，"文化大革命"就开始了，学业荒废，不堪回首。转瞬10年过去，1976年秋四凶既锄，国运复昌，我亦得以复登大学讲坛。研究生招生制度恢复后，我以35岁之龄，于1978年10月喜获负笈京城，在中国社会科学院历史研究所师从杨向奎先生问清儒学术。人届中年，时不我待，在历史所的良好学术环境中，我得诸位师长悉心教诲，遂立志将为人与为学合为一体，以实现自己人生途程中具有决定性意义的追求。一方面在学术上求真务实，刻苦奋进，没有辜负党和人民的培养；另一方面则在党的旗帜下执着努力，跻身马克思主义理

[①] 杨艳秋，中国历史研究院研究员、副院长，中国社会科学院历史理论研究所纪委书记、副所长。

论工作者的行列，决心为党的事业奋斗终生。1981年7月毕业后，我即留中国社会科学院历史研究所供职至今。

20余年来，秉向奎先师勤于读书之教，不间寒暑，朝夕伏案，皆在清儒学术文献之中，以勤补拙，遂成终身恪守之信念。更有幸亲聆一代史学大师郑天挺先生之教诲，对历史学的基本学术特征和为学方法论，有了更深入的认识。郑先生曾告诫说：治史必须依靠积累，讲究字字有根据，句句有来历；要充分占有资料，入乎其里，出乎其外，学会广泛联系，在纷繁复杂的历史资料中，努力寻求其间的联系，把握本质，揭示规律。郑先生此一教言，遂成为我此后日夕实践的目标，使我终身受益。而我于1995年冬旅台问学时，有幸拜谒史语所前辈大师王叔岷先生。承叔岷先生不弃，颁赐大著《慕庐忆往》。先生以诚为人、以诚为学之教，与我自幼所闻之庭训融为一体，成为近10余年间为人为学之执着追求。

致力于学术的同时，承蒙院党组、所党委和全所同志的信任，自1994年冬起，我进入所领导班子，协助所长分管科研工作。1998年冬以后，又担负了主持全所学术工作的重任。由学人而公仆，20余年过去，不觉年逾花甲，老冉冉其已至。

二、清代学术的演进及其特征

（一）清代学术演进的三阶段和特色

林存阳：陈先生，大家都知道您对清代学术有很多年的研究，造诣精深，且取得了诸多很有分量和影响的学术成就，那么，以您多年的治学心得，您认为清代学术是一个怎样的演进过程？

陈祖武："造诣精深"谈不上，我只是做了一点力所能及的研究工作。清代学术，以对中国数千年学术的整理、总结为特点，经史子集，包罗宏富。260余年间，既随社会变迁而显示其发展的阶段性，又因学术演进的内在逻辑而呈现出后先相接的一贯性。以时间为顺序，大体上可以分为三个阶段：第一个阶段为清初学术，上起顺治元年，下迄康熙六十一年；第二个阶段为清中叶学术，上起雍正元年，下迄道光十九年；第三个阶段为晚清学术，上起道光二十年，下迄宣统三年。

林存阳：这三个阶段各自有什么样的特色？

陈祖武：第一阶段，即顺治、康熙两朝，是奠定国基的关键时期。就有清一代学术的发展而言，清初的80年，是一个承先启后、开拓路径的重要阶段。其间，才人辈出，著述如林，其气魄之博大，思想之开阔，影响之久远，在中国古代学术史上是不多见的。此一时期的学术，既有别于先前的宋明学术，又不同于尔后的乾嘉汉学，它以博大恢弘、经世致用、批判理学、倡导经学为基本特征。正是在"以经学济理学之穷"的学术潮流之中，清初学术由经学考辨入手，翻开了对传统学术进行全面整理和总结的新篇章。第二阶段，雍正一朝为时不长，实为清初学术向清中叶学术演进的一个过渡时期。清中叶学术以乾嘉学术为主体，王国维先生曾以一个"精"字来概括其治学特色。此一时期的学术，由博而精，专家绝学，并时而兴。惠栋、戴震、钱大昕主盟学坛，后先辉映，古学复兴蔚成风气。三家之后，最能体现一时学术风貌，且以精湛为学而睥睨一代者，当属高邮王念孙、王引之父子。至阮元崛起，身为封疆大吏而奖掖学术，以道光初《皇清经解》及与之前后问世的《汉学师承记》《汉学商兑》为标志，乾嘉学术遂步入其总结时期。第三阶段，嘉庆、道光间，清廷已内外交困。面对汉学颓势的不可逆转，方东树、唐鉴等欲以理学取而代之，试图营造一个宋学复兴的局面。然而时代在前进，不唯汉学日过中天，非变不可，而且宋学一统也早已成为过去，复兴蓝图不过一厢情愿而已。晚清学术，既不是汉学的粲然复彰，也不是宋学的振然中兴，它带着鲜明的时代印记，随着亘古未有的历史巨变而演进。70年间，先是今文经学复兴同经世思潮崛起合流，从而揭开晚清学术之序幕；继之洋务思潮起，新旧体用之争，一度呈席卷朝野之势；而与此同时，会通汉宋，假《公羊》以议政之风愈演愈烈，终成戊戌维新之思想狂飙。晚清的最后一二十年间，"以礼代理"之说蔚成风气。先秦诸子学的复兴，更成一时思想解放的关键。孙中山先生"三民主义"学说挺生其间，以之为旗帜，思想解放与武装抗争相辅相成，腐朽的清王朝无可挽回地结束了。然而，立足当世，总结既往，会通汉宋以求新的学术潮流，与融域外先进学术为我所有的民族气魄相汇合，中国学术依然沿着自己独特的发展道路执着地求索，曲折地前进。

（二）对清初学术的深度探索

林存阳：我们注意到，您的第一本学术专著——《清初学术思辨录》，一直以来受到学术界的很大关注和推誉。如杨向奎先生曾说："陈祖武同志能思善学，此《清初学术思辨录》大作，结合清初社会实际而谈学术思想，这是最正确的方法之一。我们不能脱离实际社会而谈社会思潮，'皮之不存，毛将焉附'！先秦诸子、两汉经学、魏晋玄学、宋明理学，都与当时之社会相关。继梁任公、钱宾四诸先生之后，祖武此书，将脱颖而出矣。"还有位先生更著《清初学术发展规律的有益探索》专文，予以评介，认为您的这部书具有"社会史与学术思想史的结合""宏观研究与微观研究、理论分析与史实考证相结合""学者与学术思潮和学术流派相结合"三大特色，"是一部推进清代学术思想史研究的力著"。您是如何看待这部书的？

陈祖武：两位先生的推誉万万不敢当，我只不过承继前哲时贤所辟学术路径，续有一点探究而已。姑不论清代学者阮元、江藩、唐鉴等人的论究，早在20世纪之初，章太炎、梁启超、刘师培等大师即已开启研究清代学术的先路，卓然泰斗。尔后，胡适、钱穆、侯外庐、杨向奎、张舜徽诸先生承章、梁等未竟之志，续有述作。尽管方法各异，取径不一，但殊途同归，成就斐然，无一不是这一领域的大家重镇。正是他们的研究所得，遂使清代学术史探讨的推向深入成为可能。前哲时贤既已开辟先路，精耕细作，勤谨如初，当为继起者责无旁贷的事情。我有幸附于诸先进之骥尾，深以滥竽其间而自愧，但朝夕跋涉，历有年所，也居然形成了一些蒙稚之想。我以为，把这些不成片段的东西整理出来，兴许对正在奋进有为的同志会有所助益。有鉴于此，我遂从社会史与学术史相结合的角度，对清初顺治、康熙二朝，即17世纪中叶至18世纪初叶的主要学术现象，进行了一番清理和再认识。于前人未曾解决的问题，则拾遗补缺，以作引玉之砖；而于迄今尚存争议的问题，则略陈管见，以求教于方家。意欲通过这样的努力，来探索清初学术发展的基本规律。一言以蔽之，就叫作脚踏实地，务在求真。

（三）乾嘉学派是一个历史发展过程

林存阳：继《清初学术思辨录》之后，您又推出了《清儒学术拾零》一书，其中不仅对清初学术有了更深入的探讨，而且对乾嘉时期的学术界，甚至晚清以降的学术，皆进行了很有深度的考究。其中，我们注意到，您对乾嘉学派的认识，较之前哲时贤以地域来划分派别的方法颇有不同，而提出了"从惠学到戴学是一个历史过程"的新观点，您是如何形成这一认识的？

陈祖武：我们知道，清代学术以经学为中坚，两百数十年间，最能体现此一中坚地位者，莫过于活跃在乾隆、嘉庆间学术舞台上的乾嘉学派。乾嘉学术由博而精，自成体系；乾嘉学派大师辈出，各领风骚。对此一时期的学术史，尤其是乾嘉学派进行深入研究，是一个大有作为的课题。我早年读章太炎、梁启超二先生的书，对其所主张的吴、皖分野说，也曾深信不疑。但后来再读钱穆先生大著《中国近三百年学术史》，注意到钱先生对此问题的看法与章、梁二先生不尽相同。钱先生认为，"惠、戴论学，求其归极，均之于《六经》，要非异趋矣"，"其时不徒东原极推惠，而为惠学者亦尊戴，吴、皖非分帜也"。由此，对吴皖分派之确否，遂蓄疑于胸。尔后，更得先师杨向奎先生《谈乾嘉学派》一文启示。杨先生称："历来谈乾嘉学派的，总是说这一个学派有所谓吴派、皖派之分。其实，与其这样按地域来划分，还不如从发展上来看它前后的不同，倒可以看出它的实质。"正是秉承杨先生之教，我遂对此问题予以新的考察，并相继撰文对吴皖分野说提出商榷。我个人认为，在中国学术史上，乾嘉学派活跃于18、19两个世纪的学术舞台，其影响所及，迄于20世纪中而犹存。作为一个富有生命力、且影响久远的学术流派，它如同历史上的众多学派一样，也有其个性鲜明的形成、发展和衰微的历史过程。这个过程错综复杂，跌宕起伏，显然不是用吴、皖分野的简单归类所能反映的。因此，既然乾嘉学派和乾嘉学术是一个历史过程，那么梳理其间的演进轨迹，理所当然就应是我们必须把握的基本方面。而吴、皖分野的主张，虽然有这样那样的历史依据，但是恰恰就是在这样一个根本之点上，无形中掩盖了乾嘉学派和乾嘉学术的发展轨迹。当然，治乾嘉学术史，对于地域学术的研究，自然应当加强，而按地域来划分学派，则还可商量，尤其不宜以吴、皖两派，或者说惠、戴二家来概括整个乾嘉学派。所以，要把乾嘉学派的研究引向深入，认真还原其作为一个历史过程的本来面目，也就是一个可取的思路。这个思路也就是：从历史实际出发，对各家学术进行实事求是的具体研究，其中既包括对众多学者深入的个别探讨，也包括对学术世家和地域学术的群体分析，从而把握近百年间学术演进的源流，抑或能够找到将乾嘉学派研究引向深入的途径。

林存阳：那么，是否可以说您主持的院重大课题"乾嘉学派研究"及其成果《乾嘉学术编年》《乾嘉学派研究》两书，就是这一新思路或新途径的实践和深化呢？较之以往的研究，这一课题在哪些方面取得了突破？

陈祖武：这样说是可以的。早在20世纪80年代末，我便开始究心乾嘉学派与乾嘉学术。90年代中，复得二三志同道合的年轻俊彦，互为师友，切磋琢磨。2000 年，承中国社会科学院历史研究所学术委员会诸位专家支持，"乾嘉学派研究"获准以本所重点研究课题立项。翌年，再经中国社会科学院历史学科片专家评审委员会一致通过，此一课题得以跻身全院"十五"计划期间重大研究项目之列。五年多来，我主持这一课题，集合同志，从爬梳文献入手，实事求是，一丝不苟，先期完成《乾嘉学术编年》的结撰；随后，课题组诸同志又根据各自学术积累，进行深入的专题研究，再成《乾嘉学派研究》一书。

这两部具有姊妹篇性质的集体劳作成果，还谈不上有什么重大突破，只是经过大家的共同努力，在前哲时贤已有研究成果的基础上，我们做了一点新的尝试而已。我们的想法是，将研究对象置于具体历史环境中，以坚实的学术文献梳理为基础，通过较为系统的专题研究，进而对乾嘉学派与乾嘉学术加以实事求是的全局性把握，以探索此一学术现象的真实演进脉络。基于这一想法，我们主要在如下三个方面做了摸索：一是论证了乾嘉学派是一个历史过程的新认识，在"过程"二字上狠下功夫，力求突破按地域来区分学派的局限；二是对乾嘉时期的地域学术与学术世家，予以充分关注，探讨了乾嘉时期地域学术之间彼此渗透、相互影响，以及不同发展阶段的历史作用，更阐发了既融入当时学术大局又保有家学传统的学术世家的重要性，而地域学术和学术世家间的彼此渗透和交互影响，无疑有裨于从整体上深化对乾嘉学术演进大局的把握；三是较为系统地论证了乾嘉学派以朴实考经证史为基本特征的主流学术特色，并对其得以形成的社会和学术背景做了深入阐释。

（四）致力于晚清学术的志愿

林存阳：陈先生，您除了结撰论著对清初学术和乾嘉学派有系统论述外，对晚清学术也有一定的研究，您对晚清学术有一个什么样的认识？

陈祖武：这些年来，我把主要精力放在了清初和乾嘉时期学术的探讨上，对晚清还没能做深入考察。不过，我曾撰有一篇小文——《晚清学术三题》，刊在《中国社会科学院历史研究所学刊》第一集上。在这篇小文中，我依学术发展的趋势，从"经世思潮的崛起""从'中体西用'到'三民主义'""会通汉宋学术以求新"三个方面，大体对晚清70年的学术演进作了初步考察。前面谈清代学术演进三阶段时，我已粗略概括了晚清学术的特色。这里，我再强调一下晚清学术的意义。我认为：有清一代学术，由清初顾炎武倡"经学即理学"开启先路，至晚清曾国藩、陈澧和黄式三、以周父子会通汉宋，兴复礼学，揭出"礼学即理学"而得一总结。以经学济理学之穷的学术潮流，历时300年，亦随世运变迁而向会通汉宋以求新的方向演进。腐朽的清王朝虽然无可挽回地覆亡了，然而立足当世，总结既往，会通汉宋以求新的学术潮流，与融域外先进学术为我所有的民族气魄相结合，中国学术依然在沿着自己独特的发展道路而曲折地前进。跟在别人的后面跑，是永远不会有出路的。这不就是晚清70年的学术给我们所昭示的真理吗！

林存阳：先生既然在清代学术研究领域孜孜20余年，且已取得诸多有分量、有影响的硕果，您今后又有何打算？

陈祖武：作为一个读书人，我虽然在清代学术研究方面取得一点点成绩，但对繁富的清代学术仍有许多未曾涉及或研而不深的问题需要探讨。如果身体健康状况和精力等条件允许的话，我想对晚清学术再下一番功夫，期望能有更进一步的收获。这是我多年来的一个心愿，也是我今后努力的一个方向。

三、中国学案史研究的开拓之作

林存阳：陈先生，您尚著有《中国学案史》一书，就我们见闻所及，似乎目前您的这部书是唯一一部对学案史进行专题、系统探讨的著作，您为何要选择这一课题作为研究对象？

陈祖武：我的这部小书说不上系统，只是一个尝试，无非在这个比较新的领域迈出第一步罢了。我对学案史的考察，缘于读黄宗羲所著《明儒学案》。黄宗羲何以要撰《明儒学案》？这部书何以不叫其他名字，而要以"学案"命名？它同康熙初问世的《理学宗传》，乃至明万历间刊行的《圣学宗传》是一个什么关系？梁启超先生为什么要把它同朱熹的《伊洛渊源录》联系起来？陈垣先生又为什么把学案体史籍同禅宗灯录并称？这些问题既吸引着我，又困惑着我。为把这些疑团解开，我遂按照文献线索，一步步深入其间，力图搞个明白。通过读周汝登的《圣学宗传》，读孙奇逢的《理学宗传》，尤其是《夏峰先生集》，结合黄宗羲的《明儒学案》和《南雷文定》《南雷文约》《南雷诗历》并观，遂对从《圣学宗传》，经《理学宗传》，到《明儒学案》这样一个明清间学术演进的线索，逐渐有了较为清晰的了解。在此基础上，我又顺势而上，对学案史的源流做了一番追溯，从而初步形成了一个大体的研究框架。

林存阳：《中国学案史》由于出版于台湾（台北文津出版社1994年版），内地学人一般不容易见到。您大体给我们介绍一下本书的内容吧。

陈祖武：好的。我早年读诸家史学史，每每以前哲时贤述学术史籍演变源流之语焉不详而兴叹。80年代初，我有幸为杨向奎先生著《清儒学案新编》第一卷抄撮资料，遂发愿于学案体史籍做一番梳理。1992年秋，有友人盛情邀撰《中国学案史》，克期交稿，不可爽约。我遂以此为动力，潜心伏案，无间寒暑，终得把以往不成片段的一些想法连缀为篇。这部小书共分8章：第1章为"学案体史籍溯源"，考察了先秦诸子论学术史、《史记》与《汉书》的发凡起例之功、佛教史籍提供的借鉴等问题；第2章为"朱熹与《伊洛渊源录》"，探讨了该书的撰述背景、成书经过、主要内容及编纂体例和学术价值；第3章为"从《圣学宗传》到《理学宗传》"，剖析了阳明学的兴起、危机与晚明学术发展的关系，以及周汝登《圣学宗传》、孙奇逢《理学宗传》成书的原因和学术取向；第4章为"黄宗羲与《明儒学案》"，揭示了黄宗羲撰是书的学术史意义；第 5 章为"《宋元学案》的纂修"，阐明了该书在清中叶学案体史籍发展中的典型意义；第 6 章为"汉宋学术之争与《清学案小识》"，考察了唐鉴是书与嘉道以降学术界汉宋之争的关系；第 7 章为"徐世昌与《清儒学案》"，探讨了该书既是对清代 260 余年间学术的一个总结，也是对中国古代学案体史籍的一个总结的意义；第 8 章为"从学案到学术史"，梳理了由"学案"到"学术史"撰写体例转型的大致脉络及其影响。

林存阳：陈先生，您既然对学案史下了这么大的功夫，您认为应如何给"学案"下个确切的定义？

陈祖武：究竟什么叫"学案"，应当给它下一个怎样的定义，迄今也还没有一个定说。不过，梁启超、陈垣二先生早已作了初步探索，一是把学案体史籍推祖于朱熹的《伊洛渊源录》；二是把它同禅宗宗史与灯录并论。这无疑是两位大师的卓识，可二先生未将所论展开，而后继者又罕做进一步的梳理。直到 80 年代中，陈金生先生点校《宋元学案》（与梁运华先生合作）蒇事，撰文对"学案"加以界定。陈先生认为："什么叫学案？未见有人论定。我想大概是介绍各家学术而分别为之立案，且加以按断之意（案、按字通）。按断就是考查论定。因此，学案含有现在所谓学术史的意思。"这一解释是允当的，唯似嫌尚欠周密。赓续诸先进之途径，经过一番努力，我逐渐形成如下一种认识："学案体史籍，是我国古代记载学术发展历史的一种特殊编纂形式，其雏形肇始于南宋初叶，而完善和定型则是数百年后的清朝康熙初叶。它源于传统的纪传体史籍，系变通《儒林传》（《儒学传》）、《艺文志》（《经籍志》），兼取佛家灯录、宗史之所长，经过长期酝酿演化而成。所谓学案，就其字义而言，意即学术公案。'公案'本佛门禅宗语，已故佛学大师吕澂先生释之为'档案''资料'，至为允当。明中叶以后，理学中人以'学案'题名著述，实先得吕先生之心。顾名思义，学案体史籍以学者论学资料的辑录为主体，合其生平传略及学术总论为一堂，据以反映一个学者、一个学派乃至一个时代的学术风貌，从而具备了晚近所谓学术史的意义。"这一看法妥当与否，还需学术界同仁的指教。

林存阳：您能给我们年轻后学谈一谈治学案史的心得吗？

陈祖武：心得谈不上，但我从自身从事这一研究领域的摸索中，多少有一点自己的体会。这点体会可以概括成三句话：治学术史，须从熟读文献入手，在这个问题上，一点儿不能含糊。在迈入学术史门槛的时候，先选一位大师的代表作，通读、熟读、精读，积以时日，往往可以由此及彼，举一反三，触类而旁通。这是第一句话。遇到问题，要一个个地去解决它，没有什么捷径，唯有刻苦读书，不可畏难不前，浅尝辄止，而当知难而进，矢志以往，纵然难免会碰到这样那样的困惑，但终究是会成功的。这是第二句话。我要说的第三句话，就是学术研究之能继往开来，就在于不断地解决前人留下的问题。否则，人云亦云，陈陈相因，学术事业也就失去了存在的价值了。希望以此三句话与大家共勉。

四、学风建设与史学工作者的素养

杨艳秋：您多次提到，史学工作者应当肩负起自己的时代责任。您能够具体地谈一谈这个问题吗？

陈祖武：任何一个时代的历史学家都有一个时代责任的问题。我认为，史学工作者一定要为国家的长治久安去进行研究，这是史学工作者肩负的时代责任，也是我们应有的立场。对国家前途、民族命运的强烈关注，是中国史学的一个具有永恒价值的可贵精神。以天下为己任，"国可灭，史不可灭"，这是中国古代史家追求的人生境界。为此，佚名史官秉笔直书而献出生命，司马迁身遭摧残而不顾个人屈辱，万斯同则以布衣而隐忍史局，顾炎武更是喊出"天下兴亡，匹夫有责"的时代强音。当中国社会迈入近代门槛后，面对反帝反封建的艰巨历史任务，我国史家的人生追求又融入爱国主义的时代洪流，从而形成历久弥坚的社会责任意识。

我们国家改革开放已近 30 年了，取得了巨大的进步，这在中国历史上是空前的。但是如果冷静地看一看，就会发现现在的问题也不少。为什么邓小平同志说要韬光养晦？为什么江泽民、胡锦涛同志说要居安思危，要有忧患意识？道理就在这里。我们要正视存在的问题。虽然新中国成立已经 58 年，取得了很大的成绩，但是有很多目标还没有达到。苏联建国 70 多年，国家照样变色，这对于我们来说就是一个教训。因此，我们面临着一个如何保证社会主义制度不变、人民民主专政的体制不变，如何保持国家的长治久安的任务。这是最近若干年来党中央关注的一个大问题，也是党中央给我们哲学社会科学工作者提出的一个大课题。今天我们无论研究任何课题，脑子里绝不要忘记这个根本的题目。

时代在前进，社会在发展。今天，我国已进入了全面建设小康社会新的发展阶段。在新的历史时期，为了实现国家的长治久安，党中央提出了科学发展观、构建社会主义和谐社会、建设社会主义新农村、以人为本等重大战略思想。这些都是从改革开放以来的实际出发、继承和发扬中华民族的优良传统、借鉴国际共产主义的经验和教训而提出来的，也是我们哲学社会科学工作者尤其是史学工作者需要深入研究的重大问题。2005 年春夏之交，中国社科院社会学所的两位同志到中南海和中央政治局的同志一起学习时，胡锦涛同志就提出了研究中国古代的社会建设的任务。现在，国家社科基金也把和谐社会问题、中国古代的社会建设问题、"三农"问题等作为重大的理论课题提出来招标。如何在构建社会主义和谐社会中发挥史学工作者的作用，这是当前历史研究工作中应当高度重视的一个问题。

面对新的历史任务，史学工作者的社会责任不仅丝毫没有削弱，反而愈加沉重。历史学是建设中国特色社会主义伟大事业的一个有机部分。学术的使命、社会的责任，要求我们必须立足现实、服务社会，坚持马克思主义的立场、观点和方法,用马克思主义唯物史观去指导我们的学术实践,创造出无愧于时代的精神产品。

杨艳秋: 我们历史所的史学研究是以古代史为主的,和现实相差很远,有些年轻同志就很迷茫,认为这样历史研究对现在没有什么意义。怎么去实践您讲的这个社会责任呢?

陈祖武: "经世致用"是中国史学的优良传统,任何时代的历史学家都要践行那个时代的社会责任。中国史学自先秦时代发轫,古老的《周易》即主张"君子多识前言往行以蓄其德"。孔子修《春秋》,旨在通过记录信史以寄寓其政治理想。之后,中国历史学伴随中国社会的演进而不断丰富发展。从司马迁著《史记》,提出"究天人之际,通古今之变"的史学思想,中经刘知幾撰《史通》而加以阐发,至章学诚倡导"六经皆史""史学所以经世",治史经世、资政育人成为贯穿数千年中国历史学的一根主线。

立足于社会实践、立足于时代需要是史学的生命之源、发展之路。能否把握时代脉搏、研究重大问题,是史学研究能否创新的重要条件。事实上,许多具体研究看起来与今天的政治经济文化建设并没有多大关系,但是把这些问题搞清楚了,就能够直接或间接地为其他更有关联的问题的解决提供帮助和线索,最终能够有助于完成我们史学研究的时代任务。因此,只要我们心中有时代观、大局观,有责任感和服务意识,就一定能够做好具体的研究,并且在此基础上把自己的研究与时代发展的主题紧密结合到一起,写出大手笔的好文章,为社会贡献富于时代价值的研究成果。

中华民族有五千年的文明史,把优良传统传下去,史学工作者也有义不容辞的责任。世界上几个古代文明为什么只有中华文明能不间断地传下来?一个很重要的原因就是因为中华文明具有自成体系的史书,有五千年一以贯之的史学传统。史书就是中华文明得以传承的一个重要载体,因此,史学工作者可以说是中华文明的重要传承者。我们应当把工作做好，用我们编纂的史书把中华文明的优秀传统传承下去。

杨艳秋：近年来，您还多次讲到学术界的学风建设问题，似乎对此深感忧虑。您认为这是当前我们史学界的一个重要问题吗？

陈祖武：是的，近年来，学风建设一直是我国学术界关注的重要问题。广大史学工作者不断呼吁，要加强学风建设，杜绝急功近利，坚持实事求是、一丝不苟的严谨学风。我们爬梳了数百种文献，我还花大力气通读了整个道光以前的全部实录，把其中关于学术史的资料找出来做《乾嘉学术编年》。很重要的方面就是要在学术界倡导一种从文献出发、实事求是、严谨务实的研究风气。我还在做学生的时候，南开大学的郑天挺先生曾经跟我说，要牢记历史学的特点，做到字字有根据，句句有来历。郑老还说，历史发展错综复杂，不能简单化，要广泛联系前、后、左、右、上、下几方。这些话使我终身受益。

的确，历史学是一门求真务实的学问，讲究字字有根据，句句有来历，言必有本，无征不信。学科的自身特点，规定了历史研究必须从史料出发，依靠坚实的学术积累，脚踏实地，锐意创新，来不得半点的虚假和浮夸。这里所说的积累，不仅是指史学工作者个人几年、几十年乃至毕生的积累，还包括史学界一代接一代的群体劳作。因此，在学术实践中，我们提倡进行艰苦的创造性劳动，不赞成人云亦云的低水平重复；必须尊重他人的劳动成果，尊重他人的首创精神，这种成果和精神既包括前辈大师的业绩，也包括同时代众多史学工作者一点一滴的劳动。这就是今天学术界大声疾呼的学术规范。良好学风的建设要靠严密的学术规范来保证。但在建立严密、科学的学术规范的同时，提高史学工作者自身的素养尤其是道德素养，也是一个值得高度重视的问题。事实上，做人与做学问本来就是紧密地联系在一起的。孔子教诲其弟子，主张"博学于文"，"行己有耻"，讲的就是这个道理。

杨艳秋：您曾多次给我们提到"博学于文，行己有耻"，还说这是您一生的追求，今天又讲到了。您能结合我们的史学研究来谈一谈吗？

陈祖武："博学于文，行己有耻"是我们的先贤孔子讲的话，清初学术大师顾炎武也曾大声疾呼。这十多年来，有感于学术界和社会的风气，我把这种追求公开讲出来，是主张要合为人为学于一体，和大家共勉。

我理解的"博学于文"中的"文"，不是简单地指书本知识，而是指整个人文，是我们学人的学术素养。我们史学工作者最要讲素养，因为历史学科是讲求积累的学问，如果积累不到一定的程度，是不能取得发言权的。"行己有耻"就是说要知道什么是耻辱。什么事情该做，什么事情不该做，自己脑子里要十分清楚才行。现在有些人拿了洋人的钱，就公然地在国外讲坛上骂自己的老祖宗，诋毁中华民族的优良传统。这里面原因很多，但和一些学人不注意自身素养、忘记"行己有耻"的古训不无关系。在一些人眼里，似乎没有钱就不成其为人了，就办不成事了。我们过去没有课题费，不是照样可以做出学问来吗？现在有的课题，钱越多越靠不住。因此，我们不仅要"博学于文"，而且要"行己有耻"。学人要律己，应当树立一个做人的原则，就是什么事情对国家民族有利就要做，对国家民族不利就不要做。江泽民同志在2002年到中国社会科学院来视察，提出要把做人、做学问、做事情统一起来。这个主张我最赞成。

杨艳秋：在历史所的工作中，您一向十分关心年轻人的成长。您就结合自己多年治史的经验，给我们提一些具体的建议和要求吧。

陈祖武：怎样才能成为一名合格的史学工作者，或者是优秀的史学家，对于这个问题，自古以来，就有很多表述，比如唐代的史学家刘知幾对史家的素养进行理论总结，提出了"才、学、识"三个字。到了清代乾嘉时期，史学大师章学诚在"才、学、识"三个字之后，又提出一个"德"字。我认为，德、才、学、识这四个字，是我们史学工作者要尽职尽责做到的。如果把这四个字与我们新的时代任务结合起来解释，就是应当具有正确的立场、观点和良好的学术素养。对年轻人来说，在这个问题上，我有三点要讲。

第一仍然是"博学于文，行己有耻"，要把为人为学合于一体。现在有些同志做学问比较急功近利，做研究不坚持真理，不实事求是，不仅有害于史学学科的健康发展，对于自己今后的成长也十分不利。我们应当树立一个做人做学问的起码原则，在求学上要勤奋刻苦，博赡通贯，在为人上严于律己。

第二是提高业务素养。史学工作者拿什么来服务人民、服务社会？靠的是我们的历史知识和学术成果。我们提倡"板凳要坐十年冷"的精神，就是要甘于寂寞，夯实基础，积累知识，从多方面提高自己的业务水准，在学术道路上不断创新，不断成长。现在有些年轻人很浮躁，浅尝辄止，急于发表文章，而且由于科研手段先进了，电脑上什么都有，写文章可以从电脑上下载，东拼西凑，很容易就能搞成一篇洋洋洒洒数千字上万字的文章。我认为这样做学问不是好办法。历史学是讲究积累的学问，还是要多读书，要养成一天不读书就难受的习惯。我希望大家能多去图书馆，图书馆对我来说既是老师，又是朋友，从十多岁上中学开始，我就和图书馆结下了不解之缘，那时一下课，我第一件事就是去图书馆，几十年来，这已经成为了我的习惯。现在，我看到我们的图书馆中，偌大的阅览室里就寥寥几个读者，心里有一种说不出的感觉。图书馆为我们提供这么好的阅读环境，我们必须要利用，要不就对不起图书馆中的这些资源。

第三是心系大局。作为新时期的史学工作者，不仅要刻苦钻研，在一个个具体的历史问题研究上取得进展，同时还要关心社会发展。我们今天在马克思主义唯物史观的指导下研究历史，不仅是要准确地认识历史，把握历史规律，同时还要用自己的具体研究促进史学理论和马克思主义唯物史观的发展，进一步推动马克思主义中国化的历史进程，为繁荣哲学社会科学、构建社会主义和谐社会、建设和谐文化贡献力量。

原载《学问有道——学部委员访谈录》，方志出版社2007年8月版

孜孜笃实　精进不已
——陈祖武先生的治学进路与成就管窥

林存阳　杨艳秋

1978年，对于中华人民共和国的发展来说，是一个意义重大的年份，也是一个具有社会转型意义的关键时刻。其中，恢复研究生招生政策的出台，为高层次人才的培养、学术的复兴提供了重要契机。正是得益于这一时代新转机，陈祖武先生幸运地考入了中国社会科学院研究生院，成为研究生恢复招生后的第一批硕士生。在导师著名史学家杨向奎先生的指导和引领下，开启了研治中国古代学术史尤其是清代学术史的学问之旅。而自1981年硕士毕业后供职于中国社会科学院历史研究所以来，30余年间，陈先生不唯孜孜于学术的探究、深化和开拓，推出许多厚重而富有新意的科研成果，而且相继担任了历史研究所清史室副主任、副所长、所长等行政工作，以及院学部委员、中央文史研究馆馆员、中国史学会副会长、中央实施马克思主义建设工程史学课题组首席专家等职务，并参加了众多国内外重要学术会议、多次出国访问、演讲、讲学等，从而为历史所的发展、学科建设和历史学的繁荣、中外学术间的交流，做出了成效显著的贡献。

一

陈祖武先生与史学研究结下不解之缘，开始于1961—1965年在贵州大学历史系的学习，而自攻读硕士学位始，更致力于清代学术的探研。从此，陈先生便几十年如一日地研读文献、思索问题、笔耕不辍。

正是基于注重文献、实事求是的严谨治学态度和方法，陈先生从而结撰出丰硕的学术研究成果。自20世纪80年代起，不仅相继推出了《顾炎武》（"中国历史小丛书"，中华书局1984年版）、《清初学术思辨录》（中国社会科学出版社1992年版）、《中国学案史》（台北文津出版社1994年版；东方出版中心2008年版）、《清儒学术拾零》（湖南人民出版社1999年版；"明清史学术文库"，故宫出版社2012年版）、《衰世风雷——龚自珍与魏源》（万卷楼图书有限公司2000年版）、《清代学术源流》（北京师范大学出版社2012年版）等专著，以及《旷世大儒——顾炎武》《乾嘉学术编年》等多部合著，参与《清代人物传稿》《清代全史》的撰写，点校整理了《李塨年谱》《杨园先生全集》《清儒学案》《榕村全书》，等等，还发表了《乾嘉学派吴皖分野说商榷》《关于乾嘉学派研究的几个问题》《"学案"再释》等百余篇论文。这些学术成果，既是陈先生治学勤奋的体现，更是其精益求精为学精神的体现。

自章太炎、梁启超诸先生开启清代学术研治门径以来，经过几代学人的不懈努力和追求，已然硕果累累、愈益深入，至今方兴未艾。其间，陈祖武先生在这一园地的辛勤耕耘和不断探索，可谓有力地促进了清代学术史研究的深化、细化和开拓，具有承上启下之功。而陈先生所揭示的"内在逻辑""以经学济理学之穷""从惠学到戴学是一个历史过程""会通汉宋学术以求新"等重要学术命题，无疑是在承继前贤基础上的新收获，从而为学界同仁提供了推进相关研究的新理论、新方法。

工时先生曾说："陈祖武先生治学严谨，一丝不苟，认为学术研究旨在解决前人未曾解决的问题，推动学科建设发展，为提高全民族科学文化素质做贡献，以之为职志。"[①] 此一评价，洵为平情之论。

[①] 工时：《中国社会科学院研究生院博士生导师谱·陈祖武教授》，《中国社会科学院研究生院学报》2007年第5期。

二

有清一代学术，集中国传统学术之大成，其文献更是浩如烟海。学人欲从事此一时期的研究，切入点的选择，可谓至关重要。于此，陈祖武先生选取了清初大儒顾炎武作为研究对象，从此拉开了研治清代学术史的序幕。

陈先生关于顾炎武的研究，起步于其硕士论文——《顾炎武评传》。毕业后，陈先生连续发表了《顾炎武研究中的几个问题》《〈日知录〉八卷本未佚》《顾炎武哲学思想剖析》《黄宗羲、顾炎武合论》等文章，对顾炎武的生平学行和历史地位，作了较为详细的梳理与评价。陈先生认为："顾炎武是清代学术史上一位影响深远的大师，并对清初历史的发展做出过贡献。实事求是地评价这样一个历史人物，对于深入研究明清之际的历史以及有清一代的学术文化史，都是很有意义的。"通过研究，陈先生得出如下认识："顾炎武与王夫之、黄宗羲同为清初显学，三家之学全以博大为其特色，一归于经世致用……对三家之学任意轩轾，显然是不妥当的……顾炎武作为一代学术开山大师的地位是确然不拔……顾炎武终究在历史为其提供的活动领域内，做了许多于国家、于民族、于社会有益的事情。这一点不唯是前人所不及，而且也是其同时代的一些有影响的人物所略逊一筹的。顾炎武对清初的历史和有清一代学术文化的发展做出了贡献，当我们今天实事求是地去回顾这一段历史时，理所当然地应给以肯定的评价。"[①] 此一评价，奠定了陈先生此后深化顾炎武研究的基调。

1984 年，陈先生出版了一部研究顾炎武的专书——《顾炎武》。是书由"从'天下兴亡，匹夫有责'谈起""抛弃科举、研讨实学""为

---

① 陈祖武：《顾炎武研究中的几个问题》，《学习与思考（中国社会科学院研究生院学报）》1981 年第 6 期。

抗清而奔走""弃家北游""莱州入狱""三藩之乱前后""以天下为己任,死而后已""开创一代学术的文化巨人"八部分组成,虽然篇幅不大,但对顾炎武的坎坷人生经历和学术贡献,做了整体性的勾勒与彰显。此后,在《清初学术思辨录》一书中,陈先生再辟"务实学风的倡导者顾炎武"专章,对顾炎武的生平学行、社会政治思想、经学思想、文学思想、务实学风等,进行了更为详细深入的探究。以此为基础,陈先生又与几位学生合作,推出了《旷世大儒——顾炎武》(河北人民出版社 2000 年版)一书。是书计分 14 章、25 万余字。在前言中,陈先生再度对顾炎武作了评价,认为:"在中国学术史上,明末清初是一个风起云涌、才人辈出的时代。顾炎武就是生活在这一时代的卓然大儒。他一生读万卷书,行万里路,行奇学博,志在天下,以其继往开来的杰出业绩,被誉为一代学术的开派宗师……顾炎武崇实致用的治学精神,严谨绵密的考证方法,以及他对广阔学术门径的开拓,影响一时学风甚巨,对整个清代学术文化的发展,亦显示了深远的历史作用……中国封建社会晚期,在学术思潮从宋明理学向清代朴学的转化过程中,作为一个开风气者,顾炎武的历史地位是无可取代的。"陈先生还强调:"我们今天缅怀这位 300 年前的旷世大儒,就是为了从顾炎武的学行和思想中寻求可贵的历史借鉴,弘扬中华民族的优秀文化传统,批判地继承历史文化遗产,从而推动中华民族新文化的建设,以迎接中华民族的伟大复兴。"也就是说,研究顾炎武,不仅有学术价值,而且对现实具有重要的借鉴意义。时隔 10 年,是书被纳入"传世大儒系列",改题《顾炎武评传》,由中国社会出版社于 2010 年隆重推出。

2013 年,适逢顾炎武先生诞辰 400 周年,陈先生不仅应邀参加了昆山市举办的纪念活动和学术研讨会,而且撰成《高尚之人格 不朽之学术》一文,以表达对顾炎武先生的敬仰之情。在文中,陈先生从三个方面对顾炎武的贡献进行了高度概括:一是"以'博学于文,行己有耻'为毕生追求",陈先生指出:"在中国学术史上,顾亭林先生之所以超迈前贤,伟然自立,不唯在于先生准确而深刻地阐释了孔子所言二语八字,而且还在于他前无古人地将二者合为一体,提升至'圣人之道'而大声疾呼……以言耻为先,将为人与为学合为一体,不唯成为顾亭林先生的毕生追求,而且也为当时及尔后的中国学人,树立了可以风范千秋的楷模。"二是"读《九经》自考文始,考文自知音始",这主要体现在顾炎武先生提出的把理学纳入经学范围的"理学经学也"主张、倡导开展经学史研究、示范了训诂治经的方法论等方面。此一努力,对后学产生了重要影响,"不唯使古音学研究由经学附庸而蔚为大观,而且还形成了主盟学坛的乾嘉学派,产生了全面总结、整理中国数千年学术的丰硕成果"。三是"保天下者,匹夫之贱与有责焉",顾炎武先生这一始终如一的高度社会责任意识,是其留给后世最具永恒价值的精神财富,"经晚清学人归纳,就成了掷地有声的八个字:天下兴亡,匹夫有责"。基于此,陈先生进而总结道:"顾亭林先生是明清更迭的社会大动荡造就的时代巨人,是中国学术史上承先启后、继往开来的伟大宗师。先生人格高尚,学术不朽,我们应当世世代代纪念他。"[①]

陈祖武先生 30 多年来对顾炎武为人、为学及其意义和影响的体悟与阐扬,可谓是一以贯之的,且愈益深刻。而顾炎武先生所倡导的"博学于文,行己有耻"八个字,陈先生不仅以之作为自励的座右铭,而且常常用来激励、引导后学。

三

陈祖武先生不唯孜孜于顾炎武研究,更不断扩大学术视野,进而对有清一代学术的演进历程、代表人物、主要成就和特征等,做了系统而

[①] 陈祖武:《高尚之人格 不朽之学术——纪念顾亭林先生诞辰四百周年》,《光明日报》2013 年 9 月 5 日第 11 版。

深入的整体性建构。《清初学术思辨录》《清儒学术拾零》《清代学术源流》等论著,即此一努力的体现。

《清初学术思辨录》乃陈先生十年磨一剑的学术结晶。是书以顺治、康熙二朝学术史上的若干重要问题为研究对象,通过梳理分析清初国情、清廷文化政策,以及顾炎武、王夫之、黄宗羲、吕留良、李颙、孙奇逢、颜李学派、李光地、史学成就、文学艺术经世特征、经学与考据学风的酝酿等问题,从而对清初 80 年间的学术演进趋势、主要特征和历史地位等,作了宏观与微观、理论分析与史实考辨、学者与学术思潮和流派相结合的揭示和再认识。陈先生这部著作的问世,将清代学术史的研究推向了一个新的高度,故深受学界同仁好评。

而更可注意的是,《清初学术思辨录》有两大贡献值得指出:一是实践和发扬了自侯外庐、杨向奎二先生以来所倡导的社会史与学术思想史相结合的研究方法,诚如杨向奎先生为是书撰序所评价的:"陈祖武同志能思善学,此《清初学术思辨录》大作,结合清初社会实际而谈学术思想,这是最正确的方法之一。我们不能脱离实际社会而谈社会思潮,'皮之不存,毛将焉附'!先秦诸子、两汉经学、魏晋玄学、宋明理学,都与当时之社会相关。继梁任公、钱宾四诸先生之后,祖武此书,将脱颖而出矣。"[①] 二是首次提出"以经学济理学之穷"命题。清代学术之兴起,原因固然是多方面的,但学术内部新动向的萌发,无疑更具主导性。自明朝嘉靖、隆庆间学者归有光以来对"通经学古"治学取

[①] 杨向奎:《清初学术思辨录·序言》,载陈祖武:《清初学术思辨录》,中国社会科学出版社,1992 年,第 3 页。陈先生在《〈中国传统学术与社会丛书〉书后》一文中说:"先师杨向奎拱辰先生,早年问学于钱宾四先生,毕生致力于中国古代社会与古代思想研究……辞世前未久,拱辰师向学兄李尚英教授回顾数十年之为学追求,再度指出:'我自走上学术研究之路,就把重点放在了中国古代思想史和经学上。但我深知,要研究好古代思想史和经学,就必须重视中国古代社会历史的研究。因为有哪样的社会经济就会有哪样的思想意识,而古代思想和经学正是古代社会上层建筑的一个重要组成部分,与古代社会的经济基础相适应。所以,我的研究就是从中国古代社会历史开始的。''学术流变,与时消息。'治学术史而与社会历史的研究相结合,乃为一可以遵循之为学路径。"(《书品》2002 年第 4 期)

径的倡导,即明清学术更新走势的体现。陈先生指出:"从归有光到钱谦益,晚明学者的经学倡导,虽然未能使数百年来为理学所掩的经学重振,但是它却表明,以经学济理学之穷的学术潮流,已经在中国封建儒学的母体内孕育。"此一学术潮流,在清初更得到进一步推进,蔚然成风。陈先生就此揭示道:"晚明'通经学古'的经学倡导,同清初知识界批判理学的思潮相融合,汇为以经学济理学之穷的宏大学术潮流。入清以后,以经学济理学之穷的努力由钱谦益肇其端,经顾炎武、李颙、费密张大其说,至毛奇龄、阎若璩、胡渭而蔚成风气。随着时间的推移,这一学术潮流不唯充溢南北学术界,而且借助儒臣而深入宫廷……凡此种种,无一不是对宋明学术的推陈出新……总而言之,客观历史条件的制约,学术演进内在逻辑的作用,两者相辅为用,从而规定了清初学术发展的基本趋势。这就是:以经世思潮为主干,从对明亡的沉痛反思入手,在广阔的学术领域去虚就实,尔后又逐渐向以经学济理学之穷的方向过渡,最终走向经学的复兴和对传统学术的全面总结和整理。"① 陈先生这一脚踏实地、务在求真的新探索,可谓运思独到,开辟了一个阐释清代学术演进的新范式。

继《清初学术思辨录》之后,陈先生又推出了另一部力作《清儒学术拾零》。在该著后记中,陈先生述撰作缘起曰:"时间过得真快,祖武在清代学术史园囿中耕耘,不觉已是整整 20 个春秋。20 年来,以读清代学术文献为每日功课,朝夕以之,不间寒暑,甘苦皆在其中。此番奉献给诸位的《清儒学术拾零》,便是此 20 年间读书之一得。"大体而言,是书由三部分内容构成:一是对清初学术的进一步深化和开拓,如"蕺山南学与夏峰北学""从《日知录》到《日知录集释》""明清更迭与华南知识界""姚际恒与《仪礼通论》""清初江南三奇儒""《榕村语录》发微"等;二是对乾嘉学派与乾嘉学术展开详细研究;三是对梁启

---

① 陈祖武:《清初学术思辨录》,中国社会科学出版社,1992 年,第 22、295—296 页。

超、钱穆、徐世昌总结清代学术的贡献加以表彰。其中，第二部分内容乃本书的主体。

关于乾嘉学派与乾嘉学术，陈先生在结撰《清初学术思辨录》时，已开始了思索，对乾嘉学派的成因提出新的看法。陈先生指出："研究清代学术史，不可避免地会碰到这样一个问题，那就是为什么清朝初年，封建统治者一再崇奖宋明理学中的程朱之学，可是理学却始终发展不起来，倒是与义理之学迥异其趣的考据学不胫而走，以致在乾隆、嘉庆之世风靡朝野，而有乾嘉学派之谓。如何去解释这样的历史现象？这是一个很值得探讨的问题。"与学术界将乾嘉学派的成因归之于"清廷统治的趋于稳定""频繁兴起的文字狱""康乾盛世的产物"的主张不同，陈先生认为这些看法"还只是停留于形成乾嘉学派的外在原因的探讨，却忽略了中国古代社会理论思维本身发展内在逻辑的认识"，进而主张"与其局限于外在原因的探究而可否不一，倒不如从中国儒学自身发展的矛盾运动中去把握它的本质，或许更有助于问题的解决"。本此思路，先生从"理学在明清之际的瓦解""批判理学思潮的兴起及其历史特征""封建文化专制与批判理学思潮的蜕变"几个方面，进行了新的解读。陈先生的结论是："明清之际，社会的急剧动荡，及其在理论思维领域所反映出的理学瓦解，形成了清初的批判理学思潮。这是一个具有两重性的思潮，一方面它以经世致用为宗旨……这是一个进步性的思潮。另一方面它又是一个具有复古倾向的思潮……这种复古倾向，导致清初知识界在方法论上逐渐撇弃宋明理学的哲学思辨，走向了朴实考经证史的途径，从而为尔后乾嘉学派的形成，在理论思维上提供了内在的逻辑依据。乾嘉学派的形成，是清初批判理学思潮蜕变的直接结果……经历康熙、雍正两朝，迄于乾隆初叶，清廷给封建知识界安排的，就只是朴实的经学考据这一条狭路。而封建国家经济状况的逐步好转，社会的相对安定，也为知识界的经籍整理提供了良好的物质环境。于是上述诸种历史因素交互作用的结果，到乾隆中叶，考据之学遂风靡朝野，最终形成了中国封建社会晚期继宋明理学之后的又一个主要学术流派——清代汉学，即乾嘉学派。"① 这一以学术内在逻辑为主兼顾政治、社会因素的阐释视角和方法，较之单纯归因某一外在因素的认识，无疑更具说服力、更符合历史实际，而这也彰显出将社会史与学术思想史有机结合起来的必要性。

在《清儒学术拾零》中，陈先生以更大的篇幅，对乾嘉学派与乾嘉学术的诸多面向作了细致剖析。如探讨了戴震等学人思想的意义、扬州诸儒的学术总结之功、今文经学的复兴与演进、汉宋学之争与乾嘉学派的衰微，等等。基于这些扎实的研究，陈先生进而对乾嘉学派作了理论性的思考和总结。如关于乾嘉学派的分派问题，学术界一向尊奉章太炎、梁启超二先生之说，以惠栋、戴震两家作为乾嘉学派的标志，吴、皖分野说也就俨然成为一种思维定式。于此，钱穆先生提出不同意见，认为"惠、戴论学，求其归极，均之于《六经》，要非异趋"，而观之当时"不徒东原极推惠，而为惠学者亦尊戴"的情形，所以钱先生主张"吴、皖非分帜也"。② 其后，杨向奎先生再加反思，认为："历来谈乾嘉学派的，总是说这一个学派有所谓吴派、皖派之分。其实，与其这样按地域来划分，还不如从发展上来看它前后的不同，倒可以看出它的实质。"③ 正是在钱穆、杨向奎诸先生的启发下，陈祖武先生经过多年的不断思索，从而得出这样一种认识："在中国学术史上，乾嘉学派活跃于18、19 两个世纪的学术舞台，其影响所及，迄于20 世纪中而犹存。作为一个富有生命力，且影响久远的学术流派，它如同历史上的众多学派一样，也有其个性鲜明的形成、发展和衰微的历史过程。这个过程错综复杂，跌宕起伏，显然不是用吴皖分野的简单归类所能反映的。"既然

---

① 陈祖武：《清初学术思辨录》附录一《从清初的批判理学思潮看乾嘉学派的形成》，第 303、319 页。章、梁二先生之论乾嘉学派，详参《訄书·清儒》《检论·清儒》和《中国近三百年学术史·清代学者整理旧学之总成绩》。
② 钱穆：《中国近三百年学术史》，商务印书馆，1997 年，第 357 页。
③ 杨向奎：《谈乾嘉学派》，《新建设》1964 年 7 月号。

吴皖分野不能体现乾嘉学派的发展实相，那么如何把握才更符合当时学术发展的轨迹呢？陈先生强调："据为学而言，则惠、戴两家并非对立的学派，由惠学到戴学，实为乾嘉学派从形成到鼎盛的一个缩影。"也就是说，"从惠学到戴学是一个历史过程"。而除了需关注这一历史过程外，陈先生还指出，应"从历史实际出发，对各家学术进行实事求是的具体研究。个中既包括对众多学者深入的各别探讨，也包括对学术世家和地域学术的群体分析，从而把握近百年间学术演进的源流，抑或能够找到将乾嘉学派研究引向深入的途径"。①

陈先生不唯在《清儒学术拾零》中对乾嘉学派与乾嘉学术作了诸多个案研究和理论性思考，其自 2001 年主持立项的中国社会科学院重大课题"乾嘉学派研究"，更将此一问题的研究推向新的高度。历时五年，在 10 余位课题组同仁的共同努力下，本课题不仅顺利结项，被院专家评审委员会评为"优秀"，而且推出了《乾嘉学术编年》《乾嘉学派研究》（河北人民出版社，2005 年）两部共计 130 余万字的成果。这两部成果的总体思路是：将研究对象置于具体历史环境，以坚实的学术文献梳理为基础，通过较为系统的专题研究，进而对乾嘉学派与乾嘉学术加以实事求是的全局性把握，以探索此一学术现象的真实演进脉络。基于此，本成果主要在如下三个方面作了新尝试：一是论证了乾嘉学派与乾嘉学术是一个历史过程的认识，力求突破按地域来区分学派的局限；二是对乾嘉时期的地域学术与学术世家，予以充分关注，探讨了乾嘉时期地域学术之间彼此渗透、相互影响，以及不同发展阶段的历史作用，更阐发了既融入当时学术大局又保有家学传统的学术世家的重要性，而地域学术和学术世家间的彼此渗透和交互影响，无疑有裨于从整体上深化对乾嘉学术演进大局的把握；三是较为系统地论证了乾嘉学派以朴实考经证史为基本特征的主流学术特色，并对其得以形成的社会

---

① 陈祖武：《清儒学术拾零》，湖南人民出版社，1999 年，第 163—164、169 页。

和学术背景作了较深入地阐释。[①] 此后，陈先生又撰成《关于乾嘉学派研究的几个问题》一文[②]，对乾嘉学派主盟学坛的历史原因、把握乾嘉时期学术主流的方法论和 19 世纪初叶中国学术的困境等问题，作了更加深入地阐释。当然，由于乾嘉学派与乾嘉学术涉及面很广，且文献繁富，所以，欲将此一问题推向更为深入、系统化的境地，仍然需要更多学界同仁长期的、共同的努力，才会有跨越性的创获。

致力于清初学术和乾嘉学派与乾嘉学术研究的同时，陈先生也对晚清学术作了一定的研究。在所著《衰世风雷——龚自珍与魏源》一书中，陈先生以龚自珍、魏源为个案，探讨了清代学术之所以在晚清衰变的个中消息。陈先生指出："清代历史上，自乾隆末叶起，中经嘉庆、道光二朝，迄于咸丰当政，满洲贵族所建立的这个王朝，始而衰相毕露，继之动荡四起，终至趋于大乱，成为中国数千年历史中又一个急剧动荡的时代。外有西方殖民者的欺凌，内有诸多社会弊病的困扰，中国社会已经走到非变革不可的时候了。"而在此危机四伏的重要历史转折关头，龚自珍、魏源二人起而"抨击时弊，呼唤变革，给沉闷的中国知识界和社会带来了新鲜的生机。其影响所及，终清之世而不衰"，所以，"作为杰出的开风气者，龚自珍、魏源既是社会史上的伟人，同时也是学术史上的大师"。尽管限于时势，"他们空怀壮志，积郁难抒"，但"龚自珍的佯狂玩世、辞官还乡，魏源的绝意仕宦、遁迹空门"，其"历史悲剧的演成，个中缘由实是发人深省"。[③] 在《晚清学术三题》一文中，陈先生更从"经世思潮的崛起""从'中体西用'到'三民主义'""会通汉宋学术以求新"三个方面，对晚清 70 年的学术演进作了

---

① 关于这两部成果的评价，详参邱实：《用扎实之功　收丰硕之果——〈乾嘉学派研究〉评介》(《中国图书评论》2006 年第 5 期)；孙锡芳：《乾嘉学术的恢弘长卷》(《中华读书报》2006 年 11 月 15 日第 19 版) 等。

② 陈祖武：《关于乾嘉学派研究的几个问题》，《文史哲》2007 年第 2 期。

③ 陈祖武：《衰世风雷——龚自珍与魏源》，万卷楼图书有限公司 2000 年版，自序第 1—2 页。

详细考察。陈先生揭示道:"70年间,先是今文经学复兴同经世思潮崛起合流,从而揭开晚清学术史之序幕。继之洋务思潮起,新旧体用之争,一度呈席卷朝野之势。而与之同时,会通汉宋,假《公羊》以议政之风亦愈演愈烈,终成戊戌维新之思想狂飙。晚清的最后一二十年间,'以礼代理'之说蔚成风气,遂有黄以周《礼书通故》、孙诒让《周礼正义》出而集其大成。先秦诸子学之复兴,后海先河,穷原竟委,更成一时思想解放之关键。中山先生'三民主义'学说挺生其间,以之为旗帜,思想解放与武装抗争相辅相成,遂孕育武昌首义而埋葬清王朝。"不唯如此,陈先生还进而强调:"有清一代学术,由清初顾炎武倡'经学即理学'开启先路,至晚清曾国藩、陈澧和黄式三、以周父子会通汉宋,兴复礼学,揭出'礼学即理学'而得一总结。以经学济理学之穷的学术潮流,历时三百年,亦随世运变迁而向会通汉宋以求新的方向演进。腐朽的清王朝虽然无可挽回地覆亡了,然而立足当世,总结既往,会通汉宋以求新的学术潮流,与融域外先进学术为我所有的民族气魄相汇合,中国学术依然在沿着自己独特的发展道路而曲折地前进。跟在别人的后面跑,是永远不会有出路的,这不就是晚清70年的学术给我们所昭示的真理吗!"[①]

正是基于以上对有清一代学术的不断探索和积累,陈祖武先生遂应北京师范大学出版社之邀,将已有成果和新见加以整合,于2012年推出了《清代学术源流》一书(2011年入选"国家哲学社会科学成果文库")。是著凡分三编、22章,计52.8万字。论其特色,大要有三:一是将有清一代学术之演进,分为"明清更迭与清初学术""乾嘉学派与乾嘉学术""晚清学术及一代学术之总结"三个阶段,对其做了系统性的宏观把握和整体研究,这是迄今为止国内外研究清代学术史最为系

[①] 陈祖武:《晚清学术三题》,《中国社会科学院历史研究所学刊》第一集,社会科学文献出版社2001年版,第431页。

统、全面的一部著作；二是对清代学术诸多层面的研究，既有高屋建瓴的识断，也有细致入微的辨析，从而彰显出清代学术的动态、立体发展风貌；三是运用学术史与社会史相结合的研究方法，既揭示了清代学术发展的嬗变轨迹和内在逻辑，亦对学术演进与世运变迁、政治文化导向等之间的密切关系，给予了充分关注，并作了深刻阐释。总之，这部旨在揭示有清一代学术演进历程、内在逻辑、特色和意义等的论著，不仅功底深厚、视野开阔、内容翔实，而且注重史论结合、富于创新精神，其嘉惠学林、启益后学之功，值得表彰。

四

研治清代学术史固然是陈祖武先生治学的主要用力所在，但先生并未止步于此，还对其载体——学案，作了详细梳理和溯源。《中国学案史》的问世，即先生致思的结晶。

20世纪90年代初，陈先生受陈金生先生对"学案"所下定义的启发[①]，以及基于参与杨向奎先生主持的《清儒学案新编》的学术实践和积累，撰为《"学案"试释》一文，重新对"学案"作了考察和界定。陈先生指出："在中国史学史上，学案体史籍的萌芽，虽渊源甚远，但其雏形的问世，则是南宋初理学勃兴以后的事情，这便是朱熹的《伊洛渊源录》。而正式以'学案'题名，就更在其后。据现存典籍而论，以'学案'为书名，当不早于明代中叶。一部是万历初刘元卿的《诸儒学案》，另一部是万历末刘宗周的《论语学案》……然而严格地说来，无论是《诸儒学案》也好，还是《论语学案》也好，都还不具备学术史的意义，无非学术资料汇编而已。事实上，继上述两部学案之后，黄宗羲

---

① 陈金生在《宋元学案编纂的原则与体例》一文中认为："什么叫'学案'，未见有人论定。我想大概是介绍各家学术而分别为之立案，且加以按断之意（案、按字通）。按断就是考查论定。因此，学案含有现在所谓学术史的意思。"（《书品》1987年第3期）

于清康熙十五年以后所辑《蕺山学案》，依然也不是完整意义上的学术史……直到稍后，他将《蕺山学案》与其师《皇明道统录》合而为一，大加充实，完成《明儒学案》的结撰，以记有明一代学术盛衰，从而在中国传统历史编纂学中别张一军，方才赋予'学案'以类似晚近学术史的意义。"基于此一考察，陈先生对何谓"学案"作了如下解释："所谓学案，其初始意义为学术公案，以辑录学者论学语录为特征。而作为记载古代学术发展历史的一种特定体裁，其雏形肇始于南宋初叶，正式题名则在明朝末年，而完善定型已入清代。它渊源于传统的纪传体史籍，系变通《儒林传》（《儒学传》）、《艺文志》（《经籍志》），兼取佛家灯录体史籍之所长，经过长期酝酿演化而成。至黄宗羲《明儒学案》出，以学者论学资料的辑录为主体，合其生平传略及学术总论为一堂，据以反映一个学者、一个学派乃至一个时代的学术风貌，从而具备了类似晚近学术史的意义。"[①]

不久，陈先生应友人之邀，撰成《中国学案史》一书，由台北文津出版社于1994年出版。本书分为8章，对自先秦诸子论学术史至梁启超先生撰《中国近三百年学术史》间的演进过程，做了贯通性的研究。陈先生揭示此一演进过程说："在中国史学史上，学案体史籍的兴起是宋、元以后的事情。南宋朱子著《伊洛渊源录》开其端，明、清间周汝登、孙奇逢后先而起，分别以《圣学宗传》《理学宗传》畅其流，至黄宗羲《明儒学案》出而徽帜高悬。乾隆初，全祖望承宗羲父子未竟之志成《宋元学案》100卷，学案体史籍臻于大备。清亡，徐世昌网罗旧日词臣，辑为《清儒学案》208卷。至此，学案体史籍盛极而衰。梁启超并时而起，融会中西史学，以《中国近三百年学术史》而别开新境，学术史编纂最终翻过学案体之一页，迈入现代史学的门槛。"[②] 是书问世

---

① 陈祖武：《"学案"试释》，《书品》1992年第2期。
② 陈祖武：《中国学案史·前言》，台北文津出版社，1994年，第2页。

后，受到学界同仁的好评。如北京师范大学的吴怀祺先生撰文评价道："这是近年史林中又一部有开拓意义的学术著作。"他同时强调："《中国学案史》的一个鲜明特点，是作者的研究视角独到，富有联系的思想。他从两个方面思考学案体变化，一是从学术史的大背景下，看学案体的发生、发展诸问题；一是从中国历史编纂学的继承发展中探讨中国学案体史书的衍变。由前者而言，是学案体史书发展的内在原因，就后者而言，是编纂形式的继承与发展条件……《中国学案史》一书不仅在讨论中国学术史问题上，有自己的整体的思考，而且在一些相关的学术史问题上，详细占有材料，阐发了自己的独到看法……这本著作反映了陈祖武同志的求实学风。"[1]

是书面世后，一则由于印数有限，内地学者觅览不易，一则陈先生续有新得，故时隔14年后，上海东方出版中心为满足学界需求，于2008年12月推出了经陈先生修订后的同名作《中国学案史》，而著名哲学史家任继愈先生欣然为是书亲笔题签。本书甫一面世，即时引起学界同仁的广泛关注和热议。如乔治忠先生论是书"优胜之处"曰："1. 梳理出中国传统学术史的主脉……2. 择重析疑、考论结合……3. 注重学术背景的意义，增强研讨的系统性。"并指出："广义而言，《中国学案史》是一部学术史著述，而细致分析，则实为'学术史之史'，乃考察前人学术史著述的著述。进行这样的研讨，需要具备深厚的学术史造诣，而对以往学术史著述的总结、评析，也会进一步推动中国学术史的研究。笔者认为，研读《中国学案史》一书，可对学术史研究提供不少启迪。"[2] 朱端强、吴航二先生认为："首先，就全书来看，今本与台北本相比，体例更严整，内容更充实……其二，重点突出，见解精辟……其三，阐幽发微，考证精当……我们认为，循作者之路，继续

---

[1] 吴怀祺：《一部有开拓意义的史学著作——评〈中国学案史〉》，《中国史研究动态》1996年第8期。

[2] 乔治忠：《读陈祖武著〈中国学案史〉》，《中国史研究动态》2009年第9期。

将'学案史'作为一种专门史加以研究,是独立可行的,未必非要将其掩之于大而化之的'学术史'之下;而且,通过'学案史'的深入研究,推陈出新,使'学案'这一史体进一步发挥其应有的史学功能,或许更加兼具学术价值和现实意义。"[1]周少川、吴漫二先生亦从"独辟蹊径的学案史研究""多维研究视角的有机结合""批判创新的问题意识"三个方面,对本书之价值作了肯定,并由此引发感想,认为"晚近一些学术史专著常常重于学术思想的剖析,而疏于文献考辨和学派史的研究。其实,充分利用古代学案史所提供的史料和线索,还可以把学术史写得更为丰满和精彩"[2]。王瑞、钱茂伟二先生强调,"全书融贯了一种会通的精神……是一项填补学案史研究空白的开拓性著作,之前的研究平台是相当有限的……而该书在学案史研究中的前瞻性,又决定了其论述上端庄大气的风格"[3]。徐道彬先生亦强调,"此书的出版,无论是对传统思想的继承与发展,还是对学术研究的开拓与创新,无疑都具有重要的价值和意义",并从"历史眼光,高屋建瓴""实事求是,公正平实""言而有征,考证翔实"三个方面谈了读后感。[4]稍后,陈壁生、黄朴民二先生亦撰文对陈先生这部著作给予了高度评价,认为与在"学科化"模式影响下将"学案""当作毫无系统的材料汇编"所导致的"只见材料,不见编者"的研究取向不同,《中国学案史》尤其值得称道的是"把学案这一体裁作为一个独立的整体进行研究,而不是用现代学科对其中的内容进行分科式的探讨",这一"回到中国自身学术传统"的"整全性研究",无疑是一种新尝试,从而为"理解编撰者的

---

[1] 朱端强、吴航:《十年求缜密,后益更转精——读〈中国学案史〉》,《书品》2009年第4辑。
[2] 周少川、吴漫:《陈祖武〈中国学案史〉(修订本)读后》,《史学史研究》2009年第3期。
[3] 王瑞、钱茂伟:《一部无法绕过的学术精品》,《中国图书评论》2009年第8期。
[4] 徐道彬:《历史大背景下的学案史研究——读陈祖武〈中国学案史〉》,《安徽史学》2009年第5期。

苦心孤诣与微言大义，以此探究编撰的内容"提供了新视角。由此，两位先生还进而指出："不只是学案研究，对其他的中国经典研究，也不止需要一种分科式的主题整理，同时需要整全式的系统研究。"并强调："只有在整体性的'国学'视野之中，才能窥见大至整个文明，小至某部经典的全体大用。陈祖武教授《中国学案史》给我们最大的启示正在于此。"[①] 诸先生所论，彰显了陈祖武先生是著的重要性；而他们由此引发的思考，对于学案史研究来说，无疑具有启示意义。[②]

尽管陈先生在中国学案史研究方面取得了重要成就，但对"学案"一词究竟如何理解才更为到位，则一直萦绕于怀，探求不已。《"学案"再释》一文，即体现了陈先生的新思考。在文中，先生从"先从《明儒学案》谈起""追溯文献渊源的启示""关于学案释名的困惑"三个方面，再度对"学案"名义做了辨析。陈先生认为："无论是'学术公案'也好，还是'学术定论'也好，凭以解释'学案'一语，依然都是一种揣测，并没有语源学上的文献佐证……'案'字似不当释为'按断''论定'。如此一来，思路再行调整，可否径释为'学术考查'，或引申为'学术资料选编'呢？"虽然陈先生自谦地称对此认识没有把握，但不难看出其解读是更进了一步的。基于此，陈先生对学案体史籍作了界说："学案体史籍，是我国古代史家记述学术发展历史的一种独特编纂形式。其雏形肇始于南宋初叶朱熹著《伊洛渊源录》，而完善和定型则是数百年后，清朝康熙初叶黄宗羲著《明儒学案》。它源于传统的纪传体史籍，系变通《儒林传》(《儒学传》)、《艺文志》(《经籍志》)，兼取佛家灯录体史籍之所长，经过长期酝酿演化而成。这一特殊体裁的史书，以学者论学资料的辑录为主体，合案主生平传略及学术

---

① 陈壁生、黄朴民：《回到中国自身的学术传统——读陈祖武教授〈中国学案史〉》，《中华读书报》2011年1月26日第10版。

② 关于"学案体"研究的现状，刘兴淑先生曾撰文加以述评，详参《"学案体"研究现状述评》，《中国史研究动态》2008年第5期。

总论为一堂,据以反映一个学者、一个学派,乃至一个时代的学术风貌,从而具备了晚近所谓学术史的意义。"[1] 陈先生治学之精进不已,由此可窥一斑。

五

在陈祖武先生的治学历程中,始终对文献的重要性给予高度重视,并用了很大精力从事文献典籍的整理。可以说,重视文献为陈先生治学奠定了厚实的基础,而整理文献的学术实践又进一步深化了相关问题的研究。

关于文献之于学术研究的重要性,陈先生曾多次撰文予以强调。如在《谈乾嘉学术文献整理》一文中,指出:"古往今来,学术前辈们的实践一再告诉我们,学术文献乃治学术史之依据,唯有把学术文献的整理和研究工作做好,学术史研究才能建立在可靠的基础之上。"在充分肯定学界同仁整理乾嘉学术文献(如著作、诗文集、年谱、书目等)成绩的同时,陈先生亦呼吁:"整理和研究乾嘉学术文献,在推进乾嘉学派和乾嘉学术的研究中,其重要意义略可窥见。鉴于一二十年来乾嘉学派研究起步甚速,文献准备似嫌不够充分,因此未来一段时间,在这方面切实下一番功夫,或许是有必要的。"[2] 又在《董理乾嘉名儒年谱的意义》中,陈先生对年谱之于乾嘉学派与乾嘉学术研究的意义作了强调:"年谱为编年体史籍之别支,乃知人论世的重要文献……董理乾嘉时期学者的年谱,于研究乾嘉学派与乾嘉学术,具有不可忽视的意义……此次所选之90种年谱,涉及82家名儒,或出一时学者自订,或系谱主门生后学追辑,或代经董理,而由晚近贤哲总其成。分而细究,可见一

---

[1] 陈祖武:《"学案"再释》,《北京师范大学学报(社会科学版)》2009年第2期。
[2] 陈祖武:《谈乾嘉学术文献整理》,《中国社会科学院院报》2003年1月23日第3版。

人一家之学，合而并观，则可据以窥见百余年间学术演进之历程，知人论世，弥足珍贵。"尽管乾嘉学派主盟学坛的一页已成过往，"但是此一学派中人整理、总结中国数千年学术的卓著业绩和实事求是的为学风尚，则是中华民族一份极可宝贵的历史文化遗产。认真整理和总结这一份历史文化遗产，对于提高今日及尔后的学术研究水准，促进中华民族新文化的建设，无疑有其重要的借鉴意义"。①

陈先生之所以对学术文献如此重视，乃得益于业师杨向奎先生和郑天挺先生的教诲。当年杨向老开始结撰《清儒学案新编》时，即采取了清代学术思想史和思想史料选辑兼重的方法，而陈先生参与了学术资料选辑和文字抄写工作。这一学术实践，开启了陈先生日后治学重视文献的基础。在与郑天挺先生的交往请益中，陈先生更对文献的重要性有了深入的认识。据陈先生回忆："20余年来，秉向奎先师勤于读书之教，不间寒暑，朝夕伏案，皆在清儒学术文献之中，以勤补拙，遂成终身恪守之信念。更有幸亲聆一代史学大师郑天挺先生之教诲，对历史学的基本学术特征和为学方法论，有了更深入的认识。郑先生曾告诫说：治史必须依靠积累，讲究字字有根据，句句有来历；要充分占有资料，入乎其里，出乎其外，学会广泛联系，在纷繁复杂的历史资料中，努力寻求其间的联系，把握本质，揭示规律。郑先生此一教言，遂成为我此后日夕实践的目标，使我终身受益……我还在做学生的时候，南开大学的郑天挺先生曾经跟我说，要牢记历史学的特点，做到字字有根据，句句有来历。郑老还说，历史发展错综复杂，不能简单化，要广泛联系前后左右、上下四方。这些话使我终身受益。"②

正是秉承杨向奎、郑天挺二先生之治学方法，所以陈先生自20世纪80年代起，在清代学术文献整理方面取得了诸多成就。如《李塨年

---

① 陈祖武：《董理乾嘉名儒年谱的意义》，《光明日报》2007年2月16日第9版。
② 林存阳、杨艳秋：《陈祖武：为人为学　浑然一体》，中国社会科学院青年人文社会科学研究中心编：《学问有道——学部委员访谈录》，方志出版社2007年版，第338、346页。

谱》(中华书局，1988年)、《颜元年谱》(中华书局，1992年)、《榕村语录 榕村续语录》(上下册，中华书局，1995年)、《杨园先生全集》(上中下三册，中华书局，2002年)、《清儒学案》(全四册，河北人民出版社，2008年)、《榕村全书》(全十册，福建人民出版社，2013年)等，皆凝聚了先生无数的心血。目前，先生正在从事的《清代学者象传校补》工作，既是以上取向的延伸，又是其拓展晚清学术史研究的一种新尝试。陈寅恪先生曾强调："一时代之学术，必有其新材料与新问题。取用此材料，以研求问题，则为此时代学术之新潮流……此古今学术史之通义，非彼闭门造车之徒，所能同喻者也。"[①] 我们对于清代学术史的研究，亦应做如是观。

六

陈祖武先生不唯将清代学术史研究作为其毕生致力的事业，作为新中国成长起来的知识分子，他对中国文化的发展、中国文明的演进也倾注了无限的热情，在中国儒学精神、儒学特质、儒学与当代文明的关系等问题上，进行了深入的思考。

作为中国传统文化中坚的儒学，源远流长，博大精深，是中华民族极为宝贵的历史文化遗产。陈先生指出："中国数千年儒学的基本精神，后先一脉，愈阐愈深，宛若有一无形红线通贯其间。这种精神一言以蔽之，就叫作立足现实，经世致用。"[②] 他论述说，中国儒学之所以数千年连绵不绝，就是因为有一种基本精神贯穿其间，这一基本精神表现在《礼记·大学》篇中有关"诚意，正心，修身，齐家，治国，平天下"的经典表述中，强调从个人修持入手，直到经邦济世，概括了中国儒学

[①] 陈寅恪：《金明馆丛稿二编·陈垣敦煌劫余录序》，生活·读书·新知三联书店，2001年，第266页。

[②] 陈祖武：《儒学的经世精神与世纪之交的中国文明》，《中华文化论坛》1998年第3期。

自其形成时期所固有的基本精神。这种精神发展到北宋，由著名思想家张载再度归纳成"为天地立心，为生民立命，为往圣继绝学，为万世开太平"的四句名言，与张载同时的范仲淹则把这种精神表述为"先天下之忧而忧，后天下之乐而乐"，洋溢于其间的，依然是传统儒学人我一体、经世致用的精神。到了明清之际的大动荡时代，终于迸发出"天下兴亡，匹夫有责"的历史强音。儒学的这种经世精神伴随中国近现代历史的演进而升华，成为中华民族精神的象征。在中国学术史上，各种学术形态的盛衰和更迭，环境不同，原因各异，未可一概而论。然而归根结底，无不以儒学经世精神的显晦升沉为转移。

传统儒学具有强大的生命力，它与中国数千年的历史并进，同中华民族的文明共存，确立了我们的国家作为文明古国、礼仪之邦的基本历史形象，赋予我们的民族以自强不息、"贫贱不能移，富贵不能淫，威武不能屈"的坚韧不拔的民族性格。古往今来，伴随中华民族先民的迁徙以及同世界各国的交往，儒学早已逾出国界，超越民族，成为人类文明的一个重要组成部分。陈先生认为，中国儒学之所以能够赢得这样一个特殊的历史地位，除了蕴含其间的经世精神之外，也同它自身所具有的历史特质分不开。

那么，什么是中国儒学的历史特质呢？陈先生作了如下阐释：首先，儒学讲"修己治人"，是以谋求人类社会的和谐发展为论究对象的学问。这种学问追求的境界是孔子所讲的"仁"，把一己同他人合为一体，谋求人类社会的和谐发展，这就是孔子为儒学确立的根本目标。无论是孔子说的"仁"，还是后世儒学大师加以发挥而提出的"修己治人"，都是一个不可分割的整体。只要有人生存，只要人类社会存在，那么儒学就有其存在的历史价值。因此，"实现和平和发展，不仅是当代世界的事情，而且也是人类社会永恒的主题。惟其如此，谋求人类社会和谐发展的中国儒学，也就有了它存在的历史依据"[①]。其次，儒学是

---

① 陈祖武：《儒学的经世精神与世纪之交的中国文明》，《中华文化论坛》1998 年第 3 期。

一个历史范畴,伴随着中国历史的演进,也在不断地丰富、充实和发展自己。我们今天所讨论的儒学不仅指先秦的儒家及其学说,而且更包括在其后两千多年的历史上,接受儒家学说影响而争奇斗妍的众多学说和学术流派。这些学说和学术流派皆与儒学相互渗透,相互补充,从而共同推进了儒学的发展。再次,儒学自成体系,悠久而深厚的历史积累,使之始终如一地保持着鲜明的民族个性。所以,中国儒学是一个完整的体系,它既讲个人修持,又讲社会和谐,还讲治国平天下的道理,乃至天文历法、方舆地志、医药博物、文学艺术,通天人之际,究古今之变,可谓博大精深,无所不包。儒学同国家、社会、民众生活的紧密结合,既使它获得了历久不衰的生命力,同时又使它的民族个性磨砺日新。因此,古往今来,当外来文明传入中国,儒学不唯没有失去其鲜明的民族性格;相反,则是兼容并蓄,融为我有,从而丰富了自己的民族个性。

基于以上认识,陈先生从学以经世的角度,对促进中国文明的发展进行了理性的思考,明确指出:经济建设与精神文明建设不可偏废。在坚持以经济建设为中心的同时,还应当尊重精神文明建设的客观规律,要用精神文明建设的特殊手段去处理其间的问题。何况发展经济并非只是一个单纯的经济问题,从长远来看,脱离精神文明,甚至以牺牲精神文明为代价而取得的经济发展,也是不可能持久的。他认为,弘扬中华民族的优秀文化传统不是一句空话,贬抑儒学是不妥当的,更不赞成否定儒学。他力主弘扬儒学的经世精神,进而从中国的历史和现实的实际出发,对儒学进行创造性的改造,以使其在促进中国文明发展中发挥积极作用。陈先生强调:"发展中国文明要坚持走自己的路。以儒学为中坚的中国文明,是一个具有鲜明民族个性的文明体系。数千年的中国文明之所以历久不衰,至今依然屹立于世界文明之林,就在于中华民族世世代代的创造性劳动,赋予中国儒学以久而弥新的民族个性……唯有弘扬中国儒学的经世精神,推陈出新,精进不已,进而融域外文明之优秀成果为我所有，才是谋求中国文明发展的正确途径。"①

当前，在构建社会主义和谐社会的伟大实践中，陈祖武先生对中华文化的和谐精神进行了梳理和归纳，将中华文化的和谐精神的表现归纳为五个方面：

第一，民惟邦本，本固邦宁。《尚书》的《五子之歌》中的"民惟邦本，本固邦宁"，《泰誓》中的"民之所欲，天必从之"，这些以人民为国家的根本，视民心向背为国家兴衰的决定性力量的主张，是在中国上古时期就已经形成的可贵思想。此后，这样的思想为历代政治家、思想家所认同，不断得到充实和发展，"民本"思想成为我国古代政治思想中的宝贵财富。第二，仓廪实则知礼节，衣食足则知荣辱。《管子》一书开宗明义倡言："仓廪实则知礼节，衣食足则知荣辱。"司马迁以管仲在齐国助桓公富国强兵的历史为依据，把《管子》一书的重要经济思想化为自己的主张，那就是："仓廪实而知礼节，衣食足而知荣辱。"第三，礼禁未然之前，法施已然之后。中国素称礼仪之邦，礼乐文明，世代绵延。在国家形成早期的夏、商、周三代，为了稳定社会秩序，即"缘人情而制礼，依人性而作仪"，逐渐形成以礼为本，礼、乐、政、刑互补的独特治理格局。此后两千年间，以礼为本，礼法并用，德刑相辅，遂若车之两轮、鸟之双翼，承载着中国古代社会，迭经盛衰，曲折向前。第四，博学于文，行己有耻。中国古代学人有一个好传统，那就是慎终如始地重视个人的道德修持，并将一己操守的提高同读书求学的实践相结合，在不断增长学问的同时，不断完善自己的人格。第五，天下兴亡，匹夫有责。这一可贵思想发轫于孔子的仁学，孔子以实现仁为毕生的社会责任。孟子光大孔子学说，主张"老吾老，以及人之老；幼吾幼，以及人之幼"，而且呼吁学人"穷则独善其身，达则兼善天下"。北宋著名思想家张载主张"为天地立心，为生民立命，为往圣继绝学，

---

① 陈祖武：《儒学的经世精神与世纪之交的中国文明》，《中华文化论坛》1998年第3期。

为万世开太平";范仲淹"先天下之忧而忧,后天下之乐而乐"则使之推向一个新的理论层次。明末清初,由顾炎武倡导,关心国家、民族前途命运的强烈社会责任意识,最终汇为"天下兴亡,匹夫有责",主张确立社会责任,关注民生疾苦,同民众忧乐与共。这是中国古代社会建设中极其宝贵的精神财富。

七

多年学史、治史、用史的实践中,陈祖武先生对中国史学的健康发展十分关注。

他强调,必须坚持以马克思主义唯物史观为指导,确保我国史学工作发展的正确方向,中国历史学才能历久弥新地生机勃勃,永葆青春。对于马克思主义唯物史观与历史学的联系,他揭示说:"马克思主义唯物史观讲社会存在决定社会意识,讲生产力与生产关系、经济基础与上层建筑的矛盾运动,讲人类的社会形态如何从低级向高级发展,讲阶级社会中的阶级矛盾和阶级斗争,讲人民群众是历史的创造者,如此等等,准确地揭示了人类社会发展的历史本质和规律,是科学的历史观和方法论。20世纪20年代以来,在中国革命和建设的实践中,中国共产党把马克思主义的基本原理同中国历史和现实的实际相结合,不断推进马克思主义中国化的伟大历史进程,形成了毛泽东思想和中国特色社会主义理论体系。所有这些宝贵的理论财富,确保了中华人民共和国成立60年来历史学发展的正确方向,是新时期中国历史学发展的指导思想。"[1]

陈先生认为,理论联系实际、实事求是优良学风的继承和发扬,是中国历史学健康发展的生命力。只有坚持这一原则,从本质上所复原的历史真相才是可信的、揭示的历史规律才是科学的。他指出:"历史

---

[1] 陈祖武:《弘扬中国文化与当代历史学的责任》,《中国社会科学》2009年第2期。

学是一门讲究积累的学问，认识对象的纷繁复杂，揭示规律的学科属性，规定了史学工作者的治史实践是一个艰苦繁难的创造性劳动过程。其间，无论是个人认识历史问题、解决历史问题能力的培养，还是一个群体、一个时代学术研究水准的提高，都需要史学工作者为之付出长期的乃至几代人的艰苦努力。因此，研究历史问题，撰写历史论著，从事历史教学，必须脚踏实地，理论联系实际，实事求是，一丝不苟，不能急功近利，人云亦云，来不得半点的虚假和浮夸。"[1] 他认为，理论来源于实践又服务于实践，因而主张史学工作者走出书斋，深入生活，深入实际，深入到广大人民群众中去，选取关乎社会发展的重大课题。"在实践中，了解国情、研究国情，总结人民群众的实践经验，使之升华为理性认识，从理论与实践的结合上回答广大人民群众提出的重大现实问题，是理论研究包括史学研究取得重要成果的有效途径。"[2]

　　他主张从大处着眼，用全局的、发展的、历史的观点来看问题。在评价历史人物时，必须实事求是。比如，对于郑成功、施琅等牵涉国家、民族根本利益的历史人物，我们尤其需要牢牢地握住国家、民族的大义。是否承认台湾是中国的领土，是否维护台湾与祖国的统一，这是一条大原则，是国家、民族的大义所在。在这个重大的原则问题上，施琅与郑成功做出了同样重大的历史贡献，具有同等重要的历史地位，他们都是中华民族的英雄！

八

　　史家修养，是中国传统史学上的一个重要论题。唐代的史学大师刘知幾进行理论总结，在史家修养问题上，提出了"才、学、识"三个

---

[1] 陈祖武：《历史学研究的理论财富》，《中国社会科学报》2009 年 1 月 6 日第 6 版。
[2] 陈祖武：《史家的修养与责任》，《人民日报》2010 年 5 月 14 日第 7 版。

字。到了清代乾嘉时期，史学大师章学诚《文史通义·史德》篇发展了刘知幾的主张，在"才、学、识"三个字之后，加入"德"字，将"才、学、识"和"德"合并而称。陈祖武先生认为，这四个字是我们史学工作者要尽职尽责做到的。如果把这四个字与我们新的时代任务结合起来解释，就是说作为一个史学工作者，应当有正确的立场、观点和良好的学术素养。基于这样的认识，在史学工作者的素养方面，陈先生强调了如下三个方面的内容：

第一，史学工作者应当有自己的时代责任。他指出，任何一个时代的历史学家都有一个时代责任的问题，任何时代的历史学家都要践行那个时代的社会责任。中国史学自先秦时代发轫，古老的《周易》即主张"君子多识前言往行以蓄其德"，孔子修《春秋》，旨在通过记录信史以寄寓其政治理想。之后，中国历史学伴随中国社会的演进而不断丰富发展。从司马迁著《史记》，提出"究天人之际，通古今之变"的史学思想，中经刘知幾撰《史通》而加以阐发，至章学诚倡导"六经皆史""史学所以经世"，治史经世、资政育人成为贯穿数千年中国历史学的一根主线。立足于社会实践、立足于时代需要，是史学的生命之源、发展之路。能否把握时代脉搏，研究重大问题，是史学研究能否创新的重要条件。

他认为史学工作者一定要为国家的长治久安去开展研究，这是史学工作者的时代责任，也是我们应有的立场。他指出，中华民族有五千年的文明史，把优良传统继承发扬下去，是史学工作者义不容辞的责任。他说："世界上几个古代文明为什么只有中华文明能不间断地传下来？一个很重要的原因就是因为中华文明具有自成体系的史书，有五千年一以贯之的史学传统。史书就是中华文明得以传承的一个重要载体，因此，史学工作者可以说是中华文明的重要传承者。我们应当把工作做好，用我们编纂的史书把中华文明的优秀传统传承下去。"[1]

---

[1] 陈祖武：《谈谈史学工作者的责任和素养》，《当代中国史研究》2006年第3期。

第二，史学工作者应当确立服务于社会的意识。他认为，除了治史经世、求真务实两大传统，对国家前途、民族命运的强烈关注无疑也是史学的一个具有永恒价值的可贵精神。以天下为己任，"国可灭，史不可灭"，是中国古代史家追求的人生境界。为此，佚名史官秉笔直书而献出生命，司马迁身遭摧残而不顾个人屈辱，万斯同则以布衣而隐忍史局，顾炎武更喊出"天下兴亡，匹夫有责"的时代强音。当中国社会迈入近代门槛后，面对反帝反封建的艰巨历史任务，史家的人生追求又融入爱国主义的时代洪流，从而形成历久弥坚的社会责任意识。时代在前进，社会在发展，今天我国已进入了全面建设小康社会的新时期，面对新的历史任务，史学工作者的社会责任不仅没有丝毫削弱，反而愈加沉重。历史学是建设中国特色社会主义伟大事业的一个有机部分，学术的使命，社会的责任，要求我们必须立足现实，服务社会，坚持马克思主义的立场、观点和方法，用马克思主义唯物史观去指导我们的学术实践，创造出无愧于时代的精神产品。①2006 年在当代史所的讲座中，陈先生指出："我们国家改革开放已经 20 多年了，取得了大踏步的前进，这在中国历史上是空前的。但是各位如果冷静地看一看，就会发现现在的问题也不少。为什么邓小平同志说要韬光养晦？为什么江泽民、胡锦涛同志说要居安思危，要有忧患意识？道理就在这里。我们要正视存在的问题。我们虽然建国已经 56 年，取得了很大的成绩，但是有很多目标还没有达到。苏联建国 70 多年，国家照样变色，这对于我们来说就是一个教训。因此，我们面临着一个如何保证社会主义制度不变、人民民主专政的体制不变、如何保持国家的长治久安的问题。这是最近若干年来党中央关注的一个大问题，也是党中央给我们哲学社会科学工作者提出的一个大课题。今天我们无论研究任何课题，脑子里绝不要忘记这个根本的题目。"②他还曾对青年学子说："事实上，许多具体研究看

---

① 陈祖武：《为人为学　浑然若一》，《中国社会科学院院报》2005 年 4 月 28 日第 2 版。
② 陈祖武：《谈谈史学工作者的责任和素养》，《当代中国史研究》2006 年第 3 期。

起来与今天的政治经济文化建设并没有多大关系，但是把这些问题搞清楚了，就能够直接或间接地为其他更有关联的问题的解决提供帮助和线索，最终能够有助于完成我们史学研究的时代任务。因此，只要我们心中有时代观、大局观，有责任感和服务意识，就一定能够做好具体的研究，并且在此基础上把自己的研究与时代发展的主题紧密结合到一起，写出大手笔的好文章，为社会贡献富于时代价值的研究成果。"[1] "先天下之忧而忧，后天下之乐而乐"，这是中国传统知识分子所追求的修身境界。中华人民共和国成立60多年来，为了中国历史学的发展，我国一代又一代的史学工作者刻苦治学、不断进取，做出了突出贡献。陈祖武先生强调，在新的历史时期，史学工作者只有秉持强烈的社会责任意识，坚持严谨笃实、一丝不苟、开拓创新的精神，才能承担起自己的时代责任，为国家和人民做出更多更大的贡献。

第三，提倡求真务实的学风。近年来，学风建设一直是我国学术界关注的重要问题。广大史学工作者不断呼吁，要加强学风建设，杜绝急功近利，坚持实事求是、一丝不苟的严谨学风。陈祖武先生认为，历史学是一门求真务实的学问，讲究字字有根据，句句有来历，言必有本，无征不信。学科的自身特点，规定了历史研究必须从史料出发，依靠坚实的学术积累，脚踏实地，锐意求新，来不得半点的虚假和浮夸。这里所说的积累，不仅是指史学工作者个人几年、几十年乃至毕生的积累，还包括史学界一代接一代的群体劳作。因此，在学术实践中，我们应当提倡进行艰苦的创造性劳动，不赞成人云亦云的低水平重复；必须尊重他人的劳动成果，尊重他人的首创精神。这种成果和精神，既包括前辈大师的业绩，也包括同时代众多史学工作者一点一滴的劳动。这就是今天学术界大声疾呼的学术规范。良好学风的建设要靠严密的学术规

---

[1] 林存阳、杨艳秋：《陈祖武：为人为学　浑然一体》，中国社会科学院青年人文社会科学研究中心编：《学问有道——学部委员访谈录》，方志出版社，2007年，第346页。

范来保证，但在建立严密、科学的学术规范的同时，史学工作者最要讲素养，因为历史学科是讲求积累的学问，如果积累不到一定的程度，是不能取得发言权的。因此，提高史学工作者自身的素养，尤其是道德素养，是一个值得高度重视的问题。

陈先生还对加强学习、加强实践、拓宽眼界、开阔胸襟、提升境界的重要性，给予了高度关注。主张应在史学工作者队伍中大兴学习之风，倡导认真读书、刻苦钻研的精神，坚持学习马克思主义基本原理和中国特色社会主义理论体系，从而焕发出理论创新的强大动力。希望史学工作者既要立足国情现实，又要具有世界眼光，善于在更广阔的时空中认识和解决史学发展中的问题，勇于在国际学术舞台上展示聪明才智，掌握学科前沿问题的发言权和主导权。同时，也要尊重不同意见，听取不同声音，摆事实、讲道理，多协商、多沟通。对于一些一时难以达成共识的学术分歧，可以搁置争议、求同存异。史学工作者应当脚踏实地，认真做好自己的事情，无论办什么事情、讲什么道理，都必须从实际出发，从国家的大局出发，以期有所作为。

九

"博学于文，行己有耻"是陈祖武先生屡次讲到的一个话题，无论是讲座、会议，还是谈学风、谈素养、谈做人时，他都会提到，这也是陈先生的一生追求。2006 年，在当代史所演讲时，他说："这 10 多年来，有感于学术界和社会的风气，我把这种追求公开讲出来。"①

"博学于文，行己有耻"最早出自《论语》。关于为学，孔子主张："君子博学于文，约之以礼。"② 其弟子子贡问应当怎么行事才能称之为

---

① 陈祖武：《谈谈史学工作者的责任和素养》，《当代中国史研究》2006 年第 3 期。
② 《论语·雍也》。

士，孔子回答道："行己有耻，使于四方，不辱君命，可谓士矣。"①至明清之际，大儒顾炎武更将之提升到"圣人之道"的高度。他说："愚所谓圣人之道者如之何？曰'博学于文'，曰'行己有耻'。自一身以至于天下国家，皆学之事也；自子臣弟友以至出入、往来、辞受、取与之间，皆有耻之事也。"并强调："士而不先言耻，则为无本之人；非好古而多闻，则为空虚之学。以无本之人，而讲空虚之学，吾见其日从事于圣人而去之弥远也。"②

陈先生指出，在孔子的仁学体系中，"博学于文，行己有耻"这八个字十分重要。"博学于文"讲的是为学，"行己有耻"讲的是为人。孔子在这里所说的文，不是文章、文字之文，而是文献，是人文，博学于文是与用礼来约束自己，行事不忘廉耻紧紧联系在一起的。也就是说，为人为学，浑然若一，不可分割。对学人而言，"文"是学术素养。在整个中国古代社会，将为人为学合为一体，是学林中人立身治学所追求的一个理想境界。

陈先生多次强调，事实上，做人与做学问，本来就是紧密地联系在一起的。他说："除了要贯彻孔子'博学于文'的教诲，还要做到'行己有耻'，就是说要知道什么是耻辱。什么事情该做，什么事情不该做，自己脑子里要十分清楚才行。现在有些人拿了洋人的钱，就公然地在国外讲坛上骂自己的老祖宗，诋毁中华民族的优良传统……这里面原因很多，但和一些学人不注意自身素养、忘记'行己有耻'的古训不无关系。在一些人眼里，似乎没有钱就不成其为人了，就办不成事了。我们过去没有课题费，不是照样可以做出学问来吗？现在有的课题，钱越多越靠不住。因此，我们不仅要'博学于文'，而且要'行己有耻'。学人要律己，应当树立一个做人的原则，就是什么事情对国家民族有利

---

① 《论语·子路》。
② 顾炎武：《亭林文集》卷三《与友人论学书》，载顾炎武撰，华忱之点校：《顾亭林诗文集》，中华书局，1983年，第41页。

就要做，对国家民族不利就不要做。"① "博学于文，行己有耻"是中国有益的古训，古往今来，这一思想早已成为历代杰出学人的共同追求，这要求我们应当树立一个做人做学问的起码原则：在求学上要勤奋刻苦、博赡通贯，在为人上要严于律己、有所为有所不为。

陈祖武先生虽已年逾七秩，但依然在学术研究的道路上孜孜以求，精进不已，践行着"博学于文，行己有耻"的追求，合为人为学于一体。而尤其值得向大家介绍的是，前些年在接受我们的访谈中，陈先生曾用三句话概括了他对如何做学问的体悟。先生说："治学术史，须从熟读文献入手，在这个问题上，一点儿不能含糊。在迈入学术史门槛的时候，先选一位大师的代表作，通读、熟读、精读，积以时日，往往可以由此及彼，举一反三，触类而旁通。这是第一句。遇到问题，要一个一个地去解决它，没有什么捷径，唯有刻苦读书，不可畏难不前，浅尝辄止，而当知难而进，矢志以往，纵然难免会碰到这样那样的困惑，但终究是会成功的。这是第二句话。我要说的第三句话，就是学术研究之能继往开来，就在于不断地解决前人留下的问题。否则，人云亦云，陈陈相因，学术事业也就失去了存在的价值了。希望以此三句话与大家共勉。"② 甘苦之谈，很值得后学体味。

原载《求真务实六十载——历史研究所同仁述往》，
中国社会科学出版社 2014 年 6 月版

---

① 陈祖武：《谈谈史学工作者的责任和素养》，《当代中国史研究》2006 年第 3 期。
② 林存阳、杨艳秋：《陈祖武：为人为学 浑然一体》，中国社会科学院青年人文社会科学研究中心编：《学问有道——学部委员访谈录》，方志出版社，2007 年，第 344—345 页。

尊重历史　实事求是
——陈祖武研究员访谈录

刘晓满[①]

一、历史所是个做学问的好地方

刘晓满：陈先生好，您祖籍湖南茶陵，出生于贵州贵阳，请首先谈谈您早年所受的家庭教育。

陈祖武：回顾我这七十五年的人生历程，最关键的就是少年时代。我成长于一个旧式大家庭，祖父和母亲对我影响很大。我祖父是贵州很有名的中医，家里有很多书，主要是《金匮要略》《伤寒论》《黄帝内经》等医书，也有一些史书，如《史记》《汉书》《后汉书》《三国志》等，还有《四书集注》《论语》单行本等经书。祖父看病时，我常帮他磨墨，看他怎么写字，怎么开处方。有时他会给我讲《论语》，教育我要好好念书，好好做人，将两者融合起来。他经常给我讲要"爱人"，也就是友爱他人。我家门口有一块很大的黑底金字匾，镌刻着"是乃仁术"四个字。我看不懂，就问祖父是什么意思，他说："像我这样为他人治病，就是'仁术'，也就是'仁爱之术'。"祖父十分体恤劳苦百姓，我亲眼见到，如果贫苦人家发生变故，死人后没钱下葬，会来找祖父，祖父开一个单子，在上面签名盖章，这家就可以到棺木店领一口棺材。我母亲知书达理，常给我讲做人要诚实，要讲廉耻。她常说："人

---

① 刘晓满，首都师范大学历史学院讲师。

不要脸,百事可为。"说人要知道廉耻,如果不讲廉耻,就什么坏事都做得出来,这是很可怕的。

刘晓满:您小学好像是在著名的正谊小学读的?

陈祖武:是的。这所学校由陈寿轩先生主办,他的女公子陈德芳先生是我的班主任,二人都是教育家,陈寿轩先生尤其有名。小学时我遇到了一位很好的老师谢志坚先生,他培养了我对历史的兴趣。记得谢老师穿长袍,戴金丝眼镜,大概五六十岁的样子。他不用什么教本,而是以故事的形式讲中国历史。我印象很深刻的一个故事叫"祖述尧舜,宪章文武",虽然当时听得不完全懂,但也感受到了中国历史的久远。还有"周幽王烽火戏诸侯""宋太祖杯酒释兵权"和"吴三桂冲冠一怒为红颜"等故事,他都讲得非常生动,几十年过去了,我还记忆犹新。从那时开始,我就对历史产生了兴趣。

整个小学时代,我都是班里的好学生,受到了很好的培养和教育。我的作文在学校被作为范文诵读。每年"六一"儿童节贵阳全市少年儿童和文艺界联欢,都让我去献花。从五年级到初中二年级,我一直担任学校少先队的大队长。

刘晓满:后来您的家庭在政治运动中受到很大冲击,不过即使在很艰难的情况下,您也没有放弃读书和学习,能否谈谈这段时期的经历?

陈祖武:1953年,祖父过世,家道中落。尤其是1959年以后,因特定时局,家父入狱,直到1975年始获特赦。虽然高中时我依然是班上的好学生,但重大政治活动都不让我参加,也不允许我加入共青团,甚至连谈话的机会都没有。从那时起,我渐渐体会到了人世的艰难。1961年考大学时,如果不是因为成绩过得去,我可能根本就没有机会。后来考上了又读不起,因为当时家里已经没有经济来源,最后是成家的姐姐每个月给我五块钱,再加上学校给的助学金才勉强支撑。大学四年,我生活很苦,当时贵州大学在贵阳郊区的花溪,进城要17公里,每个礼拜六吃完午饭我就走路回家,礼拜天又走路回学校,真是不堪回首。不过，生活上的艰难也激发了我的上进心和求知欲。我心无旁骛、分秒必争，除了上课、睡觉，其余时间几乎都在图书馆里读书。

我们毕业时由国家统一分配，当时云南接受安置的毕业生来自全国各地，包括北大、清华、复旦、武大这样的名校。我的大学在其中并不起眼儿，上百号人中留在昆明的大概只有15人，我竟是其中之一，被分在了昆明粮食学校。所以，我还是相信只要老老实实做人、踏踏实实做学问，老天爷是不会辜负你的。然而，我只教了一年书，"文革"就开始了。我被清理出教师队伍，贵阳的家也被抄了，房子被没收充公，什么东西都没有了。我被下放到昆明郊区的凉亭粮食转运站，扫仓库、扫车皮，和装卸工人一起劳动。不过，即使在下放期间，读书依然是我生活的重要组成部分。

刘晓满： 1978年，研究生招生制度恢复伊始，您就报考了中国社会科学院历史研究所的研究生，真是顺时而动，一点儿也没耽搁啊！

陈祖武： "文革"结束后，昆明市粮食局把我借调到揭批"四人帮"办公室。市委财贸政治部大概也知道我，又把我借调过去。虽说我已进入核心机关，但内心仍然向往读书。有一天，我在《光明日报》上看到郑天挺先生写的呼吁恢复研究生招生制度的文章，就给郑老写了封信。老人家很快就回信了，鼓励我说现在还在筹备，具体什么时候恢复招生还不确定，让我好好准备功课。没过多久，报纸上就登出了中国社会科学院研究生院的招生简章，导师有杨向奎先生，招的是清史。我去昆明时带了一本郭沫若的《中国史稿·近代卷》，在粮食局和市委工作期间又读了萧一山的《清代通史》，对这一段很熟，于是我就报考了杨先生的研究生。社科院的准考证收到后不久，郑老也发来电报欢迎我报考南开大学，我赶紧回复说由于没见到南开的招生简章，已经报考了社科院。郑老又回信说，你跟着向奎同志也很好，且天津、北京相隔不远，欢迎你随时来南开。总之，我报考研究生是受了郑老的鼓励。我有前些年的读书功底，再加上粉碎"四人帮"后脱离了成天当工人的环境，又读了一些书，所以考试成绩并不差。

刘晓满：您在历史所读书和工作期间，很多令人敬仰的老一辈史学家都还健在，您和他们有交往吧？

陈祖武：历史所环境极好，是一个做学问的好地方。当时顾颉刚、侯外庐、尹达、杨向奎、王毓铨、谢国桢、张政烺、孙毓棠、胡厚宣等中国史学界第一流的专家都还健在。除了侯外庐和顾颉刚两位先生年纪大、身体不好，不能讲课外，其他人都给我们上过课。各位先生根据自己的所长给我们讲专题，如胡厚宣先生讲"甲骨文和商代史"，王毓铨先生讲"汉代民数和经济"，孙毓棠先生讲"中西交通和中国古代人口大迁徙"，等等。历史所很重视马克思主义的学习，是坚持历史唯物主义的重镇，郭沫若、侯外庐、尹达、梁寒冰等先生是这方面的代表，梁寒冰先生还和其他老先生一起编了一本《马克思主义经典作家论历史科学》。唯物史观这一部分尹达先生也讲授过。另一门课是历史文献学，由谢国桢、张政烺先生讲授，张先生上课时还带着自己的助教李学勤先生。此外，我们清史专业的三个学生还有自己的专业课，张政烺先生就给我们讲过《四库全书总目》专题。

当然，对我影响最大的还是导师杨向奎先生。杨先生是个马列主义史学家，20世纪50年代中期从山东大学调过来，他和侯外庐先生都主张用马克思主义唯物史观研究中国思想史。杨先生给我讲课时多次提到林甘泉同志，说在将马列主义唯物史观应用于史学研究方面，要好好向甘泉同志学习。在历史所学习工作40年，甘泉同志一直是我的榜样，虽然我不是他的学生，早些年也没有机会单独见他，但他对我影响非常大。甘泉同志做人、做学问都是楷模，他不仅坚定地坚持马克思主义唯物史观，而且从不伸手问国家要任何利益。在我当所长的十年间，甘泉同志从来没有开过一次口要我照顾什么。他晚年身体不好，每次从皂君庙去协和医院看病，都是悄然而来，悄然而去。

刘晓满：除了所里的先生，您还接触过哪些史学名家？

陈祖武： 一些所外的老先生如何兹全、白寿彝、唐长孺、傅衣凌、陈乐素、翁独健等先生的课，我也听过。他们有时来历史所做讲座，有时我也去他们学校听。我到北大听过商鸿逵先生的课。商先生过世后，北大历史系开追思会，邓广铭、周一良等很多老先生都讲话了，周先生讲得最感人。他回忆起当年为赛金花的问题批判商先生，自己说了很多对不住商先生的话，做了很多对不起商先生的事。这些如果周先生不讲，没有人知道，由此可见周先生人格之高尚，所以我很佩服周先生的为人。

郑天挺先生对我也一直很关心。1981年初，他来北京开人大会，专门把我叫到他的住处，给我讲了很多治史心得。他说历史学是一门讲究积累的学问，研究中要做到字字有根据、句句有来历，还叮嘱我好好学历史辩证法，不要把历史问题简单化，要从广泛联系的角度去认识。听说我在做《顾炎武评传》的毕业论文，郑老给我提了一个问题：康熙七年顾亭林因受莱州黄培诗案牵连，从北京南下济南府投案，他投上去的状纸会署什么年？是署"康熙七年"，还是别的什么呢？我说我没思考过。回天津不久，郑老就去世了。这个问题一直遗留到90年代末。我担任历史所副所长后进入国家图书奖评委会，一次评奖过程中，我见到一套《颜氏家藏尺牍》，其中有一封顾亭林写给颜修来的信，信后就附着当时投到济南府的状纸，署的是"康熙七年"。我这才恍然大悟，郑老是在提醒我，在分析历史问题时，一定要从具体的历史环境出发，不要片面拔高历史人物。虽然顾亭林是明遗民，不承认清朝正朔，但如果投到官府的状纸还用干支纪年，就要被杀头，他自然不会这么做。郑老是为我引路的大恩人，我在与郑老他们老一辈的接触中，学到了很多做人、做学问的宝贵道理。

刘晓满： 您留所工作时，学术界正处于"拨乱反正"阶段，当时历史所的氛围是怎样的？

陈祖武： 我留所时，所里学术氛围很好，刚刚改革开放，大家的精力都迸发出来了。当时所里有很多大的集体项目，入所之初，我先是参加杨向奎先生主持的"清儒学案新编"课题组，协助他处理学术事务，并承担其中"亭林学案"的撰写。随后，又奉调到王戎笙、何龄修、郭松义、张捷夫诸位先生主持的"清代全史"和"清代人物传稿"课题组，董理清代前期学术，撰写相关学者传记，前后干了十余年。其间，还一度临时承担《中国大百科全书·历史卷》《中国历史大辞典》和《中国史稿》的撰稿任务。《中国大百科全书·历史卷》的参与者都是老一辈学术名家，按我的辈分根本轮不上，但杨向奎先生把分给他的近30条辞目交给我，让我先写个样子给他看，结果我写的与清代学术有关的20多条都被采用了。直到杨先生去世，他从未告诉过我他并没有署名的事。众多老一辈专家甘贫甘淡，就是这样提携晚辈的。在不同学术团队中的锤炼，使我不但丰富了学养、提高了识见，而且受到老一辈讲责任、重担当的精神熏陶。参与集体项目是老一辈带年轻人的好方式，也是历史所的一个优良传统。

二、走内因与外因相结合的第三条道路

刘晓满：您的清代学术史研究始于对清初学术的探索。清初学术承袭宋明，又对清代学术的整体走向产生了重要影响，您是怎么进入这一研究领域的？

陈祖武：当时是因为做毕业论文，我才进入这个领域的。我的导师杨向奎先生擅长思想史，几次授课之后，他给我定的论文题目是写《顾炎武评传》，他说做清代学术史要从顾炎武做起。在准备毕业论文的过程中，我充分掌握了老一辈研究顾亭林的成果，也发现了其中的不足，再加上我已经是中年人了，认识相对深一些，知道从哪些方面去寻求突破。我当时还读了和顾炎武同时代的那些大家的书，如孙奇逢、黄宗羲、王夫之，等等，还有后来的颜李学派，不仅知道了顾亭林在清代

260多年间的影响，对整个清代学术史也大体摸了一遍。我留所后好几年都在继续研究顾亭林，逐渐发现清初学术很关键，直接关系到对从宋明理学到清代学术整个演进过程的认识。

刘晓满：在这个问题上，好像学术界争议很大，章太炎、梁启超、胡适、钱穆、侯外庐、杨向奎、任继愈等学术大家都有过论述，您认为他们对清初乃至整个清代学术认识差异的原因何在呢？

陈祖武：章太炎先生认为清代学术的标志是经学、小学，其产生的历史文化背景是"理学之言竭而无余华"；梁任公先生认为从明末到清季，学术思想以经学考证为特征，"反理学"是其兴起的直接动因。而钱穆先生则主张从宋明到近代都是"理学时代"，认为"不识宋学即无以识近代"，他不认为清初有"反理学"思潮的存在。他的弟子余英时先生很大程度上继承了这一观点，并进一步提出了学术发展的"内在理路"说，主张从学术发展的自身逻辑去研究学术思想的变迁。侯外庐、杨向奎、任继愈等先生则试图把唯物史观引进学术史、思想史的研究，从经济基础决定上层建筑的角度着眼，将学术思想的演变和社会经济基础的变迁结合在一起考虑。

章太炎、梁任公他们的讲法，和我们中华人民共和国成立初解释历史问题时一度走过的弯路一样，单纯注意社会环境等外因，忽视了内因才是决定事物变化的根本因素。余英时先生提出学术发展的"内在理路"说可以纠正这种偏颇，是一个非常重要的贡献，在一定程度上推动了20世纪七八十年代以来内地学术史的研究。但余先生仅从"尊德性"向"道问学"转化的内在理路来阐释清代学术，离开了历史和社会环境单纯讲学问，而且他把"尊德性"和"道问学"截然划开也不合适。在古代，这二者始终连为一体，这就是《中庸》讲的"尊德性而道问学"。研究古代学术，不能偏离二者的结合而单独朝一个方向走，也不能仅仅关注内在理路。中国学术有"经世致用"的优良传统，我们不能脱离具体环境去讲历史问题。学术发展既受到特定历史环境的影响，又有自身的演进逻辑，而外在环境的影响往往通过其内在演进逻辑而发生作用，学术的最终走向通常是二者共同作用的结果。钱穆先生也讲过"学术流变与时消息"，这和唯物史观是相通的。也就是说，不同时代的学术变迁和当时具体的历史环境密不可分。

刘晓满： 那么，您是如何设定自己的研究思路的？

陈祖武： 学术创新首先要继承前辈成果，只有知道老一辈的得失在哪里才能将研究有所推进。我认为，要认识清代学术尤其是清初学术，关键问题是，在研究思路上，是走把历史问题简单化地强调外因的路，还是走"内在理路"的路，抑或是把两者结合起来走马克思主义唯物史观的路。我选择了第三条道路，既坚持经济基础决定上层建筑，同时又重视学术自身发展的逻辑，把两者结合起来去寻找宋明理学到底是怎样向清代学术转化的。我在这个关键环节用了很大功夫，很多认识是慢慢积累的，积累的过程中又会不断深化。我1978年由做顾亭林研究进入清初学术，但认识到马克思主义的历史学家和信奉其他知识体系的历史学家对清初学术认识的差异及其原因，是后来在研究实践中慢慢摸索出来的。一直到1995年，香港中文大学举办纪念钱穆先生一百周年冥诞学术会议，何兹全、刘家和、余英时、许倬云等先生都在场，我发表的论文是《钱宾四先生对清代学术史研究的贡献》，这可以说是我研究清初学术的一个具有个性的成果，经历了快20年的积累、深化过程。

刘晓满： 您认为清初存在理学批判思潮吗？

陈祖武： 存在。理学发展过程中第一个集大成的高峰是朱子学。朱熹虽然在阐明自己的理论，但他依托的仍然是六经。到明代中叶以后，与朱子学足以后先辉映的阳明学继起。王阳明推进朱子学的一个最大特点，是他摆脱了六经和孔孟的束缚，提出不能以孔子的是非为是非，而把是非标准定到了"吾心之良知"，主张"致吾心之良知于事事物物"。这无疑带有思想解放意味，对几千年来特别是朱子学确立统治地位以来，六经和孔孟至高无上的地位提出了质疑。宋明理学之所以产生，最初是为了解决"一道德，同风俗"的问题，就是顺应国家需要去寻找一个最高意识形态来凝聚全社会的力量。朱熹找到的仍是讲"性与天道"的六经，只是他不像汉唐时代那样做章句训诂，而是按照自己的理解进行发挥。到了王阳明，把根本立足点放在"致吾心之良知"，但什么是"良知"又很难说。没有一个公认的标准去把握，就导致阳明后学越走越远，到泰州学派和李贽，甚至出现人人都可以成为圣人的状况。因此，王阳明及其后学发展到了一个极端，走向宋明理学的对立面去了。晚明江南的奢靡之风以及《金瓶梅》中反映的一些社会现实，某种程度上正是试图挣脱儒家礼教束缚的表现。当时的社会越来越没有规范，但是中国社会经济基础本身又很落后，不可能允许一个社会没有主导的意识形态，即国家不能失去共同的价值标准和目标，也就不可能离开六经和孔孟。这就是17世纪中国的国情。阳明学在明末尤其是清初遭到很多人攻击乃至最终为清廷否定，根本原因就在这里。

刘晓满：入清以后，中国学术为什么没有沿着宋明理学的路子再往前推进，而是走上了经学复兴的道路？

陈祖武：这是我研究清初学术想要回答的一个重大问题。中国古代学术发展到宋明理学，从哲学思辨、理论思维角度讲，达到了高峰，某种意义上可以媲美先秦诸子百家，是中国11—16世纪客观历史环境所能出现的最高形态。中国从明朝灭亡到清代结束，一直是自给自足的小农经济，在生产方式上没有出现革命性的变革，没有出现西方那样的工业革命和资产阶级革命，而是依然在改朝换代、周而复始的演进当中慢慢地往前走。在这种环境下，如果学术还要往前走，势必难以超越理学的思辨形态。但是到了清初，理学作为一种理论思维、学术形态，它的路已经走到尽头了。

虽然清朝270多年间，理学从来没有中断过，直到晚清，依然有曾国藩等理学名臣，但其成就丝毫不能和宋明时代相比。他们试图解决的学术问题，宋明时代早已解决了。清代理学家无非是在重述宋明理学家提出的封建伦理、道德教条，而这种伦理、道德学说恰好是中国社会进入清代以后客观社会环境所需要的。所以清代 200 多年间，最高意识形态虽然还是理学，但实际上是已经失去发展生命力的理学。在这种局面下，学者期望摆脱宋明理学家随意解释经典的弊端，主张恢复儒家经典的本来面貌，力图去准确地解释经典的原意，因此才会有文字学、音韵学的出现。顾炎武有一个很有名的主张"读九经自考文始，考文自知音始"，影响非常深远。能提出这种主张不是因为顾炎武是天才，而是他顺应了明末以来学术和历史发展的客观需要。清初学者不可能具备比宋明理学更高的理论思维，只能在纠正宋明理学偏颇的基础上向经学回归，这就是"以经学济理学之穷"。沿着这条路走，后来就变成了经学的复兴，而这又和国家要维护长治久安的统治意志相吻合，所以最终形成了清代朴学的发展这样一个局面。

刘晓满： 您的《清初学术思辨录》出版后，受到学界的很大关注。该书考察清初学术思想，采用了社会史和思想史相结合的研究方法，请就此谈一谈。

陈祖武： 马克思主义唯物史观的一个基本原理是社会存在决定社会意识，上层建筑又反作用于经济基础。但是前些年，我们只片面地强调经济基础决定上层建筑，而忽略了意识形态有其自身发生、发展的规律。就中国古代学术的演变来讲，一方面受到客观环境的制约；另一方面又有它自身的发展规律和理路，所以我们的研究要把社会史和思想史结合起来。要做到这一点，首先要坚持唯物史观。没有马克思主义的理论修养，往往只能把历史事实讲清楚，而无法提升到理论高度。这就要系统学习马克思主义的经典著作，如《资本论》《反杜林论》《家庭、私有制和国家的起源》《国家与革命》《矛盾论》《实践论》《中国革命和中国共产党》，等等。其次，还要打好中国传统史学的基础，要好好读"前四史"，好好读《史通》《四库全书总目》《书目答问》等著作。所谓"文化自信"，首先是要懂自己的东西，相信自己的东西。这个"自己"不是"小我",而是中华文化的"大我"。不懂会让人牵着鼻子走,到头来连自己的老祖宗都否定了。我最信奉八个字:"尊重历史,实事求是。"

三、在"过程"二字上认真下功夫

刘晓满:您是何时进行乾嘉学派研究的?

陈祖武:在研究清初学术的同时,我承担了所里的很多集体项目,例如"清代全史""清代人物传稿",等等,这样,研究领域势必往后推。而且,以前我就读过《清史稿·儒林传》《明儒学案》《訄书》,梁任公和钱穆先生的《中国近三百年学术史》等,对清代学术有了通盘了解,这样,才能做《顾炎武评传》之类的专题研究。在清初80年学术史的研究告一段落后,我就关注清中叶学术了,之所以做乾嘉学派和乾嘉学术,是因为承担了"清代全史"的研究任务,其中清代前期的学术史几乎都是由我撰写的。

刘晓满:您很早就注意到并提出"从惠学到戴学是一个历史过程",并以此为契机,格外强调地域学术和学术世家间的彼此渗透和交互影响,力图从整体上把握乾嘉学派发展的历史过程。请介绍一下您的创获。

陈祖武:我读书时发现,在如何看待乾嘉学派和乾嘉学术上,章太炎、梁任公先生持吴、皖分派说,而侯外庐、杨向奎先生则主张将其看作一个历史过程来认识。20世纪50年代中期,侯外庐先生在《中国思想通史》中提出两个非常重要的见解:第一,"汉学是始于惠栋,而发展于戴震的","戴学在思想史的继承上为惠学的发展";第二,"阮元是扮演了总结18世纪汉学思潮的角色的。如果说焦循是在学说体系上清算乾嘉汉学的思想,则阮元是在汇刻编纂上结束乾嘉汉学的成绩。他是一个戴学的继承者,并且是一个在最后倡导汉学学风的人"。也就是说，乾嘉汉学肇始于惠栋，经戴震加以发展，至焦循、阮元而进行总结，方才走完其历史道路。应该说，侯外庐先生在以历史过程看待乾嘉学派方面开了先河。此后，杨向奎先生在《新建设》杂志1962年7月号发表《谈乾嘉学派》，文中写道："历来谈乾嘉学派的，总是说这一个学派有所谓吴派、皖派之分。其实，与其这样按地域来划分，还不如从发展上来看它前后的不同，倒可以看出它的实质。"但杨先生没有展开去说。关注清中叶学术后，我有意识地沿着杨先生的思路往前走，遂发现吴派和皖派并不像宋明理学史上的程朱、陆王那样水火不容。吴派和皖派无非是治学风格、领域各有侧重，彼此间不存在交锋、贬低或攻击，反而是相互交流、互为补充的。我把这个想法写入"清代全史"，而且写成《乾嘉学派吴皖分野说商榷》一文，在1992年台湾地区"中央研究院"文哲所召开的第一届清代经学研讨会发表。我呼吁："从历史实际出发，对各家学术进行实事求是的具体研究。其中既包括对众多学者深入的个案探讨，也包括对学术世家和地域学术的群体分析，从而把握近百年间学术演进的源流，抑或能够找到将乾嘉学派研究引向深入的途径。"我的发言产生了比较好的影响，不久台湾地区"中央研究院"就设立了一个由林庆彰教授主持的"乾嘉经学"项目，从乾嘉做到整个清代，然后又扩大到整个中国古代。

刘晓满：您为什么十分强调乾嘉学术文献的整理？

陈祖武：自1992年参会之后，接下来十年间，我几乎每年都受邀去台湾。在访问过程中，我发现两岸在乾嘉学派研究中有一个共同的问题，那就是文献准备不足。前人怎么讲，大家就匆匆忙忙地跟着讲，而不是从文献入手，经过艰苦地爬梳，去发现问题和解决问题。这与我们对乾嘉时期学术文献的整理滞后有很大关系。有清一代学术，乾隆、嘉庆迄于道光初叶的近百年，是一个发皇时期，其间杰出学者最多，学术成就最大，传世的学术文献亦最为丰富，但是我们对乾嘉学术文献的整理远远跟不上研究的推进。所以，大概1995年前后我再访台湾回来，就提出要重视清代学术文献的整理，呼吁将乾嘉时期的重要学术文献精心校勘，施以新式标点出版。

此外，我还领着所里的年轻同志，一起写了《乾嘉学术编年》和《乾嘉学派研究》。这两部书以坚实的学术文献梳理为基础，系统阐述了乾嘉学派以朴实考经证史为基本特征的主流学术特色和其得以形成的社会和学术背景。在注重揭示乾嘉时期地域学术与学术世家彼此渗透、相互影响状况的同时，我们在"过程"二字上下功夫，力求突破按地域区分学派的局限，从而落实并深化乾嘉学派是一个历史过程的新认识。

刘晓满： 历来谈乾嘉学派成因者，多归之于两个方面：一是清廷统治的趋于稳定；二是冤滥酷烈的文字狱，但这不过是外在原因罢了。如果从中国古代学术自身发展的内在逻辑考虑，您认为乾嘉学派出现的原因何在呢？

陈祖武： 乾嘉学派主盟学坛百年之久，实非一个偶然的历史现象。它是彼时特定的社会、经济条件之下，为宋明以降学术演进的内在逻辑所制约，众多历史因素交互作用的结果。顺、康之际，伴随着理学的衰微，理论思维领域逐渐酝酿起同传统的理学无论在内容上还是在方法上都不尽一致的新思潮。这一思潮发端自明末，一时学者以朴实考经证史为方法，以"经世致用"为宗旨，试图据此达到挽救社会危机的目的。从学术发展的源流着眼，因为明、清之际的这一思潮正是理学没落的产物，具有愈益鲜明的批判理学色彩，并最终成为乾嘉汉学的先导，所以我们把它称为"批判理学思潮"。

批判理学思潮是一个具有两重性的思潮。一方面，它以"经世致用"为宗旨，对理学进行批判和总结，这对于打破几个世纪以来理学对思想界的束缚，无疑具有积极意义和进步性；另一方面，清初思想家对理学的批判又具有浓厚的法古倾向，他们用以批判理学的武器，并不是也不可能是建立在新的经济因素之上的理论形态，而是较之理学更为古老的汉代经学。这种法古倾向，导致清初知识界在方法论上逐渐抛弃宋明理学的哲学思辨，走向了朴实考经证史的途径，从而为乾嘉学派的形成在理论思维上提供了内在的逻辑依据。随着历史的发展，尤其是清廷文化专制的加剧，批判理学思潮中的朴实考经证史最终成为主导，而经邦济世的宗旨则无人响应。迄于乾隆中叶，伴随着经济的发展、社会的相对稳定，向经学回归的历史潮流和官方要维系国家长治久安的需求，把学术界引到对中国传统学术文化进行整理和总结的路上去，考据学终于风靡朝野，形成了自成体系的清代汉学，亦即乾嘉学派。

刘晓满： 为何到了道光中叶，以汉学考据为主要内容的乾嘉学术会逐渐走向衰落？它存在不久的状况与其自身的一些负面性质或特征有没有关系？

陈祖武： 乾嘉学派走向衰落有学术自身的原因，也与客观环境的变迁有很大关系。从客观环境来看，嘉庆中叶以后，农民起义越来越多，嘉庆十八年（1813）的天理教起义居然"直犯禁阙"，嘉庆、道光之间又有白莲教起义，还有湖南、贵州一带的苗民起义，国家政治、经济领域也是危机迭起。客观环境的恶化迫使学术界不得不去面对和思考这些现实问题，而不能一味再做那些考证文字、音韵的学问。从学术自身的发展来看，乾嘉学派的学术主流是朴实考经证史，不是具有很高的理论思维和能够解决国家道德、信仰等实际问题的学问，而这些正是理学所擅长的。由于当时依然是小农经济，同样无法产生比宋明理学更高的思维形态，当时学术界又只能回归到朱子学中去，所以从嘉庆中叶以后，就有重新审视宋明理学尤其是朱子学的诉求了。至道光初年，出现了方东树的《汉学商兑》，对考据学风提出尖锐批评，推尊程朱，表彰宋学，主张以宋学取代汉学，汉学内部如凌廷堪、焦循、王引之等对自家学派的积弊也提出很多质疑和反省。可见，当时既有客观社会问题迫切需要学术界来回答，乾嘉学术自身发展也遇到很大困境，这都说明一个学术转变的新时期已经来临。到太平天国被镇压下去以后，曾国藩等人开始倡导朱子学复兴、理学中兴，但实际上是中兴不了的。当时的中国学术只能沿着汉、宋会通的方向，同时把西方传进来的先进学术化为我有，走汉学、宋学和西学相结合的道路。

四、系统梳理中国学案史

刘晓满：学案体是我国古代记载学术发展历史的一种特殊的编纂形式。您的《中国学案史》首次对中国学术史中与学案相关的问题作了系统梳理和总结。您为什么会关注这一论题呢？

陈祖武：我进入中国学术史这一领域，是从读明、清之际的历史文献起步的。最先读的一部书，是顾炎武的《日知录》。为了读这部书，我用了整整两年时间。我下功夫读的第二部大书，是黄宗羲的《明儒学案》。正是在读《明儒学案》的过程中，我才下定决心去做学案史研究。《明儒学案》共62卷，上起明初方孝孺、曹端，下迄明末刘宗周、孙奇逢，有明一代理学中人大体网罗其中。除个别学案外，各案皆是一个三段式的结构，即卷首冠以总论，继之则是案主传略，随后再接以案主学术资料选编。黄宗羲为什么要写《明儒学案》？这部史书何以不叫其他名字，而要以"学案"命名？它同康熙初问世的《理学宗传》、明朝万历间刊行的《圣学宗传》是什么关系？梁启超先生为什么要把它同朱熹的《伊洛渊源录》联系起来？陈垣先生又为什么把学案体史籍同禅宗灯录并称？所有这样一些问题，随着读书的深入，就如同泉水由地底涌出一般，不期而然，越积越多。治学术史必须从熟读文献入手，不从文献上下苦功夫，要想做出成绩来是不可能的。所以在迈入学术史门槛的时候，先选一位大师的代表作，通读、熟读、精读，往往可以由此及彼、举一反三、触类旁通。

刘晓满：那您是如何试着去解决这些疑问的呢？

陈祖武：既然发现了这么多问题，就要一个个地去解决它们，没有什么捷径，唯有刻苦读书。我通过读周汝登的《圣学宗传》、孙奇逢的

《理学宗传》和《夏峰先生集》，将黄宗羲的《明儒学案》和《南雷文定》《南雷文约》《南雷诗历》并观，逐渐梳理出一条明清学术演进的线索，若隐若现，似断似续。学问做到这样一个程度，既是最艰苦，也是最能锻炼人的时候。倘若畏葸不前，浅尝辄止，极有可能功亏一篑。反之，知难而进，矢志以往，纵然难免碰到这样那样的困惑，但终究会成功。

刘晓满：您指出，《明儒学案》标志着学案体的最终确立，那在此之前学案体的发展历程是怎样的呢？

陈祖武：由《明儒学案》上溯，探寻产生这样一部史书的学术因缘，是我对学案史认识得以深化的关键一步。如何从历史编纂学的角度去说明清初产生《明儒学案》的学术依据，是以往研究者很少涉足的一个重要课题，同时又是一个难题。我意识到这个课题的学术价值，于是决意一步一个脚印地往前摸索。

先前的学术积累指引我从《四库全书总目》和朱彝尊的《经义考》中去寻求解决问题的路径。经过文献爬梳，我发现刘汋辑、董玚订正的《刘蕺山先生年谱》记载，刘宗周生前曾将明代理学中人论学语录汇为一编，题作《皇明道统录》。此书编纂体例仿朱熹《名臣言行录》，作三段式，即第一段生平行履，第二段论学语录，第三段著者评论。录中所载诸儒，凡大儒皆各自成编，其余则以类相从。这些编纂体例都被《明儒学案》所继承。刘宗周又是黄宗羲的老师，可以说《明儒学案》直接脱胎于《皇明道统录》。

《诸儒学案》是《明儒学案》的又一个重要来源。著者刘元卿，籍贯江西安福，是明代隆庆、万历间活跃在学术舞台上的阳明学传人。《诸儒学案》各卷以小传、轶事、语录为序，依次辑录周敦颐以下宋、明理学大师26家的论学资料，卷末附以著者老师耿定向之说。刘元卿汇辑诸家语录为一编，特别是以"学案"作为书名，对黄宗羲影响亦非寻常。黄氏编过《明文案》《明文海》，谙熟一代文献，刘元卿的《诸儒学案》他应有所寓目。所以，《明儒学案》中才会著录刘元卿及其论学之语。明中叶以后，以"学案"为名著述，乃一时风气，但在编撰体例上与黄宗羲《明儒学案》关联最大的还是刘元卿的《诸儒学案》。

刘晓满：学案体史籍虽定型于明、清之际，但若放眼中国学术史的长河，其滥觞是否还可以追溯得更早？

陈祖武：在中国古代，董理学术史的风气形成得很早，先秦诸子述学已开其端倪，后来《儒林传》（或《儒学志》）与《艺文志》（或《经籍志》）相辅相成，成为历代官修史书记述各时代学术源流的编纂形式。说到结撰专门的学术史，应自朱熹《伊洛渊源录》始。朱子以人物传记汇编的形式叙述学派源流，显然源于《史记》《汉书》以《儒林传》述学的传统，但同时又博采佛家诸僧传之所长，尤其是禅宗灯录体史籍假记禅师言论以明禅法师承的编纂形式，从而使记行与记言相辅相成、浑然一体，开启了史籍编纂的新路径。南宋理宗朝以后，在统治者的推尊下，朱子学高踞庙堂成为官方哲学，于是《伊洛渊源录》大行于世，迄于明清，影响历久不衰。元明以后，在传统的史籍编纂形式中，学案体史书之所以能别张一军，《伊洛渊源录》确有首倡之功。

刘晓满：您认为，学案体的学术史书写方式，在中国传统学术史编纂中处于一个怎样的地位？近代以来，我们从西方引进了章节体的论说方式。在章节体"一统天下"的今天，传统的学案体还有没有存在的必要或价值？

陈祖武：在中国学术史上，学案体史籍的兴起，是宋元以后的事情。南宋朱子著《伊洛渊源录》开其端，明清间刘元卿、周汝登、孙其逢先后而起，分别以《诸儒学案》《圣学宗传》《理学宗传》畅其流，至黄宗羲《明儒学案》正式确立，学案体遂成为清代学术史书写的主流。乾隆初，全祖望承黄宗羲父子未竟之志，撰成《宋元学案》100卷。清朝灭亡以后，徐世昌网罗旧日词臣，辑成《清儒学案》208卷。钱宾四先生也写过《清儒学案》，这部书稿在抗战胜利后落入长江，没有保存下来，但钱先生有一篇很有名的文章叫《清儒学案序录》，写于20世纪40年代，我认真读过，还全文抄录过，得益最深。梁启超做过墨子学案、黄宗羲学案、戴东原学案和一些西方社会学家的学案。民国政府下令编过四朝学案。这都是在沿着《明儒学案》的体裁走。

我之前认为，学案体作为一种中国传统史书体裁，到梁启超融会中西，以《中国近三百年学术史》而别开新境，学术史编纂就最终翻过了学案体这一页。因为学案体史书只有一个一个孤立的学案，无法反映不同学者和不同学术流派之间是什么关系，有不少局限性，所以我们接受西方影响，走章节体的路子，这是历史趋势。但现在我认为，如果能把章节体和学案体的优长结合起来，岂不更好？比如，把章节体中涉及学者的生平和主张尽可能写得充实些，避免过去蜻蜓点水、轻描淡写的写法；而章节体便于反映不同学者、不同时代学术传承、影响关系和学术发展规律的优长，也能为学案体所吸纳。现在有些同志想做学案体，也未尝不可。

五、用"朴学"冠名更能反映清代学术的本质

刘晓满：您的清代学术史研究除着力于清初、乾嘉学派之外，还兼及晚清。您认为晚清学术的主要特征是什么？

陈祖武：晚清上起道光二十年（1840），下迄宣统三年（1911），当时中国面临着几千年历史上从没有发生过的重大变故，国门被西方强行打开，社会受到前所未有的巨大冲击。国家该如何往前走，中国学术文化又该如何发展，就成了摆在中国政治家、思想家、学问家面前的一个非常严峻的问题。在这种情况下，晚清学术呈现出了崭新的面貌。民国初年，王国维先生写了一篇很有名的文章《沈乙庵先生七十寿序》，将清代三百年的学术概括为："国初之学大，乾嘉之学精，而道、咸以来之学新。"研究晚清学术，我主张在"新"上做文章。这个"新"，

不仅有经世思潮复兴带来的新鲜气息，也有汉、宋会通所求之新，就是说两家不是水火不容，而是互相补充，由此去寻求学术发展的新路。另外，晚清《春秋》公羊学以经议政，将学术与时代要求结合起来，以谋求国家的富强。还有如何把西方传入的先进文化化为我有，变成中华民族自身的东西去创造。后来民国学术的走向，也与这些"新"的出现和发展有很大关系。

刘晓满： 为何明末清初和清朝末年都出现了经世致用思潮？

陈祖武： 古往今来，每当国家面临内忧外患之时，都会激起有识之士拯救危机的奋争与呐喊。明末清初和清朝末年都是如此，知识界起而抨击脱离实际的空疏学风，力主讲求实务的经世实学。例如，乾嘉时代因为文字、训诂和考证成为学术主流，抹杀了顾炎武经世致用的学术思想。直到道光初年，国家发生变故，西方列强的压力越来越大，学术界如果还按只讲文字、训诂而不管民生疾苦、国家安危的路走下去就很危险。于是有识之士开始发掘顾炎武学问中经世致用的思想，所以才出现了《日知录集释》，才有北京大批官员在寺庙祭拜顾炎武的活动，因为时代又需要经世济民之学了。清末维新派视王夫之、黄宗羲、顾炎武为精神领袖，把这三人看作清代学术"三大家"是晚清以后的讲法，清中叶以前，清人讲的学术"三大家"是孙奇逢、黄宗羲、李颙。在中国学术史上，各种学术形态的盛衰和更迭，无不以儒学经世精神的显晦升沉为转移。一种学术形态，如果能够立足现实、贴近现实，有效地解答现实提出来的问题，那么它就能够获得发展；反之，则会失去生机。

刘晓满： 清初顾炎武首倡"经学即理学"，晚清曾国藩、陈澧和黄式三、黄以周父子会通汉宋、复兴理学，也提出"礼学即理学"。每当社会出现危机时，为何学者们总是倾向于从更古老的学术文化（如经学或礼学）中寻找出路呢？

陈祖武： 在中国古代后期，学术精英受自身认识尤其是客观历史发展条件的限制，只能提出"以经学济理学之穷"或以礼学代替理学，而不可能像我们今天这样提出科学、民主、自由、平等等先进观念，所以他们通常只能回到中国传统学术中去。但我们要重视这些学术精英的判断和经验，充分认识中华优秀传统文化的强大生命力和凝聚力。

刘晓满：在研究清代学术史的同时，您也做了很多清代学术文献的整理工作，请简要介绍一下这方面的成果？

陈祖武：我这几十年主要做了两件事：第一件是梳理清代学术源流。我陆续写了《清初学术思辨录》《清儒学术拾零》《乾嘉学派研究》《中国学案史》《清代学术源流》等几本书，大致实现了原先的设想。第二件是整理清代学者生平资料。我最早从事文献整理，是应中华书局约稿整理《颜元年谱》和《李塨年谱》，然后又给他们整理了《榕村语录》《续语录》和《杨园先生全集》。我还花了十几年时间把208卷的《清儒学案》点校出版，后来又整理了李光地的《榕村全书》。此外，按照我的选目，国家图书馆出版社出了两套书：一套是《清代名儒年谱》，包括《清初名儒年谱》《乾嘉名儒年谱》和《晚清名儒年谱》；另一套是《国家图书馆藏钞稿本乾嘉名人别集丛刊》。晚近成书的《清代学林举隅》，汇录了我近几十年写的清代学者传记，可以视为《清代学术源流》的姊妹篇。这本书刚由贵州人民出版社出版，还要请大家多多批评、指教。

刘晓满：您近几年好像主要在整理《清代学者象传校补》和《清史稿儒林传校读记》？

陈祖武：是的。《清代学者象传校补》第一集为叶衍兰先生所著，主要收录的是清代前期学人，每人各画像一帧、撰小传一篇，像传辉映，相得益彰，1928年由其孙叶恭绰先生交商务印书馆影印出版。第二集所录学人补第一集之缺，但1953年叶恭绰先生自费出版的200部中，有像无传，仅有江西画师杨鹏秋摹绘的各家画像。我所做的工作，主要是将第二集中所缺的各家传文补齐。我最赞成司马迁"寓论断于叙事"的笔法，在我所补传记的字里行间不仅能看出我的褒贬，还可以感受到我们新一代史学工作者和清代学人的不同。比如，我补的第一篇传文是钱谦益，陈寅恪先生专门研究过钱谦益和柳如是在入清以后的复明运动，但旧史书没有讲，我就把陈先生的成果吸收进去了。《清史稿·儒林传》前三卷具有极高的学术价值，从我跟随杨向奎先生学习清代学术开始，就将其恭置于案头，作为入门史籍而随时检读，每有疑问，就记录于专用卡片之上。《清史稿儒林传校读记》是把我这一辈子积累的读书札记整理成书了，有千余条，已经交稿，待付梓后再请广大读者指教。

刘晓满：您在清代学术史领域耕耘一生，可否对清代学术文化在中国古代整个学术文化中的地位做一简单评说？

陈祖武：这是我现在正在思考的一个非常重要的问题。2014年9月24日，国家主席习近平出席纪念孔子诞辰2565周年国际学术研讨会暨国际儒学联合会第五届会员大会开幕式并发表重要讲话。他回顾中国传统文化，尤其是作为核心的思想文化的形成和发展，指出"大体经历了中国先秦诸子百家争鸣、两汉经学兴盛、魏晋南北朝玄学流行、隋唐儒释道并立、宋明理学发展等几个历史时期"，往下就没有讲。为什么不讲清代呢？我想根源在于学术界自身没有解决清代学术文化的定义问题，不像之前那些时期的学术文化那样，早已有公论。

刘晓满：您觉得要解决这个定义问题，应从哪些方面进行努力呢？

陈祖武：首先学术界要对清代学术的基本特征达成共识。目前对此争议较大，我讲最典型的两个观点：梁启超先生认为清代学术是考证学，而钱穆先生则将其看作宋明理学的一部分。我认为，考证只是清代学术方法论的局部，清代学术的内涵比考证学要大得多、深得多。同时，也不能把清代学术看作宋明理学的延续，因为它和宋明理学走的是不同的路子。虽然理学在清代一直是国家提倡的意识形态，有着至高无上的地位，但是作为一种学术形态，它已失去进一步发展的生命力。

刘晓满：那您认为清代学术的基本特征是什么呢？

陈祖武：我认为，清代学术的基本特征是对整个中国古代传统学术的总结、整理，只是不同时期总结、整理的特色不一样。我赞成王国维先生的说法：清初之学"大"，博大当中蕴含着经世致用的特质；中间一段是"精"，即朴实考经证史，从经、史又扩大到子、集，把四部都涉及了；到了晚清，是"新"，就是在总结、整理的路上去求新。清代学者对传统学术的总结、整理不是空话。他们从经学典籍的整理入手，对史部、子部甚至集部的重要典籍也作了系统整理，并且提出自己的看法。中国古籍该如何读的问题，基本上是清代学者解决的。比如高邮王氏父子把读古书的心得记录下来，从中提炼出读古书的方法，讲明了很多基本的文法问题，在很大程度上扫除了我们读古书的障碍。后来俞樾先生的《古书疑义举例》就是沿着王氏父子的路子走。如果没有清代学者的总结、整理，我们读古书真不知要遇到多少困难啊！所以，我们只能站在清人肩膀上继续往前走，而不是脱离他们。

刘晓满：如果学术界能就整个清代学术的基本特征达成共识，是不是接下来我们就能像定义先秦子学、两汉经学那样，给清代学术下一个学术定义或名称了？

陈祖武：是的。关于这个问题，清代学者已作了不少探索。比如，从清初迄于嘉庆、道光这一段的学问，清代学人称为"汉学"，也有人叫"经学"。江藩的《国朝汉学师承记》完成后送给龚自珍看，龚自珍建议他不要叫"汉学"，不如叫"国朝经学师承记"。可见，龚自珍主张用"经学"来总结清朝前期的学问，应该是很有眼光的。比他们略早一点，钱大昕提到过"朴学"，只是钱先生还没有将其作为清代前期学术的冠名。后来到晚清，西方学问传进来了，加上有经世思潮和《春秋》公羊学的兴起，所以又有人叫"新学"。至民国初年，章太炎先生有个弟子支伟成，提出用"朴学"来概括清代学术，写过《清代朴学大师列传》。综合前人探讨，我是赞成用"朴学"来给清代学问冠名的。

刘晓满：为什么？

陈祖武： 称"朴学"主要就其学术风格而言，因为清代学术很朴实，由考经证史入手，以文字音韵、章句训诂和典章制度为主要研究对象，本质上与夸夸其谈、空谈性理和天道的学风不同。用"朴学"冠名更能反映清代近300年学术的本质。清代朴学之风起自清初对理学的批判与反思，乾嘉时代最能体现朴学成就，至晚清朴学之风依然在延续，于是产生了孙诒让的《周礼正义》《墨子间诂》、黄以周的《礼书通故》，等等。把清代学术定义为朴学，应该离历史实际相去不远。给清代学术定义或冠名还有非常重要的现实意义，因为如果没有恰当、科学的界定，大家就不怎么好去谈论清代学术了。久而久之，越不谈就越生疏。所以借此机会，我建议有兴趣的同志不妨开展一些讨论，以期早日达成共识。我想，这应当是一个学术责任，切不可视之为寻常的争鸣。

原载《文艺研究》2018年第9期

在传承中寻求创新
——陈祖武先生谈《中国学案史》

李立民

陈祖武先生1943年10月生于贵州贵阳,祖籍湖南茶陵。现任中央文史研究馆馆员,中国社会科学院学部委员、研究员。陈先生治学专攻清代学术史,代表著作有《清初学术思辨录》《清儒学术拾零》《乾嘉学术编年》《乾嘉学派研究》《清代学术源流》《清代学者象传校补》《清代学林举隅》等。同时,先生又十分注重历史的贯通性研究,所著《中国学案史》一书上起先秦,下迄民国,开辟了中国学术史研究的新路径。在陈先生看来,创新是历史学的生命,但这种创新一定要以坚实的学术传承为根基。那么,新时代的历史学如何在传承之中实现创新?最近,我们就此一问题在中国社会科学院古代史研究所拜访了陈祖武先生。陈先生以他数十年的学案史研究为重点,给我们留下了一篇求真务实的访谈记录。

一、师门传承:步入学案史研究领域的缘起

李立民:陈先生您好!感谢您接受我们的采访。您早年来京求学前,就曾与我国著名历史学家郑天挺先生有过一段交往吧?

陈祖武:是的。1977年秋,当时我还在昆明工作,在《光明日报》上看到了郑天挺先生写的一篇呼吁恢复研究生招生制度的文章。之后,就给郑老写了封信。郑老在回信中鼓励我说,具体的招生制度尚在筹备

中，让我先好好做准备。后来，中国社会科学院研究生院的招生简章率先公布，我就报考了杨向奎先生的研究生。接到复试通知后，才又收到郑老的电报，欢迎我报考南开大学。我赶紧回复郑老自己已经报考了社科院，郑老又回信说，你跟着向奎同志学习也很好，欢迎你随时来南开。我报考研究生始终受到了郑老的鼓励。

来京求学后，研究顾炎武这个人物，是我初涉清代学术史领域所面对的第一项课题。在这方面，依然得郑老之教益良多。记得那是1981年初，郑老来京出席全国人民代表大会，会议当天下午结束，先生次日即要返津。当晚，郑老把我叫到下榻的海军大院招待所，先是询问我在历史所学习的情况，尤其是毕业论文的进展。随后又告诫我："历史学是一门讲究积累的学问，要求字字有根据，句句有来历。因此，一定要刻苦读书，充分占有史料。同时，认识历史现象，解决历史问题，评价历史人物，还要学会广泛联系。这就叫作唯物史观，叫作历史辩证法。"讲完这些道理之后，郑老转而向我提示了一个具体问题。老人家说："你正在研究顾亭林，由这样的大家入手去治一代学术史，这是一个好办法。有这样一个问题，你是否想过？康熙初年，受山东莱州诗案牵连，顾亭林离京南下，到济南府投案。既是投案，自然要交诉状，那么诉状末又是如何署年呢？"对郑老所提此一问题，我一脸茫然，无从回答。老人家见状，边笑边说："没有关系，不必紧张。今天回答不了，就把它记下来，以后多读书，慢慢去解决。其实我也没有答案，只是把问题提出来，让你好好地去思考。"

郑老回津，当年岁杪，不幸罹患肺炎，遽然长逝。但郑老生前的谆谆教诲和所留问题，始终在鞭策我不断进取。20世纪90年代中期，国家图书奖评审大会在香山饭店召开，我有幸受聘为评委。在山东省送审的图书中，恰好有一箱《颜氏家藏尺牍》。我想，顾亭林与颜修来书札往还甚多，其中或许能有些线索。果然开卷有益，竟从中觅得一纸诉状，状末署年赫然在目，为"康熙七年"。至此，我始恍然大悟，郑老当初之所以要提出这样一个问题，目的正是要教我学会把握历史问题的复杂性，在清初特定的历史条件之下，去准确地评价顾亭林。尽管顾亭林志节耿然，终身拒不与清廷合作。然而身陷囹圄之灾，当然不会以卵击石，不至于在投递官府的诉状中，公然不承认清朝正朔。

由此推扩开去，数十年间，众多老一辈专家，不也正是这样通过一桩桩具体的历史事例，教给我们应当怎样去坚持唯物史观的吗！郑老是为我引路的大恩人，让我学到了很多做人、做学问的宝贵道理。

李立民：您与郑老之间的这段深厚情谊，十分令人感动。请您再谈谈与您的导师杨向老问学的经历吧。

陈祖武：好的。1978年初，我国研究生招生制度恢复，这年10月，我有幸负笈京城，进入中国社会科学院研究生院，师从杨向奎先生问清儒学术。我在杨向老悉心指导下，完成了毕业论文《顾炎武评传》。在研究顾炎武的过程中，我逐渐发现清初的学术十分关键，它直接关系到我们如何认识清代学术的演进问题。经过几年的努力，我写成了第一部学术专著《清初学术思辨录》，得到杨向老的认可，他认为我结合清初的社会实际来谈学术思想，这是最正确的方法之一。此后，我又将精力重点放在清中叶学术上，在研究乾嘉学派过程中，也是受到杨向老"要将乾嘉学派和乾嘉学术作为一个历史过程来考察"思路的启发。

杨向老对后学提携有加。他曾将《中国大百科全书·历史卷》分给他的近30条辞目嘱我先拟初稿，结果我所撰写的与清代学术有关的20多条都被采用了。当时参与这个项目的都是学术界德高望重的老专家，按我的辈分，根本没有参与的机会，更不用说署名了。但直到杨向老去世，他也从未告诉过我他并没有署自己名的事。

李立民：杨向老年届古稀之年，毅然有纂修《清儒学案新编》之志。您作为杨向老的学生，这对您的治学产生了怎样的影响？

陈祖武：杨向老这部《清儒学案新编》是在经历"文化大革命"的浩劫后，矢志成书的。它不仅是杨向老个人的学术志愿，也是改革开放以后中国史学发展的客观要求；不仅是推进当代中国历史学发展的时代呼唤，也是总结整理数千年中国历史研究领域成果的必然选择。我在跟杨向老念书的后期，《清儒学案新编》就开始着手准备工作了。我有幸参加了杨向老的"清儒学案新编"课题组，协助他处理相关的学术事务，并担任《亭林学案》的撰写工作。可以说，《清儒学案新编》成为一个难得的历史机缘，是杨向老带领我走入学案史这个领域的。

李立民：您硕士毕业后，就留在了历史所工作，并参与了许多重大的集体项目，这会影响到您个人的学案史研究吗？

陈祖武：我知道，现在许多青年学者不愿意参加集体项目，认为那是浪费时间，怕耽误了自己的研究，这是不对的。我入所后，除了继续参加杨向老的课题外，又奉调到"清代全史"和"清代人物传稿"课题组，董理清代前期学术，撰写相关学者传记。其间，还一度临时承担了《中国大百科全书·历史卷》《中国历史大辞典》和《中国史稿》的撰稿任务。

在参加《清代人物传稿》中，我负责黄宗羲的传稿，而《清代全史》中的学术史部分也由我来负责编写。这无形之中扩展了我的研究视野，提高了自己在学术上发现问题、解决问题的能力。在集体项目中，我还受到老一辈学者淡泊名利、甘于奉献的精神熏陶。这些都成为我今后开展学术研究中的宝贵财富。正是在集体项目的不断学术累积中，我叩开了学案史研究的大门。

二、学术责任：前辈史家留下的启示和使命

李立民：近代以降，诸多前辈史家以传统学术的转型为契机，揭开了对中国古代学术史重新回顾与评判的序幕。学案史作为学术史的重要分支，前辈史家是如何就此论述的？

陈祖武：在前辈史家中，梁任公先生可谓这方面的先驱。梁先生早年曾以《近世之学术》为题，勾勒了有清一代200余年间的学术演进。

随后，又撰《清代学术概论》，成为其治清代学术史的纲领性著作。1924年前后，是梁先生研究清代学术史取得丰硕成果的一个时期。在这期间，他曾发愿结撰《清儒学案》以总结有清一代之学术。然而迄于逝世，此愿终未得践。梁先生所留下的，仅为戴震、黄宗羲、顾炎武三家学案及《清儒学案年表》凡百余页手稿。在学案与学术史的抉择中，梁先生发表了一系列有影响的清代学术史论文，并将在天津南开大学和北京清华学校研究院的讲稿加以整理，以《中国近三百年学术史》为书名刊行。在此书中，梁先生率先对学案体史籍的渊源进行了探讨。据其卓见：清初黄宗羲《明儒学案》在编纂体例上，乃近承朱子《伊洛渊源录》，远绍诸史《儒林传》《艺文志》和佛家宗史、灯录体而成。尽管所论未及展开，然而却指明了学案体史籍久远而深刻的文献学和思想史渊源。

从《近世之学术》到《中国近三百年学术史》，梁先生对学案体史书取长补短，试图把对学者专人的研究融入各历史时期主要学术现象的专题研究中去。就历史编纂学而言，梁先生的清代学术史著述，在旧有学案体史籍基础上，酝酿了一个飞跃，开启了编纂学术史的崭新体裁。

李立民：那么接踵梁任公后，又有哪位前辈学人的研究中涉及了学案问题？

陈祖武：陈援庵先生接踵梁任公，在《中国佛教史籍概论》中阐述了佛教史籍对学案体史籍的影响。他说："自灯录盛行，影响及于儒家，朱子之《伊洛渊源录》、黄梨洲之《明儒学案》、万季野之《儒林宗派》等，皆仿此体而作也。"所谓"灯录体"，是佛家所独创的一种史学体裁。灯录体史籍专在记言，又隐含合世次、语录于一堂之意。而在朱熹《伊洛渊源录》问世之前，灯录体就已在当时广泛流行。这既为禅宗师资传承保存了丰富史料，也对儒学发展产生了无形影响。

梁任公、陈援庵两位先生对学案渊源的阐述，言简意赅，睿识卓然，迄今为止，仍为学术界所认同，但二位先生皆未及深入。嗣后的钱宾四先生则在学案史研究方面可谓精进不已，终身以之。

李立民： 钱宾四先生以《中国近三百年学术史》一书享誉学林，但其在学案史领域的成就则少有学人论及。请您就此谈一谈。

陈祖武： 20世纪40年代初，宾四先生曾受命撰《清儒学案简编》。早在宾四先生之前，以学案体史籍记清儒学术者，凡存两家：一为道光季年唐镜海先生之《国朝学案小识》，一为20世纪30年代间徐菊人先生之《清儒学案》。按理，徐先生书刊布伊始，宾四先生以之为据，再参酌唐先生书，别择去取，勿需多费心力即可。但钱先生却认为，唐、徐二书不可与黄梨洲、全谢山之《明儒学案》《宋元学案》相提并论。依宾四先生之见，清代并非理学之衰世。从宋元到明清，数百年间之学术，乃一后先相承之整体。理学本包孕经学为再生，即使乾嘉经学考据之盛，实亦在理学演进之范围中。正是基于此，宾四先生才欲变通黄、全《学案》旧规，采取"人各一案"之法，拟再编就别具一格的《清儒学案》。尤为可贵的是，宾四先生之《清儒学案》，以晚明、顺康雍、乾嘉、道咸同光四阶段述一代理学之演进，进而从中总结了宋明理学在近代走向衰世的症结就在于其不能因应世变，不能转而益进。这既是历史的悲剧，亦乃时代使然。

但遗憾的是，宾四先生《清儒学案》因稿沉长江，起之无术而引为憾恨。所幸宾四先生曾以《清儒学案序目》为题，将纂修要旨刊诸《四川省立图书馆图书集刊》。原稿虽失，精义尚存，实乃不幸中之万幸。

李立民： 钱宾四先生在学案史领域开辟路径之功，为中国史学史增添了浓墨重彩的一笔。这样，学案史就不仅仅是学术史研究的内容了，它也成为中国史学史研究的一个重要任务。

陈祖武： 是的。最早将学案史纳入史学史范畴的是金毓黻先生。金先生在所著《中国史学史》中认为："吾国专史之最著者，首推类于传记之学术史。"他依然据梁任公、陈援庵先生之说，认为朱熹《伊洛渊源录》是"稍具学史雏形者也"。又推举黄宗羲《明儒学案》为"吾国乃真正之学史"。进而谈及了《明儒学案》的体例，指出了该书的三个特点："一能分别各家论学之宗旨，二能透露其人一生之精神，三于一偏之见，相反之论，尤能着眼理会。"对于全祖望所续成之《宋元学案》的体例，金先生认为"其方法视《明儒学案》为更进一步矣"。然而对接踵其后唐鉴所撰之《国朝学案小识》则评曰："门户之见太深，不如黄、全之书远甚。"自金先生始，谈中国史学史，便无法绕开学案体史籍了。但治史学史的学者多关注于黄宗羲的《明儒学案》及全祖望修订的《宋元学案》，对其他重要的学案体史籍则少有论及，这不能不说是一个遗憾。

李立民：前辈史家虽然为学案史勾勒了大致的发展源流，但还有哪些工作需要继续完善？

陈祖武：自近代以来，直至20世纪80年代，学案史研究一直停留在草创阶段。就连具有百科全书性质的《辞源》《辞海》，以及台湾地区在20世纪60年代编撰的大型辞书《中文大辞典》，均无对"学案"的解释。海峡两岸编写的重要辞书字典漏载"学案"词条，足见在当时开展学案史研究的迫切性。

"学案"是凝结中国古代思想文化的重要载体。我们研究学案，不仅仅是一个历史学的学术问题，更是对中华传统文化的继承和发扬。这是我们必须要担当的学术责任。尽管诸多前辈史家高屋建瓴，导引出了学案史领域的若干重要问题，为后人沿此线索，展开更深入的研究提供了有益启示，但还有很多工作需要我们继续开拓。诸如有关学案体史籍的发展演变，还缺乏综合性的爬梳；对历史上产生重要影响的学案体史籍，还有待更全面、深入的研究。

李立民：从以上对陈先生的采访中，让我们切身感受到陈先生在学案史研究中的一种使命感和责任感。"讲责任、重担当"是中华优秀传统文化的基本品格，也是中华学人数千年一以贯之的优良传统。陈先生以史学界前辈留下来的学术责任为使命，就此展开了他几十年的学案史研究历程，勤勉不懈之怀，令人景仰。

三、艰难求索：学案史研究的拓荒之路

李立民：据我所知，自宋元迄明清，中国学术史领域出现了许多部学案体史籍。那么，您首先选择了哪部文献作为研究的突破口呢？

陈祖武：我早年参与杨向老"清儒学案新编"课题组，受杨向老的影响，开始专攻清代学术，故首先选择《清儒学案》为突破口。当时，学术界尚缺乏对徐世昌《清儒学案》的系统研究。我首先要搞清楚的是《清儒学案》的成书经过。我先是搜访到了容媛在《燕京学报》上发表的《清儒学案》一文，过溪在《艺林丛录》上发表的《清儒学案纂辑记略》等资料，考察了徐世昌倡议修书的缘起及修书过程中的相关故实。还承蒙夏武康先生赐教，深入了解了主要纂稿者夏孙桐先生的生平学行，并参以夏氏《观所尚斋文存》一书中的相关内容，考察了夏孙桐与《清儒学案》的关系。

然后，我以《清儒学案》卷首凡例为线索，考察了全书的主要内容及编纂体例。徐书在体例上分正案、附案两部分。正案在《明儒学案》总论、传略、学术资料选编之外，又添"附录"一目；附案则别为家学、弟子、交游、从游、私淑五类。至此，得出了学案体史籍至《清儒学案》业已极度成熟的结论。

最后，我还指出了《清儒学案》值得商榷之处。如关于对吕留良的评价问题，我对《清儒学案》所称吕留良"工于时文"及其与黄宗羲交恶的原因进行了深入剖析，得出了与《清儒学案》完全相反的结论。再如，《清儒学案》以网罗儒林中人为宗旨，但诸如潘平格，乃清初浙东名儒，却遗而未补；康有为、梁启超、谭嗣同等无一不是当时儒林佼佼者，却因其维新派身份弃而不录。以一己之好恶而人为地割断历史，令人不能接受。又如，我还指出了《清儒学案》在编纂体裁上存在的一些局限，认为该书无法全面反映一代学术的演进及其间所蕴含的规律等不足。这些都是我平时读《清儒学案》一点一滴积累下的读书心得。

李立民：那您又是如何从《清儒学案》转向《明儒学案》的呢？

陈祖武：我早年在参加《清代人物传稿》课题时，负责黄宗羲传稿的撰拟，需要对黄宗羲有深入的研究，而《明儒学案》是研究黄宗羲这个人物绕不开的一部重要文献。当时，学术界的前辈史家对《明儒学案》或以学术史，或以史学史的视角有所论及，但并不深入。有关《明儒学案》的一些重要问题，学术界尚多沿袭旧见。为此，我首先考察的是《明儒学案》的成书问题。

自清末黄炳垕辑《遗献梨洲公年谱》判定《明儒学案》成书于康熙十五年（1676）以来，多得学术界认可。但细致检核《明儒学案》及其相关故实可知，这种说法是值得商榷的。黄宗羲在《明儒学案序》中明言"书成于丙辰之后"。丙辰，即康熙十五年。我们认为，"书成于丙辰之后"，并不能等同于"书成于丙辰"。因此，黄炳垕提出的康熙十五年成书说，就是欠妥当的。为此，我以《明儒学案序》为线索，对这一问题开展了深入研究。

关于《明儒学案序》，今所能见者，凡有四个不同版本，即《南雷文定四集》本、《南雷文定五集》本，以及康熙年间贾润父子刻本和雍正年间贾氏后人刻本。后两次刻本对宗羲序文妄加改窜，大乖原义。如雍正贾氏刻本将原序中"陈介眉以谨守之学，读之而转手"被全文删去；而原序文中汤斌对《学案》的评语，是对黄宗羲亲口所述，也变成了为陈锡嘏"所传述"。这一删一增，把判定《明儒学案》成书时间的重要节目弄得面目全非。

据黄宗羲所写的序文，汤斌对《学案》的评价，乃亲口对他所说，并非他人转告。而二人之间平生仅在康熙二十四年（1685）的苏州有一次会晤。汤斌对黄宗羲《学案》的评论就只可能在这次会晤中。这样，《明儒学案》至迟在康熙二十四年就已经完稿了。

再者，贾氏窜改序文，所谓汤斌对《学案》的评论是由"陈介眉所传述"云云，纯属臆断。陈介眉是黄宗羲的弟子，介眉故世后，黄宗羲为他撰写了一篇《怡庭陈君墓志铭》。从这篇墓志铭中可知，陈介眉在康熙二十四年（1685）病逝前不久才见到《明儒学案》抄本的，则在康熙二十一年（1682）至二十四年间，汤斌不可能从陈介眉那里见到《明儒学案》抄本，并通过他将对该书的意见传告给黄宗羲。这就再一次印证了我们在前面有关《明儒学案》成书至迟在康熙二十四年的论定。

事实上，通过我的考察，《明儒学案》也不可能成书于康熙十五年。首先，康熙十四年（1675）七月，黄宗羲刚刚编成《明文案》，要在此后短短一年里接着完成一部60余卷的《明儒学案》是不大可能的。其次，据黄宗羲早年在南明鲁王政权中的同僚吴钟峦所称，迄于康熙十八年（1679），《明儒学案》中的《东林学案》并未完稿。再次，据黄宗羲自云，其在纂辑《明儒学案》中的《蕺山学案》时，同门友人恽日初已经故世，而恽氏于康熙十七年（1678）病逝。则至少在康熙十七年时，《明儒学案》尚在编纂之中。最后，以黄宗羲同时代的学者陆陇其《三鱼堂日记》为证，迄于康熙二十五年五月，《蕺山学案》并未完稿，只是以前六卷在学者中流传。

李立民：您以坚实的文献考证为依据，将《明儒学案》的成书问题有理有据地呈现出来，体现了您"实事求是"的治学风范。以往前辈史家多是从学术史或史学史的角度来论定《明儒学案》的，那您又是怎样从学案史的角度来评价这部书呢？

陈祖武：从学案史的角度看，《明儒学案》成书后，其在编纂体例上对后世学案体史籍产生了深远影响。在完成《明儒学案》之后，黄宗羲、黄百家父子又致力于《宋儒学案》《元儒学案》的结撰。在编纂体例上，他们对《明儒学案》有所变通。在三段式的结构中，类似《明儒学案》的总论，已经不再独立于卷首，业已移置案中而成为案语。取而代之的，则是学术资料选编后的"附录"。"附录"所载，主要著录案主同时代及尔后学者述其学行之语。黄氏父子故世后，全祖望续加补辑，沿例而行，再作变通。一方面置序录于书首，评介各家学术；另一方面以时代顺序编次各案，又围绕案主，以讲友、学侣、同调、家学、门人、私淑、续传分目。可见，《宋元学案》体例亦脱胎于《明儒学案》。

清道光年间，与《宋元学案》同时刊行的另一部学案体史籍，还有唐鉴的《国朝学案小识》。该书卷首之提要，实有本于《明儒学案》各案之总论。各案案主学行的编纂，则又合《明儒学案》及《宋元学案》之案主传略及学术资料选编为一体，而以学术资料介绍为主干，一分一合，形异而实同。

据此，我们认为：黄宗羲《明儒学案》在中国学案史上是一部具有里程碑意义的重要著述。

李立民：尽管《明儒学案》在学案史领域意义非凡，但据梁任公等诸位史学前辈所言，其渊源又可追溯至南宋朱熹的《伊洛渊源录》，您是否认同这种观点？

陈祖武：是的。我的研究也正是受到梁任公、钱宾四等诸位史学前辈的启发。于是，我沿着《明儒学案》继续向上追溯，又将朱熹的《伊洛渊源录》作为考察的重点。一段时间以来，极少有学人对《伊洛渊源录》这部开风气的著述进行专题研究。为此，我首先考察了《伊洛渊源录》的成书背景。

朱熹以理学泰斗集传统儒学之大成，《伊洛渊源录》是朱熹学说形成初期的一部著述。其在南宋初叶问世，并非是一个偶然的学术现象。道学自北宋中叶形成，虽经周敦颐、二程兄弟、胡安国、尹焞诸位先行者的提倡，但迄于南宋初期，它并未取得学术界的主宰地位。道学要谋求自身的发展，为程氏兄弟之学争得正统地位，已成为一个至关重要的问题。朱熹为学之初，即因家学濡染而自程学入门。自问学于李侗后，始摆脱禅学羁绊，成为程氏道学的笃信者。为了护卫程学地位，他先后辑成《论语要义》《杂学辨》《程氏遗书》《太极图说解》《近思录》等书。至此，朱熹成为程氏学说的权威解说者。由此，为确立二程学说的儒学正统地位，他以《伊洛渊源录》去董理程氏学术源流，便是顺理成章的事情了。

李立民：朱子既然如此重视这部书，但我们发现，其并未留下有关对《伊洛渊源录》的序跋、题记之类的文字，这又是为什么呢？

陈祖武：这也是我旧日读朱子书蓄疑已久的问题。后来，我将朱子《文集》与《语类》《渊源录》等比照而观，个中缘由始渐悟出大半。原来这同该书的结撰过程颇有关系。

大概在乾道二年（1166），朱熹已经发愿结撰《伊洛渊源录》，并将其委托给友人何镐先行草拟大纲。但是一则因为朱熹此时著述头绪太多，不能专意于该书的结撰；再则大纲中所涉及的若干重要内容，一时又难以确定。故而时辍时续，历时多年而未见有大的进展。嗣后，朱子又常与友人吕祖谦书札往复，论及成书事宜。如果参以这些书札透露出的信息，我们不难发现，今本《伊洛渊源录》与朱子的本意多有乖违。这在朱子晚年的论学文字中，亦能寻出有力的直接佐证。由于朱子对程门诸弟子能否光大程学深致怀疑，因而不唯无意去修订《伊洛渊源录》初稿，而且于他人的擅自将"编集未成"的稿本刊行而引为憾事。在这样一个心理状态之下，迄于逝世，朱子于《伊洛渊源录》始终未留下序跋、题记一类的文字，也就不难理解了。从这个角度来看，我们赞成清代学者全祖望的看法，即《伊洛渊源录》实为一部"未成之书"。

李立民：《伊洛渊源录》既然是一部"未成之书"，您又该如何评价其在学案史方面所具有的学术价值呢？

陈祖武：在中国古代，董理学术史的风气形成甚早。先秦诸子述学已开其端倪，自司马迁著《史记》，班固著《汉书》，则规模粗具。然而结撰专门的学术史，则无疑应自朱熹《伊洛渊源录》始。下面，我们以卷一《濂溪先生》为例，先看看这部书的编纂体例。

《伊洛渊源录》卷一所录为两大部分：一是《濂溪先生事状》，为朱熹所撰，专载周敦颐生平行事、学术好尚；一是《遗事》，以记周敦颐言论及他人称述为主。其他几卷与此卷体例相仿，或偶有朱熹的考订案语,以附其间。这样,该书体例上形成了一记行,一记言,言行一体,相得益彰。朱熹这种以人物传记汇编形式叙述学派源流,显然导源于《史记》《汉书》以《儒林传》述学的传统。尤其可贵的是,朱熹在立足纪传体史籍传统的基础上,又博采佛家诸僧传、禅宗灯录体之所长,使记行与记言相辅相成,浑然一体。《伊洛渊源录》以对史籍编纂传统形式的错综会通,兼容并蓄,从而为学案体史籍的编纂开辟了新路。此后的《明儒学案》《宋元学案》在编纂体例上,基本上都是以《伊洛渊源录》的记行、记言为依托而进行的变通。从这个角度看,我们认为,朱子《伊洛渊源录》一书,标志着学案体史籍雏形的问世。

李立民: 从《清儒学案》到《明儒学案》,再到《伊洛渊源录》,您将学案史研究一步步向前推进,对其研究也愈加深入。那么,您能向我们讲一讲究竟什么是"学案"吗?学术界目前对"学案"又是如何界定的?

陈祖武: 何谓"学案"?前哲时贤罕有论及。20世纪80年代中,中华书局陈金生、梁运华二位先生点校《宋元学案》蒇事,曾撰文指出:学案"是介绍各家学术而分别为之立案,且加以按断之意(案、按字通)。按断就是考查论定。因此,学案含有现在所谓学术史的意思"。这种对"学案"的解释,无疑是一个有意义的尝试。我本人也曾在《书品》杂志1992年第2期上发表了《"学案"试释》一文,今天借这个机会,将其中的观点奉献给各位读者。

在中国史学史上,正式以"学案"命名的,据现存典籍而论,当不早于明代中叶。其中较著名者,一部是万历初刘元卿的《诸儒学案》,另一部是万历末刘宗周的《论语学案》。《诸儒学案》凡8卷,全书旨在表彰王门学说。《论语学案》凡4卷,全书按《论语》篇第为序,依次摘录孔门师弟要语,逐条加以阐释。《诸儒学案》与《论语学案》有一共同点,即皆为入案者语录的汇编。

以语录述学,在中国学术史上实发端甚早。孔子弟子所辑录的《论语》，已开风气。但语录体著述的盛行，则在佛教传入，且会通儒学而中国化之后。据吕澂先生在《中国佛学源流略讲》中所称，唐代禅宗初起，不立文字，单传心印。在禅师语录中，多以简略的语句，记述宗门师弟、宾主问对，含蓄地暗示自身义法所在，既以此说理，亦以此传法。此类蕴含"机锋"的语句，禅门中称之为"公案"，意欲据此以判是非。然而，由于"公案"语意隐微，每多费解，于是赵宋一代出现以文字解释禅意的所谓"文字禅"。"文字禅"兴，则解释"公案"著述不胫而走，累世不绝。唐宋以后，江西吉安青原山为禅宗南宗重要传法地。刘元卿籍属吉安府安福县，早年曾游青原求学，受禅风濡染，自是不言而喻。他的《诸儒学案》之与禅宗"公案"的阐释，其间确有相通之处。刘宗周的《论语学案》亦乎如此。刘宗周为浙东人，明代中叶以后，浙东禅风甚盛。刘宗周虽力倡辟佛，但在其著述中"公案""顿悟""圆融"一类禅家语句，亦时有沿用。而他的《论语学案》，实不可排除禅家阐释"公案"，据以传法之风的影响。

因此，我认为，"学案"作为书名在晚明的出现，一方面确如陈金生先生所论，有考查论定各家学术的含义；另一方面，如果从词源学上来看，它或许是由当时禅宗惯用的"公案"一语衍化而来。其初始形态当是"学术公案"，后经简练遂成"学案"。

李立民：您以继承前辈史家未竟之业为使命，在这条艰难的学术求索之路上，孜孜以求。1994年，您的《中国学案史》在台北文津出版社出版，这是国内首部学案史研究的著作。不仅标志着您在这个领域取得了一个具有里程碑意义的成就，而且您还为学术史研究开辟了一个新方向。

陈祖武：研究中国学案史，在当时中国学术史研究中，还是一个比较新的领域。由于研究对象处于思想史、哲学史和史学史、文献学的交汇点上，随着学术史研究的深入开拓，它将愈益吸引研究者的注意。台湾"文津版"的《中国学案史》，应该说是我在这个领域取得的阶段性成果。有关学案史领域的诸多问题，还将伴随着我在学术史研究上的不断探索而走向深入。

四、从"文津"到"东方"：学案史研究的继续深入

李立民：自从您的《中国学案史》1994年底在台北文津出版社发行以来，在学术界评价甚高。2008年12月，《中国学案史》在上海东方出版中心再版。我们注意到，新版的《中国学案史》在内容上，又有所修订。请您就此谈一谈。

陈祖武：《中国学案史》1994年在台湾首次出版后，我并没有停止在这个领域中的继续探索。在此后的读书学习过程中，我发现前辈史家如梁任公、陈援庵、金毓黻等先生都谈及了朱熹《伊洛渊源录》与《明儒学案》的关系问题，但却忽略了耿定向、刘元卿、刘宗周、周汝登及孙奇逢在这方面的影响。于是，我沿着前辈史家所提供的线索，结合多年的研究所得，在"东方版"著作中首先深入考察了黄宗羲《明儒学案》"三段式"编纂体例是如何形成的问题。

黄宗羲之所以用总论、传略、学术资料选编的三段结构去编纂《明儒学案》，就历史编纂学的角度而言，是历史学自身的发展状况所使然。明清之际，理学既已进入批判和总结阶段，于是历史学自然要做出反映，是以有《陆杨二先生学案》《诸儒学案》《论语学案》《圣学宗传》《理学宗传》一类著述的接踵而出。而这些著述，黄宗羲皆经寓目，从而给他发愿结撰《明儒学案》提供了有益的启示。就《明儒学案》本身而论，即有辙迹可寻。如卷首《发凡》的评《圣学宗传》《理学宗传》语，卷二十一《江右王门学案》六之取刘元卿以入案，卷五十七《诸儒学案》下五之著录孙奇逢，卷六十二《蕺山学案》之辑《论语学案》语等，皆是依据。二刘两部《学案》之命名，周、孙两家二部《宗传》日趋明朗的三段式编纂结构，都成为黄宗羲《明儒学案》的先导。但对黄

宗羲影响最大的，恐怕应是其师刘宗周的《皇明道统录》了。

李立民：《皇明道统录》又是怎样一部著述呢？它与《明儒学案》有何渊源？

陈祖武：关于《皇明道统录》的情况，由于刘宗周生前未及刊行，后来亦未辑入《刘子全书》中，因此其具体内容今天已无从得其详。所幸刘宗周门人董玚辑《蕺山先生年谱》中，于其梗概有所叙述。据载，《皇明道统录》完稿于天启七年（1627），稿凡六卷。其编纂体例仿照朱子《名臣言行录》，作三段式，即第一段生平行履，第二段语录，第三段断论。

我们取《明儒学案》与董玚所述之《皇明道统录》相比照，即可发现其间的若干重要相通之处。首先，《道统录》的三段式编纂结构，亦为《明儒学案》所沿袭，无非将断论移至各案卷首，成为该案之总论。其次，学有承传的诸大家，如崇仁、白沙、河东、姚江、甘泉、蕺山等，《明儒学案》亦独自成案。至于以倡"异端邪说"获咎的李贽，以及著《学蔀通辩》诋王守仁《朱子晚年定论》为杜撰的陈建等人，《明儒学案》亦摒弃不取。再次，《明儒学案》评一代儒林中人，多以其师刘宗周之说为据，各案皆然，不胜枚举。凡此，皆透露了《明儒学案》承袭《皇明道统录》的重要消息。所以，倘若我们说《明儒学案》系脱胎于《皇明道统录》，在此基础上又加以充实、完善而成书的，恐怕不会是无稽之谈。

李立民：在"东方版"中，您不仅有对既往著述的修订，而且还有些内容是"文津版"未曾涉及的，比如您增加了对范鄗鼎《理学备考》的开创性研究。

陈祖武：范鄗鼎是清代山右儒学开派宗师，字汉铭，号彪西，学者称娄山先生，山西洪洞人。鄗鼎幼秉庭训，亦服膺朱子理学。自康熙十七年正月，鄗鼎开始结撰《明儒理学备考》及《广明儒理学备考》。两书均以薛瑄、胡居仁、王守仁、陈献章四家冠于书首，领袖群儒。凡于著录诸家，不存门户之见。《备考》系明代理学诸儒传记汇编，以人存学；《广备考》则专辑诸家语录、诗文，以言见人。两书先行后言，相得益彰。

两部《明儒理学备考》完成后，于康熙四十一年（1702）秋，党鼎又开始了纂修《国朝理学备考》的工作。在编纂体例上，与前两《备考》有所不同的是，《国朝理学备考》改为将诸儒言、行合一的方式加以著录。所录诸儒，大体先为生平简历，并附党鼎按语，随后则是学术资料汇编。这种编纂体例与黄宗羲开创的《明儒学案》一脉相承。早在康熙二十九年（1690），黄宗羲弟子仇兆鳌即将其师《明儒学案》总目寄予党鼎；三十三年（1694）二月，复遣专人送新刻《明儒学案》至洪洞。据此可知，党鼎这部书的体例，也受到了《明儒学案》的影响。

李立民：在"东方版"中，您还从史源学角度重新补订了全祖望的《宋元学案》。请您谈谈您的校读体会。

陈祖武：黄氏父子《宋元学案》因是未竟之稿，故其中多有可增补之处。如宋元间大儒王应麟，依黄氏父子稿，仅存小传一篇，附载于《真西山学案》。后经全祖望增定，始独立而出，自成一卷，题为《深宁学案》。一如学案体史籍定例，《深宁学案》卷首为《序录》总评伯厚学术；继之则为案主小传，大体删节《宋史》而成；随后即是案主学术资料长编，凡节录二种，一为《深宁文集》，一为《困学纪闻》。

《深宁学案》选录《困学纪闻》语，皆出全祖望手，案主之治学旨趣，棱棱风节，凭以足见大体。唯书稿本属蝇头细草，未经整理，祖望赍志而没，遗稿辗转传抄，迭经众手，难免鲁鱼豕亥，错简误植。我将《宋元学案》所选录的《困学纪闻》诸条，与道光间翁元圻集注本《困学纪闻》进行了校读，发现有删节失当、脱漏讹字、句读偶疏、史源误出等一些弊病。故而将上述所得，写成了校读记，加入"东方版"《中国学案史》中。由此可见，读书不能忽视校雠。即使是《困学纪闻》《宋元学案》这类学术名著，我们平日读书时也当严谨精勤，一丝不苟。

李立民：您对全祖望所增补之《宋元学案》作何评价？

陈祖武：读过《宋元学案》后，我对黄宗羲父子及全祖望诸贤哲钦敬之余，还有一些未尽惬意之处。《宋元学案》讲师承、重渊源，揭示了宋学的特征，这无疑是其所长。但编者为了突出这一特征，广事搜罗，多方联系，难免会有强立学派之嫌。与《明儒学案》秩然有序相比，恐怕这是一种倒退。

《宋元学案》卷末是李纯甫《屏山鸣道集说略》，与之前的《荆公新学略》《苏氏蜀学略》都是全祖望所新设立的篇目。王安石、苏轼、苏辙，都是北宋人，而李纯甫为金人，何以要统归卷末？既然著录于篇，又为何不称"学案"而称"学略"？依据全祖望的解释，王、苏是因其"杂于禅"，而李氏则缘其"游于异端"。至于取李纯甫为《学案》终篇，全祖望则说："略举其大旨，使后世学者见而嗤之。"如此总结学术史，先有一正统与异端的鸿沟在胸，自然就难以成为实录了。

《屏山鸣道集说略》卷首以"王苏余派"标目，述金代文章大家李纯甫传略。其次录《鸣道集说》中语四条。随后再接以"屏山讲友"之目，载赵秉文传略及《滏水文集》摘编。其后则依次为"李赵学侣""滏水同调""屏山门人""雷宋同调""滏水门人"诸目，共记载了李氏后学20人。全祖望在《滏水文集》后有一段案语。据其所载，全祖望当初所附录于李、赵之后者，为刘从益、宋九嘉、董文甫三人。因此，"李赵学侣"以下诸目，疑为道光间王梓材、冯云濠所增补。由此而推扩开去，不能不让人怀疑今本《宋元学案》繁冗的标目，恐非全祖望所为，或许出自王、冯二家之手。但因文献无征，姑且存疑于此，一则求教于诸位读者，二则俟诸来日而再加详考。

李立民：2009年第4期《中国史研究》上，发表了您的一篇文章《〈明儒学案〉发微》，可视为您对《明儒学案》研究的又一创获。请您具体谈一谈其中的观点。

陈祖武：在这篇文章中，我主要通过对《明儒学案序》的研究，重点探讨了该书的编纂缘起问题。黄宗羲晚年，曾经就《明儒学案》的结撰留下了两篇重要文字，一篇是《明儒学案序》，另一篇是《改本明儒学案序》。这两篇序文最主要的不同在于改本任意删除了黄宗羲与其同门恽日初讨论其师刘宗周为学宗旨的一段文字。而恰恰正是这段文字，揭示了《明儒学案》结撰缘起的重要故实。

《改本明儒学案序》所删除的那段文字，主要是黄宗羲忆及20余年前，未能为同门友人恽日初所著《刘子节要》撰序之事。关于事情的起因，在于二人对把握其师刘宗周学术宗旨的意见不一。日初认为，"于先师言意所在，宜稍为通融"；而宗羲则力主"先师所以异于诸儒者，正在于意，宁可不为发明"。两人之间意见上的分歧，直接关系到《明儒学案》的前身《蕺山学案》的发愿结撰。

康熙初年，恽日初借南游绍兴之际，将其师刘宗周遗著区分类聚，刻成《刘子节要》。但黄宗羲则认为，《刘子节要》一书于其师刘宗周言"意"之处，一概删节，既未得要领，又曲解了师门的学术宗旨；甚至，恽书有"以己言而代师语"之嫌。宗羲既然不满于《刘子节要》，故而有志重新整理刘宗周遗书，以结撰《蕺山学案》来表彰其师治学宗旨。至迟到康熙二十年（1681）秋，《蕺山学案》业已成稿。但该书并未刊行，宗羲即将精力转到《明儒学案》的结撰中去了，继续完成其为师门传学术的责任担当。

李立民：那么，黄宗羲为何没有刊行《蕺山学案》，而是将精力转到了编修《明儒学案》上？其著《明儒学案》仅仅是为了传承师门学术吗？

陈祖武：就在《蕺山学案》临近完成之际，一个关乎有明一代历史和学术评价的问题，摆在了黄宗羲面前。这就是官修《明史》的再度开馆及其引发的对王阳明、刘蕺山学术地位的讨论。

康熙二十、二十一年冬春间，由史馆传来关于拟议中的《明史》纂修凡例，馆臣专就其间争议最大的理学四款，征询黄宗羲意见。这四款意见综合起来，大致是说程朱理学才是明代学术的正统，《明史》当立

《理学传》，而将陈献章、王守仁、湛若水、刘宗周等人排拒于《传》外。这不仅否定了王守仁、刘宗周在明代学术发展中举足轻重的地位，而且以门户之见曲解了一代学术的演进历史。有鉴于此，康熙二十一年二月，黄宗羲致信史馆中人，对上述四款条例逐一驳诘。"国可灭，史不可灭"，这是黄宗羲素来所秉持的治史宗旨。康熙初，以《明夷待访录》的结撰为肇始，《行朝录》《海外恸哭记》《思旧录》《明文案》《蕺山学案》以及诸多碑志传状，皆是其史家职责之展示。面临史馆修史条例如此尖锐的挑战，迫使黄宗羲不仅要起而驳诘，而且要在治史实践中作出强烈反映。于是，他未待《蕺山学案》刊行，便将其扩而大之。由梳理刘宗周一家一派之学术史，充实为论究一代学术源流、为故国存信史的大著作《明儒学案》。

李立民：我们注意到，《明儒学案》著录晚明儒林中人，其下限已至入清30余年后方才辞世的孙奇逢。明清更迭，由明而入清的儒林中人遍及南北，《明儒学案》何以独取孙奇逢入案？

陈祖武：这确乎发人深省。我们不妨先简要梳理一下孙奇逢的生平学行。孙奇逢，字启泰，号钟元，河北容城人。天启年间，孙奇逢曾挺身而出，竭力保护被阉党迫害的左光斗、魏大中二家子弟，义声震动朝野。崇祯年间，奇逢为国分忧，多次在乡组织义勇，抗御清军袭扰。入清后，奇逢矢志不仕清廷。虽未以死报国，然而他却能将节义与理学合为一体，终身以遗民自守。黄宗羲晚年著《明儒学案》，以孙奇逢为著录下限，其深义乃在于要为天地保存这样一份可以传之久远的元气。

我们再将思路扩展开来，一部《明儒学案》，上起《师说》，下迄《蕺山学案》。黄宗羲选择这样一个布局，恐非寻常之属辞比事。如果我们从节义与理学相结合的角度，用"成仁取义"四个字去观察著录诸儒，那么贯穿全书的红线，便会跃然纸上。从明初死节的方孝孺，到晚明沉水殉国的高攀龙，迄于明亡从容赴死的刘宗周、黄道周、金铉、金声、吴钟峦、华允诚，等等，皆在《明儒学案》中永垂史册。可见，

《明儒学案》有一条首尾相连的线索贯穿其间，这就是"为天地保元气"。这也就自然成为黄宗羲撰著《明儒学案》的又一重要动机。

李立民：从"文津版"的问世到"东方版"的再修订，在这十余年间的过程中，您对"学案"的释名又有哪些新的理解？

陈祖武：我早先曾撰有《"学案"试释》一文来对"学案"释名。在此后多年的读书积累中，又有了新的发现。以学案命名的著作，的确出现在明中叶以后。但最早作为篇名出现的，则是耿定向的《陆杨二先生学案》；而作为书的命名，又当以耿定向的弟子刘元卿在万历年间所编著的《诸儒学案》为最先。此后，才又有刘宗周的《论语学案》问世。

关于对"学案"的定义，我早先撰文，曾经试图从学案与禅宗灯录之间的关系来思考，将"学案"释为"学术公案"的省语。1995年冬，我应邀访问台湾地区"中研院"史语所，以《关于研究中国学案史的几个问题》为题，在该所做过一个学术报告。对"学案"一语的解释，也是报告内容之一。报告结束之后，承"中研院"已故院士黄彰健老先生赐教，示以还是从"案"字的本义上去思考为好。

访台归来，黄彰老之所教时时萦回脑际。我一度将思路转到王阳明的《朱子晚年定论》上去。《朱子晚年定论》书成之后，影响很大，迄于明亡，百余年不绝。在这样一个学术背景之下，作为阳明学的传人，耿定向、刘元卿接过其师的"定论"用语，改头换面而衍为"学案"一词，或者就不是不可能的事情。因此，如果这样一个思路能够成立，那么"学案"二字似乎又可解为学术定论。也就是说，如同《朱子晚年定论》一样，耿定向的《陆杨学案》就可读作陆九渊、杨简学术定论，刘元卿的《诸儒学案》也可读作宋明诸大儒的学术定论。那么，黄宗羲的《明儒学案》也就当读作明代诸儒的学术定论了。

后来，我在修订旧作时，又重理往日对"案"字的解释思路。诚如陈金生先生之所见（案、按字通），确有"考查"的意思。但是其本义恐怕不能以"按断""论定"来解释，今日书面用语云"按而不断"，即是其证。如此一来，思路再行调整，可否径释为"学术考查"，或别申为"学术资料选编"呢？当然，这样去解释"学案"一语究竟能否成立，确实也没有把握，唯有敬请方家大雅赐教。

五、薪火相传：教学相长的新探索

李立民：从以上对您的采访中可以看出，您的大著从"文津版"到"东方版"的历程，实际上也是您个人在学案史领域有所发现、寻求创新的过程。尤为可贵的是，您还不断提携后学，让学案史研究能够薪火相传。

陈祖武：我进入学案史这个领域，是我的恩师杨向老带我进入的。而杨向老又是继承了其老师钱宾四先生的治学传统，才有了欲修《清儒学案新编》的初衷。学案史经过三代人的努力，如今已蔚为大观，我们有责任要将这一学脉传衍下去。如今，一些青年学者在这方面已经取得了可喜的成就。

李立民：我本人在这方面，受您教益良多。在您的指导下，出版整理了《〈清儒学案〉曹氏书札整理》。有关《清儒学案》的这批"曹氏书札"，您也是最早过目的吧？

陈祖武：是的。所谓"曹氏书札"，是当年蛰居天津的徐世昌与身在北京的门生曹秉章之间，为纂修《清儒学案》而进行商讨往复的一批信件。徐世昌委托曹秉章在其家中设立修书处，参与纂修的诸公每周五相聚，共同商讨编书事宜。会后，曹秉章将讨论原委修书一通，并附已润色《学案》稿数篇，一同寄往天津。徐世昌阅后，随手批阅，复寄回京。如此往还《书札》，凡400余通，在修书的近十年间未尝中断。20世纪80年代初，我在国家博物馆的前身其一的中国历史博物馆参加座谈会，有幸拜谒史学界老前辈史树青先生。史先生得知我当时正在读

《清儒学案》，还召我至先生东城寓所，出示所藏之《清儒学案曹氏书札》。时间过得真快，转瞬间30余年过去。2014年初，历史所几位年轻同事来寒舍探望，告我《清儒学案曹氏书札》已由线装书局出版。两周后，承梁仁志博士受累，由近代史所图书馆将书札影印件三大册送来。我用了三天时间，将此批书札浏览一过，当年的诸多疑问，顿时释然，不禁为之大快。唯书札出版未经精心校勘，故而编排顺序前后倒置，失误尚多，是为美中不足。立民博士早先从治目录学起步，特嘱其将这批书札精心比勘，重新编年整理。未及一年，《清儒学案曹氏书札》整理本初成，元元本本，先后秩然。这些《书札》对于考察《清儒学案》的纂修经过，深入挖掘其纂修思想具有重要的文献价值。

李立民：《书札》在整理过程中，得到了您的帮助与鼓励。您对《清儒学案》研究甚深，百忙之中，助我识读徐世昌的草书批语，使我不能识别的文字迎刃而解；在整理初稿完成后，您逐篇审阅，提出了诸多中肯建议，让我获益匪浅。先生提携后学之诚意，令我没齿难忘。也正是基于这批书札，您还指导了朱曦林师弟的一篇博士论文《徐世昌与〈清儒学案〉》。

陈祖武：《徐世昌与〈清儒学案〉》是一个具有深入开拓空间的选题，潜心其间，自能有所发现，取得突破。曦林博士矢志以往，不畏繁难，勇于进取，在前哲时贤开启的路径上，勤于搜求，爬梳文献，用力极勤。大致说来有以下三方面值得肯定：其一，梳理了清中叶以迄民国年间学者们对《清儒学案》编纂的尝试及其动因，探讨了"学案体"史籍在清中叶以降的流变。其二，关于《清史稿》之《儒林》《文苑》二传与《清儒学案》的关系，前人的研究虽曾涉及，但并未加以深入探讨。这篇论文以夏孙桐、金兆蕃等诸公为线索，深入考察了《清史稿》之《儒林》《文苑》二传与《清儒学案》的渊源。其三，通过对徐世昌日记、年谱、著作的解读，更全面、系统地展示了徐世昌自晚清到民国间在学术文化上的取向。以此为切入点，探讨了其任职民国时的书籍编纂、就任总统后的文化政策及息影津门后编纂《晚晴簃诗汇》《清儒学案》之间的内在逻辑和文化理念，同时也厘清了《清儒学案》的编纂过程及其为后世所批评的诸多问题的成因。

曦林博士的研究之所以能够后来居上，既不在理论之突破，亦不在方法论上的创新，乃在于以艰苦的创造性劳动，诠释了中国历史学充分占有资料，实事求是，一丝不苟的优良传统。

李立民：学案史领域师承有自，一代代学者在继师承的基础上，又不断向前探索，永远在学习、传承、创新的路上耕耘。最后，还想请您谈谈您近40年来治学术史，特别是在学案史领域的研究心得以及对青年学者的期许。

陈祖武：中国古代的学案，实际上是先哲思想的凝聚。对学案体史籍开展研究，就是一个文化命题。中华优秀传统文化的传承发展，需要一代代学人接踵前人未竟之业，一脉相传，开拓创新。我所做学案史研究的"初心"，就是把老一辈学人的优良传统继承下来，把中华学术传承下去，使之发扬光大。我的学案史研究，正是秉持着这一理念，在继承老一辈学人研究成果的基础上展开的。但我们不能否认，老一辈学人受时代条件所限，特别是相关资料还没有充分发掘出来等客观原因，他们的研究不可避免地会遗留下来诸多问题。我们这一代学人有勇气、有能力去解决它，去开展学术的创新。然而，这种创新并不是否定前辈学人的成果，也不是抱着专门找前人失误这样的心态。清代乾嘉学者钱大昕先生曾用"实事求是，惜护古人"八个字来阐释他的治学品格。我做学术史、学案史研究，就是沿着钱大昕先生的治学路径往前走。所以，我们今天做学问，尤其对于青年学者而言，一定要尊重、爱惜古人的劳动成果，做到"前事不忘，后事之师"，在继承的基础上寻求创新，把中国学问传承下去，在传承中寻求创新。

原载《史学史研究》2019年第2期

我在中央文史馆履职的第一个十年[①]

庄建

2008年我从中国社会科学院历史研究所卸任，感谢国务院领导同志关心，把我安排到中央文史研究馆做馆员，一晃整整十年了。党和国家把我安排到文史馆任职，我理解有两个方面的用意：一是希望我在高素质的文史平台上，把在社科院几十年没有做完的学术事业再深入地做下去；二是要我发挥余热，在这个岗位上为国家的学术文化建设尽其绵薄。十年中，我一直是按照这个方向去努力的。

首先讲为国家文化建设做的事。其中有大型的图书编纂工作，有些是开风气的。比如说，我一进文史馆就参加了大型图书《中国地域文化通览》的编纂，一共34卷，包括港澳台地区每省一卷，花了好几年的功夫。编纂工作由原任国务院参事室主任陈进玉同志和中央文史研究馆现任馆长袁行霈先生两位主持。为了这项工作，我们深入各省去做调研，和各省的同志一起把稿子写好。总算这个书没有辜负党和国家有关方面的期望，做得还不错。书出版后反响也好，有些省还把本省那一卷作为礼物，赠送外宾。

接下来第二个事就是参加编撰《中华传统美德100句》。这个书虽然是年轻同志做的，但是审稿的人全都是老一辈学者。在审稿的专家当中，我算是年轻的，所以承担了较多的工作。做完《中华传统美德100句》，接下来做由现任国务院参事室主任王仲伟同志和中央文史研究馆

[①] 本文由《光明日报》记者庄建根据访谈录音整理而成。

馆长袁行霈先生主编的《中华传统文化经典百篇》。该书把历史上可称为经典的文章，请专家解读，以期将中华优秀典籍的面貌、基本倾向、基本精神传达给读者。这个书做出来，由中华书局出版，上下两册，反响也不错。我记得，2015年克强总理在中南海接见我们时，一方面对《中华传统美德100句》充分肯定，同时对《中华传统文化经典百篇》也很关心，这让我很受感动，我们随之加快了编撰进度。《中华传统美德100句》由人民出版社出版，有多种版式，既有精装礼品本，又有简装本，还有便于读者揣到兜里边的口袋本。

完成了这几项工作以后，又开始去做一个更大的事，就是现在正在做的由袁行霈馆长主编的《中华优秀传统文化百部经典》。将经典百篇的解读扩大成一部部经典的介绍，从全国物色第一流的专家来当解读人，一部书用二三十万字来解读。现在已经出了15本，中央领导同志很关心，很重视。各方面也很关心这个书，学术界的反映据说也很好。美中不足的是，它的普及性、可读性，还要继续落地，要让群众喜闻乐见，让群众读得懂。我估计现在的版本有大学水平的读者更欢迎，希望能够写出有中学水平的读者也欢迎的版本，那就更好了，那就达到我们做这个项目的初衷了。

现在还没有完成的就是《百部经典》。每个月我要去参加一次编委会，要审读专家交来的解读稿，整个稿子我是逐字逐句改的，你们可以去看看我改的"花脸稿"，几乎每一页都夹着纸条，每一页都有需要作者认真修改的地方。参加解读的大都是中年专家，修养都不错，但是我们需要精益求精，要对读者高度负责。这个事我们已经做了两年多，估计还要做三五年，才做得完。只要我的健康情况允许，我会继续做下去，至少每年为《百部经典》认认真真审一部稿子。

现在我主要的就是完成国家任务，另外，还要在地方学术建设中发挥作用。过几天去福建，从福建回来，马上又要到江苏昆山。有一段时间，几乎每个月都出去，就是去做调研，去协助地方的专家，把弘扬中华优秀传统文化的工作做得更好。

　　这是这些年我在文史馆为国家文化建设做的应当去做的一些工作。另外还参加"中华文化四海行"活动。去年参加了"中华文化走进陕西",做了一次讲座。王蒙同志讲第一讲,我讲第二讲,还有仲呈祥同志讲第三讲。

　　我讲的是关于中华优秀传统文化精神标识的思考。习近平总书记提出,要把中华优秀传统文化的精神标识和文化精髓提炼出来,展示出来。我按照总书记关于科学对待传统文化的主张来思考这个问题,讲自己这些年来的思考。这次讲了以后,反映还不错。上周部长历史文化讲座,又让我去讲了一次。中华优秀传统文化的精神标识和文化精髓恐怕不是三五句话说得清楚的,或许比我们当年提炼 24 个字核心价值观难度还要大,涉及上下五千多年。所以,作为常识,我谈了三个方面的思考:西方智库有些专家认为中华文化讲的是"人不为己,天诛地灭",由此认为中华文化是一种利己文化。所以,我首先对"中华文化是利己文化吗?"做出回答。这涉及中华文化基本品格如何把握的问题。第二,现在西方智库有些政客攻击说,中华文化形成的早期就有霸权倾向。他们的依据就是我们典籍里讲"治国平天下",说不仅仅想治理中国,你们还想要平定天下,这是对我国经典的误读,是对中华民族的语言、文字和修辞严重的误会。所以我思考回答的第二个问题是:中华文化有霸权倾向吗?不是这么一回事儿!第三个问题是讲总书记为什么把"以文化人"作为时代任务提出来。在 2014 年 9 月 24 日纪念孔子诞辰 2565 周年大会上,总书记提出"以文化人"的时代任务,我把总书记"以文化人"思想形成的脉络认真做了梳理。我认为,这是总书记主持中央工作以来基本主张的体现。总书记关于文化建设有一个很重要的主张,就是要夯实国家文化建设的根基。如何去夯实?总书记说,要从思想道德抓起,从社会风气抓起,从每一个人抓起。这是总书记主持中央工作以后提出来的,一以贯之这么多年。直到今年"两会",总书记在政协联组会议上提出坚持与时代同步伐，坚持以人民为中心，坚持以精品奉献人民，坚持用明德引领风尚的要求，从"以文化人"到今年"两会"提出"四个坚持"，尤其是在去年全国宣传思想工作会议上总书记既讲了立德树人、以文化人，同时还讲了弘扬新风正气，推进移风易俗。总书记为什么要把"以文化人"作为时代任务提出来，而且每讲以文化人，都将移风易俗连在一起讲，这是我思考的第三个问题。这三个问题要回答的是中华优秀传统文化两个方面的精神标识，一个就是以人为本，以民为本，以人民为中心。中华文化追求的是人己（个人和他人）相互依存，和谐共生，是推己及人、先人后己，而不是利己文化。另外一个精神标识就是讲责任，重担当，以天下为己任，"天下兴亡，匹夫有责"。西方有些政客误解我们的"天下"，认为是指"世界"，其实，中华文化从形成一直到清末，我们讲的"天下"指的是中国自己的事情。至于"天下"一语将"世界"纳入视野，严格地说来，应当是新中国成立以后，尤其是改革开放以后的事情。这个时候"天下"才有世界的含义，因此，把关于"天下"这个误会澄清以后，我们可以清楚地看到，"治国平天下"实际上反映的是中华文化和中华学人几千年一以贯之，讲责任，重担当，以天下为己任，"天下兴亡，匹夫有责"的品格。

这就是我在文史馆十年，为国家文化建设做的一些应当做的工作。

与此同时，这十年，我的研究也逐渐深化。人生进入晚年，也进入了自己一生读书求学的攻坚阶段，十年中，我除了完成国家交办的工作任务以外，从来没有休假，从来不去电影院，每天就是读书，做学问。所以这十年完成了我这一辈子想做的几个工作。

第一个工作，我把近几十年研究清代学术史的成果整理成一本书，就叫《清代学术源流》。《清代学术源流》完成以后，入选2011年"国家哲学社会科学成果文库"，于2012年出版。

《清代学术源流》完成以后，接下来我又继续去完成的书和文史馆就很有关系了，题目叫《清代学者象传校补》。之前的《清代学者象传》是一部没有完成的文献，是叶恭绰先生和他祖父叶衍兰先生合著的一部书。中央文史馆建馆之初，叶恭绰先生是首任副馆长，后来一度兼任代馆长。《清代学者象传》共两集，第一集是1928年叶恭绰先生请上海商务印书馆线装出版的，序文是康有为做的，现在很难看到这个本子了。这个书出来以后，学术界反映很好，当时很多名家、大家都为这个书题签，像谭延闿、于右任、罗振玉、沈尹默，等等。第一集出版以后，叶恭绰先生一直在搜集他祖父没有做完的资料，只可惜几十年过去，没有能够把工作做完。中华人民共和国成立之初，叶先生进入文史馆后，就把他搜集到的其祖父第一集没有收入的200位清代学者的像在1953年发布了，题为《清代学者象传》第二集。那时，全国刚刚解放不久，各方面都很困难，这个书只印了200部，请陈叔通、郭沫若二位先生题签，是叶先生自己掏钱印的。书出来后，送了一本给毛主席。后来毛主席给叶先生回信，回信写得很委婉，感谢叶先生送书给他，希望能读到第一集，实际上是跟叶先生要第一集。毛主席说，第一集是否还在，在的话可否借我看看。后来叶先生是否送毛主席该书第一集，就没有下文了。

此后十多年间，虽然叶先生一直把他祖父没有完成的工作继续做下去，可惜由于"文革"的冲击，这项工作没有能够做完。直到1968年叶恭绰先生过世，这个书依然是一部未完成的文献。1986年，文献大家顾廷龙先生把《清代学者象传》一、二集合为一集，统一题名为《清代学者象传合集》，请文史大家潘景郑先生写了序，由上海古籍出版社出版。当年，我见到过这本合集。顾先生为什么把两个书合在一起，且第二集是没有成书的原始形态？我想，有两个原因：一是为了对叶衍兰、叶恭绰先生祖孙两位对学术文献整理做出的不可磨灭的贡献，做一个总结或者纪念。二是顾先生是把文献学上留下来的未竟事业向我们年轻一辈文史工作者提了出来，摆在我们的面前。我们这一代学者怎么交代？从1986年以后，这个问题始终留在我的脑子里。我这一辈子都是做清代学术史研究，原来在第一线工作，除了研究工作，还有若干行政工作，所以这个事始终上不了议程。从社科院历史所卸任进入中央文史馆以后，出现一个机缘，商务印书馆的同志问我，商务印书馆应该出一些什么书？其中提到商务印书馆早年印过一部《清代学者象传》，说这个书还可不可以继续做？我说这个书应该出，而且是一部未完成的书，我们这一代学人应该把它完成。我们一拍即合。从2009年我进入文史馆，这个工作就开始了。经过四五年的时间，我把它做完了，题名《清代学者象传校补》。所谓校，就是对叶衍兰先生当年写的169个清代学者的传记进行校勘；所谓补，是把叶恭绰先生当年所辑的199个学者的传记一一补写完了（原两百幅学者像中，文学家侯方域的像和第一集重复了）。前后五年，经过艰苦劳动，总算对当年叶恭绰先生的未竟事业有了一个交代。

参事室的领导同志支持我做这个工作，原任文史司司长陈思娣同志安排专人为我购置了1986年的《合集》。这对我们学人来说是一个鼓舞。书稿完成，袁行霈馆长还为《清代学者象传校补》题写了书名。中华人民共和国建国之后，首任中央文史研究馆副馆长的未竟著述，60余年后，由忝任馆员的后学续成完书，又承现任馆长挥翰题签。这在文史馆的建设、发展，以及中华优秀传统文化的传承中，或许可以算是佳话一则。因为我不会电脑，商务印书馆是影印我的手稿出版的。叶先生是书法大家，小楷很漂亮。此书以手稿方式出版，可以让后人看看我们这一代的学人是怎样继承老一辈的传统，踏踏实实来做学问的。这部书有幸纳入了2016年"国家哲学社会科学成果文库"。应该说国家对我是很抬爱了，有两本书进文库，在学术界还是不多见的。

接下来，我又将我这辈子读《清史稿·儒林传》的札记认真整理。商务印书馆有了上一次的合作，很重视，给我专门印了稿纸。日后，我近几年做的《清史稿儒林传校读记》也有望以影印手稿的方式出版。

文史馆的工作状态与在社科院时有了很大变化。在社科院，我们几乎是手工作坊式的研究,做的是书斋学问。我除了图书馆就是家,也不到社会上做调研,实事求是地讲是脱离群众的。到文史馆以后,个人和国家的事业融为一体,国家的情怀越来越重,越来越深,形势要求你不能够只局限于过去自己读的那些学术著作,还要接触很多领导同志的讲话、中央的文件。比如说总书记要科学对待传统文化的基本思想,我自认为还是下了很大的功夫去学习的。在文史馆这十年,我能按照党和国家的要求,一步一步地往前走,是和文史馆提供高水准的平台分不开的。凡事想到国家的大局,想到人民的大局,无形当中就有力量,有责任,鞭策自己一定要把这个事做好。参事室是国务院机关,它有为人民服务的好传统,文史馆有敬老崇文的好传统、好氛围。在这种机关作风熏陶下,我心情很愉悦,和年轻同志相处都很融洽。如果每个部门的作风都能够像参事室这样,那么我们同群众的关系就会更亲密了。

  文史馆的"双月文化座谈会",每次我都去,每次他们都安排我发言。最近这一次是学习习近平总书记纪念"五四"一百周年的讲话,总书记这个讲话我是花了很大功夫去认真拜读的,认认真真读了五遍。我在会上说,我在旧社会上了半年小学,中华人民共和国成立以后,面貌一新,国家在小学开展爱祖国、爱人民、爱劳动、爱科学、爱护公共财物的"五爱"教育,相当成功。我这一代的学人为什么爱国的情怀这么深?爱劳动、爱人民的情怀这么深?爱护公共财物、爱科学追求这么执着?跟打下了很好的根基分不开。我认为,总书记这次讲话和五年前在北大讲话,讲"五四"的精神不尽一样了。虽然同样是八个字,爱国、进步、民主、科学,但总书记这次特别强调以爱国主义为核心的五四精神。总书记在讲话当中还有一句很新的提法,我认为是很重要的。总书记的话是这样讲的:"在当代中国,爱国主义的本质就是坚持爱国和爱党、爱社会主义高度统一。"这是总书记在这次讲话当中很新的思想。结合总书记"五四"一百周年讲话精神,中华人民共和国成立初期的"五爱"教育及我在"五爱"教育之下成长的经历,我谈了认识。在座谈会上建议：我们国家有关部门尤其是小学是否可开展"三爱"教育的活动，就是爱党、爱国、爱社会主义。

我是一个落伍保守的学人，最缺乏开拓进取精神，如果说让我早一些有在文史馆或参事室工作这么一个经历，再让我去当所长，或许对历史所的建设、发展就更有益处。现在在历史所这个岗位上工作的同志已经把我的弱点弥补得很好，我希望他们能够坚持下去，把国家、把人民的事业摆在第一位，但同时又要做好基础研究，把实事求是、尊重历史的优良学风传下去。今天你到历史所会发现，从上到下都有一个共识叫作求真务实。这四个字是我主持工作期间，全所同志集思广益达成的共识。虽然我已经卸任了好些年，但后来的同志在历史所的发展中还在坚持，而且越做越好。

最近20多年，我一直是国家古籍整理规划小组的成员，对国家古籍规划的制定要提一些建议，还要直接参加古籍整理的实践。我这一辈子有关古籍整理的事也做了不少，跟中华书局做了李光地的《榕村语录》，清初理学大家张履祥的《杨园先生全集》，与河北人民出版社做了徐世昌的《清儒学案》。又和福建人民出版社做了一部李光地的《榕村全书》，已两次再版了。我还为国家图书馆出版社选定《清代名儒年谱》《国家图书馆藏钞稿本乾嘉名人别集丛刊》两书目录。

我这十年主要做的工作就是这几个方面。我很感谢党和国家对我们学人的爱护、关心，有这么好的条件，我们才能够既完成国家交办的工作，同时又把自己的研究工作深入进行下去。虽然我已经进入人生的晚景了，但是我为能够生活在国家日益强盛的新时代，感到无上的光荣和幸福。今天，我们已经进入了建设富强、民主、文明、和谐、美丽的社会主义强国的新时代，在这个时代，我们的学术文化事业也必然会随之而出现巨大的历史性进步。中华学人有一个好的优良传统，心里边始终没有忘记国家和人民，这就叫"以天下为己任""天下兴亡，匹夫有责"。因此我希望年轻一辈的学人，大家一定要珍爱这个时代，一定要珍爱中华人民共和国 70 年给我们创造的十分优越的环境，一定要像习近平同志号召我们的那样，做到四个坚持。即坚持与时代同步伐，坚持以人民为中心，坚持以精品奉献人民，坚持用明德引领风尚，把学问做到群众心坎里去。未来我们国家发展前景十分美好，我作为一个学人，愿意和今天年轻一辈的同志们一起努力，相互共勉，为新时代国家的繁荣富强，竭尽绵薄，鞠躬尽瘁。

我与顾炎武研究的学术因缘
——访清代学术史研究学者陈祖武研究员

钟永新[①]

一、顾炎武研究是我的学术起点

钟永新：陈老师，您好，您是我国清代学术史研究的知名学者，请问您是如何走上史学之路，又怎样开始顾炎武研究的？这方面您主要有哪些学术成果？

陈祖武：20世纪60年代中期，我大学毕业后执教不到一年就遭遇"文革"，被下放到货场劳动，直到粉碎"四人帮"以后才重登讲台。一个偶然的机会，我通过书信请教，结识了南开大学的郑天挺教授，在郑老的鼓励下，我考上了中国社会科学院研究生院，师从杨向奎教授，从此踏进历史研究的殿堂。由于社科院具有良好的学术环境，加上得到诸多史学大师的悉心指导，为我以后的学习和研究打下了坚实基础。

1981年，我从研究生院毕业后留在历史所工作，30多年来主要专注于清代学术研究，而顾炎武研究是我的学术起点。我认为研究顾炎武对深入了解明清之际的历史以及有清一代的学术文化史，都是很有意义的。80年代，我先后撰写发表了以下论文：《顾炎武研究中的几个问题》《〈日知录〉八卷本未佚》《顾炎武哲学思想剖析》《黄宗羲、顾炎武合论》等。这些是我早期的研究心得，主要探讨了顾炎武的生平思

---

① 钟永新，文化游学作家。

想、著作版本、学术交游及其在清代学术史上的地位贡献等。

通过研究顾炎武，我积累了大量文史资料，进而展开对清初学术、乾嘉学派和学案史的研究，陆续出版《清初学术思辨录》《清儒学术拾零》《乾嘉学术编年》《乾嘉学派研究》《中国学案史》等著作，从而完成对清代学术史较为全面的梳理总结。

二、顾炎武的高尚人格和不朽学术

钟永新：2013 年是顾炎武先生诞辰 400 周年，请问您认为今天应如何继承发扬顾炎武的人格风范和学术精神？

陈祖武：2013 年是顾炎武先生诞辰 400 周年，缅怀先哲，高山仰止，回顾我这 30 多年与顾炎武研究的学术因缘，我认为其人格风范和学术精神的现代启示，可总结为以下三个方面：

（一）顾炎武以"博学于文，行己有耻"为毕生追求。

"博学于文，行己有耻"是孔子对弟子就为学为人提问所做的答复，顾炎武吸取前贤思想，在《日知录》中做了更为深刻的阐释。

关于"博学于文"。顾炎武认为，这里的"文"不能等同于《诗》《书》六艺之文，而是《易经》中"观乎人文以化成天下"之"文"和《论语·子罕》中"文王既没，文不在兹乎"之"文"。具体而言，就是指关乎天下国家的人文，即是人文知识素养。他总结道："君子博学于文，自身而至于家国天下，制之为度数，发之为音容，莫非文也。"

关于"行己有耻"。在《廉耻》一文里，顾炎武指出古往今来，维系国家的"礼义廉耻"四大支柱中"耻"最为重要。由于他亲历明清易代，目睹了士大夫寡廉鲜耻的各种表现，于是痛言："士大夫之无耻，是谓国耻！"他还在《与友人论学书》中写道："士而不先言耻，则为无本之人；非好古而多闻，则为空虚之学。以无本之人而讲空虚之学，吾见其日从事于圣人而去之弥远也。"可见他主张以言耻为先，将为人为学合为一体并提升至"圣人之道"的高度大声疾呼，这为中国学人树立了风范千秋的楷模。

（二）顾炎武的三个重要学术贡献。

明末清初，理学盛极而衰，中国古代学术面临着何去何从的选择，顾炎武为回答这一艰难的历史抉择，留下了久远深刻的学术思考。

首先，把理学纳入经学范围。他在《与施愚山书》中写道："理学之名，自宋人始有之。古之所谓理学，经学也，非数十年不能通也。故曰：'君子之于《春秋》，没身而已矣。'今之所谓理学，禅学也，不取之'五经'，而但资之语录，较诸帖括之文而尤易也。"这就是说，理学的原貌其实就是朴实的经学。如果要把经学治好，需要学者终生为之努力，且不可脱离儒家经典而沉溺于理学家的语录里。

其次，倡导开展经学史研究。顾炎武主张要从学术源头上确立复兴经学的学理依据，进而以此来梳理演进脉络。所以他在《与人书四》中说："经学自有源流，自汉而六朝，而唐而宋，必一一考究，而后及于近儒之所著，然后可以知其异同离合之指。如论字者必本于《说文》，未有据隶楷而论古文者也。"

再次，示范训诂治经的方法。顾炎武认为，唐宋以来，经学不振的病痛在于率臆改经，究其病根则源于不识古音。所以他的《答李子德书》说："三代《六经》之音，失其传也久矣。其文之存于世者，多后人所不能通，以其不能通，而辄以今世之音改之，于是乎有改经之病。"又说："至于近日，锓本盛行，而凡先秦以下之书，率臆径改……则古人之音亡而文亦亡。此尤可叹者也。"有鉴于此，顾炎武提出正本清源的治经主张，即"读《九经》自考文始，考文自知音始，以至诸子百家之书，亦莫不然"。这就是说，研究儒家经典必须从考订文字入手，经文考订又必须从弄清古音起步，由训诂而义理才是治中国传统学术的基本方法。这不仅使古音学研究由经学附庸而蔚为大国，还推动后世主盟学坛的乾嘉学派的形成。

（三）顾炎武"保天下者，匹夫之贱与有责焉"的社会责任意识。

顾炎武始终坚持社会责任意识，这在《日知录》中得到学理升华。他发人深省地提出"亡国"与"亡天下"两个观念，进而辨析道："有亡国，有亡天下，亡国与亡天下奚辨？曰：易姓改号，谓之亡国。仁义充塞，而至于率兽食人，人将相食，谓之亡天下。"这就是说，历代一家一姓王朝的更迭，叫作"亡国"。世代相承的优秀文化传统遭到践踏，文明破坏，道德沦丧，以至于人而不人，等同禽兽，就叫"亡天下"。所以他认为，这两个观念既有联系，又有深浅轻重的不同，相比之下，"天下"是根本。因此"知保天下，然后知保其国。保国者，其君其臣肉食者谋之。保天下者，匹夫之贱与有责焉耳矣"。有清一代，顾炎武的这一主张不胫而走，经过晚清学人的归纳，就成为影响至今的"天下兴亡，匹夫有责"八个字。

三、《日知录》是经世致用之书

钟永新：2004年我来北京游学后，就购买了岳麓书社出版的《日知录集释》（顾炎武著，黄汝成集释），却一直未能读进去，请问如何才能读懂此书？

陈祖武：《日知录》是顾炎武的代表作，本书不仅具有很高的学术价值，也是研究顾炎武思想的重要依据。全书共32卷，上编经术、中编治道、下编博闻，历时30多年才完成。我认为《四库全书》把《日知录》作为考据类的书是不合适的，实际上它是部经世致用之书，中编的"治道"就是治理国家之道，讲的是国计民生的问题。下编的"博闻"讲到当时许多社会风俗状况，也就是谈社会史的问题，内容范围非常广泛。所以《日知录》并不好读，我已经读了几十年，很多篇章也没有读好，也不敢说就读懂了。如果你有兴趣，应该继续读，认认真真地读下去，这本书是可以读一辈子的。

四、史学工作者要具备德、才、学、识

钟永新：您非常推崇顾炎武先生追求"为人为学，浑然若一"的学术精神，能否介绍一下您宝贵的治学经验？

陈祖武：我们史学工作者应该具有坚实的历史修养和高度的历史责任，而怎样才能成为一名合格的史学工作者，前哲讲的德、才、学、识是要尽力具备的。谈到我的治学经验，主要有以下几点体会：

（一）坚持学习。史学工作者首先要刻苦钻研，读书要"入乎其里，出乎其外"，研读典籍要秉着"知人论世"的原则。此外要学习老一辈学者的治学传统，善于效法他们的读书方式去思考释疑。

（二）加强实践。学者应该走出书斋，深入生活，在实践中了解国情、研究国情，从理论与实践相结合的角度来回答人民群众提出的现实问题，这也是史学工作者能取得重要成果的有效途径。

（三）拓宽眼界。学术研究既要立足国情现实，又要具有世界眼光，要在广阔时空中去认识理解史学发展中所遇到的问题，勇于在国际学术舞台上展示聪明才智，牢牢掌握在学科前沿上的发言权和主导权。

（四）开阔胸襟。同一个学术问题，由于观察角度不同、所处时空不同，产生的认识也会不同，所以史学工作者要胸襟开阔，听取不同声音，学问就是在互相辩难讨论中相得益彰的。

（五）提升境界。做学问应当脚踏实地，循序渐进，既不能急于求成，更不能弄虚作假，要始终坚持实事求是、一丝不苟的优良学风。

（六）重视积累。历史学是门讲积累的学问，字有所据，句有其源，如果积累不到一定程度，是不能取得发言权的，这需要学人为之付出终生的艰苦劳动。

【访谈手记】我自北游访学以来，首批所购之书即有顾炎武《日知录》，后从昆山顾炎武研究会购得《天下郡国利病书》，承研究会推荐

学者名单便有陈祖武先生。及至2012年底赴金融所聆听"《清儒学案》与治学之道"讲座，席间先生语气醇厚，内容精要，获知甚多。2013年入夏我又赴历史所相谈顾学，蒙陈先生再赠《清代学术源流》，今整理此学术因缘片语，以为学术精神承系之参鉴。（钟永新）

原载《顾炎武研究》2015年总第21期

经世致用 以文化人

赵凡[1]

日前，记者一行前去探访中国社会科学院学部委员、著名历史学家陈祖武。

1943年出生于贵州贵阳的陈祖武，少时萌生读史喜好，遂笃嗜文史。1965年从贵州大学历史系毕业后，经郑天挺指引考入中国社会科学院历史研究所，追随杨向奎专攻清儒学术，从此初心不改、偏好犹挚。

未走到楼下，便见陈祖武已在路边远远地等候着，令人心生感动。一进家门，他热情招呼我们坐下，夫人又端上精心准备的好茶，"今早煮的普洱，喝点尝尝"。笑容诚挚，双目炯炯，说话语速稍缓，乡音不改。

陈祖武家的客厅不大，一个大书柜几乎占据"半壁江山"，柜顶上满满当当存着几十年积攒下来的读书卡片，书柜前整整齐齐摞着数排半人高的各式书籍，剩下的狭小空间里，挤着沙发和几张椅子。"常有学生来看望，座位必须备足喽"，家人如是说。

"早在几十年前，我就是《光明日报》的作者了。"光阴荏苒，岁月如梭，从年轻学者到史学大家，陈祖武在《光明日报》先后发表《读史可以知兴替——谈施琅与清廷统一台湾》《漫谈清代学术》《高尚之人格 不朽之学术——纪念顾亭林先生诞辰四百周年》《〈清史稿儒林传

---

[1] 赵凡，《光明日报》记者。

校读记〉举要》等诸多作品,与《光明日报》结下不解之缘。"读《光明日报》是我几十年的老习惯了。与真理同行、与时代同步,《光明日报》做得很好。"

陈祖武博学于文,为学严谨。多年来,他在中国古代学术史,尤其是清代学术史研究领域精进不休、笔耕不息。潜心撰写的《清初学术思辨录》《中国学案史》《清代文化志》《清儒学术拾零》等专著,皆为史学研究力作。发表《顾炎武与清代学风》《孙奇逢与〈理学宗传〉》《朱熹及其〈伊洛渊源录〉》等诸多论文,以历史启迪现实,发人深省,引人深思。

陈祖武主张学术思想研究务必结合社会实际,否则学术就会成为无源之水、无本之木。"'经世致用'是中国史学的优良传统,史学研究应当结合社会实践、服务时代需要。"

"任何时代的历史学家都要践行那个时代的社会责任",在陈祖武看来,践行"以文化人",便是当今史学工作者的重任。对此,他有清醒和高度的认识。"习近平总书记多次提出'以文化人',这是关乎国家文化建设根基的重要问题,把中华优秀传统文化的精神标识和文化精髓提炼好、展示好,我们责无旁贷。"

针对思想界、学术界存在的历史虚无主义等谬误,陈祖武一针见血地指出,"这些错误无一例外都是没有做到辩证地、全面地看待历史,做历史研究一定要看主流、看大势,要有大局意识"。中华优秀传统文化中蕴含着忧国忧民、自强不息、厚德载物等强大精神力量,继承与发扬中华优秀传统文化、倡导并树立正确历史观,是澄清谬误、明辨是非的必由之路。

"令公桃李满天下,何用堂前更种花。"数十年来,陈祖武在史学教育领域辛勤耕耘、春风化雨、循循善诱,为我国史学研究薪火相传竭诚尽智。对于年轻学者,他寄予深深嘱托:"一要树立以天下为己任的责任意识。要有为人民服务、为国家服务的本事,用'板凳须坐十年冷'的精神练好基本功。二要'入乎其里，出乎其外'。以正确的历史观把个人从无涯的史料中呼唤出来，用正确的历史观指导学术研究。"

忆及一生求学甘苦，陈祖武总结道，"回首一生读史，皆在艰难学步之中"，其谦逊恭谨之治学态度溢于言表，大家风范让人肃然起敬。几十年来，对荣誉，他淡然置之；对生活，他要求极简；唯独对学术，始终精益求精、孜孜无怠。

生也有涯，学无止境。年近耄耋，伏案写作时间稍长便觉手指麻痹，但陈祖武每日依然坚持用稿纸手书毕生之所思所学，一笔一画，从未间断。

原载《光明日报》2020年5月15日第1版

附录

中央文史研究馆馆员传略·陈祖武

陈祖武，贵州贵阳人，1943年旧历十月十四日生。中国社会科学院学部委员、研究员。曾任中国社会科学院历史研究所所长、全国古籍整理出版规划领导小组成员、中国地方志指导小组成员、中国史学会副会长。2009年11月被聘任为中央文史研究馆馆员。

1949年春，陈祖武入私立正谊小学求学，50年代初该校改公立会文路小学。1955年秋，升入贵阳第二中学初中部。1958年秋，再升至贵阳第一中学高中部。1961年9月，考入贵州大学历史系。1965年7月毕业，由国家统一分配至云南省昆明市粮食学校任教。"文革"十年间，下放昆明市东郊凉亭粮食转运站。

1976年后，陈祖武相继借调昆明市粮食局、市财贸办公室供职。1978年2月调云南民族学院历史系任教。同年10月考入中国社会科学院研究生院，师从杨向奎先生，1981年7月毕业后留中国社会科学院历史研究所供职。历任研究实习员、助理研究员、副研究员、研究员。1994年加入中国共产党。1998年10月起，兼任历史研究所所长，至2008年10月卸任。2006年8月，当选中国社会科学院学部委员。

陈祖武自幼读史，不识门径，偏好而已。进入大学历史系，得姚公书、张振珮诸位先生教诲，初知矩矱。负笈京华，又承郑天挺、杨向奎先生厚爱，教以历史学乃一门讲究积累之学问，务求字字有根据，句句有来历，须刻苦读书，充分占有史料，且要学会辩证法，留意广泛联系，切不可将历史问题简单化。遵二老所教，陈祖武以清儒文献为功课，从顾亭林《日知录》入手，继之而孙夏峰、黄梨洲、王船山、李二曲诸大儒著述，历经十余年，梳理顺治、康熙二朝学术之习作《清初学术思辨录》于 1992 年 6 月问世。

清初学术梳理粗成，陈祖武将精力移至学案体史籍源流的摸索。历时四年，头绪渐明，于是以《中国学案史》为题，将书稿交台北文津出版社出版。后交上海东方出版中心于 2008 年修订出版。

1992 年冬，陈祖武应邀旅台问学，参加清代经学研讨会，以《乾嘉学派吴皖分野说商榷》为题撰文，提请与会方家指教。之后，鉴于海峡两岸之乾嘉学派研究起步甚速，文献准备尚欠充分，遂集合历史研究所的几位年轻学人，从爬梳文献着手，致力于乾嘉学派与乾嘉学术的研究。集体劳作，五易寒暑，于 2005 年相继完成并出版《乾嘉学术编年》《乾嘉学派研究》。后者被中国出版集团辑入"中国文库"。2011 年，所著《清代学术源流》入选"国家哲学社会科学成果文库"。

数十年来，陈祖武在致力中国古代学术史研究的同时，亦潜心于古籍之整理与研究。自 20 世纪 80 年代中以来，应中华书局之约，先后完成《颜元年谱》《李塨年谱》《榕村语录 榕村续语录》《杨园先生全集》诸书之整理并出版。为国家图书馆出版社选订《清代名儒年谱》《国家图书馆藏钞稿本乾嘉名人别集丛刊》目录。集 30 余年精力整理之《清儒学案》，于 2008 年 12 月承河北人民出版社出版。

陈祖武入馆以来，担任了大型学术著作《中国地域文化通览》执行副主编、审读小组负责人。

原载《中央文史研究馆馆员传略》（增订本），
中华书局 2014 年 3 月版

中国社会科学院学部委员学术自传·陈祖武

陈祖武，男，1943年10月生于贵州省贵阳市，遂为贵州人。祖籍湖南茶陵。1965年7月毕业于贵州大学历史系，1981年7月毕业于中国社会科学院研究生院历史系。历任中国社会科学院历史研究所研究实习员、助理研究员、副研究员、研究员，曾兼任该所清史研究室副主任、副所长、所长。2006年，当选中国社会科学院首批学部委员。2008年冬，卸去历史所兼任行政职务。2009年11月，受聘为中央文史研究馆馆员。

长期潜心于清代学术史研究，撰有《清初学术思辨录》和《中国学案史》。《清初学术思辨录》于1992年6月由中国社会科学出版社出版。全书以顺治、康熙二朝学术史上的若干重要问题为论究对象，合众多个案研究为一体，对80年间的学术演进趋势、主要特征和历史地位等，进行了深入探讨。《中国学案史》则是一部填补学术空白的开拓性著作，于1994年4月由台北文津出版社出版。该书远溯先秦诸子、《史记》和《汉书》，上起南宋朱熹《伊洛渊源录》，下迄民国徐世昌《清儒学案》，于学案体史籍的形成、发展演变，做了第一次系统梳理。

研究所得以严谨平实为学术界同仁重视。自20世纪90年代初以来，多次应邀访问日本、新加坡、韩国和中国台湾、香港地区，就清代学术史研究发表演讲。

主要论著有《清初学术思辨录》（1992年）、《中国学案史》（1994年）、《乾嘉学术编年》（合著）、《乾嘉学派研究》（合著）等。主要论文有《顾炎武与清代学风》《关于乾嘉学派的几点思考》等。数十年为文两度结集，第一次以《清儒学术拾零》为题，于1998年由湖南人民出版社出版，2002年再版，2012年又为故宫出版社纳入"明清史学术文库"。第二次以《清代学术源流》为题，于2012年由北京师范大学出版社出版，该书已纳入"国家哲学社会科学成果文库"，并获政府出版奖提名奖。古籍整理成果主要有《榕村语录》《榕村续语录》《杨园先生全集》《清儒学案》《榕村全书》等。

原载《中国社会科学院学部委员学术自传·历史学部卷》，
中国社会科学出版社 2017 年 5 月版

我的清代学术史研究

1949年春,我进入私立贵阳正谊小学求学。20世纪50年代初,该校改公立会文路小学。1955年秋,我升入贵阳第二中学初中部。1958年秋,再升至贵阳第一中学高中部。1961年9月,考入贵州大学历史系。1965年在贵州大学历史系毕业。毕业后,我先到昆明粮食学校教书。执教不到一年,就遭遇到"文化大革命"。此后十年间,我被下放到昆明市东郊凉亭粮食转运站,虽艰苦备尝,然而同装卸工人的朝夕相处,却使我脱胎换骨,受教极深。

在这十年动乱中,我仍然不曾懈怠,坚持读书,为今后的学习、研究打下了良好的基础。这不得不说是与我从少年时代起即接受良好的学校教育及每日不可离开书本的家庭教育有很大的关系。

1976年粉碎"四人帮"之后,我得以进入大学任教。这时候,我给著名历史学家郑天挺教授写信,并有幸结识了他。1978年研究生招生制度恢复,在郑天挺教授的鼓励下,我考取了中国社会科学院研究生院的研究生,师从已故著名历史学家杨向奎先生,从此踏进了清代学术史研究的殿堂。作为社科院研究生院的第一届学生,当时的学习和生活环境都是相当艰苦的,但是大家没有因为生活清苦放弃自己的努力,因为我们这些经历过十年浩劫的同学都有一种"时不我待"之感,倍加珍惜这来之不易的学习机会。"板凳宁坐十年冷,文章不写半句空",这就是我们当时的精神状态。生活虽然清苦,但当时的学术氛围却是很好的。国家图书馆当时叫北京图书馆,我们经常去那里读书。有时为了占个位置而不得不凌晨四五点钟就起床去图书馆,中午就啃一个冷馒头。社科院良好的学术环境、北京丰富的资料来源,加上诸多史学大师的悉心指导，使我们的学问日渐长进。在这三年的研究生院生活中，我经常以"时不我待"四个字来鞭策自己，只争朝夕，孤灯相伴，苦读清儒文献。可以说，研究生院的读书生活让我受益一生，研究生院的养育深恩，我是终身难报。

1981年在研究生院毕业后，我就留在了历史所，岗位在清史研究室。30多年来，我专注于清代学术史的探究。经过多年的学习，在这个领域里，有了一些初步成绩，其中的《清初学术思辨录》和《中国学案史》可以说是我的主要代表作。

一、《清初学术思辨录》与《中国学案史》

《清初学术思辨录》是我的第一本学术专著。1992年，由中国社会科学出版社出版。这本书从社会史和学术史相结合的角度出发，以顺治、康熙二朝学术史上的若干重要问题作为研究对象，合众多个案研究为一体，对清初80年间的学术演进趋势、主要特征和历史地位等，进行了探讨。这本书问世以后，受到了学术界的关注和鼓励。杨向奎先生对我的习作给予了肯定评价，认为结合清初的社会实际来谈学术思想，这是最正确的方法之一。我们不能脱离实际社会而谈社会思潮，"皮之不存，毛将焉附"！先秦诸子、两汉经学、魏晋玄学、宋明理学，都与当时之社会相关。我此后的研究工作，便是遵循先师教诲，逐步推进的。

20世纪80年代初，我进入学案史领域，致力于黄宗羲研究。研究黄宗羲，就要读他的《明夷待访录》，读他的《明儒学案》。关于《明儒学案》，梁启超的《中国近三百年学术史》，追溯到了朱熹的《伊洛渊源录》。谈中国学案史推祖于朱熹的《伊洛渊源录》，这是梁启超先生首倡，中经陈垣先生等史学大师的认同，现在已经成为学术界的共识。所以我去读《伊洛渊源录》，并写成《朱熹与〈伊洛渊源录〉》一文。

我的清代学术史研究

在中国古代学术史上，朱熹是与孔子后先辉映的两位大师。孔子祖述尧、舜，宪章文、武，以儒学开派宗师而影响中国学术界两千多年。朱熹则以理学泰斗集传统儒学之大成，并且将它导向一个崭新的天地。《伊洛渊源录》是朱熹学说形成初期的一部著述。它诞生于南宋初叶，并非一个偶然的学术现象，而是深深地植根于两宋社会和学术的发展之中。这部书的可贵之处，就在于既立足于纪传体史籍的传统，又博采佛家的僧传所长，尤其是禅宗灯录体史籍假记禅师言论，以明禅法师承的编纂形式，使记行与记言，相辅相成，浑然一体，开启了史籍编纂的一条新路。自《伊洛渊源录》问世后，从元代到明清两代，以至民国初期的学术史编纂，形成一个源远流长的传统。黄宗羲的《明儒学案》，无疑也是受到它的影响。

20世纪90年代初，我把学案史的发展源流做了一个梳理，写成了《中国学案史》书稿。承台湾地区文化大学邱镇京教授错爱，把书稿送至台北文津出版社，1994年出版。十几年过去了，学案史的研究在中国的学术史研究中还是一个可以深入开拓的领域。由于它的研究对象处于思想史、哲学史和史学史、文献学的交会点上，随着学术研究向纵深推进，它也吸引了更多的研究者的注意。所以，中国出版集团东方出版中心在2008年底又出版了该书新的修订本。承南北学术界的朋友们错爱，据我所能见到的文字，迄今已有五位专家分别撰文，对拙著修订本进行专题批评。

关于《明儒学案》，我过去写过一些文章，后来大都辑入新近修订的《中国学案史》中。最近，又据读书所得再成《〈明儒学案〉发微》一文，刊于《中国史研究》上，或许可以参考。《明儒学案》往下继续还有两部重要的著作，第一部就是《宋元学案》。黄宗羲完成《明儒学案》的结撰以后，以耄耋之年致力于《宋元学案》的结撰，虽然因为他年事已高，没有能够完成，但他发凡起例的辛勤劳动是功不可没的。黄宗羲去世后，他的儿子黄百家继承父志，继续进行纂修，为《宋元学案》的成书立下了不可磨灭的业绩。据我的粗略统计,在今本《宋元学案》中,载有黄百家的按语210条,数量之多大大超过其父。黄氏父子先后谢世以后,所遗留下来的《宋元儒学案》稿本没有人去整理,几乎散失。到乾隆初年,幸好得到浙东学者全祖望对书稿续加补辑,使这部濒于失散的稿本最终得以完成。全祖望既有对宋元学术的深厚素养,又曾读过《宋元儒学案》和《明儒学案》的稿本,所以他是完成此书的最好的人选。原来叫《宋儒学案》和《元儒学案》,全祖望把它们合而为一,成为今天的《宋元学案》。

另一本就是徐世昌主持的《清儒学案》。《清儒学案》共208卷,上起明清之际的孙奇逢、黄宗羲、顾炎武,下至清末民初的宋书升、王先谦、柯劭忞,一代学林中的人物,大多网罗其间。不仅内容的丰富超过了先前诸家的学案,而且体例的严整也可以说深得黄宗羲、全祖望这样的一代大师的遗法。《清儒学案》的纂修始于1928年,1938年完成,历时十余年。这部书纂修由徐世昌主持、提供经费,并且亲自审订。具体的纂修者是夏孙桐等10人。它是继《明儒学案》《宋元学案》之后又一部成功的学案体史籍。我花了30年的时间读它,20世纪90年代初开始点校,历时十多年,总算在2008年12月出版了。疏失一定很多,敬请大家指教。

二、乾嘉学派与乾嘉学术研究

清代学术以总结整理中国数千年学术为基本特征,而最能体现此一历史特色的,就是乾嘉学派与乾嘉学术。20世纪80年代末,我专心于乾嘉学派与乾嘉学术的研究。一方面继承了前哲时贤数十年积累,更以自己不间寒暑的文献爬梳,经过多年的思考,逐渐悟到在中国古代学术史上乾嘉学派主盟学坛百年之久,并不是一个偶然的历史现象。它是在那个特定的社会经济条件之下,为宋明以降学术演进的内在逻辑所制约，众多历史因素交互作用的结果。因此，我们论究乾嘉学派，不宜孤立地以某一方面的原因把问题简单化，而应当放开视野，多方联系，力求准确地把握历史合力的交会点，揭示出历史的本质。

20世纪20年代以前，章太炎先生、梁启超先生等前辈大师，都是以吴皖分派法来谈乾嘉学派与乾嘉学术。30年代中，钱穆先生从章、梁二先生忽略的地方入手，着意论究惠栋对于戴震为学的影响，提出"吴皖非分帜"的主张，这样就把研究引向了深入。

20世纪50年代中，侯外庐先生以章太炎、梁启超、钱穆三位先生的研究所得为起点，继续向纵深推进。一方面，沿用吴、皖分派的思路，从为学路数和旨趣上去认识乾嘉学术；另一方面，他又选取乾嘉时代的几位主要思想家，如戴震、汪中、章学诚、焦循、阮元等，去进行专题研究。通过探讨诸家的思想、学术的个性和贡献，侯先生提出了若干具有创获意义的重要见解。我觉得如下两个见解对于深化乾嘉汉学的研究尤为重要。第一个见解是：汉学是始于惠栋，而发展于戴震的，戴学在思想史的继承上为惠学的发展。第二个见解是：阮元扮演了总结18世纪汉学思潮的角色。如果说焦循是在学说体系上清算乾嘉汉学的思想，阮元则是在汇刻编纂上结束乾嘉汉学的成绩。他是一个戴学的继承者，并且是一个在最后倡导汉学学风的人。这就是说，乾嘉汉学肇始于惠栋，经戴震加以发展，至焦循、阮元而进行总结，方才走完其历史道路。

这两个重要见解，突破吴、皖分派的旧有格局，为把乾嘉学派和乾嘉学术作为一个历史过程来进行研究开了先河。这是侯外庐先生在乾嘉汉学研究中的一个重大贡献，其思想史和学术史上的意义不可低估。20世纪60年代初，先师杨向奎先生同外庐先生相呼应，在《新建设》杂志1964年7月号上发表了《谈乾嘉学派》一文。文中，向奎先师说："历来谈乾嘉学派的，总是说这一个学派有所谓吴派、皖派之分。其实，与其这样按地域来划分，还不如从发展上来看它前后的不同，倒可以看出它的实质。"令人惋惜的是，侯、杨二位大师的研究意见，尚未在学术界激起共鸣，一场民族文化的浩劫便轰然而起。

改革开放以后，我承侯、杨二位先生之教，于1992年冬初次赴台问学，在台湾"中央研究院"中国文哲研究所召开的清代经学研讨会上，提交了《乾嘉学派吴皖分野说商榷》的文章。我在文章中说道："在中国学术史上，乾嘉学派活跃于18、19两个世纪间的学术舞台，其影响所及，迄于20世纪中而犹存。作为一个富有生命力且影响久远的学术流派，它如同历史上的众多学派一样，也有其个性鲜明的形成、发展和衰微的历史过程。这个过程错综复杂，跌宕起伏，显然不是用吴皖分野的简单归类所能反映的。"因此，我在文章中提出"从历史实际出发，对各家学术进行实事求是的具体研究。其中既包括对众多学者深入的个案探讨，也包括对学术世家和地域学术的群体分析，从而把握近百年间学术演进的源流，抑或能够找到将乾嘉学派研究引向深入的途径"。

沿着这样的方向努力，我在此后的五六年间同研究所里的年轻学人合作，完成了《乾嘉学术编年》的结撰。全书上起乾隆元年，下迄道光十九年，我们试图通过这百年间学术史资料的长编，把乾嘉学派与乾嘉学术演进的历史过程记录下来。《乾嘉学术编年》为编年体乾嘉学术史资料长编。在中国学术史上，编年体史籍虽成书甚早，然以之述学，则又较之其他体裁史书为晚。20世纪20年代初，钱穆先生著《先秦诸子系年》，或可视为其发轫。之后，刘汝霖先生之大著《中国学术编年》，则无疑可称为开山之作。《乾嘉学术编年》之结撰，即系遵循前辈师长开辟之门径而摸索向前。

古往今来，学术前辈们的实践一再告诉我们，学术文献乃治学术史的依据，只有把学术文献的整理和研究工作做好，学术史的研究才能够建立在可靠的基础之上。我想，经过学术界的共同努力，循序渐进，持之以恒，我们的乾嘉学派研究定然会创造出一个可以告慰前贤的局面来。

三、为人为学，浑然一体

"博学于文，行己有耻"可以说是我一生的追求，同时也是我给年轻同好的寄语。这句话源出《论语》，孔子回答弟子为学之问，主张"博学于文"，而为人之问，则答为"行己有耻"。后来清初学术大师顾炎武将这两句话合而为一，就成为"博学于文，行己有耻"。我之所以要重申这样的主张，是有感于当前学术界和社会的不良风气而提出来的。我认为，要合为人与为学于一体。"博学于文"中的"文"不是简单的书本知识，而是指整个人文知识，是学者的学术素养。史学工作者最要讲素养，因为历史学科是讲求积累的学问，如果积累不到一定的程度，是不能取得发言权的。而"行己有耻"就是说要知道什么是耻辱，什么事情该做，什么事情不该做，即要知道"有所为，有所不为"，自己脑子里要十分清楚才行。学人不仅要"博学于文"，更要"行己有耻"，强调做人要律己，应当树立一个做人的原则，即什么事情对国家民族有利就要做，对国家民族不利就不做。

我建议大家学习老前辈的治学传统，读书要入乎其里，出乎其外，要善于效法他们去解决问题，要认真读书。最近二三十年，许多学者坚持了这个好传统，但有些人没有坚持。我希望大家要潜心读书。近10年来，我每年要看许多博士论文，平均不下15部。从2月到6月，都要为各高校服务。看到好的文章很高兴，不好的也很担心。有的年轻的同志刚出了一本书，就很着急出版自己的第二本著作，我觉得不能这么急。我们所里的老前辈有的人终身没有出一本书，但没有人不承认他们的学术地位，已故张政烺先生就是最有说服力的楷模。

我们回顾中国史学最近30年来的发展，应该看到，成果很丰硕，主流是好的，但也存在一些问题。譬如有的同志把中国史学研究的好传统丢掉了，对史学工作者的基本素养和社会责任很淡漠，在社会上造成了一些不太好的影响。有的史学工作者对马克思主义唯物史观产生怀疑，认为它有很多缺陷，必须加以修订。再就是历史虚无主义思潮也有所抬头，有人借"重新评价"之名，歪曲近现代中国革命的历史和党的历史，在社会上造成了很不好的影响。还有一种情况就是把历史学的功能庸俗化，把严谨的历史研究弄成虚无缥缈的东西。这些现象说明，确有部分史学工作者忘记了历史学应该为人民服务、为社会主义服务的社会责任。

我认为，我们应该从中国史学的优良传统中挖掘出可以为今天学术事业健康发展借鉴的东西。"经世致用"就是中国史学的优良传统，任何时代的历史学家都要践行那个时代的社会责任。当前，党中央提出了建设中国特色社会主义、弘扬中华优秀传统文化等重大命题，史学工作者要结合当代中国的社会主义现代化建设实践，从史学的角度去研究，为实现中华民族的伟大复兴提供历史借鉴、建言献策。

关于怎样才能成为一名合格的史学工作者这个问题，自古以来，就有很多表述。比如唐代的史学家刘知幾对史家的素养进行理论总结，提出了"才、学、识"三个字。清代史家章学诚在"才、学、识"三个字之后，又提出一个"德"字。我认为，"德、才、学、识"这四个字，是我们史学工作者要尽职尽责做到的。如果把这四个字与我们新的时代任务结合起来解释，就是应当具有正确的立场、观点和良好的学术素养。

史学工作最讲素养，因为历史学科是讲求积累的学问，字字有根据，句句有来历，是起码的治学要求。如果积累不到一定的程度，是不能取得发言权的。《礼记》的《学记》篇中，有一句很有名的活，叫作"学然后知不足"。我们中国是历史悠久的文明古国，以礼仪之邦而著称于世，文献山积、汗牛充栋，为中华民族，也为全人类留下了宝贵的精神财富。认真总结和整理这些宝贵财富，使之发扬光大，造福于今日及尔后的社会发展，是我们史学工作者的历史责任。我们既然选择治史为毕生的事业，一生有读不尽的书、学不尽的知识、做不尽的学问。因此，就应当永远以孜孜求学的学子心志，刻苦读书，精进不已。这是我们的天职，也是人生最大的乐趣。

当前，史学工作者首先是要自觉地加强学习，特别是加强马克思主义唯物史观的学习。马克思主义唯物史观不是教条，而是能够经受实践检验的真理。我们要理直气壮地坚持唯物史观，认真地学习马列主义经典原著，学习中国化的马克思主义理论体系——毛泽东思想、邓小平理论、"三个代表"重要思想、科学发展观和习近平总书记系列重要讲话。同时还要具有世界的眼光和开阔的胸襟，努力学习人类文明的先进成果，使之化为我有，成为一名合格的史学工作者。

陈祖武

2011 年首发于中国社会科学网

2016 年春修订

原载《中国社会科学院学部委员学术自传·历史学部卷》，中国社会科学出版社 2017 年 5 月版